全 世 界 无 产 者，联 合 起 来！

列宁全集

第二版增订版

第十五卷

1907年2—6月

中共中央　马克思　恩格斯　著作编译局编译
列　宁　斯大林

人民出版社

《列宁全集》第二版是根据中国共产党中央委员会的决定，由中共中央马克思恩格斯列宁斯大林著作编译局编译的。

凡　例

1. 正文和附录中的文献分别按写作或发表时间编排。在个别情况下,为了保持一部著作或一组文献的完整性和有机联系,编排顺序则作变通处理。

2. 每篇文献标题下括号内的写作或发表日期是编者加的。文献本身在开头已注明日期的,标题下不另列日期。

3. 1918 年 2 月 14 日以前俄国通用俄历,这以后改用公历。两种历法所标日期,在 1900 年 2 月以前相差 12 天(如俄历为 1日,公历为 13 日),从 1900 年 3 月起相差 13 天。编者加的日期,公历和俄历并用时,俄历在前,公历在后。

4. 目录中凡标有星花 * 的标题,都是编者加的。

5. 在引文中尖括号〈　〉内的文字和标点符号是列宁加的。

6. 未说明是编者加的脚注为列宁的原注。

7.《人名索引》、《文献索引》条目按汉语拼音字母顺序排列。在《人名索引》条头括号内用黑体字排的是真姓名;在《文献索引》中,带方括号[　]的作者名、篇名、日期、地点等等,是编者加的。

目　录

插　图

前　言

本卷收载列宁在1907年2月至6月期间的著作。

1905年十二月起义失败后，俄国革命运动时起时伏，逐渐低落。工人和农民在艰难的形势下一边斗争，一边退却。1907年春，罢工斗争和农民运动一度有所高涨，但总的来说，革命正进入低潮时期。沙皇专制政府在加强对革命的镇压的同时，力图以伪宪制引诱人民离开革命斗争。1906年7月政府解散了不合心意的第一届国家杜马，1907年2月又召开第二届杜马，谋求与自由派资产阶级妥协，共同对付革命。新杜马选举的结果与政府的打算相反，第二届杜马中的左派力量比第一届杜马有所加强。在革命低落的形势下，杜马问题成为各个阶级、各个政党力量较量的焦点。布尔什维克和孟什维克在对待杜马的策略问题和对资产阶级政党的态度问题上进行着尖锐的斗争。这是1905年革命之初就开始的俄国社会民主工党内两条路线两种策略斗争的延续。在1907年4—5月举行的党的第五次代表大会上，布尔什维克的策略路线取得了胜利。鉴于杜马中左派力量的壮大，而且自由派资产阶级政党已无力调和地主和农民的利益，沙皇政府于6月3日又解散第二届杜马，逮捕社会民主党党团成员，搜捕列宁，迫害布尔什维克，破坏工人组织。"六三"政变标志着俄国第一次资产阶级民主革命的结束和斯托雷平反动时期的开始。

　　本卷文献反映了第二届国家杜马召开前夕至"六三"政变这段时间俄国政治舞台上的阶级斗争和社会民主工党内的路线斗争。无产阶级政党如何对待资产阶级政党的问题是贯穿本卷的一根主线。围绕着这个问题,列宁运用马克思主义的观点和方法,透彻分析并反复阐明了俄国革命的性质和特点,俄国社会经济和政治的发展变化,各个阶级和政党的不同经济利益以及对革命的不同态度,无产阶级政党的路线、策略和任务等一系列问题。

　　《提交俄国社会民主工党第五次代表大会的决议草案》是本卷中重要的纲领性文献。这些文献精练、集中地表述了布尔什维克对这一时期面临的各种重大问题的基本观点。弄清这些基本观点,就大致把握了全卷的主要内容。列宁认为,社会民主党的一项特别迫切的任务,就是确定各个非无产阶级政党的阶级内容,估计各阶级的相互关系,确定自己对其他政党的态度。他在《关于对资产阶级政党的态度》决议草案中把资产阶级政党分为四大类:(1)各黑帮政党,(2)十月十七日同盟、工商党等等,(3)以立宪民主党为主的自由主义君主派资产阶级政党,(4)民粹派或劳动派政党。列宁分别确定了它们的阶级性质和无产阶级对它们应采取的态度。关于社会民主党在国家杜马中的策略问题,列宁在决议草案中着重指出,杜马不是实现人民群众革命要求的工具;党在杜马外和杜马内的斗争都必须有利于提高无产阶级的阶级觉悟,加强和扩大无产阶级的组织,有利于革命的发展;社会民主党在杜马中应当是绝对独立自主的政党,应当成立自己的党团,不论在党的口号还是策略方面都绝对不能同其他任何反对派政党或革命政党融为一体。在《关于非党工人组织和无产阶级中的无政府工团主义思潮》决议草案中,列宁针对孟什维克掀起的主张取消社会民主工党而代之以非党政治组织的思潮,提出了反对无政府工团主义和分裂活动的任务,确定了党对非党工人组织的态度。

从发表决议草案至党的第五次代表大会召开这两个多月时间里,列宁写了一系列政论文章,进一步阐发和论证了布尔什维克决议草案的基本观点,批判了孟什维克的机会主义策略路线。

《革命的社会民主党的纲领》一文对布尔什维克《关于民主革命的现阶段》决议草案作了详细的论证,批评孟什维克关于党的第五次代表大会只应讨论"当前的政治任务",即不谈对形势的分析而只谈具体问题的错误主张。列宁强调用马克思主义阶级斗争观点对形势进行分析的重要性。他指出,不解决对党在资产阶级革命中的"**基本任务**"的统一认识问题,就不可能制定坚定的政策,就不能正确解决当前的具体任务,就会在革命发生转折时束手无策,不知所措。《不应当怎样写决议》、《孟什维克的策略纲领》、《知识分子斗士反对知识分子的统治》和《气得晕头转向》等文章剖析和批判了孟什维克准备提交代表大会的几个决议草案。孟什维克在决议草案中把争取政权的斗争任务归结为"为维护人民代表制而斗争",把杜马组阁说成是争取召开立宪会议的斗争中一个必要阶段,主张支持杜马组阁的要求。他们对立宪民主党不作阶级分析,不讲"自由派资产阶级",而用所谓城市资产阶级民主派的说法来为它粉饰门面。列宁指出,孟什维克实际上是表达了自由派资产阶级的思想,放弃革命斗争,主张合法斗争,走改良主义的道路。列宁认为,无产阶级只能把改良当做革命斗争的副产品来利用,决不能把资产阶级的改良主义口号变成自己的口号。改良的唯一可靠支柱是无产阶级进行独立的革命斗争。关于召开所谓工人代表大会的问题,列宁认为,孟什维克提出这个决议草案,表明了他们对革命已感到厌倦,要使党合法化,把什么共和制、无产阶级专政统统抛掉,而把合法的工人代表大会作为达到这一目的的捷径。列宁批评孟什维克的决议草案内容空洞、逻辑混乱,指出逻辑上的不明确反映了政治思想上的不明确,其所以如此,是因为孟什维克害怕直截了当地说出真话。列宁对孟什维克决议草案的有力批驳,对于保证布尔什维克在党的第五次代表大会上获得胜利有着重大的意义。

　　在《第二届国家杜马的开幕》、《第二届杜马和无产阶级的任务》、《杜马即将解散和策略问题》、《口蜜腹剑》、《勾结的基础》、《杜马和批准预算》、《杜鹃恭维公鸡……》和《杜马和俄国自由派》等文章中,列宁分析了第一届杜马以来各个阶级、政党在政治上的重新组合和第二届杜马的性质,揭露了沙皇专制政府和黑帮政党的反革命政策以及立宪民主党在杜马内同黑帮狼狈为奸扼杀革命的背叛行为。列宁认为,第一届杜马是指望走和平道路的杜马,第二届杜马是黑帮沙皇政府同群众的代表进行尖锐斗争的杜马。在第二届杜马中,上层右倾了,下层则左倾了。政府和立宪民主党更加靠拢,准备联合起来扼杀革命。民主派小资产阶级各阶层正在明显地离开立宪民主党,只是因为传统和习惯或受骗上当才跟它走。列宁指出,政府解散杜马是势所必然,因为沙皇政府不采用暴力就无法摆脱革命危机。他告诫各小资产阶级政党不要受骗,而要制止立宪民主党同政府的肮脏交易。

　　《布尔什维克和小资产阶级》、《立宪民主党和劳动派》、《杜马选举和俄国社会民主党的策略》、《俄国革命的长处和弱点》等文章对自由派资产阶级和小资产阶级民主派的阶级性作了透彻的分析,阐明了布尔什维克对他们的不同态度,批驳了孟什维克为实行支持立宪民主党的政策所作的辩解。对立宪民主党和小资产阶级政党如何评断,是布尔什维克和孟什维克意见分歧的一个根本点。孟什维克认为立宪民主党是进步的城市资产阶级,劳动派是落后的农村资产阶级,因此应当支持立宪民主党。列宁在驳斥这种论调时,再次强调必须用马克思主义观点来说明俄国各资产阶级政党的阶级基础。列宁把立宪民主党和小资产阶级民主派在土地问题和政治民主问题上的不同态度作了比较。他指出:立宪民主党的土地政策实质上是地主的政策,其经济意义就在于延缓生产力的发展;由于俄国农村存在着大量的农奴制残余,农民处于绝望境地,小资产阶级民主派不得不竭力使革命进一步发展,要求政治关系民主化,要求消灭地主土地占有制。农民民主派的完全胜利,就意味着生产力能够以资本主义所能达到的最高速度向前发展。因此,农民为土地而斗争的问题是俄国当前资产阶级革命的主要经济问题,只有当无产阶级领导民主派农民既反对旧制度又反对自由派时,俄国革命才能取得胜利。列宁说,这个论点决定着布尔什维克整个策略的各项原则,其正确性已为斗争的实践所证实。孟什维克为自己的错误策略辩护的又一借口是:农民虽然比自由派更革命,更民主,但却充满了反动的社会空想,力图在经济方面使历史的车轮倒转。列宁批评了这种拿农民关于平等的社会主义的空想同自由派在资产阶级革命中的政策的反动性相比的做法,指出这无论从逻辑上还是从经济史上看都是重大的错误。

　　《小资产阶级的策略》、《贫血的杜马或贫血的小资产阶级》和《怡然自得的庸俗言论或立宪民主党化的社会革命党人》等文章尖锐地批评了小资产阶级政党的软弱和动摇。在第二届杜马选举和杜马活动中,布尔什维克提出的"左派联盟"策略取得了成效。无产阶级政党和民主派小资产阶级政党为了反对黑帮和立宪民主党,必须采取共同的行动。但是,社会革命党人对俄国革命的阶级基础根本不理解,他们在关于杜马策略的决议中笼统地既大谈无产者和小生产者之间的一致,又大谈左派同立宪民主党人在反黑帮上的一致。列宁在上列文章中揭露了社会革命党人的决议的自由主义实质和小资产阶级根源。他指出,社会革命党人以同黑帮斗争为借口,跟着立宪民主党走,他们同无产阶级不可能行动一致。只要小资产者还动摇不定,还跟立宪民主党走,无产阶级就得同小资产者进行无情的斗争。只有当他们愿意既反对黑帮,又反对立宪民主党时,社会民主党人才会在民主主义的行动中同他们一起作战。列宁认为,完全不理解立宪民主党的阶级性质,看不到自由派正在秘密地把自由和民主拍卖给斯托雷平之流,这就是小资产阶级政党和孟什维克所以实行机会主义策略的根本原因。破除自由派对民主派的领导,把小资产阶级群众从立宪民主党的卵翼下解放出来,应该是社会民主党的基本任务。

　　布尔什维克参加第二届国家杜马是俄国马克思主义政党进行议会活动的初次尝试。列宁为党的杜马活动制定了与西欧议会迷的活动根本不同的方针。他要求党的杜马党团执行独立的无产阶级政策,以革命手段来利用杜马,把它作为宣传人民革命要求、揭露敌对阶级的反动政策的讲坛。然而第二届杜马中孟什维克占多数的社会民主党党团采取了错误策略,使党成为自由派的附庸。列宁在《有重要意义的第一步》、《孟什维克是否有权实行支持立宪民主党人的政策?》和《社会民主党党团和杜马中的4月3日这一天》等文章中批评了社会民主党党团的软弱无力、优柔寡断的妥协政策,要求党团中的布尔什维克坚定地执行党的革命策略。列宁还对布尔什维克的杜马代表给予具体指导和帮助,亲自为他们起草了在杜马上宣读的《关于斯托雷平的宣言》和《在第二届国家杜马中关于土地问题的发言稿》。

本卷中《俄国社会民主工党在选举运动时期的策略》、《分裂制造者谈未来的分裂》、《彼得堡的改组和分裂的消灭》和《就彼得堡的分裂以及因此设立党的法庭问题向俄国社会民主工党第五次代表大会的报告》等文献揭露了孟什维克在杜马选举期间制造彼得堡党组织分裂的真实情况,就孟什维克对列宁的无理指控提出反诉。列宁指出,孟什维克为讨好立宪民主党而背离马克思主义的一切做法,过去受到而且将来也要受到无情的批判,"我们非常珍视党的团结。但是我们更珍视革命社会民主党的原则的纯洁性"(见本卷第43页)。

列宁在党的第五次代表大会前夕写的《谈谈全民革命的问题》一文,批评了机会主义者把"全民"革命的概念当做一般公式、模式和策略准则来运用的反马克思主义观点。列宁认为,要使革命胜利,必须使大多数人民团结起来,自觉地参加斗争,"全民革命"只在这个意义上是正确的。他强调指出:"马克思主义者应当从'全民革命'这一概念中看到,尽管几个**不同的**阶级在某些有局限性的共同任务上有一致的地方,但还必须正确分析这些阶级的各种不同的利益。无论在什么情况下,都不能用这一概念来**模糊**和掩盖对某一革命过程中的阶级斗争的分析。"(见本卷第292页)

本卷收载的《〈约·菲·贝克尔、约·狄慈根、弗·恩格斯、卡·马克思等致弗·阿·左尔格等书信集〉俄译本序言》是一篇有重要理论意义的文献。列宁指出,从马克思和恩格斯给左尔格的书信中可以得出对俄国社会民主党人具有特殊价值的教训。列宁在这篇序言中正是竭力把读者的注意力引向这些从俄国工人政党面临的任务来看特别重要的地方。这就是如何科学地对待、如何正确地学习和运用马克思主义。列宁以马克思和恩格斯对英美工人运动和德国工人运动给予不同的指导为例,说明两位世界无产阶级伟大导师精通唯物主义辩证法,"善于针对不同的政治经济条件的具体特点把问题的不同重点和不同方面提到首位加以强调的本领";指出他们是"针对不同国家的民族工人运动所处的不同阶段给战斗的无产阶级确定任务的典范"(见本卷第197—198页)。对于工人政党尚未巩固、理论上很弱、而工人运动却气势磅礴的美国,马克思和恩格斯总是教导社会党人要打破狭隘的宗派圈子参加到工人运动中去,反对他们把马克思主义变成教条,变成刻板的正统思想,而不是当做行动的指南。对于被"以议会形式粉饰门面的军事专制"统治着、无产阶级早已参加政治生活的德国,马克思和恩格斯最担心的则是用议会活动来限制和缩小工人运动的任务和规模,他们始终不渝地对德国社会民主党内的机会主义作不调和的斗争,总是教导人们不要陷入庸俗习气、"议会迷"和市侩知识分子机会主义的泥坑。列宁批评孟什维克引证恩格斯对美国工人运动的评论来为他们召开工人代表大会的主张辩护的明显错误,反对不顾具体条件而生搬硬套的做法。列宁认为,值得俄国社会民主党人注意并提到首位加以强调的倒是马克思和恩格斯对德国社会民主党人的告诫,俄国一切社会党人在同自由派资产阶级鼓吹德国合法的议会活动以愚化群众的行为作斗争中,应当把马克思和恩格斯的书信当做必不可少的武器。列宁告诫社会党人,从马克思和恩格斯的书信中汲取的教益不是其中的个别词句,而是他们对无产阶级国际经验所作的批评的全部精神和全部内容。

《俄国社会民主工党第五次代表大会文献》反映了布尔什维克在俄国第一次资产阶级民主革命期间社会民主党内两条路线、两种策略斗争中所取得的巨大胜利。1907 年 4 月 30 日俄国社会民主工党第五次代表大会在伦敦开幕。布尔什维克和孟什维克在会上进行了激烈的斗争。这次代表大会实际上是 1905 年以来党内斗争的总结。关于对资产阶级政党的态度，关于国家杜马，关于社会民主党杜马党团的工作报告，关于"工人代表大会"，关于工会等问题，代表大会都通过了以布尔什维克的草案为基础的决议。布尔什维克的基本策略路线成为全党的路线。

列宁在关于大会议程问题的发言中，特别强调理论问题的重要性。他说："好几年来，我们一直是在解决如何用马克思主义的观点来分析我国革命的问题。好几年来，我们一直是在用我国革命的经验来检验我们的理论观点和总的策略决定。"（见本卷第309 页）回避理论问题，不弄清重大问题，就会使党犯无数不必要的实际错误。他指出，代表大会应当把党的全部工作提到从理论上阐明工人政党的任务的高度。

关于对资产阶级政党的态度是代表大会争论的中心问题。列宁在就这个问题所作的报告和总结发言以及代表大会后写的《对资产阶级政党的态度》一文中，阐述了布尔什维克和孟什维克在关于俄国革命的性质、无产阶级在俄国革命中的作用、无产阶级政党的战略策略等根本问题上的斗争历史，分析和批判了孟什维克的决议草案。列宁指出孟什维克在这个问题上第一个主要错误是没有对各非无产阶级政党进行社会主义的批评，孟什维克实际上离开了马克思阶级斗争学说的立场；第二个主要错误是实际上不承认无产阶级在当前革命中应当采取独立的政策,不给无产阶级规定明确的策略。列宁认为,孟什维克对自由派资产阶级的反革命性不置一词,不指出哪些阶级的利益,哪些当前的主要利益决定着各政党的本质和它们的政策的本质,这就表明他们完全背离了马克思主义的阶级斗争观点。关于农民民主派,孟什维克主张与农民的空想主义作斗争,实际上是不懂得无产阶级在民主革命中推动农民取得彻底胜利的任务。列宁指出,农民的平均制思想,从社会主义的角度来看是反动的和空想的,从资产阶级民主主义的角度来看则是革命的。列宁在论证这个问题时,阐述了一个重要思想:资产阶级民主革命进行得愈不充分和愈不彻底,那么愈长久和愈沉重地压在无产阶级肩上的就不是社会主义任务,不是纯属本阶级的即无产阶级的任务,而是一般的民主任务。至于农民和农民民主派政党的动摇,列宁认为这是小生产者的经济地位所决定的,是不可避免的,因此,社会民主党不要怕同这种动摇划清界限,每当劳动派表现出畏缩和追随自由派时,就应该坚决地反对劳动派,揭露和谴责他们的小资产阶级动摇性和软弱性。

列宁在总结布尔什维克和孟什维克这场争论时写道:1904年底—1905年底为争论问题作了历史准备,并对这些问题作了概括,1905年底—1907年上半年在实际政策方面实地检验了这些争论问题。"这次检验用事实表明,支持自由派的政策遭到了彻底失败;这次检验使人们承认无产阶级在资产阶级革命中唯一革命的政策是:联合民主派农民,反对背叛成性的自由派,争取把革命进行到底。"(见本卷第384—385页)列宁认为,伦敦代表大会是消除社会民主党朝着自由派一边动摇的一个重要开端。

在《列宁全集》第2版中,本卷文献比第1版相应时期的文献增加了 8 篇:《孟什维克是否有权实行支持立宪民主党人的政策?》、《答尔·马尔托夫》、《关于无产阶级在资产阶级民主革命现阶段的任务》以及《俄国社会民主工党第五次代表大会文献》中的1、3、4、12、17 等五个发言。

弗·伊·列宁

（1900 年）

提交俄国社会民主工党
第五次代表大会的决议草案[1]

(1907 年 2 月 15—18 日〔2 月 28 日—3 月 3 日〕)

1. 关于民主革命的现阶段

鉴于：

(1)俄国目前所经历的经济危机看不出有近期消除的迹象,在危机延续的时间里,还要照旧产生大量的城市失业现象和农村饥饿现象,

(2)因此,无产阶级和资产阶级之间、地主和农民之间以及被政府收买的农民资产阶级和贫苦农民之间的阶级斗争日益尖锐起来,

(3)过去一年(从第一届杜马[2]起到最近的选举止)的俄国政治历史表明,各阶级的觉悟程度迅速提高了,这表现在:两极政党的力量大大加强,立宪幻想趋于破灭,"中间派"即努力用黑帮地主和专制政府能够接受的让步来阻止革命的自由派资产阶级政党立宪民主党[3]日益削弱,

(4)立宪民主党实行阻止革命的政策只会得到如下结果:资产阶级社会的生产力解放得极不彻底,无产阶级和农民群众的基本

需要完全得不到满足,这些群众必然经常遭到暴力镇压,

会议认为:

(一)目前正在发展着的政治危机不是立宪危机,而是革命危机,这一危机正在导致无产阶级群众和农民群众直接反对专制制度的斗争;

(二)因此,只能把即将到来的杜马选举运动当做人民夺取政权的革命斗争的一个环节来看待和利用;

(三)社会民主党是先进阶级的政党,它现在决不能支持立宪民主党的政策,具体说就是支持组织立宪民主党内阁。社会民主党应当竭尽全力在群众面前揭露这一政策的背叛性质;向群众解释他们所面临的革命任务;向他们证明,只有在群众觉悟很高和组织性很强的情况下,才能把专制政府可能作出的让步从欺骗和腐蚀群众的工具变成进一步发展革命的工具。

2. 关于对资产阶级政党的态度

鉴于:

(1)现时社会民主党面临的一项特别迫切的任务,就是要确定各个非无产阶级政党的阶级内容,估计各阶级现时的相互关系,据此确定自己对其他政党的态度,

(2)社会民主党一贯认为必须支持一切旨在反对俄国现存社会制度和政治制度的反政府运动和革命运动,

(3)社会民主党肩负着竭力使无产阶级在资产阶级民主革命中起领袖作用的责任,

会议认为：

（一）各黑帮政党（俄罗斯人民同盟[4]、君主派[5]、贵族联合会[6]等等）愈来愈彻底、愈来愈明确地成为农奴主-地主的阶级组织，它们愈来愈蛮横地从人民手中夺取革命的成果，因而不可避免地使革命斗争尖锐起来；社会民主党应当揭穿这些政党同沙皇政府的极其密切的联系以及同农奴制大地产如何利害攸关，并且阐明必须为彻底消灭这些野蛮势力残余进行不调和的斗争；

（二）十月十七日同盟[7]、工商党[8]，在某种程度上还有和平革新党[9]，等等，是一部分地主特别是大工商业资产阶级的阶级组织，它们虽然还没有在某种规定资格限制的、极端反民主的宪法的基础上同专制的官僚就分掌政权问题最后做成交易，但已经完全站在反革命方面，公开支持政府①；社会民主党［在利用这些政党同黑帮专制政府的冲突以利革命发展的同时］应该对这些政党进行最无情的斗争；

（三）自由主义君主派资产阶级各政党以及其中的主要政党立宪民主党，现在已经明确地背弃了革命，并且力求同反革命勾结起来阻止革命；这些政党的经济基础是一部分中等地主和中等资产阶级，特别是资产阶级知识分子，而一部分城乡民主派小资产阶级还跟着这些政党走（纯粹是由于习惯和直接受自由派的欺骗）；这些政党的理想不外是一个受到君主制、警察、两院制、常备军等等的保护以防无产阶级侵犯的正规的资产阶级社会；社会民主党应当利用这些政党的活动对人民进行政治教育，用彻底的无产阶级民主主义作反衬来揭露这些政党的伪善的民主词句，揭穿这些政

---

① 少数人提出的决议案是："……阶级组织，它们已经完全站在反革命方面，公开支持政府，抱定宗旨要实现规定资格限制的、极端反民主的宪法。"

党散布的立宪幻想,无情地反对它们对民主派小资产阶级的领导权;

(四)民粹派即劳动派的政党(人民社会党[10]、劳动团[11]、社会革命党[12])多少还能代表农民和城市小资产阶级的广大群众的利益和观点,它们在接受自由派的领导权和坚决反对地主土地占有制、反对农奴制国家这两者之间摇摆不定;这些政党用迷雾般的社会主义思想来粉饰它们的实质上是资产阶级民主性的任务;社会民主党应当不断揭穿这些政党的假社会主义性质,反对它们力图抹杀无产者和小业主之间的阶级对立,另一方面则应当用一切力量使这些政党摆脱自由派的影响和领导,促使它们在立宪民主党的政策和革命无产阶级的政策之间作出抉择,从而迫使它们站到社会民主党方面来反对黑帮和立宪民主党;

(五)由此而产生的共同行动决不应当违背社会民主党的纲领和策略,而只服务于同时向反动势力和背叛成性的自由派资产阶级进行总攻击的目的。

附注:方括号中是少数人删掉的话,他们提出了上述修改方案。

3. 关于社会民主党在国家杜马中的策略

(一)抵制国家杜马的策略曾经帮助人民群众正确地看到这个机关没有权力,不能起独立作用。第一届国家杜马立法活动的丑剧,以及第一届国家杜马的被解散,证明这个策略是完全正确的;

（二）但是资产阶级的反革命行动和俄国自由派的妥协主义策略阻碍了抵制直接取得胜利，并且迫使无产阶级也要在杜马选举运动基础上同地主和资产阶级反革命势力作斗争；

（三）社会民主党在杜马外和杜马内进行这一斗争，必须有利于提高无产阶级的阶级觉悟、加强和扩大无产阶级的组织、进一步在全国人民面前揭露立宪幻想，必须有利于革命的发展；

（四）社会民主党在即将开展的杜马选举运动中的直接的政治任务是：第一，向人民说明，把杜马当做实现无产阶级和革命小资产阶级特别是农民的要求的工具，是完全不合适的，第二，向人民说明，只要实权还操在沙皇政府手中就无法通过议会来实现政治自由，说明必须进行武装起义，成立临时革命政府，在普遍、直接、平等和无记名投票的基础上召开立宪会议；

（五）为了完成自己那些基本的社会主义的任务和直接的政治任务，作为无产阶级阶级政党的社会民主党应当是一个绝对独立自主的政党，应当在杜马中成立社会民主党党团，不论在党的口号还是党的策略方面都绝对不能同其他任何反对派政党或革命政党融为一体；

（六）特别是关于革命的社会民主党在杜马中的活动，必须说明目前由政治生活的整个发展进程所提出的下列几个问题：

（1）社会民主党杜马党团是我们党的一个组织，应当把它的批评、宣传、鼓动和组织的作用提到首位。社会民主党杜马党团所提出的法案应当为这些目的服务，而不应当为直接"立法的"目的服务，特别是在改善无产阶级的生活条件和保障无产阶级的阶级斗争自由、推翻农村中农奴主-地主的压迫、救援饥饿的农民、消除失业现象、解脱水兵和士兵的兵营苦役等等问题上提出的法案，更应当如此；

（2）在革命的人民取得决定性胜利以前，沙皇政府肯定不会让出自己的阵地，因而不论杜马采取什么策略，杜马和政府之间的冲突都不可避免，除非杜马把人民的利益出卖给黑帮，——在这种情况下，社会民主党党团和社会民主党要格外注意杜马外由于客观条件正在发展的革命危机的进程，既不要在不适当的时机引起冲突，也不要用降低自己口号的办法来人为地防止或延缓冲突，因为降低口号只能使社会民主党在群众心目中威信扫地，使社会民主党脱离无产阶级的革命斗争；

（3）社会民主党一方面应当揭穿一切非无产阶级政党的资产阶级实质，提出自己的法案来反对他们的一切法案等，另一方面还应当始终反对立宪民主党人在解放运动中的领导权，迫使小资产阶级民主派在立宪民主党的伪善的民主主义和无产阶级的彻底的民主主义之间作出抉择。

4. 关于群众的经济贫困的加剧和 经济斗争的尖锐化

鉴于：

（1）许多事实证明，无产阶级的经济贫困严重加剧，无产阶级的经济斗争极端尖锐化（波兰发生同盟歇业[13]；彼得堡和伊万诺沃-沃兹涅先斯克工人展开反对生活用品价格上涨的运动；莫斯科工业区展开广泛的罢工运动；工会机关紧急号召为尖锐的斗争作准备，等等），

　　(2)根据各种迹象来看,这些不同表现的经济斗争这样集中,使人有理由预期会发生一次遍及各地的、能把无产阶级中比从前广泛得多的阶层吸引进来的群众性经济斗争,

　　(3)俄国革命的全部历史表明,革命运动的一切巨大高潮只能在这样的群众性经济运动的基础上产生,

　　会议认为:

　　(一)各级党组织必须极其认真地注意这种现象;必须收集更充分的材料并把这方面的问题列入党的第五次代表大会的议程;

　　(二)必须尽可能集中更多的党的力量到群众中去进行经济鼓动;

　　(三)必须重视这种经济运动,因为它是俄国正在发展着的整个革命危机的根本源泉和最重要的基础。

5. 关于非党工人组织和无产阶级中的无政府工团主义思潮

　　鉴于:

　　(1)在俄国社会民主工党内,由于阿克雪里罗得同志鼓吹召开非党工人代表大会[14],已出现了一种主张取消社会民主工党而代之以无产阶级的非党政治组织的思潮(拉林、舍格洛、艾尔、伊万诺夫斯基、米罗夫、敖德萨出版的《劳动解放》[15]),

　　(2)与此同时,在党外,正在无产阶级中进行直接反对党的无政府工团主义的宣传,并同样提出了召开非党工人代表大会和成立非党组织的口号(莫斯科的《联合事业》[16]和联合事业派,敖德萨

的无政府主义出版物等),

(3)尽管俄国社会民主工党在十一月全国代表会议上通过了决议[17],我们党内还是发现了一些企图成立非党组织的分裂活动,

(4)另一方面,在革命有某种程度的高涨时,俄国社会民主工党从来不拒绝利用某些类似工人代表苏维埃那样的非党组织,来加强社会民主党在工人阶级中的影响和巩固社会民主主义的工人运动(见彼得堡委员会和莫斯科委员会关于工人代表大会的九月决议[18],载于《无产者报》[19]第3号和第4号上),

(5)在革命开始高涨的基础上,为了发展社会民主党,有可能建立或者利用类似工人代表苏维埃、工人全权代表苏维埃等这样一些非党的工人阶级代表机关,但是社会民主党组织应当看到,如果社会民主党在无产阶级群众中能正确、持久和广泛地进行工作,那么类似的机关实际上就成为多余的了,

会议认为:

(一)必须同无产阶级中的无政府工团主义运动以及社会民主党内的阿克雪里罗得思想和拉林思想进行最坚决的原则的斗争;

(二)必须最坚决地反对一切分裂活动和蛊惑活动,不允许从俄国社会民主工党内部削弱党的组织或利用党的组织来达到以无产阶级的非党政治组织代替社会民主党的目的;

(三)社会民主党组织在必要时可以参加跨党派的工人全权代表苏维埃、工人代表苏维埃和工人代表大会,而且为了发展和巩固社会民主工党,在党严格地组织这一工作的条件下,也可以自己建立这样的机构;

(四)为了扩大和加强社会民主党对广大无产阶级群众的影响,一方面,必须加紧组织工会并在工会中进行社会民主党的宣传

鼓动,另一方面,必须愈来愈广泛地把工人吸收到党的各种组织中来。

载于 1907 年 3 月 4 日《无产者报》第 14 号　　　　　　　　译自《列宁全集》俄文第 5 版第 15 卷第 3—11 页

俄国社会民主工党
在选举运动时期的策略[20]

(1907 年 2 月 17 日〔3 月 2 日〕)

　　1906 年 4 月在斯德哥尔摩举行的最近一次俄国社会民主党代表大会[21]决定,社会民主党人不应同资产阶级政党订立任何选举协议。这个原则在西伯利亚和高加索的第一届杜马的选举中立即被实行。这个原则是否同样适用于第二届杜马呢？布尔什维克说,适用;孟什维克说,不适用。为了解决这个问题,布尔什维克要求召开非常代表大会。11 月初,只举行了代表会议,所有党组织都派代表参加了这次会议。孟什维克会同崩得[22]支持在即将到来的选举中同立宪民主党达成协议的建议。而布尔什维克会同拉脱维亚代表[23]和波兰代表[24]谴责这种协议。前一项建议获得 18 票,后一项建议获得 14 票。代表会议决定,各级地方组织应独立自主地对这个问题表态。布尔什维克故意对孟什维克说:"让彼得堡也和其他地方一样自己决定吧。"

　　必须知道两件事情:一方面,孟什维克同它的名称相反,在党的中央委员会中占多数,换句话说,孟什维克掌握着党的总的政策;另一方面,布尔什维克在彼得堡和莫斯科两个省委员会中占多数。遭到两个首都的反对,这使中央委员会处于一种难堪和不体面的境地。这就是中央委员会不惜任何代价想在彼得堡和莫斯科推行孟什维克政策的由来。为了彼得堡的选举,中央委员会竟冒破坏地方自治的危险,一找到借口,就制造分裂。[25]

彼得堡组织还没有召开十一月全国代表会议规定要召开的省代表会议。自由派报纸早就在热烈地讨论选举策略的问题了。他们担心社会党人会不管他们而单独行动,会撇开他们并违反他们的意愿而把群众组织在革命旗帜的周围。他们攻击布尔什维克,一直把布尔什维克说成是"宗派主义者、教条主义者、布朗基主义者和无政府主义者等等",但是他们希望同其他革命政党一起进行选举运动,共同提出选举名单。他们掌握了彼得堡几家最大的报纸,因此容易让别人听到自己的意见。而布尔什维克手里只有秘密的机关报《无产者报》,而且在国外出版,每月只出两号。

孟什维克中央委员会通过暗中的联系秘密地告诉立宪民主党人,说社会民主党的策略取决于中央委员会,而不取决于布尔什维克的省委员会。在1月初举行的有立宪民主党、人民社会党、劳动派、社会革命党和社会民主党的代表参加的情况通报会议[26]上,这个问题暴露出来了。当时大家都赞成共同提出名单。只有省委员会的代表除外,他在会后声明说,委员会要过几天才能作出决定。于是中央委员会的代表就出来干涉,他说:"最好协议不由整个组织订立,而由各个区〈这样的区在彼得堡有12个〉单独订立。"省委员会的代表答道:"我倒是第一次听到这样的建议! 这是中央委员会的方案吗?"中央委员会的代表回答说:"不是,这是我的主张。"

聪明人不用明言。立宪民主党人已经明白了。《言语报》[27](立宪民主党的正式机关报)、《同志报》[28](左派立宪民主党人的机关报,类似米勒兰派社会党人[29]的机关报)、《国家报》[30](民主改革党[31]的机关报)都声称,孟什维克是社会民主党内明智的、模范的、体面的部分。布尔什维克则是野蛮势力的代表,他们阻碍社会主义成为文明的和议会制的社会主义。但是,我们当着立宪民主党的领袖米留可夫的面告诉他们:布尔什维克将撇开他们单独行动。

负责解决选举策略问题的彼得堡代表会议于1月6日举行。参加会议的有39个布尔什维克和31个孟什维克。孟什维克起初对代表名额的分配问题提出异议;他们毕竟还不敢要求占多数;但这成了他们退出会议的借口。第二个借口是:为了解决选举的策略问题,他们根据中央委员会1月4日的建议要求把组织分成两部分,即召开单独的彼得堡市代表会议和单独的彼得堡省代表会议。社会民主党彼得堡组织一部分是按照居住原则建立的,一部分是按照民族原则建立的(如拉脱维亚支部、爱沙尼亚支部),或者是按照职业原则建立的(如军事支部,铁路员工支部)。凡是了解这种情况的人都明白,上述建议不仅破坏了党组织的自治原则,而且从某方面来说简直是没有常识。因此,代表会议反对这个建议,何况向代表会议提出的这个建议完全是命令式的,根本不符合代表会议的原则。

31个代表退出了会场,于是中央委员会宣称,少数不必服从多数的决议。这不仅是挑战,而且简直是由中央委员会宣布分裂。

31个代表单独成立了他们自己的委员会,并且参加了立宪民主党人同劳动派、人民社会党人和社会革命党人的左派联盟的谈判,但是一个新角色的出台破坏了这场交易。1月4日《新时报》[32]发表了大臣的弟弟、十月党人斯托雷平的一篇文章。他写道:"如果立宪民主党人能够毅然同革命集团彻底断绝关系,完全拥护宪制,那么他们的党就可以取得合法地位。"过了几天(1月15

日），米留可夫晋谒了斯托雷平大臣，晋谒后的第二天，所有立宪民主党的报纸都发表了消息，说立宪民主党已经中断了同左派的谈判。但是这出把戏没有给立宪民主党带来什么好处，他们只是白白地大丢其脸。他们不能够接受斯托雷平的条件。

至于孟什维克，他们同样白白地大丢其脸。开始的时候，尽管米留可夫晋谒了斯托雷平，他们还是继续同立宪民主党人和左派集团谈判。只是在1月18日才举行了那次发生破裂、未能就代表席位分配问题达成协议的代表会议[33]。接着，就在这段时间，《言语报》写道：为了排除布尔什维克，立宪民主党人把答应给工人选民团的一个席位让给孟什维克，而孟什维克一点也不反对这种绝无仅有的拿工人选票做交易的办法。不仅如此！中央委员会还继续同立宪民主党人做交易，这意味着同意立宪民主党人的条件。就是这件事引起了工人们的愤慨！就是这同一件事使我不得不写**《31个孟什维克的伪善面目》**这本小册子①，也就是因为这本小册子，孟什维克要把我送到党的法庭上受审判。

在发生分裂的1月6日代表会议后，布尔什维克说："如果左派，包括孟什维克在内，同立宪民主党人结成联盟，我们就单独进行斗争。如果他们的谈判破裂，我们就向他们提出订立协议的条件，而接受这些条件，对于他们来说，也就是接受由无产阶级领导的原则。"

左派同立宪民主党人的谈判破裂了（1月18日的代表会议）；这对于我们来说是第一个胜利。我们提出不能同立宪民主党缔结协定，把它作为建立左派联盟的条件。1月25日，除孟什维克外，

---

①　见本版全集第14卷第310—321页。——编者注

全体左派都接受了这项条件。这是第二个胜利。我们提出彼得堡的六个席位这样分配:两个给工人选民团,两个给社会民主党人,两个给其他党派。很明显,工人选民团选出的一定是两个社会民主党人。离开选举日期还有15天,这时发生了一件立宪民主党人完全没有料到的事:除了黑帮的名单、十月党人和立宪民主党人的名单外,还出现了没有立宪民主党人和孟什维克参加的左派联盟的名单。

在上几次有左派政党参加的代表会议上,立宪民主党人提出给左派两个席位,而左派要求三个。现在立宪民主党人看到我们成立左派联盟来对付他们,他们害怕了,于是在他们的名单中,只提出三个立宪民主党的候选人。他们建议其余三个席位这样分配:一个给柯瓦列夫斯基教授(民主改革党),第二个给彼得罗夫神父(基督教民主派,是一个很有名的蛊惑家),第三个给工人。他们最后作这样的让步,只不过是为了阻挡人民的怒潮。

立宪民主党人在选举中获得了胜利,但应当着重指出,左派联盟在彼得堡获得了全部选票的25%,而且在维堡区取得了胜利。立宪民主党人在许多选区只是以微弱的多数取得胜利。有5个选区只要再争取到1 600票,左派联盟就能获得胜利;在科洛姆纳区只差99票。可见,阻碍左派政党在彼得堡取得胜利的是孟什维克;不过总的来说,革命左派在新的杜马中比过去大大加强了。

我们作了一次极有教益的试验。首先,我们看到,彼得堡工人都是一些坚决捍卫党组织的自治原则而反对中央委员会干涉的坚定的布尔什维克。其次,现在我们知道,应当怎样来看待黑帮危险的问题。黑帮危险是硬搬出来替第一级选举中同立宪民主党达成协议作辩护的论据。这无非是编造出来欺骗社会主义政党并帮助立宪民主党防范左派危险的东西,因为,正如《言语报》有一次不得不承认的:"对于立宪民主党来说,真正的危险来自左面。"立宪民主党的报纸接连几个星期对我们说:"谁投左派的票,就是让右派有当选的机会。"他们用这一口号来迷惑不坚定的分子。他们通过这种无耻的活动使左派联盟在莫斯科得的选票(13％)比在彼得堡得的少,因为我们在莫斯科没有掌握什么报纸。但是他们不能阻碍揭露一个毋庸置疑的真理:黑帮危险是假的,是一种借口。莫斯科和彼得堡一样,也有四个名单;不论在莫斯科还是彼得堡,黑帮和十月党人的联盟都没有给右派带来胜利。我们手头有数字,需要时我们可以引证。

　　总之,孟什维克甘愿支持立宪民主党人,为他们效劳。我们是不会跟他们跑的。人民是不会跟他们跑的。立宪民主党人的所作所为使群众日益左倾了。如果米留可夫以为,把我们的政策说成是"冒险政策",把我们的旗帜说成是"红抹布",就可以使我们失去拥护者,那么我们只能请他继续发表这样的谬论,因为这样的谬论对我们有好处。立宪民主党化的孟什维克最好考虑一下这样的事实:在彼得堡,在那些工人原先是布尔什维克的工厂里,现在选出来的还是布尔什维克,而在那些工人原先是孟什维克而且主要是孟什维克在进行宣传活动的工厂里,现在……**选出来的却是社会革命党人**!社会革命党人自己一定很惊奇,他们怎么得了这样多的选票。他们一定非常感激孟什维克的机会主义!对于我们来说,这样的结局只能使我们确信:同过去任何时候相比,今天我们的职责和胜利的保证更加是同民主派农民一起行动,共同反对愈来愈反革命的资产阶级的卑鄙行径和背叛行为,而不是同要取消革命的自由派资产阶级一起行动。最好的政策还是而且永远是不加掩饰的革命政策,即在无产阶级的旗帜下进行激烈的、完全独立的斗争,逐步把无数的民主派农民群众同无产者工人一起聚集在我们的周围。

载于1907年4月4日《人道报》   译自《列宁全集》俄文第5版
第1082号   第15卷第12—18页

第二届国家杜马的开幕

1907 年 2 月 20 日于圣彼得堡

第二届杜马[34]今天开幕了。召开这届杜马的条件,选举的外部条件和内部条件,杜马进行工作的条件,所有这一切,同第一届杜马比较起来都有所不同。设想事件会出现简单的重复,显然是错误的。另一方面,尽管过去这个多事的政治年度发生了各种各样的变化,但是仍然可以看到一个基本特点,这个特点表明运动总的说来已发展到一个较高阶段,道路虽然曲折,但始终在不断地前进。

这个基本特点可以简单说明如下:上层右倾了,下层左倾了,政治上的两极加强了。不仅是政治上的两极加强了,而且首先是社会经济上的两极加强了。最近在第二届杜马召开前发生的事件特别说明,虽然政治生活表面看起来很平静,但是群众(不论是工人阶级群众还是农民广大阶层的群众)觉悟的提高却不知不觉地、不声不响地然而又是扎扎实实地在起作用。

由战地法庭[35]肆虐的宪制在过去一年中变化很小,但各阶级在政治上的变动却很大。拿黑帮来说吧。起初他们主要是一小撮警棍,还有很小一部分非常无知的、被愚弄的、有时简直是酩酊大醉的平民跟着他们跑。而现在黑帮政党由贵族联合会领导。农奴主-地主在革命中团结起来了,彻底"觉悟了"。黑帮政党逐渐成了必须为保住自己那些受当前革命威胁最大的好处(农奴制时代的残余——大地产,最高等级的特权以及勾结宫廷奸党操纵国事的有利条件等等)而拼死抗争的人们的阶级组织。

再拿立宪民主党来说。在那些明显具有资产阶级性质的政党中间,它过去无疑算得上是最"进步的"一个政党了。可是它已经向右走得很远了! 现在再也不像去年那样在反动势力和人民斗争之间摇摆了,而是干脆仇视人民斗争,直截了当地、恬不知耻地扬言要阻止革命,要安安静静地过日子,要同反动势力勾结,要开始营造一个让资本主义式的地主和厂主感到舒服的"小窝"——狭隘的、为阶级私利服务的、对一切人民群众严酷无情的君主立宪制。

过去人们说立宪民主党比中间派要左,说崇尚自由的政党和主张反动的政党之间的分水岭在立宪民主党的右边。这种许多人过去常犯的错误现在再也不能重复了。立宪民主党是中间派,而这个中间派愈来愈露骨地同右派进行勾结。各个阶级在政治上的重新组合表现在:从事资本主义经营的地主和广大的资产阶级阶层已经成为立宪民主党的支柱;而民主派小资产阶级各阶层正在明显地离开立宪民主党,只是因为传统和习惯,有时完全是因为受了欺骗,才跟着它走。

在农村中,当前的革命的主要斗争即反对农奴制、反对地主土地占有制的斗争,愈来愈尖锐和明显了。农民对立宪民主党不是民主派政党这一点比城市小资产者看得更清楚。农民更坚决地摒弃了立宪民主党。可以说,主要是农民复选人在省的选举大会上压倒了立宪民主党人。

农民和地主之间的对抗,对于资产阶级革命来说是一种最深刻和最典型的、人民自由和农奴制之间的对抗,这种对抗在城市中并不占首要地位。在城市中,无产者已经意识到了另一种更深刻得多的利益的对立,这种对立产生了社会主义运动。从全国整个来看,工人选民团选出的绝大多数是社会民主党人,少数是社会革命党人,其他党派的成员微不足道。毫无疑问,就是在城市小资产阶级民主派中,下层也离开立宪民主党向左转了。根据《言语报》发表的立宪民主党统计学家斯米尔诺夫先生所作的统计,22个城市153 000个选民就四个名单进行选举的结果是:君主派得17 000票,十月党人得34 000票,**左派联盟**得41 000票,立宪民主党人得74 000票。在第一次选举战中,尽管立宪民主党的日报和立宪民主党的合法组织发挥了很大作用,尽管立宪民主党关于黑帮有当选危险的谎言发挥了很大作用,尽管左派还处在地下状态,立宪民主党人还是失掉了这样多的选票,这就明显地说明店员、小职员、下级官吏和贫穷的房客有了转变。如果再有一次这样的选举战,立宪民主党人就会垮台。城市民主派已经离开他们而靠近劳动派和社会民主党人了。

整个无产阶级已经动员起来,广大民主派小资产阶级特别是农民正在动员起来,反对黑帮贵族联合会,反对吓破了胆而背弃革命的自由派资产阶级。

各个阶级在政治上的重新组合是这样深刻、这样广泛、这样有力,战地法庭的任何迫害,参议院的任何说明[36],反动派的任何诡计,以及立宪民主党不停地用来充斥日报全部版面的各种谎言,无论是什么,都不能够阻碍这种重新组合在杜马中得到反映。第二届杜马显示出,各个阶级的深刻的、广泛的、组织严密的、自觉的斗争尖锐起来了。

当前的任务是:认清这一基本事实,善于把杜马中的各个不同部分同下层的这种强大支持更密切地联系起来。眼睛不要看着上层,不要看着政府,而要看着下层,看着人民。注意力不要放在没有多大意义的杜马工作程序上。一个民主派不应当像立宪民主党人那样庸俗地想着怎样退缩一下,不要作声,不要让杜马被解散,不要激怒斯托雷平之流。一个民主派的全部注意力和全部精力都应当用来加固把下面已经开始有力地转动起来的大轮子同上面的小轮子连接起来的传动带。

作为先进阶级政党的社会民主党,现在比任何时候都更应当率先挺起胸膛,独立自主地、坚决勇敢地起来说话。为了无产阶级那些社会主义的和纯属本阶级的任务,它应当表明自己是一切民主派的先锋队。我们应当同小资产阶级的各阶层划清界限,但这不是为了使自己陷于一种仿佛很光荣的孤立(这样做实际上是帮助自由派资产者,做他们的尾巴),而是为了毫不动摇、毫不含糊地**领导**民主派农民**前进**。

把还在自由派领导下的那一部分民主派争取过来,带领他们前进;教会他们依靠人民,团结下层群众;在整个工人阶级面前、在所有破产的和饥饿的农民群众面前更高地举起**自己的**旗帜;——这就是社会民主党进入第二届杜马后的首要任务。

载于1907年2月20日《新光线报》
第1号

译自《列宁全集》俄文第5版
第15卷第19—22页

第二届杜马和无产阶级的任务[37]

(1907 年 2 月 20 日〔3 月 5 日〕)

工人同志们!

第二届国家杜马召开的日子已经来到了。觉悟的无产阶级从来不相信,派人向指挥一伙黑帮暴力者的沙皇请愿,就可以使人民得到自由,使农民得到土地。觉悟的无产阶级为了唤醒愚昧的、轻信杜马的农民群众,曾经抵制过杜马。第一届杜马的经历,政府对杜马提案的嘲弄和杜马的被解散,说明觉悟的无产阶级是正确的,说明通过和平道路、依靠由沙皇颁布并为黑帮所维护的法律是不能获得自由的。

社会民主党一再劝告人民不要把请愿者而要把战士派到第二届杜马中去。人民对和平道路的信念已经破灭了。这一点,从鼓吹和平道路的自由派政党立宪民主党在选举中遭到惨败就可以看出。这个企图把黑帮专制制度同人民的自由调和起来的、自由派地主和资产阶级律师的政党,在第二届杜马中的地位削弱了。黑帮增强了,他们获得了几十个代表席位。但是比过去大大增强的是左派,也就是那些比较坚决和彻底地主张革命斗争而不主张和平道路的人。

第二届杜马比第一届杜马左。在第二届杜马中,社会民主党人比过去多得多,革命的民主派(社会革命党人和一部分劳动派)

也比过去多。第一届杜马是指望走和平道路的杜马。第二届杜马是黑帮沙皇政府同群众的代表，即同为了争取社会主义而自觉地争取自由的无产者群众和自发地起来反对农奴主-地主的农民群众的代表进行尖锐斗争的杜马。

新杜马的选举表明，尽管有各种各样的迫害和禁令，广大人民群众的革命觉悟还是在不断提高和巩固。一股新的革命浪潮，亦即人民争取自由的新的革命战斗日益临近了。

这场战斗将不是在杜马中进行。这场战斗将由无产阶级、农民和一部分觉悟的军队的起义来解决。这场战斗正随着事变的整个进程，随着杜马左派同政府以及立宪民主党人之间的冲突的整个进程日益逼近。

工人们，准备好迎接重大的事变吧。不要白白浪费自己的力量。我们不要加速事变进程，让沙皇和他的黑帮奴仆先进攻吧。他们为了摆脱新的杜马，将不得不向人民进攻，解散杜马，废除选举法，开始一系列暴行。

让暴力者们开始进攻吧。无产阶级应当顽强地、坚定地、沉着地进行工作，使人民群众中有愈来愈多的人作好准备去迎接伟大的、殊死的争自由的战斗。工人同志们！我们经历了革命的头几次伟大搏斗：1905年1月9日事件[38]、十月罢工[39]、十二月起义[40]。我们要重新积聚新的力量，准备进行新的、更加严酷的、更有决定意义的战斗，使左派杜马点起的篝火燃成烧遍全国的烈火。必须积聚和集中一切力量来迎接即将到来的决战。

同志们，要记住，第二届杜马必然会导致斗争，导致起义。不要在小事上耗费自己的精力。

争自由的全民起义万岁！

Россійская Соціалдемократическая Рабочая Партія.

Пролетаріи всехъ странъ, соединяйтесь!

РАБОЧІЙ

Газета Охтенск. и Самсон. подрайоновъ Выборгскаго района.

№ 2.　　пятница, 23 Февраля 1907г,　　Цѣна 1 к.

Товарищи - рабочіе!

День созыва второй Госуд. Думы насталъ. Сознательный пролетаріатъ никогда не вѣрилъ въ то, чтобы можно было добиться воли народу земли крестьянству путемъ посылки ходатаевъ къ царю, управляющему шайкой черносотенныхъ насильниковъ. Сознательный пролетаріатъ бойкотировалъ Думу, чтобы предупредить темныя крестьянскія массы, которыя вѣрили въ Думу. И опытъ съ первой Думой, издѣвка правительства надъ ея предложеніями, ея разгонъ показали, что сознательный пролетаріатъ былъ правъ,— показали, что мирнымъ путемъ, на почвѣ законовъ царемъ изданныхъ и черносотенцами оберегаемыхъ, нельзя добиться свободы.

Во вторую думу соціалдемократія совѣтовала народу посылать не ходатаевъ, а борцовъ. Вѣра въ мирный путь подорвана у народа. Это видно изъ того, что партія либераловъ, проповѣдующая мирный путь, кадеты, потерпѣла крушеніе на выборахъ. Эта партія либеральныхъ помѣщиковъ и буржуазныхъ адвокатовъ, пытающаяся примирить черносотенное самодержавіе съ народной свободой, входитъ во вторую Думу ослабѣвшей. Усилились черносотенцы, которые провели нѣсколько десятковъ депутатовъ. Но еще гораздо болѣе усилились лѣвые, т. е. тѣ, кто болѣе или менѣе рѣшительно и послѣдовательно стоятъ не за мирный путь, а за революціонную борьбу.

Вторая Дума—лѣвѣе первой Думы. Во второй Думѣ гораздо больше соціалдемократовъ и больше революціонныхъ демократовъ (с.-р. и часть трудовиковъ). Первая Дума была Думой надеждъ на мирный путь. Вторая Дума —Дума острой борьбы между черносотеннымъ царскимъ правительствомъ и представителями массы, массы пролетаріевъ, сознательно добивающихся свободы ради борьбы за соціализмъ, — массы крестьянства, стихійно подымающагося противъ крѣпостниковъ помѣщиковъ.

Выборы новой Думы показали, что не смотря ра всѣ преслѣдованія и запреты растетъ и крѣпнетъ революціонное сознаніе въ широкихъ народныхъ массахъ. Близится новая революціонная волна, новый революціонный бой народа за свободу.

Этотъ бой будетъ данъ не въ Думѣ. Этотъ бой рѣшитъ возстаніе пролетаріата, крестьянства и сознательной части войска. Этотъ бой надвигается на всѣхъ ходомъ событій, всѣмъ ходомъ столкновеній лѣвой части Думы съ правительствомъ и кадетами.

Будьте же готовы, рабочіе, къ серьезнымъ событіямъ. Не тратьте своихъ силъ понапрасну. Намъ не надо ускорять развязки: пусть царь и его черносотенные слуги нападаютъ первые. Имъ придется нападать на народъ, разогнать Думу, отмѣнить избирательный законъ, начинать рядъ насилій, чтобы развязаться съ новой Думой.

Пусть насильники начинаютъ. Пролетаріатъ долженъ стойко, твердо, выдержанно готовить болѣе и болѣе широкія массы народа къ великому, отчаянному бою за свободу. Товарищи рабочіе! Мы пережили перыя великія схватки революціи 9-ое января 1905г., октябрьскую стачку, декабрьское возстаніе. Мы будемъ собирать новыя силы для новаго еще болѣе грознаго, рѣшительнаго выступленія когда разгорится костеръ лѣвой Думы во всероссійскій пожаръ. Можно всѣ силы собрать и сосредоточить для грядущаго рѣшительнаго сраженія.

Помните, товарищи, что вторая Дума неизбѣжно ведетъ къ борьбѣ, къ возстанію. Не растрачивайте своихъ силъ на пустяки

Да здравствуетъ всенародное возстаніе за свободу!

Да здравствуетъ революція!

Да здравствуетъ международная революціонная соціалдемократія!

Н. Ленинъ

ПИСЬМА РАБОЧИХЪ

Заводъ Крейтона.
(Окончаніе.)

Въ сосѣднія, фильерная и кузнечной мастерской лозунгу удалось. Литература тутъ игнорируется, особенно платная, и пропагандѣ мѣшаетъ кузнецъ зъ кличкой "старый хрычъ". Организовавшихъ въ этой мастерской только одинъ человѣкъ. Мастеръ, очевидно извѣстна: провокатора Ушакова, вполнѣ оправдывать свою фамилію собственнымъ повѣденіемъ.

Передъ выборами по городской куріи черносотенная и кадетская прокламаціи и билетики въ большомъ количествѣ получаются нѣкоторыя квартирохозяевами, которые, принося разъ на заводъ, вызываютъ подъ ноготокъ и затѣмъ вывѣшиваютъ на доскѣ съ подписью: «Кадетскія (подметкя) силы подметкя кадекты.

革命万岁！

革命的国际社会民主党万岁！

载于1907年2月23日《工人报》   译自《列宁全集》俄文第5版
第2号   第15卷第25—26页

关于斯托雷平的宣言[41]

声 明 草 案

(1907年2月20日和28日〔3月5日和13日〕之间)

俄国社会民主工党的国家杜马代表向人民发表并建议杜马向人民发表声明如下:

政府通过它的首席大臣斯托雷平先生向人民代表宣称,政府打算继续执行解散第一届杜马以后所实行的政策。政府不想考虑人民代表的意愿。它要求人民代表接受它的政策,帮助政府发展、完善它的政策,更准确、更全面地推行这个政策。

政府的政策意味着什么呢?

这个政策意味着维护一小撮大地主和朝臣显贵的利益,维护他们剥削和压迫人民的权利。既不给土地,也不给自由!——这就是政府通过斯托雷平向人民作的宣告。

农民从政府那里什么也盼不到,政府只会保护地主而残酷无情地压制农民,不容许农民追求光明,追求自由,追求生活的改善,追求土地转归农民,追求摆脱沉重的盘剥、苦役式的生活和慢慢饿死的命运。农民所能盼到的是政府继续使用暴力,这种暴力已经夺去农民成千上万个优秀儿女,使他们遭到囚禁、流放和杀害,因为他们对官吏的专横和地主的压迫进行了英勇的斗争。用小恩小惠收买极少数的农村吸血鬼和富农,帮助他们洗劫已彻底破产的农村，以奖赏他们为专制政府效劳，这就是斯托雷平和他的内阁想要实行的政策。

　　工人从这个政府那里除了暴力和压迫什么也盼不到。政府仍将束缚工人的双手，不许他们为改善自己的境遇而斗争，仍将查封工人团体，摧残工人报纸。大工厂主为压迫工人所采取的一切措施仍将得到政府的帮助和支持。工人从政府那里所能盼到的不是对失业造成的极度贫困进行救济，而是使这种贫困进一步加深和加剧。由厂主和警官开会制定的法律，这就是政府对工人阶级的帮助。俄国工人早就领教过政府这种"关怀"工人阶级的政策了。

　　士兵和水兵在政府为了一小撮朝臣的贪得无厌而同日本进行的战争中流血牺牲；在国内，他们为了改善自己的生活，为了摆脱兵营苦役，为了使自己感到是人而不是牲畜，也在流血牺牲。但是，士兵和水兵从政府那里什么也盼不到，政府对他们只会像过去那样使用暴力和进行压迫，像过去那样给予粗暴待遇和一块硬面包，以奖赏他们镇压和征服自己的兄弟——为获得自由，为使农民得到土地而斗争的工人和农民。

　　政府的宣言清楚地表明，它不要和平，而要同人民进行战争。宣言中有一点没有公开说出来，受人民委派并忠于人民利益的杜马代表要把这一点告诉人民。政府没有公开说出的是：政府的宣言表示政府决心（这是不可避免的）解散第二届杜马，根本不让它有可能表达人民的意志，表达农民、工人、士兵的疾苦，表达一切劳动人民的疾苦，表达人民在选举代表进杜马时在委托书中委托他们表达的一切。

　　社会民主工党一向总是对人民说，杜马无力给人民自由和土地。捍卫工农两个阶级利益的杜马代表决心尽一切力量为两个阶级的利益服务,通过在杜马中宣布事实真相的办法帮助人民:向俄国全境的千百万人民说明,政府实行的是怎样一种有害的反人民的政策,它给人民设置了什么样的圈套,它对人民拒绝实行的是哪些法令和措施。

杜马代表和整个杜马是能够帮助人民的,但他们没有人民便一事无成。如果说俄国在一个短时期内争取到了自由(尽管只有一点点),如果说俄国争取到了一个人民代表机关(尽管为时短暂),那么这一切全都是人民斗争的成果,全都是工人阶级、农民、士兵和水兵为自由而忘我斗争的成果。

政府又一次向人民宣战了。它已经走上一条会导致解散第二届杜马、废除现有选举制和恢复旧时俄国专制制度的旧秩序的道路。

工人阶级的代表谨将这些情况通报给全国人民。

载于1931年《列宁文集》俄文版　　　译自《列宁全集》俄文第5版
第16卷　　　　　　　　　　　　　第15卷第27—29页

有重要意义的第一步

1907 年 2 月 21 日于圣彼得堡

昨天我们表示希望:孟什维克既然在《俄国生活报》[42]上讲了社会民主党要保持独立的漂亮话,那他们一定能执行正确的政策。

前天晚上召开的立宪民主党会议使这一切希望破灭了……

事情的经过是这样的。

2 月 19 日下午社会民主党杜马党团召开了会议。有人建议去参加立宪民主党人举行的非正式会议。一部分代表坚决反对。他们说,工人阶级的代表到和斯托雷平搞交易的自由派资产者那里去是可耻的,社会民主党人应当执行无产阶级的政策,不应当执行立宪民主党的政策,不应当把农民领到自由派老爷那里去,不应当帮助建立**立宪民主党的**"左派"联盟。孟什维克却设法通过了自己的决定。

2 月 19 日晚上,在多尔戈鲁科夫的住宅里举行了有将近 300 个"反对派"杜马代表参加的会议,其中有立宪民主党人、**民族民主党人**[43](波兰的黑帮民族主义资产者),所有的左派:劳动派、社会革命党人和……社会民主党人。一部分社会民主党代表没有到立宪民主党人那里去。

在立宪民主党人的会议上发生了什么事情呢?

在立宪民主党人的会议上,所有的左派,所有的民主派,即小资产者(民粹派、劳动派、社会革命党人)和所有的立宪民主党式的社会民主党人都**在立宪民主党的建议书上签了字**。据《同志报》报道,孟什维克作了正式声明,说他们的决定不是最后的决定,他们还要征求杜马党团的意见。而据《言语报》(立宪民主党的中央机关报)报道,没有**任何人**作过任何声明。

这就是说,那些充当自由派忠实奴仆的社会民主党人接受了自由派的整个方案,把主席团的多数席位(三个席位中的两个)献给了立宪民主党人,同意劳动派取得第三个席位,**从而让劳动派依附于立宪民主党人**,同意不向人民说明主席团的选举有什么政治意义,为什么每一个有觉悟的公民**一定要**按照党的态度而不能按照非正式的幕后的协定来解决这个问题。

能不能用害怕杜马会选出一个黑帮主席团来替这种行为辩护呢? 不能。我们在昨天普·奥尔洛夫斯基同志写的文章中已经指出,**不管**在立宪民主党人和左派之间**怎样分**选票,黑帮都**不会**得到胜利。

实际上决定孟什维克的政策的不是黑帮胜利的危险,而是要为自由派效劳的愿望。

社会民主党人究竟应当采取什么样的政策呢?

或者是不介入,作为社会党人,不同那些出卖自由和剥削人民的自由派站在一起;或者是领导能够进行斗争的民主派小资产阶级去反对黑帮和自由派。

当**所有**资产阶级政党在争取民主问题上的本质区别已经消失的时候,社会党人必须采取第一种政策。欧洲的情形常常是这样。那里没有革命。所有的资产阶级政党都失去了为民主进行斗争的能力,仅仅在为业主**或小业主**的微小的私利进行斗争。在这种情况下,社会民主党就**单独**来维护民主的利益,同时不断向群众阐明自己的社会主义观点。

当资产阶级民主革命的条件还具备的时候，当除了工人阶级以外资产阶级或小资产阶级的某些阶层也能够为无产阶级所必需的民主进行斗争的时候，必须采取第二种政策。

在俄国，目前必须采取第二种政策。社会民主党在时刻不忘进行社会主义的宣传、鼓动和把无产者组织成一个阶级的同时，有时候还必须同民主派小资产阶级**一起走**，打击黑帮和**自由派**。

因为自由派（立宪民主党、民族民主党（?）、民主改革党等等，等等）已经坚决背弃革命，并同专制政府勾结起来反对他们经常虚伪地挂在嘴上的人民自由。现在甚至查明，立宪民主党人去年**曾帮助政府**从法国取得 **20 亿**借款用来设置战地法庭和进行枪杀，因为克列孟梭曾直截了当地向立宪民主党人声明：如果立宪民主党正式出来反对借款的话，就不给借款。立宪民主党人由于害怕失去明天的**执政党**地位，竟没有出来反对借款！可见，向俄国开枪射击的不仅有特列波夫的机关枪，而且有立宪民主党和法国的亿万金钱。

对革命的社会民主党人来说，支持立宪民主党人的领导权是不能容许的。但是他们仅仅反对参加 2 月 19 日的立宪民主党会议还不够。他们应当断然地、坚决地要求杜马党团同立宪民主党式的政策决裂，在杜马中直接而公开地执行无产阶级的独立的政策。

在主席团问题上，社会民主党人本来应当说：我们不要自己的主席团。我们赞成**全部**由左派即劳动派组成的名单而**反对由立宪民主党人组成**的名单，也就是说，我们赞成所有三个主席团候选人都不是立宪民主党的人选，如果劳动派不听我们的警告而甘愿做立宪民主党人的尾巴，我们就弃权。无论如何必须提左派为候选人，即使他们没有当选的可能；只要一投票，赞成他们的票数就会表明，社会民主党人在同立宪民主党人斗争时能够指靠哪些力量。如果投票结果他们的选票比立宪民主党人多（即使少于当选所必需的绝对多数），这次投票也会清楚地告诉人民，杜马不是立宪民主党一家的，在杜马里立宪民主党**并不就是一切**。

主席团的选举不是一件小事。这是第一步，迈出之后就得走下去。大局已定：

或者是采取立宪民主党式的政策，这样社会民主党人事实上就变成了自由派的附庸。

或者是采取革命社会民主党的政策，这样我们一开始就不向立宪民主党人卑躬屈膝，而是公开竖起**自己的**旗帜。这样我们就不到立宪民主党人那里去。这样我们就要号召小资产阶级民主派特别是农民民主派去同黑帮和自由派进行斗争。

载于1907年2月21日《新光线报》第2号

译自《列宁全集》俄文第5版第15卷第30—33页

孟什维克是否有权
实行支持立宪民主党人的政策?

(1907 年 2 月 22 日〔3 月 7 日〕)

社会民主党的政策取决于什么?

从实质上说,取决于无产阶级的阶级利益;从形式上说,取决于党代表大会的决定。

我们有些什么决定呢? 第一,俄国社会民主工党(斯德哥尔摩)统一代表大会的决定;第二,中央委员会所批准的俄国社会民主工党十一月全国代表会议的决定。

斯德哥尔摩代表大会关于国家杜马的决议给我们**规定了**什么呢?

"……〈第 1 条第 1 点〉努力使这些冲突〈即政府和杜马之间的**以及杜马内部的冲突**〉**扩大和尖锐化**,直到有可能把这些冲突变成以……为目的的广大群众运动的起点",**等等**。

孟什维克是在执行代表大会的这一规定吗? 在主席团问题上,他们是在使杜马中的左翼同立宪民主党人的冲突扩大和尖锐化吗?

没有,孟什维克在破坏代表大会的决定。

代表大会在这个决议中还规定:"……在进行自己的这种干预活动的时候,要做到使这些日益尖锐的冲突:(一)**向群众揭露在杜**

马中承担人民意志表达者使命的一切资产阶级政党的不彻底性；（二）启发广大群众（**无产阶级群众**、**农民群众和市民群众**），使他们认识到杜马是**毫不中用的**"，**等等**。

可见，根本不必冒任何风险，甚至无须离开最合法的立足点，孟什维克就能够（而且应该）向**群众揭露**即**在杜马中公开揭露立宪民主党的**主席团是背弃了革命的政党的主席团。

经中央委员会批准并为 18 个孟什维克代表所接受的俄国社会民主工党十一月全国代表会议的决议给党规定了什么呢？

"俄国社会民主工党是无产阶级的独立的阶级政党，它在选举运动中要达到的**目的**是：……（2）向群众解释指望夺取政权的斗争**能和平结束**的**任何想法**都是一种**幻想**。

……（4）提高**群众的政治积极性**，在杜马外和杜马内组织**革命力量**，为把杜马变成革命的据点创造条件……"

从 1906 年 11 月起，孟什维克已经右倾到随即破坏自己的决定的地步。他们的第一步就是通过**增强**群众对和平结束斗争的指望来**瓦解**杜马内部的"革命力量"，因为，立宪民主党的主席团被整个杜马选举出来，没有遭到左派反对，就等于社会民主党正式向全体人民**承认**自己认为是"幻想"的那些想法**是正确的**。

立宪民主党人已公开地、完全地背弃了革命。"革命力量"，这就是左派，即劳动派、社会革命党（革命的资产阶级）和社会民主党。为了有助于组织而不是瓦解"革命力量"，我们**应该**告诉群众：社会民主党支持左派即劳动派的主席团而反对立宪民主党的主席团。如果劳动派的主席团当选后辜负了民主派的希望，那我们就借此向群众揭露民主派小资产阶级，并进一步使群众相信只有无产阶级才是彻底民主的阶级。

中央委员会在开始进行选举运动的时候向全党和全体人民说过什么呢？在俄国社会民主工党正式的**选举纲领**中是这样说的：

"……公民们，应当把这样一些人选入杜马，这些人**不仅希望**俄国得到自由，**而且努力帮助人民革命**争得这个自由……　第一届杜马没有做到这一点。'人民自由党'领导的第一届杜马的多数派希望**通过同政府和平谈判的途径**得到自由和土地……　因此，应当选入杜马的不是那些温顺的请愿者……　公民们，请选举革命战士吧，他们将同你们一起继续进行去年1月、10月和12月开始的伟大事业。"

这是多么美好、多么崇高、多么具有无产阶级气派的语言！可是很遗憾，对于孟什维克来说，这些都是**空话**。

在**党的**选举纲领中**谴责**第一届杜马的立宪民主党多数派和杜马所推行的立宪民主党的政策，而现在却在左派杜马中**人为地**帮助立宪民主党恢复领导权。

载于1907年2月22日《新光线报》第3号　　　　　　　　　　　　　　译自《列宁全集》俄文第5版第15卷第34—36页

小资产阶级的策略

(1907 年 2 月 22 日〔3 月 7 日〕)

2 月 21 日的《同志报》刊登了最近召开的社会革命党紧急代表大会⁴⁴所通过的决定的摘要。决定谈的是杜马策略问题。

关于这些决定，可以而且应当有很多话说。但是在这里，我们不可能评述社会革命党的这些决定（以及它的所有决定）的根本错误——缺少对各政党的阶级分析。不作这种分析，一个配称为策略的策略是无法制定出来的。将来我们把社会革命党的决定和革命社会民主党的纲领（即 2 月 15—18 日举行的几个布尔什维克组织的代表会议提出的决议案①，这些决议案日内即将发表）②加以对比的时候，我们还会有不少机会再把话题转到这个问题上来。

我们也不来评论社会革命党怎样有点过分地强调一个起码的道理，即革命者根本无意"制造表面的〈?〉非本质的冲突"，"加速杜马的解散"，等等。这是个细节问题。

从当前的迫切任务来看，下面这一段决定是社会革命党的策略的核心：

"4. 代表大会认为，杜马内部鲜明的党派组合，在每个集团孤立地行动和

---

① 今天(2 月 22 日)的《现代言语报》⁴⁵第 3 版上确切地报道了这次会议的成分，并且转载了已经通过的 **6 个决议案**中的一个决议案的**一部分**。读者应当注意，即使在这种部分的转载中也有错误。

② 见本卷第 1—9 页。——编者注

存在着尖锐的派别斗争的情况下,会使占多数的反对派的活动完全瘫痪,从而使实行人民代表制的主张在劳动阶级的心目中威信扫地。因此,代表大会认为:必须让党的代表尽一切力量来组织所有的社会主义派别和极左的派别尽可能经常地和一致地行动;特别在为争取自由和人民的政治权利而同杜马中的右派及政府进行斗争的问题上,必须努力使杜马中革命的社会主义的部分同反对派部分采取某些尽可能一致的行动,同时,所有这些一致的行动,不管是长期的或者是局部的,在采取时都应当丝毫不违背党的纲领和策略的基本原则。"

这真是对小资产阶级策略的根本原则的出色的阐述!真是对小资产阶级策略的全部动摇性的绝妙的揭露!

"长期的〈!〉和局部的一致的行动","……尽可能经常地〈!〉和一致地行动"。既然根本不打算说明这种种"一致"建立在哪些**阶级**的哪些**共同利益**之上,这些话就空洞之极!我们革命的社会民主党人认为,无产阶级政党和民主派小资产阶级政党为了反对黑帮和反对奉行叛卖性的自由主义政策的政党立宪民主党,必须采取共同的行动。社会革命党人对俄国革命的这种阶级基础根本不理解,所以他们一方面**笼统地**大谈社会主义派别和极左派别的一致,也就是要抹杀无产者和小生产者之间的矛盾;而另一方面又大谈杜马中革命的社会主义的部分和**反对派**部分在反对黑帮上的一致。

不对,先生们,现在我们和你们既谈不上长期协议,也谈不上笼统的行动一致。你们首先必须同我们一致采取既反对黑帮又反对立宪民主党的策略,而且要**在实际上**同我们一致,——这就是我们的最后通牒。这就是我们在民主革命中的策略路线。无论在彼得堡的选举中,或者**在当前革命的任何一个问题上**,我们都要说:无产阶级应毫不动摇地既同黑帮也同立宪民主党战斗。只要小资产者还动摇不定,只要他们还跟立宪民主党人走,就得同小资产者进行无情的斗争。你们把你们的立宪民主党人抛弃了吗?你们愿意反对立宪民主党人吗?只有当情况确实如此,当你们不是说空话而是用实际行动证明了这一点的时候,那时,也只有那时,社会民主党人才会在**民主主义的**行动中和你们一起作战。

　　不过最精彩的地方看来还是上面引证的决议的第一部分。"杜马内部鲜明的党派组合"、"派别之间的尖锐斗争"①会"使实行人民代表制的主张在劳动阶级的心目中威信扫地"。这真是难以设想!社会革命党人简直成了在"瓦西里耶夫"所说意义上的"普列汉诺夫式的人物"②!

　　不对,先生们。阶级斗争的原则是社会民主党全部学说和全部政策的基础。无产者、农民和小市民不是小孩子,决不会因为各个阶级争论尖锐和斗争激烈,实行人民代表制的主张就在他们心目中失去光辉。我们不应当对他们过分温存,相反,我们应当**利用杜马讲坛教会**他们清楚地辨别各个政党,认清被狡猾的资产者弄得模糊不清的各个政党的**阶级**基础。

　　孟什维克在杜马中的政策的全部**罪过**也正在于他们不愿意或不善于利用杜马讲坛把全部真相告诉人民,说明各个政党的阶级性质、米留可夫之流同斯托雷平之流的秘密交易[46]、农民和自由派在追求民主主义目的方面以及农民和无产者在追求社会主义目的

――――――――

① 2月22日的《言语报》在社论下面发了一篇评论社会革命党决议的专文。自由派资产者的机关报摘引了**正好**是谈到"鲜明的党派组合"如何有害的**那个**地方,并且写道:"这样看来,**新策略的出发点**是确定得**完全正确的**。"一点不错!从自由派资产阶级的利益特别是从它同反动派的勾结考虑,社会革命党的策略是**正确的**!

② 见本版全集第14卷第236、238页。——编者注

方面的根本区别。

但是,孟什维克那种一开始就默默按照立宪民主党人旨意行事的政策并不是独一无二的出路。

完全不理解作为"反对派的"自由派的阶级基础,看不到自由派正在秘密地把自由和民主拍卖给斯托雷平之流,这就是小资产者(劳动派、人民社会党人、社会革命党人)和工人政党中的小资产阶级派别孟什维克所以实行机会主义策略的根本原因。

同黑帮作斗争乃是转移视线的手段和漂亮的借口。**实际上这种小资产阶级策略是在黑帮完全不可能取得胜利**的情况下实行的,例如彼得堡的选举和杜马主席的选举就是这样一种情况。劳动派(社会革命党人——表面上独立自主,实际上和劳动派连在一起,只不过是劳动派的左翼,过去彼得堡的选举和目前第二届杜马中各个政党的组合都证明了这一点)和孟什维克都拥护立宪民主党的领导权,这就是小资产阶级策略的实质。不仅在俄国,而且在欧洲各国,自由派在很长时期中都领导着民主派小资产阶级,这种小资产阶级由于非常散漫、落后、不坚定而很难独立自主,由于业主思想非常浓厚而很难跟无产阶级走。小资产阶级政策的阿基里斯之踵[47],就是既无本领也无力量摆脱自由派资产者思想上和政治上的领导。小资产者成为立宪民主党人的尾巴不是出于偶然,而是由每个资本主义社会的基本经济特点决定的。因此,社会民主党的基本任务(这个任务孟什维克根本不能理解),就是要坚持不懈地破除自由派对民主派的领导,坚持不懈地把小资产阶级群众从立宪民主党的卵翼下解放出来,使他们受社会民主党的感化和影响。

"经常地和一致地行动",这是劳动派向我们提出的建议。真是不胜感激！是为了同那些像酒鬼爱酒杯一样地爱立宪民主党人的人拴在一起吗？是为了同那些在彼得堡的选举中一连几个月要求和立宪民主党结成联盟的人、同那些像驯服的绵羊一样去参加立宪民主党2月19日的会议并投票支持出卖民主派的立宪民主党的人①拴在一起吗？真是不胜感激！

载于1907年2月23日《新光线报》
第4号

译自《列宁全集》俄文第5版
第15卷第49—53页

---

① 参看本卷第29—32页。——编者注

分裂制造者谈未来的分裂

(1907 年 2 月 23 日〔3 月 8 日〕)

《俄国生活报》就《新光线报》[48]对待社会民主党杜马党团的态度发出了可笑的号叫(第 45 号《甚至在这儿!》一文)。

说可笑,是因为《俄国生活报》绕着道儿走,根本没有打算就我们对党团的行为的批评多少作一点实质性的回答。

我们说,我党党团无论如何都不应该投票赞成立宪民主党的主席候选人。

我们说,我们的党团,作为一个党团来说,无论如何都不应该到立宪民主党人和民族民主党人那里去参加非正式会议。

最后我们说,党团的行为可能导致分裂,因为这种行为所遵循的路线违反斯德哥尔摩党代表大会那些决定的精神和字句。

最后我们号召我党党团中的布尔什维克对党团中多数人的机会主义进行无情的斗争,在党团中始终不渝地维护革命社会民主党的立场。

关于这个问题我们费了不少笔墨,我们针对党团在主席团问题上的所作所为发表了一系列文章,从各个方面来阐明这个问题。

而《俄国生活报》没有发表过任何实质性的反对意见;对于实际上控制着杜马党团的孟什维克所奉行的策略路线没有作过一次替它辩护的认真尝试。

我们有权等待而且也的确等待过,以为《俄国生活报》会设法证明它的策略路线完全符合俄国社会民主工党斯德哥尔摩代表大会的那些决定,证明它的这条路线正是那条一定会使我党杜马党团在整个杜马左派中取得领导地位的路线。

但是,这样的证明我们一点也没有等到。相反,我们却听到一大堆抱怨的话和可笑的号叫,说什么《新光线报》恶意攻击社会民主党杜马党团,《新光线报》鼓动党团中的布尔什维克马上搞分裂。

不是作出实质性的回答,而是提出了虚伪的挑战:"《新光线报》应当把话说得明确点。它应当把该说的都说出来。它应当记住福音书上的话:'你所做的快做吧'。"

同志们!你们放肆得真够可以。你们号叫布尔什维克制造分裂也真诚老实得出奇。

目前唯一存在着分裂而且分裂情况极为严重的党组织就是彼得堡党组织。是谁分裂了这个党组织呢?是孟什维克分裂了它。是孟什维克借口有黑帮危险(而这种危险在彼得堡并不曾有过),违背有组织的工人的意志分裂了它,以此讨好立宪民主党。而且直到现在,尽管并不存在黑帮危险,孟什维克仍然顽固地不愿意恢复彼得堡组织的完整,仍然顽固地力图扩大和加深这种分裂。

布尔什维克曾经全力反对允许在选举中同立宪民主党达成协议。但是11月举行的党代表会议允许达成协议。布尔什维克在代表会议上作了保证要服从地方组织的决议,并且无论在什么地方,只要地方组织认为需要同立宪民主党达成选举协议,布尔什维克都"虔诚而坚决地"履行了自己对党的义务。孟什维克也承担了同样的义务,但是当他们看到彼得堡有组织的工人不同意跟着他们听命于立宪民主党的时候,就分裂了组织。

　　而现在他们却号叫出现了分裂！至于《俄国生活报》向我们提出的挑战，我们回答起来一点也不为难。我们本来就已经把该说的话全都说出来了，这是每一个有眼睛的人都看得见的。

　　我们非常珍视党的团结。但是我们更珍视革命社会民主党的原则的纯洁性。我们过去和现在一贯服从斯德哥尔摩党代表大会多数人的意志。我们认为必须执行它的全部决定。但是我们也要求党的中央领导机关执行这些决定。所以，孟什维克的机会主义的动摇，他们为讨好立宪民主党而背离代表大会所确定的路线的一切做法，过去都受到而且将来也要受到我们无情的批评和坚决的反击。这是我们的权利。这是我们的义务。我们永远不会放弃这个权利，也永远不会不履行这个义务。如果将来发生分裂，那只意味着孟什维克自己践踏了他们在斯德哥尔摩代表大会上亲自通过的决定。别的分裂是不可能有也不会有的。而将来的这个分裂只有一种含义：孟什维克彻底变成了立宪民主党的附庸。

　　前天我们写道："社会民主党杜马党团手中的无产阶级红旗已经摇颤了。"立宪民主党人要求这面红旗在他们面前垂下来。孟什维克甘心承受这种难以想象的耻辱之日，也就是分裂到来之时，因为到了那一天，孟什维克就不再是俄国社会民主工党的一部分了。

载于 1907 年 2 月 24 日《新光线报》
第 5 号

译自《列宁全集》俄文第 5 版
第 15 卷第 54—56 页

论机会主义的策略

(1907 年 2 月 23 日〔3 月 8 日〕)

普列汉诺夫打破了本身的沉默。自从提出把"全权杜马"作为社会民主党和立宪民主党的共同口号这个著名主张以后,对于他来说,沉默是唯一明智的策略。现在普列汉诺夫在《俄国生活报》上又企图把我们党同立宪民主党拉到一起,想迫使我们党接受早在第一届杜马时期就已为党摒弃的支持"责任内阁"的口号。[49]

现在我们来分析一下普列汉诺夫的见解。

首先必须指出,普列汉诺夫在起劲地攻击布尔什维克时,先把布尔什维克的观点弄得**面目全非**。他肆无忌惮地硬说我们想"不顾一切往前冲",硬说我们一心想"马上"应战。

为了向读者说明普列汉诺夫的谬误达到何等程度,我们援引布尔什维克 **2 月 11 日**出版的一个正式刊物上的一段话:"……斗争是……不可避免的。正因为斗争不可避免,我们才用不着推进它、加快它、催促它。这件事让克鲁舍万之流和斯托雷平之流去关心吧。我们所关心的是如何明确地、直接地、无情地、公开地向无产阶级和农民**揭露**真相,使他们看清即将来临的风暴的意义,帮助他们组织起来……沉着迎敌…… 恩格斯在1894 年针对德国资本说:'资产者老爷们,你们先开枪吧!'现在我们要说:'克鲁舍万之流……的老爷们,你们先开枪吧!'……因此,不需要任何过早的**号召**。"①

请看,可敬的普列汉诺夫是在多么轻而易举地执行"批评家"的任务啊!布尔什维克组织在杜马召开前一个半星期声明**不需要任何过早的号召**。而普列汉诺夫在2月23日发表的文章中硬说布尔什维克要"**马上**"应战,要"不顾一切往前冲"。

用这种方法**骂倒**布尔什维克当然是最简单、最省事、最容易的了:先把**荒谬的思想**加在布尔什维克头上,然后大事喧嚷,大骂一通("冲昏头脑"、"糊涂"、"比背叛还坏",诸如此类,不一而足)。可是普列汉诺夫不应该忘记,布尔什维克不是可以胡乱定罪的死人,布尔什维克**只要查对一下**正式文献,就能向所有的人证明普列汉诺夫的话是多么不真实。到头来普列汉诺夫就会无地自容。那时他就会开始懂得:使用迄今**只有**《新时报》惯于用来辱骂革命者的那种语言来辱骂布尔什维克而不吃苦头,是办不到的。

现在我们来谈谈普列汉诺夫提出的要工人政党支持"责任内阁"的口号这一问题的实质。普列汉诺夫是这样为这个口号辩护的:

"二者必居其一。或者迅速增长的革命力量现在**已经**超过政府力量,那么,组织责任内阁的要求就能够而且应该成为与反动派进行决战的信号。

或者革命力量**还没有**超过政府的反抗力量,那么进行决战还**不**合适;不过即使如此,这个要求仍然应该受到支持,因为它是提高人民的政治认识,帮助人民为未来的胜利战斗作准备的最好的教育手段。

因而无论在哪一种情况下,社会民主党的代表为了人民的利益,为了革命的利益,**都不能不把上述要求变成自己的要求**。"

① 参看本版全集第14卷第387页。——编者注

　　这种见解使人获益不浅。先看第一种情况吧。我们就依普列汉诺夫所说,假定革命力量超过了政府的力量。如果真的这样,那么组织责任内阁的要求,第一,是不必要的,第二,是有害的,第三,自由派不会支持。

　　(1)这个要求所以不必要,是因为这种"进行决战的信号"在任何情况下都是**间接的**信号,而不是直接的信号。这个"信号"并不能明确地表示要同反动派进行真正的**决战**,相反,它在表示一种反动派本身也会自动作出让步的思想。一般说来,我们并不否认在特殊条件下允许发出一种不是决战而是小小的预备战的信号,甚至是假装要进行战斗的佯攻的信号。然而这是另一个问题。至于在普列汉诺夫**设置的**那些前提(**革命**力量已经超过等等)下,间接信号显而易见是不必要的。

　　(2)"革命力量已经超过反动力量……" 这是什么意思呢?这是否包括革命力量的**自觉性**呢? 普列汉诺夫看来是同意包括的。人民如果意识不到革命要解决的任务,就不会有足够的力量在决战中战胜反动派。现在再来看看,我们所考察的这个要求是否正确地表达了革命在同反动派斗争中的任务呢? 没有,它没有表达,因为第一,组织责任内阁决不是政权转归人民,甚至也不是政权转归自由派;实质上这是反动派同自由派的勾结或勾结的尝试。第二,即使**政权真正**转归自由派,限于客观条件,也**无法**实现革命的基本要求。普列汉诺夫从《第一文集》的一篇文章[50]中引证的那个地方明白地表示了这个思想,可是普列汉诺夫根本不敢认真碰它一下。

　　那么试问:一个**没有正确**表达革命(它的**力量已经**超过——普列汉诺夫的条件! ——政府力量)要求的口号,对于同反动派的**决**

战（普列汉诺夫的条件）究竟有什么意义呢？显然，这种要求是**绝对有害的**。这个口号会**使**那些正去进行决战的群众的认识**变得模糊**。提出这种口号等于叫你进行**决战**时给你指出一个**什么问题也解决不了的战斗目标**，是叫你瞄准乌鸦射黄牛。

在战斗**之前**，要十分准确地判断两方中哪一方的力量"已经超过"对方是**永远**办不到的。只有书呆子才会作这种幻想。"**力量超过对方**"这个概念里包含着战斗者对任务的**明确认识**。普列汉诺夫在假定战斗是"决战"时却**模糊**这种认识，他**简直是在损害**革命。可敬的批评家，这才真比"背叛还坏"呢！"力量"已足以战胜反动派了，"统帅"却号召军队争取同反动派**勾结**……　普列汉诺夫说了一个笑话，把自己比做杀死了自己的儿子以惩其过早进行战斗的罗马统帅。笑话是俏皮的。可是，假如我是"儿子"，那么在"**革命力量已经超过政府力量**"的**决战**关头，我会毫不犹豫地**一枪打死**（或者像罗马人那样一剑刺死）提出同反动派勾结的口号的"**爸爸**"，并且心安理得地让后世的蒙森们来评断我的行为是杀死叛徒、处决叛徒呢，还是大逆不道。

（3）当我们在第一届杜马中反对"责任内阁"这个口号的时候，我们只用了以上两个论据。现在应当加上第三个论据，即组织责任内阁的要求如果**能够直接或间接**成为"革命"同反动派进行决战的信号，那么**自由派自己**就会取消这个要求。

为什么现在应当加上这个论据呢？因为自由派（包括立宪民主党人在内）在第一届杜马之后已经极度地向右转，**坚决反对革命**了。因为高唱自由主义而受到某些恶劣的社会民主党人支持的戈洛文的首次发言就不是自由主义性质的，不是立宪民主党性质的，而是**十月党性质**的。

　　如果普列汉诺夫对俄国情况很生疏,竟至对此一无所知,那么他的文章当然还情有可原。但是撇开他的具体错误不谈,从实质上来看,他的论据仍然是根本错误的。

　　现在来谈第二种情况。革命力量**还没有**超过反动力量,进行决战**还不**合适。在这种情况下,普列汉诺夫说,口号的意义在于它对提高人民的政治认识能产生影响。这说得对。不过在这种情况下普列汉诺夫也大错特错,因为这样的口号不是启发人民的认识,而是**败坏**人民的认识;不是使人民的认识革命化,而是**使人民的认识模糊**;不是使人受教育,而是**使人泄气**。这一点非常清楚,不必再加以阐明,至少在下次同最可敬的普列汉诺夫商榷以前是不必了。

　　结果是:怎样说都没有道理。不管革命力量是否已经成长,普列汉诺夫的口号无论如何都不能看做已经"成长"到能使无产阶级产生社会民主主义认识的程度。这个口号为了**自由派**那种暂时的、偶然的、次要的和含混不清的口号、任务和利益而牺牲民主派和我国整个革命的**根本利益**——教育群众认识**人民**为**实际的**政权而进行实际斗争的任务。

　　机会主义策略的实质也正在于为了自由派那种不彻底的、含混不清的任务而牺牲无产阶级的根本任务。

　　末了再讲几句。普列汉诺夫在自己的文章中试图对我们曾经主张抵制进行讽刺。关于这点,我们等普列汉诺夫愿意从进行讽刺转到进行实质性的辩论时再同他细谈。现在只指出一点。普列汉诺夫挖苦说:罗马统帅的儿子在过早的战斗中毕竟赢得了胜利,而布尔什维克的账上至今只有失败的记录。

　　普列汉诺夫同志,您的记性太差了。回忆一下**布里根杜马**[51]

吧。回忆一下帕尔乌斯和**您所支持的**新《火星报》[52]当时是怎样**反对抵制的吧**,而布尔什维克是主张抵制的。

革命的发展使布尔什维主义得到了**完全的胜利**;到了10—11月间,孟什维克区别于布尔什维主义的地方就只剩下托洛茨基的偏激了。

最可敬的普列汉诺夫同志,**过去如此,将来还会如此**。当革命低落的时候,那些事后来扮演"罗马统帅"的书呆子便走到前台来抱怨一通。当革命高涨的时候,**革命的社会民主党人**的期望却**成了事实**,不管人们怎样把他们比做"毛躁的小伙子"。

载于 1907 年 2 月 24 日《新光线报》第 5 号

译自《列宁全集》俄文第 5 版第 15 卷第 57—62 页

布尔什维克和小资产阶级

(1907 年 2 月 24 日〔3 月 9 日〕)

《新力报》[53]用这个标题刊登了一篇文章,这篇文章给我们提供了一个说明某些问题的好机会。

这家报纸不满意我们把资产阶级分为革命的小资产阶级和自由派资产阶级的"陈腐"做法。这个劳动派的机关报重弹孟什维克的老调说,毫无疑问有许多小资产者投了立宪民主党的票。

不错,有许多小资产者投了立宪民主党的票。这是事实。但是,判断一个政党的阶级性质,不能只看**眼下**投它票的人是哪些哪些成分。毫无疑问,德国社会民主党拥有许多小资产者的选票,德国的"中派"拥有许多工人的选票。但是,不能因此就断定把劳动阶级分为小资产阶级和无产阶级的"陈腐"做法不正确,这一点《新力报》大概是懂得的。

立宪民主党的全部历史特别是最近这次选举清楚地表明,这个党的**阶级**基础是从事资本主义经营的地主、中等资产者和资产阶级知识分子。人民大众,即广大的城市小市民和农民,跟这个党是格格不入的,因为这个党害怕群众的任何主动性,反对这种主动性,主张赎买,反对根据"四原则选举制"[54]建立地方土地委员会等等。正因为这样,在最近这次选举中,小资产阶级才以如此惊人的速度**离开**立宪民主党。大家知道,农民已经完全抛弃立宪民主党;

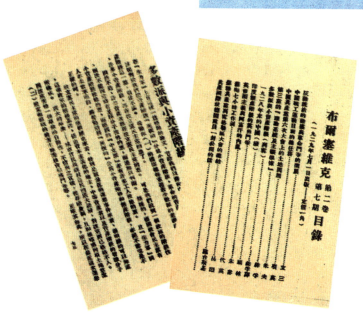

1929年上海《布尔什维克》杂志第2卷第7期
封面（以《新时代国语教授书》伪装）、目录和该刊所载的
列宁《布尔什维克和小资产阶级》一文的中译文

立宪民主党在各省选举大会上遭到失败,农民在其中起的作用最大。至于城市小市民,正如我们在《新光线报》第1号上指出的那样①,他们使城市里的左派联盟所得的选票一下子就达到41 000票(立宪民主党是74 000票),虽然左派还没有日报等工具。

立宪民主党是自由派资产者的政党。这个阶级的经济地位使它**害怕**农民的胜利和工人的团结。所以,立宪民主党向右转去跟反动派勾结的倾向决非偶然,而属必然,而且人民群众向左转得愈快,它就向右转得愈快。杜马被解散以后,无产阶级、农民和城市小资产阶级贫民急剧地向左转,日趋革命化,而立宪民主党则急剧地向右转,这不是出于偶然,而是出于经济上的必然。只有市侩和政治上的庸人才会对此感到遗憾,企图改变或阻止这一进程。

我们社会民主党的任务则不同,我们的任务是加速群众摆脱立宪民主党的领导权的进程。今天使这种领导权得以继续保持的是传统、旧的联系和自由派的影响,是自由派对小资产者的经济领导权以及自由派当中的资产阶级知识分子和自由派官吏所起的作用等等。因此,群众对**自己的**利益认识愈清楚,他们也就愈快地懂得自由派仇视群众运动的道理,他们也就愈快地在政治上脱离自由派而组成这些或那些民主的、革命的组织、团体和政党。尤其是占整个俄国小资产阶级十分之八九的农民,他们首先是为土地而斗争。自由派地主(俄国还有这样的地主,在最近这次选举中,土地占有者选民团选出的立宪民主党人和较左的人即占24.4%)在这场斗争中是**反对**农民的,而自由派官吏和资产阶级知识分子同自由派地主的关系极为密切。这正是农民远比城市小资产阶级更

---

①　见本卷第19页。——编者注

坚决更迅速地摆脱立宪民主党的影响的原因。农民在争取土地的斗争中获得胜利,是俄国资产阶级革命获得胜利的真正的经济基础。自由派(包括立宪民主党)**反对**农民获得胜利;他们主张赎买,即把农民的一部分变为大农,一部分变为**普鲁士**式地主雇用的雇农。正因为如此,不使农民摆脱自由派的政治领导,俄国的资产阶级民主革命就**不可能**取得胜利。农民的胜利能**消灭**地主土地占有制,并使生产力在纯粹的资本主义的基础上得到最充分的发展。自由派的胜利则**保留**地主土地占有制,只不过稍微抹掉一点农奴制的特征,它使资本主义发展得**最不**迅速、**最不**自由,即发展所谓普鲁士式的资本主义,而不是美国式的资本主义。

《新力报》不理解俄国革命的这种经济的、阶级的基础,它说:小资产阶级从社会经济要求说同自由派接近,从政治要求说同无产者接近,而"革命的重心"正向"政治"方面转移。《新力报》这种议论简直混乱不堪。包括农民在内的小资产者,同自由派当然比同无产者更接近,之所以更接近,是因为他们是**业主**,是小生产者。所以,如果要把小资产者和无产者融合在一个政党内(社会革命党人的想法正是这样),不仅在政治上是不可思议的,而且从社会主义的观点来看简直是反动的。但是在俄国当前的革命即资产阶级民主革命中,斗争的起因决不是业主和工人的对立(这要到将来社会主义革命的时候),而是农民和地主的对立。现在"革命的重心"正偏于这种斗争即**经济**斗争方面,而决不是"政治"斗争方面。

我国革命从经济内容来说是资产阶级性质的(这一点毫无疑问),但是不能由此得出结论说,资产阶级在我国革命中应起领导作用,资产阶级是这个革命的动力。这样一种在普列汉诺夫和孟什维克口中经常可以听到的结论,是把马克思主义庸俗化,是把马克思主义弄得面目全非。资产阶级革命的领导者可以是自由派地主加上厂主、商人和律师等等，也可以是无产阶级加上农民大众。在两种情况下革命都保持着它的资产阶级性质；可是革命的范围，革命对无产阶级有利的程度，对社会主义（**也就是**首先对生产力的迅速发展）有利的程度，在前后两种情况下却**完全不同**。

因此，布尔什维克认为社会主义的无产阶级在资产阶级革命中的**基本**策略是：领导民主派小资产阶级特别是农民小资产阶级，使他们脱离自由派，麻痹自由派资产阶级的不稳定性，开展以完全**消灭**包括地主土地占有制在内的一切农奴制残余为目的的**群众**斗争。

关于杜马主席团的问题，是社会民主党人在资产阶级革命总策略中的一个具体问题。社会民主党人既然要把劳动派从立宪民主党人那里**争夺**过来，那就或者是投票赞成劳动派的候选人，或者是示威式地弃权，并且说明弃权的理由。《新力报》现在已经承认跟立宪民主党人协商是左派的**错误**。这是一个宝贵的自供。但是《新力报》又认为"这是实际工作考虑上的错误而不是原则上的错误"，这就大错而特错了。产生这种看法的根本原因，正如我们所指出的，在于不理解社会主义的无产阶级在资产阶级革命中的原则和策略。

只有从这样的观点出发，才能正确地解答那些使《新力报》伤脑筋的具体问题。

怎样才能"保证被《新光线报》认做同盟者的小资产者不会背弃左派而投奔立宪民主党人营垒"呢？正因为无法保证，我们才**反对**同劳动派达成任何长期协议。我们的路线是："分进，**合击**"，既打黑帮，也打立宪民主党人。在圣彼得堡的选举中我们正是这样做的，今后我们将永远这样做。

《新力报》反驳说：有可能使一部分小资产者同立宪民主党疏远。是的，有这种可能，正如我们在圣彼得堡选举中把立宪民主党的《同志报》中的一部分人分化出来一样。[55]要做到这一点，就必须坚定不移地走自己的革命的道路，不去理睬立宪民主党的玛丽亚·阿列克谢夫娜会说些什么[56]。

立法工作"一定要交给立宪民主党人"。没有的事。立宪民主党人作为杜马内自由主义"中间派"的领袖，没有我们的支持也比黑帮的人数多。因此我们应该提出自己的法案，即社会民主党的而不是自由派或小资产阶级的、使用革命语言的而不是使用官场滥调的法案，**并将它们提付表决**。让黑帮和立宪民主党人来否决吧，那时我们就转过来无情地批判立宪民主党的法案，不断地提出修正，等修改完毕，我们就在表决立宪民主党的整个法案时弃权，让立宪民主党把黑帮打败，而我们自己在人民面前又不致为立宪民主党贫乏庸俗的假民主主义负责。

载于1907年2月25日《新光线报》第6号

译自《列宁全集》俄文第5版第15卷第63—67页

答尔·马尔托夫[57]

(1907年2月27日〔3月12日〕)

在同一号《俄国生活报》上刊登了尔·马尔托夫同志的一篇小品文。在这篇小品文中他重新提起本报第2号上的社论①,而且全然不顾党团委员会对这个问题的说明,自己加以判决和执行。

马尔托夫同志采取这一奇怪的做法居心何在呢?如果他想挑动我们在**这**方面同他争斗,即进行人身攻击和猜疑,那他就大错特错了。我们是不会跟他走的。我们之间**实质性的**分歧太多了,我们将要在党团中、在报刊上、在党内就这些分歧展开**原则性的**斗争,不允许把自己推上从事个人争吵和计较个人恩怨的邪路。同志,祝您一路平安,您一个人去走这条路吧,我们跟您不同道。我们乐意让您独享把事情做绝的荣誉,让您把事情做到真是"无以复加"的地步。

载于1907年2月27日《新光线报》第7号

译自《列宁全集》俄文第5版第15卷第68页

---

① 见本卷第29—32页。——编者注

杜马即将解散和策略问题

1907 年 2 月 27 日于彼得堡

报纸上充满了关于杜马即将解散的消息、传闻和猜测。

这事有可能吗？如果看一看客观情况，就不能不作出结论：非常可能。政府召开杜马本来是迫不得已。当时，它需要在采取各种各样的高压手段的同时再作一次召集人民代表机关的尝试，以谋求和资产阶级妥协。试验显然失败了。战地法庭和斯托雷平宪制的其他一切美妙花招大大帮助了在一直没有受到触动的群众中的革命鼓动工作，使一个左派杜马从农民群众中产生了出来。俄国革命中的中间派政党立宪民主党的力量比第一届杜马时削弱了。立宪民主党毫无疑问已向右转，但在目前存在着这样的杜马的条件下，政府根本无法同它勾结。立宪民主党人本来可以同十月党人合流，他们也一直在作这种努力，这里提一下司徒卢威先生和戈洛文先生二人就够了。不过当前形势的特点是：立宪民主党人加十月党人在杜马中并不占多数。整个"中间派"由于两极（右面的君主派和杜马中的左派）之间的激烈斗争而陷于一蹶不振的境地。左派代表占$2/5$。他们在杜马中起着很大作用。他们在人民群众中的影响非常大。任何治标办法都不能打断他们和人民群众日益扩大的联系。政府解散杜马是势所必然，因为它不采用暴力就无法摆脱目前的状况。这种状况的"合法性"只是使危机更加深重，因为这个危机在人民群众中所蕴藏的真正力量无论如何都要大于这个危机的"合法"表现,即透过警察的层层阻挠而表现出来的东西。

杜马非常可能解散。解散之所以必不可免,是因为从实质上说目前我们所经历的根本不是立宪危机,而是革命危机。因此,如果把脑袋藏在翅膀下面,企图回避当前政局的必然后果,企图用空话使清楚的变模糊、尖锐的变委婉、显而易见的变含混不清,就是实行一种极其有害、可笑而又可怜的政策。

立宪民主党实行的正是这样一种政策。伊兹哥耶夫先生今天在《言语报》上写道:"保全杜马**几乎**是我们力所不能及的。"这话说得几乎正确。"再过三四个月,等杜马通过它的立法工作在国内获得了威望,情况就可能两样了。"这不仅正确,而且显而易见。不过显而易见的事情政府也看得见。

但是,伊兹哥耶夫先生害怕未加粉饰的真情实况,开始犹豫起来:"不过杜马会不会有这三四个月的时间供它支配呢?现在是进了没有出路的迷魂阵。出路不在于'有组织地'或'无组织地'上街;只有当充满爱国热忱的人执政时,才会有出路……"

当然啦!自己用空话迷住自己,自己把自己推进甜言蜜语的死胡同,现在又来哀哭、埋怨、发愁……　真是一个六神无主、擦鼻涕抹眼泪的软弱庸人的典型!

请读者不要认为伊兹哥耶夫的这些话是一个偶然出现的立宪民主党作家偶然说出来的。不是的。这是一个让自己的人当选为杜马主席而**处于领导地位**的政党立宪民主党正式**制定**的政策的概述。在同一号《言语报》上我们还看到:"关于对政府宣言的态度问题,人民自由党议会党团在2月25日下午的会上经过长时间的辩论后决定:对宣言不声不响,既不表示信任,也不表示不信任，而转入对当前问题的审议。如果右派政党抱着挑衅目的提出对内阁表示信任的议案，决定投反对票。如果极左派（社会民主党）提议表示不信任，人民自由党决定提出转入讨论当前事务的议案。不过，所有的反对党还有希望就此问题取得初步协议，社会革命党人、人民社会党人和劳动派已经同意这样做了。"这里补充一句：我们社会民主党杜马党团，按《俄国生活报》的说法，已决定"完全独立地采取行动"。对这项决定，我们表示热烈欢迎。

立宪民主党的政策的确算得上盖世无双。说"表示不信任"未免不谨慎。应该保全杜马。说"不表示信任"还可以。可是这难道不是政治上的"套中人"[58]吗？这些庸人看到一场不可避免的风暴正在来临，就把自己的睡帽拉下来盖住眼睛，口中还念念有词：我们要谨慎……我们要保全……　你们要保全的不过是自己那顶庸人的帽子，如此而已，可敬的"人民自由"的骑士们！

把右派对内阁表示信任的议案叫做"挑衅"，真是太可笑了！这是每一个杜马代表的最合法的权利，这是人民代表对内阁提的问题——我们的纲领就是这样，杜马愿不愿意本着这种精神同我们共事呢？——所作的十分自然的答复。立宪民主党人竟写出了这样荒唐的话，只能说明他们已经完全慌了手脚。不，先生们，睡帽挡不住反革命。根据可怜的自由派如此愚蠢地赞美的、如此阴险地要人民信以为真的宪制，解散杜马的权利是极其"合法的"权利。内阁询问杜马是否愿意执行如此这般的纲领，这是不能避而不答的。"不表示信任"的回答，对于解散杜马来说，不管怎样都是一个很好的、十分充足的"符合宪制的"理由。即使不请柯瓦列夫斯基之流帮忙，也可以找出几十个"行宪的先例"

来说明，议会为了在次要得多的事情上拒绝政府的要求，就曾经被解散过，更不用说……更不用说在战地法庭和讨伐队这样的事情上了。

由此可以得出什么结论呢？结论就是：没有宪制而又玩弄宪制的把戏，是愚蠢的。无视俄国现在的"半截子宪制"即将完蛋，无视废除选举法和恢复彻底的专制制度的结局已**不可避免**，对于这样的事实默不作声，是愚蠢的。

怎么办呢？Aussprechen was ist——有什么，说什么。政府不得不解散杜马已成定局。对政府最有利的是：杜马不声不响地散伙了事，它乖乖地把这一出立宪滑稽剧演好，不要让人民醒悟到国家政变**不可避免**。而胆小的立宪民主党人却提出"要**不声不响**"，要说"不表示信任"而不要说"表示不信任"，这种盖世无双、无与伦比、"有历史意义的"议案只能帮助政府**不声不响地**实行国家政变。

真正维护自由的人、真正代表人民的人应该反其道而行之。他们应该懂得，杜马能否继续存在下去，决不取决于彬彬有礼、小心谨慎、机灵委婉、遇事不作声等等莫尔恰林式的道德[59]。他们应该**利用杜马讲坛**大声疾呼，老老实实地、直截了当地把**全部真相**告诉人民，特别要说明为什么杜马的解散、国家政变的实行和彻底的专制制度的恢复不可避免。政府**需要**对这些情况默不作声。人民则**需要**知道这些情况。人民代表——趁着现在还是人民代表！——应当利用杜马讲坛把这些情况说出来。

情况已经十分清楚，没有别的选择：或是保持可耻的莫尔恰林习气，乖乖地俯首听命；或是镇静然而坚定地告诉人民，黑帮搞国家政变的头一幕正在进行中。

只有人民的斗争才能制止事态的发展。因此人民应当知道全部真相。

我们希望杜马中的社会民主党人能把真相告诉人民。

载于 1907 年 3 月 4 日《无产者报》
第 14 号

译自《列宁全集》俄文第 5 版
第 15 卷第 69—73 页

立宪民主党和劳动派⁶⁰

（1907 年 3 月 1 日〔14 日〕）

德·柯尔佐夫同志在第 49 号《俄国生活报》上又重弹孟什维克的老调，为实行支持立宪民主党的政策辩护。不过，他这次做得这样率直和幼稚，把错误理论弄到荒谬的地步，我们真是只有表示感谢。

柯尔佐夫在《立宪民主党和资产阶级民主派》一文中问道："城市民主派和农村民主派哪一个同社会民主党具有更多的共同点呢？社会民主党在同文化、宗教和民族等问题上的偏见作斗争时更能期待谁的支持呢？谁更愿意支持促使生产力获得自由发展的一切措施呢？只要把社会民主党政策中的这些根本问题提出来，答案也就不言自明。《共产党宣言》中关于资产阶级的革命作用所说的一切，在 20 世纪仍然像在 19 世纪那样正确，在俄国仍然像当年在英国……等国那样正确。至于农村民主派，虽然他们也迈开了革命的步子，但是在很多情况下都将坚持陈腐过时的生产形式和社会组织形式…… 布尔什维克谈到立宪民主党时总是忘掉它后面的城市民主派，相反，他们眼中的整个农民阶级只是社会革命党和劳动派的议会党团。这等于是只见树木不见森林，只见议会代表，不见广大人民群众的社会利益。"

我们衷心欢迎孟什维克的这种转变，欢迎他们阐明我们之间策略分歧的**基本**点。早就应该这样做了。

总之，立宪民主党是**进步的城市资产阶级**，劳动派是**落后的农村资产阶级**。这就是你们的"马克思主义"。

既然如此，你们为什么不公开地直截了当地向全党这样说呢？

你们为什么在提交党代表大会的决议草案中不用十分明确的语言声明,根据《共产党宣言》,俄国社会民主工党**必须**支持立宪民主党而**反对劳动派**呢?

我们很希望看到你们作出这样的声明。很久以前,早在统一代表大会之前,我们就已要求你们这样做,当时我们在关于对资产阶级政党的态度的决议草案中**说明了**立宪民主党和社会革命党的阶级内容,并请你们作出**自己的说明**。

你们对这个挑战是怎样答复的呢?

你们规避了这个挑战。在你们向统一代表大会提出的决议草案里,根本无意指明立宪民主党人是进步的城市民主派而劳动派(农民协会[61]、社会革命党等等)是落后的农村民主派。在**你们拟定的**统一代表大会关于对资产阶级政党的态度的决议中,我们只看到你们由于慌张而可笑地重申了阿姆斯特丹的决议[62]。

现在我们**重申**自己的挑战。我们重新提出用马克思主义观点说明俄国各资产阶级政党的阶级基础的问题。我们已经印发了有关的决议草案。

我们确信你们**这一次又不会应战**。我们确信你们不敢在正式的孟什维克决议草案中写明:立宪民主党人是进步的城市资产阶级,他们**比劳动派更**支持使生产力能自由发展的政策,如此等等。

问题就是这样。

农民为土地而斗争的问题是俄国当前的资产阶级革命的主要经济问题。这一斗争是农民处于绝望境地、俄国农村中存在着大量农奴制残余等等情况的必然结果。这一斗争也促使农民大众要把政治关系彻底民主化(因为没有民主的国家制度,农民不可能打败农奴主–地主),要消灭地主土地占有制。

这就是社会民主党在自己纲领里提出**没收**地主土地的原因。在社会民主党内,只有极端的机会主义者才不赞成这个纲领,主张把"没收"一词换成"转让"。然而他们又**害怕公开提出这样的草案**。

立宪民主党是自由派资产阶级、自由派地主和资产阶级知识分子的政党。如果德·柯尔佐夫怀疑立宪民主党带有地主色彩,我们可以向他指出两个事实:(1)第一届杜马中立宪民主党党团的成分。柯尔佐夫同志,你请教一下鲍罗廷,就会看到那里有多少地主。**63**(2)立宪民主党的土地法案实质上是一种**从事资本主义经营的地主**的方案。无论是赎买土地也好,把农民变为雇农也好,设立由政府委派主席而让地主和农民各占一半的地方土地委员会也好,这一切都清楚不过地说明,立宪民主党在土地问题上的政策是在**抹掉**一点农奴制特征的情况下,在用赎买逼使农民破产、使他们受官吏奴役的情况下**保存**地主土地占有制的政策。因此,立宪民主党的土地政策的经济意义就在于**延缓**生产力的发展。

反之,没收地主土地和农民民主派的完全胜利,则意味着生产力能够以资本主义所能达到的**最高**速度向前发展。

在我们提交第五次代表大会的决议草案中,对于立宪民主党政策的**经济**意义就**直截了当地**作了**这样的**评价。再说一遍:德·柯尔佐夫同志,请你也这样直截了当地说一说你的"马克思主义的"理论吧!

比较一下立宪民主党和劳动派的土地法案以及这两个党派对待政治民主问题的态度(第一届杜马中关于集会法的讨论、对待设立地方农业委员会的各种方案的态度、第一届杜马中的立宪民主党和劳动团的纲领以及其他等等),就可看出,立宪民主党是自由派的政党,它竭力设法而且不得不竭力设法把自由事业同旧政权调和起来(使自由事业受损),把农民同地主调和起来(使农民受损),用这种方法来**阻止**革命。而劳动派政党(人民社会党、劳动派和社会革命党)是城市小资产阶级民主派特别是农村(即农民)小资产阶级民主派,它们**不得不**竭力设法使革命得到进一步的发展。

只有当无产阶级领导民主派农民既反对旧制度又反对自由派的时候,俄国革命才能取得胜利。

这个论点决定着布尔什维克整个策略的**各项原则**,第一届杜马和杜马以后时期的全部经验都再清楚不过地证实了这个论点。我们只有把争论归结到这些**原则**上来,才能使争论由谩骂转变为解决俄国资产阶级革命的根本问题。

因此,我们欢迎柯尔佐夫同志的坦白直率态度,同时重申我们的挑战:希望孟什维克明确对立宪民主党和劳动派的**这些**看法,把它们明白而毫不含糊地说出来。

载于1907年3月1日《工人评论报》第1号

译自《列宁全集》俄文第5版第15卷第74—77页

革命的社会民主党的纲领

(1907年3月4日和25日〔3月17日和4月7日〕)

一

大家知道,党的代表大会过几个星期就要举行了。必须尽最大的努力来准备这次代表大会,来讨论党在这次代表大会上应当解决的基本策略问题。

我们党的中央委员会已经拟定了代表大会的议程,并且已经在报上公布。在这个议程中,最重要的问题是:(1)"当前的政治任务";(2)"国家杜马"。关于第二个问题,讨论它的必要性是显而易见的,不会引起争论。第一个问题,按照我们的意见,也是必要的,但是在提法上应当略加修改,或者确切些说,在内容上应当略加改变。

为了立即就代表大会的任务和代表大会应当解决的策略问题展开全党的讨论,我们党的两个首都组织的代表和《无产者报》编辑委员会的代表举行了联席会议,在第二届杜马召开前夕拟定了下面刊载的决议草案①。我们打算概括地说明一下联席会议是**怎样**理解自己的任务的,**为什么**它要首先就这样一些问题提出决议

---

① 见本卷第1—9页。——编者注

草案,它在这些决议案里提出了**哪些基本思想**。

第一个问题:"当前的政治任务"。

按照我们的看法,在我们目前所处的这个时期不能**这样**向俄国社会民主工党代表大会提出问题。目前时期是革命的时期。所有社会民主党人,不管他们属于哪个派别,对这一点都是同意的。只要看看孟什维克和崩得分子在1906年11月俄国社会民主工党全国代表会议上通过的决议的**原则**部分,就可以相信我们的论点是正确的。

而在革命时期,就**不能**仅限于规定**当前的**政治任务,所以不能,有两个原因:第一,在这样的时期,社会民主主义运动的**基本**任务被提到首位,需要对它们进行详尽的分析,这是不同于从事"和平的"、零星的宪制建设的时期的。第二,在这样的时期,规定**当前的政治任务是不可能的**,因为革命的特点就在于可能而且必然会发生突然的转折、急速的转变、意外的情况和剧烈的爆发。只要指出有解散左派杜马和按照黑帮的心意去修改选举法的可能性就可以懂得这一点。

例如,对奥地利人来说,规定自己"当前的"任务——为普选权而斗争——是适宜的,因为一切征象表明他们那里仍然是一个多少是和平的、持续不断的宪制发展的时期。而在我国,不是连孟什维克也在上面提到的决议中说**和平**道路已经行不通,必须把战士而不是把请愿者选进杜马吗?不是他们也主张为召开立宪会议而斗争吗?即使在一个宪制已经确立并且已经巩固了一个时期的欧洲国家里,也还有可能提出"立宪会议"这个口号,在杜马中也还有可能要"战士"而不要"请愿者",设想一下这种情况就会懂得,在这样的条件下,要像现在西欧那样来规定"当前的"任务是**不行**的。

社会民主党和革命的资产阶级民主派的杜马工作愈有成效，非杜马的斗争的爆发就愈有可能，那时我们就会直接面临特殊的当前任务。

不，我们应当在党的代表大会上讨论的，主要不是当前的任务，而是无产阶级在目前资产阶级革命时期的**基本**任务。否则，我们在发生任何转折时就会束手无策，不知所措（1906 年就不止一次出现过这种情况）。"当前的"任务我们无论如何也无法规定，就像谁也无法预言第二届杜马和 1905 年 12 月 11 日的选举法**64**究竟能维持一个星期、一个月还是半年一样。另一方面，对于社会民主主义的无产阶级在我国革命中的基本任务，我们全党还没有统一的认识。而没有这种统一的认识，要制定任何贯彻始终的、带根本性的政策都是不可能的，任何规定"当前的"任务的努力都是徒劳的。

统一代表大会没有通过关于对形势的估计和关于无产阶级在革命中的任务的决议，尽管社会民主党的两个派别都**曾经**提出有关这两个问题的决议草案，尽管对形势的估计问题曾经列入议程并在代表大会上**进行了讨论**。这就是说，**大家**都承认这两个问题重要，但是斯德哥尔摩代表大会的多数代表认为这两个问题**在当时**还弄得不够清楚。必须重新分析这两个问题。我们应当研究一下：第一，根据社会经济发展和政治形势发展的基本趋势来看，我们目前所处的革命时期是一个什么样的时期；第二，目前俄国各个阶级（和各个政党）在政治上是怎样组合的；第三，在**这样的**时期，在各种社会力量在政治上**这样**组合的情况下，社会民主工党的基本任务是什么。

当然，我们不会看不到，某些孟什维克（可能还有中央委员会）

把当前的政治任务问题简单地理解为支持杜马组阁即组织立宪民主党内阁这一要求的问题。

普列汉诺夫已经以他所特有的——当然也是十分值得称赞的——那种推着孟什维克向右转的果断精神,在《俄国生活报》(2月23日)上表示拥护这种要求。

我们认为:这是一个重要的但是**次一等的**问题;马克思主义者不能撇开对我国革命目前形势的估计,撇开对立宪民主党的阶级内容和它在今天的整个政治作用的估计,单独提出这个问题。把这个问题归结为一种纯粹抽象的政治观念,归结为一般立宪制度下内阁对议院负责的"原则",那就等于完全抛弃阶级斗争的观点而采取自由派的观点。

正因为如此,我们的联席会议把组织立宪民主党内阁的问题和对革命目前形势的估计联系起来。

在相应的决议案中,我们在论据部分首先从被一切马克思主义者当做基本问题的一个问题谈起,即从经济危机和群众的经济状况这个问题谈起。会议采用的说法是:危机"看不出有迅速消除的迹象"。这个说法也许过于谨慎。但是对于社会民主党来说,重要的当然是肯定无可争辩的事实,指出基本的特点,而把对问题进行科学分析的工作放到党的报刊上去进行。

我们确认(论据部分的第2条),在存在危机的情况下,无产阶级和资产阶级之间的阶级斗争尖锐化了(这是无可怀疑的事实,这种尖锐化的表现是人所共知的),农村中的社会斗争也尖锐化了。农村中没有像同盟歇业那样明显、触目的事件,但是政府采取的各种措施,如十一月土地法[65]("收买农民资产阶级")之类,证明斗争正在尖锐化,证明地主为了减弱全体农民的冲击不得不尽一切力量来分化农民。

这些努力究竟会得到怎样的结果我们不得而知。一切"未完成的"（马克思的说法）资产阶级革命都是以富裕农民转到现存秩序方面而"告终"的。社会民主党在任何情况下都应当尽一切力量来提高广大农民的觉悟，使他们了解当前农村中正在进行的阶级斗争。

其次，第3条肯定了一年来俄国政治历史中的一个基本事实：上层阶级"向右转"，下层阶级"向左转"。我们认为，特别是在革命时期，社会民主党应当在它的代表大会上对社会发展的各个时期**进行总结**，在总结中**运用**自己的马克思主义的分析方法，**教育**其他阶级在回顾过去、在对待各种政治事件时都要从**原则上考虑**，而不是像资产阶级那样只看到眼前的利益和暂时的成绩，——说实在的，资产阶级是蔑视任何理论和害怕对当前的事件作任何阶级分析的。

两极力量的加强就是中间派的削弱。所谓中间派，这并不像某些社会民主党人（包括马尔托夫在内）所错误地认为的那样是十月党，而是立宪民主党。这个党的**客观**历史任务是什么呢？马克思主义者如果愿意始终不渝地忠于自己的学说，就应当对这个问题作出回答。决议案回答说："用黑帮地主和专制政府**能够接受的**让步〈因为立宪民主党是主张自愿协商的〉来**阻止**革命。"在卡·考茨基的《社会革命》这部名著中曾经清楚地说明，改良不同于革命的地方就是让压迫阶级仍旧保持政权，让压迫者用他们自己**能够接受的**、并不**消灭**他们政权的让步来平服被压迫者的反抗。

自由派资产阶级在资产阶级民主革命中的客观任务正是用"合理的"让步作为代价来保存君主制和地主阶级。

这个任务能不能实现呢？要看客观情况。马克思主义者不能认为这个任务是绝对不能实现的。**但是资产阶级革命的这种**结局意味着：(1)资产阶级社会的生产力只能得到极小的发展自由（如果用革命手段消灭地主土地占有制，俄国经济的进步将比按立宪民主党的方案改造地主土地占有制快得多）；(2)人民群众的基本需要得不到满足；(3)人民群众必然遭到**暴力镇压**。如果不用暴力镇压群众，立宪民主党的"和平的"宪制发展就**不能实现**。我们应当牢牢记住这一点，并且让群众充分认识到这一点。立宪民主党的"社会和平"是地主和厂主的和平，是农民和工人的反抗**被平服**的"和平"。

斯托雷平的战地法庭的镇压和立宪民主党的"改良"，这是同一个压迫者的两只手。

二

从我们以同一题目写的第一篇文章发表以来到现在过了8天，而政治生活中已经发生了许多重大事件，这些事件证实了当时我们提出的看法，并通过一个"已经完成的（或正在完成的？）**事实**"使当时谈到的一些迫切问题明朗化了。

在杜马中已经明显地看到，立宪民主党人向右转了。罗季切夫之流鼓吹温和、谨慎、合法、镇静、不要煽动人民，以此来支持斯托雷平，斯托雷平也出色地、"全力"地支持罗季切夫，这已经是事实。[66]

这个事实有力地证明，我们在第二届杜马开幕**以前**在2月15—18日拟定的决议草案中对目前政治局势所作的分析是正确的。我们没有按照中央委员会的建议去讨论"当前的政治任务"，我们指出这样的建议在革命时期是完全站不住脚的，我们用关于资产阶级革命中社会主义政策的基本原则问题取代了这个关于眼前的政策问题。

一个星期来革命形势的发展完全证实了我们的预见。

上一次我们分析了我们决议草案中的论据部分。这一部分的中心内容就是肯定被削弱了的"中间派"政党即自由派资产阶级政党立宪民主党在努力用黑帮地主和专制政府能够接受的让步来阻止革命。

可以说，仅仅在昨天，普列汉诺夫及其在俄国社会民主工党右翼中的同道者们还把我们在整个 1906 年间（甚至还要早些，从 1905 年《两种策略》一书①出版时起）极力坚持的这种布尔什维义思想叫做由于用造反的眼光去看资产阶级的作用而产生的近于荒诞的臆测，或者至少是一种不合时宜的告诫，等等。

今天**大家**都看到，我们是正确的。立宪民主党的"努力"正在**开始**实现，甚至像《同志报》这样的报纸（它对布尔什维克无情地揭露立宪民主党人恐怕比谁都恨得厉害），在看到《言语报》就立宪民主党人和黑帮政府谈判一事辟谣②时也说道："无火不生烟。"

_____

①　见本版全集第 11 卷第 1—124 页。——编者注

②　在本文写成之后，我们在 3 月 13 日《言语报》的社论中看到了这样的话："只要把人们都在谈论的、关于去年 6 月立宪民主党和政府举行的谈判的确切材料公布出来，全国就会看到，如果立宪民主党'背着人民'进行这种谈判有什么可以责备的话，那大概就是《俄国报》所说的那种不退让的态度了。"是的，问题就在于"只要公布出来"！而现在立宪民主党不顾人们的要求，既不公布关于 1906 年 6 月谈判的"确切材料"，也不公布关于 1907 年 1 月谈判（1 月 15 日米留可夫晋谒斯托雷平）和 1907 年 3 月谈判的"确切材料"。然而，**背着人民**进行谈判的事实始终是**事实**。

对于《同志报》这种重新开展"布尔什维克周"的做法,我们只能表示欢迎。我们只须指出,**历史证实了我们提出的一切警告和口号**,历史说明那些根本不考虑我们对立宪民主党人的批评的"民主派"——很遗憾,甚至还得加上某些社会民主党人——是过于轻率了(至少是轻率)。

是谁在第一届杜马期间指出立宪民主党人在偷偷地同政府搞交易呢?是布尔什维克。而后来发现,像特列波夫这样的人也赞成组织立宪民主党内阁。

是谁用了最大的力量来掀起一个运动,揭露1月15日即正当所谓的人民自由党在选举上同政府的斗争(所谓的斗争)白热化的时候米留可夫晋谒斯托雷平的事件呢?是布尔什维克。

是谁在彼得堡的竞选大会上和第二届杜马开幕后的头几天提醒人们注意(见《新光线报》),1906年给予杜巴索夫之流20亿法郎借款的事实际上是在立宪民主党人的间接帮助下进行的(克列孟梭曾经正式建议他们用党的名义公开反对这项借款,而他们没有接受这个建议)呢?是布尔什维克。

是谁**在第二届杜马开幕前夕**把揭穿"立宪民主党政策的**背叛性质**"看做实行彻底的(即无产阶级的)民主主义政策的首要任务呢?是布尔什维克。

一股轻轻的微风像吹散绒毛一样,把关于支持杜马组阁即组织责任内阁的要求、支持让行政权服从立法权的要求等等议论全给吹散了。事实证明,普列汉诺夫的要把这个口号变成进行决战的信号或教育群众的手段的幻想,只不过是一种好心肠的庸人的幻想。现在大概已经没有一个人再敢认真地支持这样的口号了。现实生活已经表明,或者确切些说,现实生活已经开始表明,实际上这里谈的根本不是什么更完备更彻底地实行"宪制"这个"原则",而是**立宪民主党如何同反动派勾结**。现实生活已经表明这样一些人是正确的:他们识破并且指出,由所谓进步的一般的原则这种自由主义外表掩盖着的,是被吓倒的自由派的狭隘的阶级利益,他们不过是把卑鄙龌龊的东西加上一些好听的名称罢了。

由此可见,我们第一个决议案所作出的几个结论的正确性已被证实,证实得比我们所预料的要快得多,而且要好得多,因为它不是被逻辑证实,而是被历史证实,不是被词句证实,而是被事实证实,不是被社会民主党人的决定证实,而是被革命的事变证实。

第一个结论是:"目前正在发展着的政治危机不是立宪危机,而是革命危机,这一危机正在导致无产阶级群众和农民群众直接反对专制制度的斗争。"

从第一个结论中直接得出的第二个结论是:"因此,只能把即将到来的杜马选举运动当做人民夺取政权的革命斗争的一个环节来看待和利用。"

立宪危机和革命危机之间的差别的实质是什么呢? 实质是:前者可以在保存现有的根本法和国家制度的基础上得到解决,后者则要求破坏根本法和农奴制度。到现在为止,整个俄国社会民主党,包括所有的派别在内,都是同意我们的结论所表达的思想的。

不过在最近,在孟什维克中间,明显地表现出了一种倾向,要求采取完全相反的观点,主张抛弃进行革命斗争的想法,维持目前的"宪制",在"宪制"的基础上进行活动。例如"由唐恩、柯尔佐夫、马尔丁诺夫、马尔托夫、涅哥列夫等同志在一批实际工作者参加下"拟定的、发表在《俄国生活报》第 47 号①上(并且印成了单张)的关于对国家杜马的态度的决议草案中,就有两条值得注意:

"……(2)抬到俄国革命中心地位的直接为政权而斗争的任务,在当前的社会力量对比〈?〉下,主要归结为〈?〉为维护〈?〉人民代表制而斗争的问题〈?〉;

……(3)第二届杜马的选举使很多彻底的〈?〉革命拥护者当选,表明人民群众愈来愈清楚地认识到这种〈?〉为政权而斗争的必要性……"

尽管这些话颠三倒四,自相矛盾,但其倾向是很明显的:放弃无产阶级和农民为政权进行的革命斗争,把工人政党的任务**归结为维护目前的**人民代表制的或在它的基础上进行的**自由派的**斗争。现在或在党的第五次代表大会上,是否真的所有的孟什维克都同意这种说法,我们将拭目以待。

不管怎样,立宪民主党的向右转和斯托雷平对它的"全力"支持,将很快迫使我们党的右翼直截了当地回答这样一个问题:是继续奉行支持立宪民主党的政策而毫无反顾地走上机会主义的邪路呢,还是完全中止对立宪民主党的支持,而采取保持无产阶级的社会主义独立性并竭力促使民主派小资产阶级摆脱立宪民主党的影响和领导的政策。

我们的决议案的第三个结论写道:"社会民主党是先进阶级的政党,它现在决不能支持立宪民主党的政策,具体说就是支持组织立宪民主党内阁。社会民主党应当竭尽全力在群众面前揭露这一

① 1907 年 2 月 24 日。

政策的背叛性质；向群众解释他们所面临的革命任务；向他们证明，只有在群众觉悟很高和组织性很强的情况下，才能把专制政府可能作出的让步从欺骗和腐蚀群众的工具变成进一步发展革命的工具。"

我们并不完全否认局部让步的可能性和绝对拒绝利用这些让步。在这方面，决议案的提法是不会引起任何疑问的。"专制政府的让步"这个范畴在某种情况下可能也包括组织立宪民主党内阁。但是工人阶级的政党一方面不拒绝接受"分期偿付的债款"（恩格斯的说法）①，同时决不应当忘记事情的另一方面，即特别重要而又经常被自由派和机会主义者忽略的一方面，这就是"让步"是**欺骗和腐蚀群众的工具**。

一个社会民主党人如果不愿意变成资产阶级改良主义者，他就不能忘记这一方面。孟什维克不可饶恕地忘记了这一方面，他们在上述决议案中写道："……社会民主党将支持杜马为控制行政权所作的**一切努力**……" 国家杜马所作的努力，也就是杜马多数派所作的努力。而杜马的多数派，经验已经证明，可能由右派和立宪民主党人**而不是**由左派组成。这种多数派所作的"努力"可能控制"行政权"来达到**这样的**目的：促使人民的状况更加恶化，或者公然欺骗人民。

但愿孟什维克在这里只是迷了心窍，他们将不会支持现在的杜马多数派在上述方面所作的**一切**努力。但是孟什维主义的卓越领袖们竟**会**采用这样的说法，这当然很值得注意。

立宪民主党的向右转，实际上正在迫使社会民主党人不分派

―――――――――――

① 见《马克思恩格斯文集》第4卷第470页。——编者注

别**都**采取拒绝支持立宪民主党的政策,采取揭露它的叛变行为的政策,采取独立的和彻底革命的工人阶级政党的政策。

载于 1907 年 3 月 4 日和 25 日
《无产者报》第 14 号和第 15 号

译自《列宁全集》俄文第 5 版
第 15 卷第 78—88 页

杜马选举和俄国社会民主党的策略[67]

(1907 年 3 月 14 日〔27 日〕)

杜马选举的结果表明了各个阶级的情况和它们的力量。

选举权在俄国是**非直接的**和**不平等的**。例如,农民首先选出十户代表;十户代表又选出农民初选人;初选人选出农民复选人;最后,农民复选人才同其他各等级的复选人一起选出杜马代表。土地占有者选民团、城市选民团和工人选民团也实行相应的选举办法,每一个选民团应选出多少复选人都由法律规定,这些规定只是使上层阶级即地主和资产阶级得到好处。除此以外,不但革命政党,而且反对派政党,都遭到最野蛮最非法的警察迫害;其次就是完全没有出版和集会自由,当局任意进行逮捕和流放,在俄国大部分地区都存在着战地法庭和随之而来的戒严状态。

但是在这样的情况下,新选出的杜马怎么能够远比第一届杜马更具有反对派性质和革命性质呢?

要回答这个问题,我们首先应当联系第二届杜马代表的党派成分和政治成分来考察一下复选人在各政党之间的分布情况。我们所根据的是立宪民主党机关报《言语报》所发表的材料。这些材料包括了欧俄部分(波兰、高加索和西伯利亚等地区除外)十分之九左右的复选人。我们拿五个主要的政治集团来看,因为关于复选人的政治面貌没有更详细的材料。第一个集团是**右派**。这一派包括所谓的"黑帮"(君主派和俄罗斯人民同盟等等),他们主张恢复彻底的专制制度,要求肆意采取军事恐怖手段对付革命者和进行暗杀活动(像杀害杜马代表赫尔岑施坦一样),制造反犹太人的"大暴行"等等。右派还包括所谓"**十月党**"(俄国大工业家政党的名称),他们在1905年10月17日沙皇颁布宣言[68]之后立即加入了反革命派,现时正极力支持政府。该党在选举中常与君主派结成联盟。

第二个集团是**无党派人士**。我们在下面会看到,在复选人和杜马代表中(特别是在农民的复选人和代表中),有许多人以这个名称作为掩护,以免因自己主张革命而受到迫害。

第三个集团是**自由派**。在各自由派政党中,为首的是立宪民主党,或称"人民自由"党。这是俄国革命中的中间派政党;它站在地主和农民之间。资产阶级企图使这两个阶级调和起来。对自由派资产阶级的政党立宪民主党如何估价,是俄国社会民主党内两派意见分歧的一个焦点。

在杜马中站在俄国自由派方面的还有波兰"黑帮",即"民族民主"党,该党采取这种立场不是出于政治信念,而是出于机会主义的考虑。在波兰,他们不择手段地反对革命无产阶级,直到告密、实行同盟歇业和进行暗杀。

第四个集团是**进步人士**。这不是一个党派名称,而是一种没有什么意义的习惯叫法,像"无党派人士"那样,主要目的是隐蔽自己,避免警察迫害。

最后,第五个集团是**左派**。这一派包括社会民主党以及社会革命党、人民社会党(大致相当于法国激进社会党[69])和所谓"**劳动派**"这个完全没有定型的农民民主派组织①。劳动派、人民社会党

---

① 在德国的报刊上,这个党派常被称为"工人团",好像要表示它同工人阶级有血缘关系。其实在俄国,二者之间甚至在字面上也看不出有这样的关系。所以

和社会革命党按阶级性质来说都是小资产阶级民主派和农民民主派。在选举运动中,某些革命集团的复选人为了更可靠地避免警察迫害,有时也尽量用"左派"这个总名称来隐蔽自己。

《言语报》的数字马上就会证明我们关于各党派社会成分的结论的正确性。

复选人人数

党派	欧俄的51个省										大城市	
	土地占有者选民团		城市选民团		农民选民团		工人选民团		总计			
	复选人数	百分比	复选人数	百分比	复选人数	百分比	复选人数	百分比	复选人数	百分比	复选人数	百分比
右派	1 224	70.9	182	13.9	764	33.8	—	—	2 170	40.0	346	20.7
无党派人士	81	4.7	27	2.1	248	11.0	2	1.4	358	6.6	—	—
自由派	154	8.9	504	38.7	103	4.6			761	14.0	940	56.4
进步人士	185	10.7	280	21.5	561	24.9	3	2.1	1 029	18.9	55	3.3
左派	82	4.8	311	23.8	582	25.7	140	96.5	1 115	20.5	327	19.6
总计	1 726	100.0	1 304	100.0	2 258	100.0	145	100.0	5 433	100.0	1 668	100.0

杜马代表人数

党派	欧俄的51个省						波兰		高加索		西伯利亚和东部各省		俄罗斯帝国全国	
	省		农民选民团		大城市									
	代表人数	百分比	代表人数	百分比	代表人数	百分比	代表人数	百分比	代表人数	百分比	代表人数	百分比	代表人数	百分比
右派	85	25.7	4	7.5	5	18.5	1	2.7	2	7.1	—	—	97	19.8
无党派人士	18	5.4	3	5.7	—	—	—	—	—	—	1	7.1	22	4.5
自由派	82	24.8	10	18.9	17	63.0	32	86.5	9	32.2	6	42.9	156	31.8
进步人士	20	6.0	10	18.9	—	—	3	8.1	2	7.1	—	—	35	7.1
左派	126	38.1	26	49.0	5	18.5	1	2.7	15	53.6	7	50.0	180	36.8
总计	331	100.0	53	100.0	27	100.0	37	100.0	28	100.0	14	100.0	490	100.0

"劳动派"一词最好采用原字,不必另译,用这个词来表示它是小资产阶级民主派即农民民主派。

从以上**两表**可以看到**大城市**单独构成一类，其中彼得堡选出代表 6 人，莫斯科 4 人，华沙和塔什干各 2 人，其余城市各 1 人，17 个城市共选出代表 27 人。其余的杜马代表是所有 4 个选民团在省复选人大会上一块选出的；此外每省的农民复选人还从农民选民团中选出 1 个代表。所以一共就是三类代表：省选举大会选出的代表、农民选民团选出的代表和大城市选出的代表。

大约有十二三个属于进步同盟或左派联盟的复选人只有在计算了名额的分配之后才能确定他们属哪个党派；不过总的来说，这些数字所提供的材料对于了解俄国各党派的阶级成分在目前来说是最完全最可靠的了。

工人选民团选出的人甚至在省里（首先当然是在大城市里）几乎全是左派，达 96.5％。工人选民团的 140 个左派复选人中有 84 个社会民主党人、52 个没有明确特征的左派（大部分也都是社会民主党人）和 4 个社会革命党人。可见不管自由派怎样撒谎，想把社会民主党说成是革命知识分子的政党，俄国社会民主党终究是真正的**工人**政党。在彼得堡市和彼得堡省工人选民团选出的 24 个复选人中，有 20 人是社会民主党人，4 人是社会革命党人；在莫斯科市和莫斯科省选出的 35 人全是社会民主党人，别的地方也大致如此。

在**农民**选民团中一眼就可看出一种非常不成比例的情况：在农民复选人中右派占 33.8％，而在这些农民选民团复选人所选出的**杜马代表**中，右派只占 7.5％。显然，某些农民复选人把自己**称做右派**只是为了避免政府迫害。俄国报纸曾不止一百次地指出确有这种现象，现在选举统计数字也最后证实了这一点。

所以，对于农民选民团不能根据复选人把自己称做什么来下判断,判断的唯一根据只能是复选人选出的**代表**属于哪个政党。现在我们看到,农民选民团**组成了仅次于工人选民团的最左的集团**。在农民选出的代表中右派仅占 7.5％,而 67.95％都是**比自由派更左的代表**! 俄国农民大部分都有**革命**的情绪——这就是第二届杜马选举的教训。这个事实十分重要,因为它证实俄国革命还远远没有达到它的目的。只要农民的要求没有得到满足,只要农民起码还没有安定下来,革命就**一定要**继续下去。当然,农民的革命情绪同社会民主党毫无共同之处,因为农民是资产阶级民主主义革命者,根本不是社会主义者。他们斗争的目的不是为了把全部生产资料转归社会所有,而是为了没收地主土地归农民所有。

劳动派、社会革命党、人民社会党是农民的资产阶级民主革命的意识在政党上和政治上的集中表现。在农民选民团选出的 53 名杜马代表中,这样的农民民主派有 24 人(左派 10 人,劳动派 10 人,社会革命党 4 人);其次,在农民选出的 10 个进步人士和 3 个无党派人士中,毫无疑问大多数是劳动派。我们说毫无疑问,是因为在第一届杜马以后劳动派受到残酷的迫害,农民出于高度谨慎,不把自己叫做劳动派,而**事实上他们在杜马中投票时**是跟劳动派在一起的。例如,劳动派在第一届杜马中提出的最重要的法案,是以"104 人法案"[70]这一名称而闻名的土地法案(法案主要内容是主张把地主土地立即国有化,将来再把农民的份地国有化;此外还主张平均使用土地)。这个法案是农民群众在农民生活中的一个重大问题上的政治思想的杰出产物。而在法案上签名的"劳动派"只有 70 人,还有 25 个农民自称无党派人士或根本不提自己有没有党派!

由此可见,俄国的"劳动"团毫无疑问是农村的农民民主派的政党。这是一些革命的政党，但革命不是社会主义革命，而是资产阶级民主革命。

　　在**城市选民团**方面，必须分清是大城市还是小城市。在小城市里，各阶级的政治矛盾表现得不怎么尖锐，没有单独组成工人选民团的广大无产阶级群众，这里右派较少。而在大城市里，根本没有无党派复选人，身份不明的"进步人士"也少得可怜；可是右派较多，左派较少。原因很简单：大城市中的无产阶级单独组成了工人选民团（它没有列入复选人人数表内①）。这里小资产阶级也比小城市少得多。占优势的是大工业，代表大工业的一部分是右派，一部分是自由派。

　　关于复选人成分的材料清楚地证明，自由派政党（主要是立宪民主党）的基础是城市资产阶级，首先是大工业资产阶级。如果把大城市和小城市对比一下，就可以格外清楚地看出大工业资产阶级由于害怕无产阶级的独立性和力量而向右转了。在小城市里，城市（即资产阶级）选民团中左倾分子的人数比大城市多得多。

　　俄国社会民主党人中间的主要分歧同这个问题有密切关系。一派（即所谓"孟什维克"）认为立宪民主党和自由派同落后的农村小资产阶级（劳动派）比较起来是进步的城市资产阶级。因此他们把资产阶级看做革命的动力，并宣布实行支持立宪民主党的政策。另一派（即所谓"布尔什维克"）认为：自由派是大工业的代表，他们因为害怕无产阶级便力图尽快结束革命，主张同反动派妥协。这

————————

　　① 这方面没有材料，所以表中没有工人选民团复选人的数字。我们只掌握 37 个工人复选人的确切材料。**他们无例外地全是左派。**欧俄的工人复选人总数按法律规定是 208 人。其中的 145 人我们有比较确切的材料，加上以上所说的大城市工人选民团的 37 个复选人，共为 182 人，即占工人复选人总数的⁹/₁₀。

一派认为劳动派是革命的小资产阶级民主派,认为他们在对农民极为重要的土地问题上倾向于采取激进立场,即主张没收大地产。由此便产生布尔什维克的策略。布尔什维克反对支持背叛成性的自由派资产阶级即立宪民主党,努力使民主派小资产阶级摆脱自由派的影响;他们要使农民和城市小资产阶级离开自由派,跟随先锋队无产阶级去进行革命斗争。俄国革命按社会经济内容来说是资产阶级革命,但是革命的动力却不是自由派资产阶级,而是无产阶级和民主派农民。只有通过无产阶级和农民的革命民主专政,革命才能赢得胜利。

如果想确切了解自由派和城市小资产阶级的联盟是否牢固,那么大城市里各党派联盟所得**票数**的统计数字是特别值得注意的。根据统计学家斯米尔诺夫的材料,在 22 个大城市中,君主派得 17 000 票,十月党得 34 500 票,立宪民主党得 74 000 票,左派联盟得 41 000 票①。

在第二届杜马选举期间,社会民主党的两个派别即孟什维克和布尔什维克在同立宪民主党结成联盟还是不同立宪民主党而同劳动派结成联盟的问题上展开了激烈的斗争。在莫斯科,布尔什维克这一派力量较强,那里组成了左派联盟,孟什维克也加入了这个联盟。在彼得堡,布尔什维克力量也较强,那里在选举期间也组成了左派联盟,但是孟什维克没有参加,并且退出了组织。于是发生了分裂,并持续至今。孟什维克所持的理由是存在着黑帮的危险,也就是说,他们担心左派同自由派彼此分散选票会使黑帮在选

① "左派联盟"指社会民主党同小资产阶级民主派政党结成的选举联盟(首先是同"劳动派"结成的联盟,同时,"劳动派"一词应从广义上理解,要把社会革命党算做这一派的左翼)。这一联盟是既反对右派又反对自由派的。

举中取得胜利。布尔什维克说这种危险是自由派编造出来的,编造的唯一目的就是诱使小资产阶级民主派和无产阶级民主派接受资产阶级自由派的监护。选票数字证明,左派和立宪民主党的总票数超过十月党和君主派总票数一倍以上①。可见,反对党票数的分散并不能帮助右派获得胜利。

这一选票数字(它代表着 20 万以上的城市选民)以及关于第二届杜马的成分的材料都证明:社会民主党和立宪民主党联盟的真正政治含义决不是消除"黑帮"危险(这种意见即使完全出于真诚,也是根本错误的),而是取消工人阶级的独立政策,要工人阶级接受自由派的领导权。

俄国社会民主党两派争论的实质就是要确定,是承认自由派的领导权呢,还是力争实现工人阶级在资产阶级革命中的领导权。

在 22 个城市中,在社会民主党同劳动派初次达成反对立宪民主党的协议而鼓动工作处于空前困难的情况下,左派还得了41 000 票,就是说,超过了十月党,达到自由派票数的一半以上。这一情况向布尔什维克证明,城市的民主派小资产阶级跟着立宪民主党走,与其说是由于这些阶层敌视革命,不如说是由于习惯和中了自由派的诡计。

现在我们来谈谈最后一个选民团即土地占有者选民团。这里我们看到,右派占有明显的优势,70.9%的复选人是右派。大土地占有者对革命抱反感和他们在农民争取土地的斗争的影响下站到

---

①　根据同一位斯米尔诺夫先生的统计,在有 72 000 人参加选举、提出了 2 个(或 3 个)而不是 4 个选举名单的 16 个城市里,反对党得票 58.7%,右派则得票 21%。在这里,反对党的票数同样超过右派一倍多。在这里,黑帮危险同样是自由派用以唬人的法宝。自由派大谈来自右面的危险,实际上是害怕"**左的危险**"(这个说法是我们从立宪民主党机关报《言语报》上借用来的)。

反革命派方面是绝对不可避免的。

　　如果我们现在把省选举大会上各选举集团的成分同杜马的成分即同这些大会上选出的杜马代表的政治面貌对比一下,那就可以看到,进步人士多半仅仅是左派用来隐蔽自己的名称。例如,在复选人中 20.5％是左派,18.9％是进步人士,而在杜马代表中左派竟达 38％! 右派拥有 25.7％的杜马代表,然而却拥有 40％的复选人;如果除去农民选出的右派复选人(我们曾经证明,只有俄国政府的密探为了谎报选举情况才把他们算做右派),则得 2 170—764＝1 406 个右派复选人,即占 25.8％。可见,两个结果完全一致。至于自由派的复选人,显然一部分佯称"无党派人士",一部分佯称"进步人士",而农民甚至佯称"右派"。

　　如果同俄国的非俄罗斯部分即波兰和高加索对比一下,就可以再次证明资产阶级不是俄国资产阶级革命的真正动力。在波兰,根本不存在农民革命运动,没有任何城市资产阶级反对派,几乎没有自由派。大资产阶级和小资产阶级结成反动联盟反对革命的无产阶级。所以在那里民族民主党取得了胜利。高加索的农民革命运动非常强大,自由派的力量跟俄国相差无几,但是在高加索左派却是力量最大的政党,高加索左派杜马代表的百分比(53.6％)和农民选民团选出的杜马代表的百分比(49％)大致相同。所以只有工人和革命民主派农民才能完成资产阶级革命。在资本主义高度发达的先进的波兰不存在俄国这样的土地问题,根本不存在农民没收地主土地的革命斗争。因此在波兰,革命离开无产阶级便没有牢固的支撑点。那里的阶级矛盾近似于西欧类型。高加索的情况则与此相反。

　　这里再指出一点。根据《言语报》的计算,180 个左派杜马代表在各党派中分布如下：68 个左派，9 个人民社会党人（劳动派的右翼），28 个社会革命党人，46 个社会民主党人……　实际上社会民主党人现在已达 65 人。自由派尽量缩小社会民主党人的人数。

从阶级成分看，这些集团可归纳为两个阶层：一个是城市的特别是农村的民主派小资产阶级，有代表 134 人；一个是无产阶级，有代表 46 人。

总之我们看到，俄国各党派的阶级成分非常清楚。大土地占有者属于黑帮、君主派和十月党。大工业的代表是十月党和自由派。俄国的地主按经营方式分成两类：一类地主仍采取半封建方式，利用农民的耕畜和农具经营（在这种情况下，农民受地主奴役）；另一类地主已采取现代资本主义的经营形式。在后一类地主中自由派为数不少。城市小资产阶级的代表是自由派和劳动派。农民小资产阶级的代表是劳动派，特别是它的左翼，即社会革命党。无产阶级则以社会民主党为代表。在俄国资本主义发展明显落后的情况下，党派划分同社会的阶级结构这样鲜明地一致，唯一的原因就是俄国处于革命情绪蓬勃高涨的时期，这样的时期同停滞时期或所谓和平进步时期相比，政党的形成要迅速得多，阶级自觉的发展和形成也无比迅速。

载于 1907 年 3 月 27 日《新时代》杂志
第 26 期（1906—1907 年第 1 册）

译自《列宁全集》俄文第 5 版
第 15 卷第 37—48 页

不应当怎样写决议[71]

(1907 年 3 月 19 日〔4 月 1 日〕)

孟什维克同志们在《俄国生活报》第 47 号(2 月 24 日)上公布了第一个决议草案(由唐恩、柯尔佐夫、马尔丁诺夫、马尔托夫、涅哥列夫等同志在一批实际工作者参加下拟定),对此我们不能不表示感谢。(草案还印成了单页。)为了认真准备党的代表大会,预先公布决议草案并详细地加以研究,是很必要的。

这个决议案谈的是对国家杜马的态度问题。

第 1 条:

"在经历了七个月最横暴的独裁统治而没有遭到被吓倒的人民群众有组织的反抗以后,现在,国家杜马的活动引起了人民群众对我国政治生活的关注,这种活动能够而且一定会促使他们动员起来和提高他们的政治积极性。"

这些话想说明什么问题呢?是不是说有杜马比没有杜马好呢?或者,这是想说明需要"保全杜马"吧?看来,决议案起草人的想法正是这样,但没有说出来,只是作了暗示。可是,决议案是不应当用暗示的口吻来写的。

第 2 条:

"抬到〈可能印错了,应是"提到"〉俄国革命中心地位的直接为政权而斗争的任务,在当前的社会力量对比下,主要归结为为维护人民代表制而斗争的问题。"

这一条博得《言语报》的赞扬（该报 2 月 27 日的社论说："对俄国社会民主党来说，这是一大进步"……"是政治觉悟的胜利"），不是没有道理的。这一条确实是荒唐透了。

怎么能把这个为政权而斗争的任务归结为"为维护代表制而斗争"的**问题**呢?!"为**维护**人民代表制而斗争"意味着什么呢??这个"当前的社会力量对比"是怎样的呢?? 上一条只说"七个月最横暴的独裁统治没有遭到被吓倒的人民群众有组织的反抗"。既然群众在七个月结束时的选举中表现了明显和强烈的左倾，难道七个月中群众没有进行有组织的反抗能够说明什么"社会力量对比"吗??

这种政治观点上的混乱几乎令人难以置信。

在最近半年中，社会力量的对比起了明显的变化，这表现在："中间派"即自由派削弱了;两极即黑帮和"左派"壮大和加强了。第二届杜马的选举确凿地证明了这一点。就是说，社会力量的对比由于政治矛盾（**也由于经济矛盾——同盟歇业、绝食抗议等等**）尖锐化而**更加革命化**了。究竟是什么怪事使我们的孟什维克得出相反的结论，竟然要缩小革命的任务（"为政权而斗争"），把革命的任务降低为自由派的任务（"为维护人民代表制而斗争"）呢?

显然，从"横暴的独裁"和左派的杜马只能得出**相反的**结论:在人民代表制的基础上进行斗争或者为保存人民代表制而斗争这种自由派的任务，是小市民的空想，因为，在客观条件的限制下，这个任务离开"直接为政权而斗争"是**不能完成**的。

孟什维克的政治观点像虾那样前进。

从第 2 条得出的结论是:孟什维克从革命社会民主党的立场歪到自由派的立场上去了。第 2 条最后那个"含糊的"措辞（"为维护人民代表制而斗争")**实际上**表达了自由派资产阶级的思想：自由派资产阶级把自己被革命"吓倒"说成是"人民群众被吓倒"，并以此为借口赶忙放弃革命斗争（"直接为政权而斗争"），要进行所谓合法斗争（"为维护人民代表制而斗争"）。斯托雷平大概很快就将教会孟什维克懂得"在当前的社会力量对比下""为维护人民代表制而斗争"是什么含义！

第3条：

"第二届杜马的选举使很多彻底的革命拥护者当选，表明人民群众愈来愈清楚这种为政权而斗争的必要性。"

这是什么意思呢？这该怎样理解呢？第2条从当前的社会力量对比中得出结论说，要以为维护代表制而斗争来代替为政权而斗争，而现在从选举的结果又得出结论说，群众愈来愈清楚**"这种"**为政权而斗争的必要性！

同志们，这是一团混乱。应当大致改成这样：第2条："第二届杜马的选举表明，人民群众愈来愈清楚直接为政权而斗争的必要性。"第3条："所以，自由派资产阶级企图把自己的政治活动限定为在当前人民代表制基础上进行斗争，就是表明我们的自由派在思想上无比愚蠢，而在实际上是企图通过同反动派的勾结来阻止革命（这种企图在目前是实现不了的）。"除了这些修改之外，如果我们的马克思主义者能在第1条中尽可能具体指出，是哪些经济原因使得居民中间政治上两极的划分加剧，那么前后还能有一点联系。

其次，"彻底的革命拥护者"是指什么人呢？？显然，这里是指小资产阶级民主派，主要是指农民民主派，即劳动派（广义的，包括人民社会党人和社会革命党人在内），因为这正是第二届杜马不同于第一届杜马的地方。但是，第一，这又是暗示，而决议案是不应当用暗示的口吻来写的。第二，同志们，**这样说是不正确的！**对于你们把劳动派称为"彻底的革命拥护者"，我们应当严正地加以谴责，指出这是**社会革命党人式的胡说**。只有无产阶级才能成为资产阶级革命的彻底的（从严格的意义上说）拥护者，因为小生产者阶级即小业主阶级**必然**会在业主的倾向和革命的倾向之间**摇摆不定**，例如社会革命党在彼得堡选举中就在投靠立宪民主党还是反对立宪民主党这两种倾向之间摇摆不定。

因此，同志们，你们大概会同意我们这样一个意见：应当把话说得慎重一些——大致就像布尔什维克的决议案（见 2 月 27 日《新光线报》）的写法那样：

"……劳动派的政党……**多少还能代表农民和城市小资产阶**级的广大群众的利益和观点，它们在接受自由派的领导权〈例如彼得堡的选举和选举立宪民主党人为杜马主席〉和坚决反对地主土地占有制、反对农奴制国家这两者之间**摇摆不定**……"①

同时不能不指出，在这个决议案中，柯尔佐夫同志（以及其他的孟什维克）把劳动派算做彻底的革命拥护者，而在《俄国生活报》第 49 号上，同一个柯尔佐夫又把劳动派算做农村民主派，说农村民主派**不同于城市民主派**（即立宪民主党人）的地方就在于，他们"在很多情况下都将坚持陈腐过时的生产形式和社会组织形式"。同志们，这是自相矛盾！

第 4 条：

---

① 见本卷第 4 页。——编者注

"在杜马代表中有这样一些彻底的革命拥护者,就能增加和加强人民群众对这个机构的信任,使它有可能成为争取自由和政权的全民斗争的真正中心。"

这自然是一个"吸引人"的结论,但逻辑上又是有缺陷的。孟什维克用这一条结束了决议案的论据部分。在决议案中他们再也没有一个字提到**这个问题**。因此,这个结论是有缺陷的。

如果"彻底的革命拥护者"在杜马中不是多数,而只是"很多"(第3条是这样说的,而这样说是完全正确的),那么显而易见,还有反对革命的人和**不彻底的**革命拥护者。就是说,整个杜马也有**"可能""成为"不彻底的**民主主义政策的"真正中心",而根本不是"争取自由和政权的全民斗争的真正中心"。

在这种情况下,无非有两种结果:(1)或者人民群众对这个机构的信任不是增加和加强,而是减少和削弱;(2)或者人民群众把不彻底的革命拥护者的政策当做彻底的民主主义政策,从而降低了自己的政治觉悟。

因此,十分明显,从**孟什维克提出的**前提中,**必然**得出这样一个结论(这个结论不知为什么被他们丢掉了):作为彻底的革命拥护者的无产阶级的政党,应当坚持不懈地努力争取不十分彻底的革命拥护者(例如劳动派)跟工人阶级走,而**不跟**不彻底的革命拥护者走,特别是不跟**公然**主张**阻止**革命的人(例如立宪民主党人)走。

孟什维克缺少这个结论,结果就根本无法自圆其说。结果成为:**由于**在杜马中有很多"彻底的革命拥护者",应当把票……投给公然主张阻止革命的人!

同志们,这听起来太不像话了!

下面是决议案的结论部分（我们逐条来看）：

"社会民主党在揭穿把国家杜马当做真正立法机关的幻想的同时，一方面要向人民群众说明杜马的真正性质，说明它实际上是一个讨论法案的机关，另一方面还要说明有可能也有必要利用这个机关（不管它多么不完善）来进一步为民权制度而斗争，并根据下列原则参加杜马的立法工作：……"

这是在**软弱无力地**表达第四次（统一）代表大会决议中**更有力地**表达出来的如下思想：要把杜马"变成""革命的工具"，要使群众认识到"杜马是毫不中用的"，等等。

"……一、（1）社会民主党从城乡无产阶级的利益和彻底民主主义的观点出发，批评一切非无产阶级政党的提案和法案，并针锋相对地提出自己的要求和提案。它在这个工作中要把当前的政治任务同无产阶级群众的社会经济需要、同一切形式的工人运动的要求结合起来。

附注。必要的时候，社会民主党应当把其他政党的法案中的这样一些法案作为较小的危害给予支持；这些法案一旦实现，就能成为人民群众用来进行革命斗争以争取真正的民主自由的工具……"

这个附注的意思是说，社会民主党必须参加杜马中的**资产阶级改良**工作。同志们，这个结论不是下得太早了吗？你们自己不是也说，把杜马当做真正的立法机关是一种幻想吗？可是你们却要支持**那些一旦实现**就能给今后的斗争带来好处的资产阶级法案。

想想这个条件吧："一旦实现"。你们支持的目的是帮助实现"较小的危害"。但是实现者不是杜马，而是杜马加国务会议[72]再加最高当局！就是说，你们想通过自己的支持来帮助实现"较小的危害"是**毫无保障**的。而支持"较小的危害"，投票赞成它，你们无疑就使**自己**，使无产阶级政党，为不彻底的资产阶级改良，即为实质上是**做戏的**（你们自己也承认它是做戏的！）杜马立法工作负一部分责任！

　　究竟为什么要作这种冒险的"支持"呢？要知道这种支持冒了**直接降低群众的革命**觉悟的危险（而群众的革命觉悟，也是你们自己所指望的），而它的**实际**好处却是"虚幻的"！

　　你们所写的决议案不是谈**一般的**改良工作（如果是，那只须指出，社会民主党并不根本拒绝这种工作），而是谈**第二届杜马**。你们已经指出，在**这届**杜马中有很多"彻底的革命拥护者"。就是说，在你们心目中杜马代表的党派成分**已经明确**。这是事实。你们知道，在这届杜马中不仅有"**彻底的**①革命拥护者"，而且有"不彻底的改良拥护者"，不仅有左派和劳动派，而且有立宪民主党人，而后者**本身**就比右派强大（立宪民主党人和他们的追随者，包括民族民主党人在内，约有150席，而右派只有100席）。杜马中的情况既然是这样，那么你们为了实现"较小的危害"，就**不需要**支持它，只要在反动派同"不彻底的改良拥护者"作斗争时**弃权**就行了。实际结果（即通过法案）反正是一样的，而在思想和政治方面，你们无疑还可以保持自己作为革命无产阶级的政党的立场的完整性、纯洁性、彻底性和坚定性。

　　难道一个革命的社会民主党人能够无视这一点吗？

　　孟什维克只注意上层而不注意下层。他们过于注意通过"不彻底的改良拥护者"同反动派的勾结来实现"较小的危害"（因为通过法案的实际意义就是如此）的可能性，而不大注意提高"彻底的革命拥护者"（用他们的话说，这些人在杜马中是"很多"的）的觉悟和战斗力。孟什维克自己注意并且**要人民也习惯于注意**立宪民主

---

　　①　请读者时刻记住我在上面对这个词所作的必要的修正。

党人同专制政府的妥协（实现"较小的危害"，即改良），而不注意使比较"彻底的革命拥护者"**面向群众**。这不是无产阶级的政策，而是自由派的政策。这就等于口头上宣布杜马的立法权是虚幻的，实际上却要人民更多地相信通过杜马进行的立法改良，而更少地相信革命斗争。

孟什维克同志们，你们应当彻底一些和诚实一些！如果你们确信革命已经结束，如果你们由于这个（也许是用科学方法获得的?)看法而失去了对革命的信念，那就用不着谈什么革命了，那就应当把**自己的**直接任务归结为为争取改良而斗争。

如果你们相信自己所说的那些话，如果你们真的认为第二届杜马的"很多"代表是"彻底的革命拥护者"，那么你们**最重要的任务**就不应当是支持（这种支持在实践上是无益的，在思想上是有害的）改良，而应当是提高这些拥护者的革命觉悟，通过无产阶级的压力来加强他们的革命组织性和革命决心。

不然的话，你们就是自相矛盾，混乱不堪，因为，**为了发展革命**，一个工人政党竟然**只字**不提自己应当怎样对待比较"彻底的革命拥护者"，却专门写了一个附注，提出要支持"较小的危害"，支持不彻底的**改良**拥护者！

应当把"附注"大致改成这样："鉴于杜马中有很多比较彻底的革命拥护者，社会民主党人在杜马中讨论不彻底的改良拥护者想通过的法案时，应当把主要的注意力集中于批评这些法案的不彻底性和不可靠性，指出法案中所包含的自由派同反动派的妥协，向比较彻底的革命拥护者阐明坚决无情地进行革命斗争的必要性。在就那些危害较小的法案进行表决时，社会民主党人应当弃权，让自由派自己去在纸上'战胜'反动派，自己为在专制制度下实现'自由派'的改良向人民负责。"

"……(2)社会民主党要利用讨论各种不同的法案和国家预算的机会来进行揭露,不仅揭露现存制度的弊病,而且揭露资产阶级社会的一切阶级矛盾……"

目标很好。而为了揭露资产阶级社会的阶级矛盾,就应当指出党同阶级的联系。必须同那种喜欢标榜杜马中"非党的""统一的""反对派"的习气作斗争,无情地**揭露**像立宪民主党人这样一些人的阶级狭隘性,指出他们**最**想用所谓"人民自由"这个名称来**掩盖**"阶级矛盾"。

希望孟什维克不是仅仅口头上说要揭露资产阶级社会的阶级矛盾(而"**不仅**"是专制制度的丑恶),**而且要见诸行动**……

"……(3)社会民主党在预算问题上遵循这样一个原则:'不给不负责任的政府一文钱'……"

这个原则很好,如果能把"不负责任的"改成**别的**词,不是表明政府对杜马负责(这在当前的"宪制"条件下是一种虚构),而是表明政府对最高当局"负责"(这不是虚构,而是**现实**,因为实际权力不掌握在人民手里,就连孟什维克自己也说"为政权而斗争"已不可避免),那这个原则就完美无缺了。

应当这样说:"只要全部政权还不在人民手中,就不给政府一文钱。"

"二、社会民主党利用质询权向人民揭露现政府的真正性质,指出政府的一切活动都是完全违反人民利益的,说明城乡工人阶级的状况及其为改善自己的政治经济状况而斗争的条件,阐明政府和政府的代表以及有产阶级和代表有产阶级的政党在对待工人阶级方面所起的作用……"

这一条很好。遗憾的只是直到现在(3月19日)我们杜马中的社会民主党人还很少利用这种质询权。

"……三、社会民主党在进行这种活动时同工人群众保持十分密切的联系，在自己的立法活动中努力成为他们的有组织的运动的代表，帮助组织工人群众和全体人民群众来支持杜马同旧制度作斗争和创造能使杜马的活动不受根本法约束的条件……"

第一，不应当说社会民主党人的"立法"活动。应当说："杜马的活动"。

第二，"支持杜马同旧制度作斗争"的口号同决议案的前提完全不符合，所以实际上是不正确的。

在决议案的论据部分谈到**为政权**进行革命斗争，谈到在杜马中有"很多彻底的革命拥护者"。

为什么这里把"为政权而斗争"这个非常明确的革命概念偷换成"同旧制度作斗争"这样一个直接包含着**改良**斗争的暧昧说法呢？是不是要修改论据部分，抬出"为改良而斗争的任务"来代替"虚幻的"为政权而斗争呢？

为什么这里所说的是**群众**对"杜马"的支持，而不是对"彻底的革命拥护者"的支持呢？这样一来，孟什维克岂不是叫群众去支持**不彻底的**改良拥护者！！同志们，这听起来太不像话了。

最后，支持"杜马"同旧制度作斗争的说法**实际上**造成一种**非常错误的**观念，因为支持"杜马"就是支持杜马的**多数**。而杜马的多数就是**立宪民主党人**加劳动派。这就是说，你们 implicite（即拐弯抹角地）对立宪民主党人下了一个**评语**：他们在"同旧制度作斗争"。

这个评语是不正确的和不全面的。谈论这样的事情不能吞吞吐吐，而应当直截了当，毫不含糊。立宪民主党人**不是**在"同旧制度作斗争",而是力图**改良**和**革新**这个**最陈旧的制度**,而且现在已经在明目张胆地追求同旧政权**妥协**了。

决议案中不提这一点,讳言这一点,就是从无产阶级的观点滑到自由派的观点上去。

"……四、社会民主党将以自己的这种活动来推动以争取召集立宪会议为目的的人民运动,并把国家杜马控制行政权的一切努力看做这一人民斗争的一个阶段而加以支持,从而为全部政权转入人民手中打下基础……"

这是决议案中最重要的一条,它包含着"杜马"组阁即组织"责任"内阁这个臭名远扬的口号。应当先从提法上,然后再从实质上对这一条加以分析。

这一条的提法非常奇怪。孟什维克不会不知道,这个问题是极其重要的一个问题。其次,他们不会不知道,我们党的中央委员会过去在第一届杜马时期**曾经**一度**提出过这个口号**,而当时**党没有接受这个口号**。这样做是非常正确的,甚至**第一届**杜马中的社会民主党杜马党团(大家知道,这个党团**全部**由孟什维克组成,它的领袖是饶尔丹尼亚同志这样一位著名的孟什维克)也没有接受"责任内阁"的口号,他们不论在杜马的哪一次演说中都**从来没有**提出过这个口号!

看来,对于认真对待问题的人来说,事情是太清楚了。可是我们看到,在决议案中却写出了这么一条拟得非常草率、根本没有经过郑重考虑的条文。

为什么要用一个新的含糊得多的提法来代替"责任内阁"(普列汉诺夫在《俄国生活报》上提出的)或"杜马多数组阁"(第一届杜马时期中央委员会的决议中提出的)这样**明确的**口号呢?这仅仅是"责任内阁"的翻版还是一种新东西呢?让我们来分析一下这些

问题。

杜马怎样才能控制行政权呢？或者采取合法手段，即在现行的(或者说稍加改变的)君主立宪制基础上进行活动；或者采取非法手段，即"不受根本法约束"，推翻旧政权，使自己变成革命的国民公会，变成临时政府，等等。第一种可能性就是通常所说的"杜马"组阁即组织"责任"内阁。第二种可能性就是"杜马"(即杜马的多数)积极参加为政权进行的直接革命斗争。再没有别的办法能使杜马"控制"行政权了。至于不同的办法可能怎样交错在一起这样一个局部问题，这里是不必加以研究的，因为摆在我们面前的不是一般可能出现怎样的形势这样一个学术问题，而是社会民主党应当支持什么和不应当支持什么这样一个实际政治问题。

由此得出什么结论是很清楚的。新的提法好像是故意想出来**掩饰**有争论的问题的实质，**掩饰**代表大会的真正意志，而决议案却是应该表达这种意志的。"责任内阁"的口号在社会民主党人中间过去和现在都引起激烈的争论。而支持杜马的革命行动在社会民主党人中间过去和现在都不仅没有引起激烈的意见分歧，而且没有引起任何意见分歧。在这种情况下，有人提出一项决议案，用一个笼统的含糊不清的说法把有争论的和没有争论的东西混在一起，以此来**掩饰**意见分歧，——对于这种人，应当给他们下个什么评语呢？有人提议，在写代表大会的决定时，使用一种不能说明任何问题的说法，这种说法被一些人理解为杜马的革命行动，理解为"不受约束"等等，而被另一些人理解为米留可夫同斯托雷平在立宪民主党人参加内阁问题上的勾结，——对于这种人，应当给他们下个什么评语呢？

对于这种人，最客气的评语是：他们在倒退，把那本来很明确的、本来意思很清楚的支持组织立宪民主党内阁的纲领弄得含糊不清。

因此，下面我们不再谈这个把问题弄得混乱不堪的混乱的提法。我们将只谈问题的**实质**，即支持组织"责任"内阁（或者说立宪民主党内阁，反正一样）的要求这个问题。

决议案用什么理由来说明支持杜马组阁即组织责任内阁的要求的必要性呢？理由是：这是"争取召开立宪会议的人民斗争的一个阶段"，这是"全部政权转入人民手中的基础"。这就是**全部**理由。为了驳斥这些理由，我们简要地说说我们反对社会民主党支持杜马组阁这一要求的几个论据。

（1）仅仅抽象地从法律上把"责任"内阁同"不负责任的"内阁、把"杜马"组织的内阁同专制内阁等等对立起来（普列汉诺夫在《俄国生活报》上就是这样做的，孟什维克在分析这个问题时也经常是这样做的），这对马克思主义者来说是完全不能容许的。这是自由派的唯心主义的论断，而不是无产阶级的唯物主义的论断。

应当分析我们所讨论的这个措施的阶级意义。谁这样做了，他就会明白，这个措施的内容就是专制政府同自由派资产阶级勾结起来或者试图勾结起来阻止革命。杜马组阁的客观经济意义就是如此。所以布尔什维克有充分的权利和理由说：杜马组织的内阁或责任内阁实际上就是立宪民主党内阁。孟什维克大动肝火，叫喊什么这是偷梁换柱，故意歪曲，等等。他们之所以大动肝火，是因为他们不想**了解**布尔什维克的论据怎样把法律上的虚构（杜马组织的内阁对皇上将比对杜马更"负责"，对自由派地主将比对人民更"负责"！）**归结**到阶级基础上去。不论马尔托夫同志怎样大动肝火,怎样叫喊什么甚至现在杜马也不是立宪民主党的,他也丝毫不能动摇这个无可争辩的结论:**从实质看**,这里说的**正是立宪民主党内阁**,因为**起决定性作用的**正是这个自由派资产阶级政党。杜马组织的可能是混合内阁(立宪民主党人加十月党人加"无党派人士"甚至再加上一个差劲的"劳动派"或一个所谓的"左派",等等),但这丝毫不会改变问题的实质。像孟什维克和普列汉诺夫那样回避问题的实质,也就是回避马克思主义。

支持杜马组阁即组织"责任"内阁的要求,实质上就是支持立宪民主党人的政策,具体说就是支持组织立宪民主党内阁(在布尔什维克向第五次代表大会提出的第一项决议草案中就是这样说的)。谁害怕承认这一点,谁就是承认自己的立场有弱点,承认要求社会民主党支持立宪民主党的那些论据有弱点。

我们历来主张而且现在仍然主张社会民主党不能支持专制政府同自由派资产阶级为了阻止革命而进行的勾结。

(2)孟什维克总是把杜马组阁看成是好转的一步,看成是有助于今后进行革命斗争的一个因素,上述决议案明显地表达了这种思想。但是孟什维克在这里犯了错误,犯了片面性的毛病。马克思主义者不能担保俄国目前的资产阶级革命一定会获得彻底的胜利,那样做就是陷入资产阶级民主派的唯心主义和空想主义。我们的任务是力争革命取得彻底胜利,但是我们没有权利忘记,过去有过而现在还会有未完成的、半途而废的资产阶级革命。

孟什维克在自己的决议案中把杜马组阁说成是争取召集立宪会议的斗争中一个**必要的**阶段等等。**这是完全不正确的。**马克思主义者**没有权利**只从这个方面来看杜马组阁,而忽视俄国经济发展的两种形式的客观可能性。在俄国,资产阶级民主变革是不可避免的。但是这种变革可能采取保存地主经济和使地主经济逐渐转化成容克-资本主义经济的形式(斯托雷平的和自由派的土地改革),也可能采取消灭地主经济而把土地转交给农民的形式(社会民主党的土地纲领所支持的农民革命)。

马克思主义者不应当只从一方面,而应当从两方面来看立宪民主党内阁:它可能是争取召集立宪会议的**斗争**的一个阶段,也可能是**消灭资产阶级革命**的一个阶段。根据立宪民主党和斯托雷平的意愿,杜马组阁**应当起第二种作用**;而根据客观的情况,它既**可能起第二种作用,也可能起第一种作用**①。

孟什维克忘了自由派限制和阻止资产阶级革命的可能性(和危险性),从无产阶级阶级斗争的观点滑到美化君主制、赎买、两院制、阻止革命等自由派的观点上去了。

(3)现在我们把问题从经济和阶级方面转到国家和法律方面来。应当指出,孟什维克把杜马组阁看成是走向议会制的一个步骤,看成是可以完善宪制并帮助无产阶级利用宪制来进行阶级斗争的一种改良。但是,这又是只看到"可喜现象"的片面观点。从杜马的多数中任命大臣(这正是立宪民主党人在第一届杜马中努力争取的)并不是任何重大的改良征兆,并不是**在法律上**承认对宪制作了某种**根本的**变动。这在某种程度上是个孤立的行为,甚至是关于个别人员的行为。它通过**幕后的**交易、谈判和协商来进行。无怪乎《言语报》**现在**(1907年3月!)承认,立宪民主党1906年6

_____

① 我们作了对普列汉诺夫和孟什维克**最有利**的假定:立宪民主党将提出杜马组阁这一要求。很可能,**它根本不提出这个要求**。那么普列汉诺夫(和孟什维克)主张"支持"自由派根本没有提出的口号,就将成为笑柄,就像他以前主张"全权杜马"成为笑柄一样。

月同政府举行过谈判,但其内容**还不能**(!)公布。甚至立宪民主党的应声虫《同志报》也认为这种躲躲闪闪的做法是不能容许的。无怪乎波别多诺斯采夫(据报载)会提出这样的办法:先任命一些自由派即立宪民主党人当大臣,然后解散杜马和撤换内阁! 这不是取消改良,改变法律,这是皇上的完全合法的、"合乎宪制的行为"。孟什维克支持立宪民主党人关于杜马组阁的要求,**实际上**(不管他们的意愿和认识如何)就是支持背着人民进行秘密的谈判和勾结。

而孟什维克从立宪民主党人方面却得不到而且也不可能得到任何"保证"。孟什维克对立宪民主党人**赠送**和预付自己的支持,也就是模糊和降低工人阶级的觉悟。

(4)我们对孟什维克可以再作一个让步。我们假定可能出现最好的情况,即杜马大臣的任命并不仅仅是关于个别人员的事情,并不仅仅是对人民的欺骗和装装样子,而是**真能改善**无产阶级斗争条件的真正的宪制改良的第一步。

即使这样,也决不能证明社会民主党应当提出支持杜马组阁的要求这一口号。

你们不是说这是好转的一个阶段,是今后进行斗争的基础吗?就算是这样吧。那么普遍**而非直接的**选举权**想必**也是好转的一个阶段了? 为什么不宣布,社会民主党支持普遍**而非直接的**选举权这一要求,认为它是争取实现"四原则选举制口号"的斗争的一个"阶段",是向这个口号"转的基础"呢? 在这一点上,不仅立宪民主党人,而且民主改革党和一部分十月党人,都会站在我们一边的! 社会民主党支持普遍**而非直接和非无记名的**投票,这可以称为争取召集立宪会议的人民斗争的"全民性"阶段了!

支持杜马组阁的要求和支持普遍而非直接和非无记名的投票

的要求绝对没有任何原则的区别。

为了证明应当提出"责任内阁"的口号，就说它是好转的一个阶段等等，这就等于不了解社会民主党对待资产阶级改良主义问题上的基本原则。

任何改良之所以为改良（而不是反动的或保守的措施），完全是因为它是好转的一步、一个"阶段"。但是**任何**改良在资本主义社会中都有**两重性**。改良是统治阶级的让步，**其目的**是阻止、削弱或扑灭革命斗争，分散革命阶级的力量和精力，模糊他们的觉悟，等等。

因此，革命的社会民主党一方面决不拒绝利用改良来发展革命的阶级斗争（恩格斯说："我们看做分期偿付的债款"（wir nehmen auch Abschlagszahlung)①)，另一方面决不能把不彻底的资产阶级改良主义口号"变成自己的"②口号。

那样做，就是完全照着伯恩施坦的样子干（普列汉诺夫为了替自己现在的政策辩护，**将不得不**为伯恩施坦恢复名誉！伯恩施坦的机关刊物《社会主义月刊》[73]一定会对普列汉诺夫赞不绝口，这是毫不奇怪的!)，就是把社会民主党变成"**民主社会改良党**"（这是伯恩施坦的名著《社会主义的前提》中的名言）。

社会民主党把改良作为无产阶级革命阶级斗争的**副产品**来看待和利用。

这里我们已经接触到我们用来反对上述那个口号的最后一个

---

① 参看《马克思恩格斯文集》第 4 卷第 470 页。——编者注

② 普列汉诺夫在《俄国生活报》上说："……**社会民主党的代表**为了人民的利益，为了革命的利益，**不能不把上述要求**〈组织"责任内阁"〉**变成自己的要求**……"

论据了。

(5)社会民主党怎样做才能**在实际上**加速实现各种改良,其中包括俄国的宪制改良,尤其是杜马组阁及其有利于无产阶级的后果呢？是社会民主党把资产阶级改良主义者的口号"变成自己的"口号呢,还是坚决拒绝把这样的口号"变成自己的"口号,坚持自己完整的不打折扣的口号而始终不渝地进行无产阶级的革命的阶级斗争呢？回答这个问题并不困难。

我们如果把资产阶级改良主义的那种总是不彻底的、总是打折扣的、总是虚伪的口号"变成自己的"口号,这在实际上就不是增加而是减少实现改良的或然性、可能性和现实性,因为实现改良的实际力量是革命无产阶级的力量,是它在斗争中的自觉性、团结精神和坚定不移的决心的力量。

我们如果在群众中宣传资产阶级改良主义的口号,那就会使**群众**运动的**上述**特性减弱甚至丧失。常常听到这样一种资产阶级诡辩:在自己的革命要求和革命口号上作一些让步(例如提出"杜马组阁"来代替"人民专制"和立宪会议,把它当做一个"阶段",如此等等),我们就能使这种削弱了的措施**更**有可能**实现**,因为无产阶级和一部分资产阶级都将支持这种措施。

革命的国际社会民主党认为,这是资产阶级的诡辩。相反,我们这样做只会使改良更少可能实现,因为我们一味想博得资产阶级的同情(而他们是永远不会自愿让步的),结果就会削弱群众的革命意识,降低和模糊他们的革命意识。我们迎合资产阶级,任凭**他们**同沙皇政府勾结,只会妨害群众革命斗争的发展。到头来往往适得其反:实行这种策略的结果,改良不是化为乌有,就是完全成为骗局。实现改良的唯一**可靠的**支柱,唯一使改良不致落空而能用来造福人民的切实的保证,就是无产阶级在**不降低**自己口号的情况下进行独立的革命斗争。

孟什维克从1906年6月起,就在群众中宣传支持杜马组阁的要求这个口号。这样他们就削弱和模糊了群众的革命意识,缩小了鼓动工作的范围,减少了实现这种改良和利用这种改良的可能性。

应当在群众中加强革命鼓动,更广泛地传播、更清楚地阐明我们完整的不打折扣的口号。**这样**,我们在最好的情况下就能促使革命的彻底胜利早日到来,而在最坏的情况下,也能争取到一些不彻底的让步(如杜马组阁、普遍而非直接的选举权等等),并保证自己有可能把这些让步变成革命的工具。改良——这是革命无产阶级的阶级斗争的**副**产品。把取得副产品变成"自己的"任务,那就是陷入了自由派资产阶级的改良主义。

*　　　*　　　*

决议案的最后一条:

"五、社会民主党杜马党团把杜马中的活动看成是阶级斗争的一种形式,它保持完全的独立,但在每个特定场合,有时为了采取侵略行动而同那些其任务在当前同无产阶级的任务一致的政党和集团达成协议,有时为了采取旨在保护人民代表制本身及其权利的防御行动而同那些能从反对旧制度、争取实现政治自由的斗争中得到好处的政党达成协议。"

这一条的前一部分("但在每个特定场合"这一句以前)很好,而后一部分却很糟,简直是荒谬透顶。

怎么会这样可笑地把行动分成"侵略"行动和"防御"行动呢?我们的孟什维克是不是想起上一世纪90年代《俄罗斯新闻》[74]的话了?当时自由派证明说,俄国的自由派是在"维护",而反动派是在"侵略"。真是不可思议：马克思主义者不是按"旧的"划分把政治行动分成革命的和改良主义的、革命的和反革命的、议会的和议会外的，而给我们提供了一个新的分类法——"防御"行动在"维护"现状，"侵略"行动则更进一步！快别作孽了，孟什维克同志们！对革命阶级斗争的嗅觉要丧失到何种程度，才会闻不出"防御"和"侵略"这种划分的**庸俗**气味啊！

这个荒谬的提法像凹面镜反映物体一样十分可笑地反映出了孟什维克所不愿公开承认的那个**痛苦的**(对孟什维克来说)真相！孟什维克习惯于泛泛地谈论政党而不敢具体地点明这些政党和明确地把它们区别开来，习惯于把立宪民主党和左派都统称为"反对派-民主派政党"而遮住它们的真面目。现在他们感到情况在变化。他们感到，**自由派**现在实际上只能**维护**(通过屈辱的方式，如《俄罗斯新闻》在 80 年代"维护"地方自治机关那样！)现在的杜马和我们现在的——请原谅我用这个词——"宪制"了。孟什维克感到，自由派资产者已不能也不想**更进一步**(采取"侵略"行动，——居然想出这么一个可鄙的字眼！)。孟什维克把对真相的这种模糊认识反映在上面这个可笑的和混乱透顶的提法中，从这个提法的字面上可以得出结论说，社会民主党人**有时**为了采取行动可以达成一些"其任务"同无产阶级的任务**并不**一致的协议！

孟什维克决议案的这个结尾，这种害怕直截了当地说明**真相**(真相就是：自由派资产者即立宪民主党人已经完全停止帮助革命)的可笑的恐惧心理，很好地表达了我们所分析的整个决议案的全部精神。

代 后 记

在本文写成之后,我收到了俄国社会民主工党"爱沙尼亚边疆区联盟"二月(1907年)代表会议[75]的决议。

两位孟什维克同志——马·和阿·(想必是代表中央委员会)出席了这次代表会议。在讨论国家杜马问题的时候,看来他们**提出了我在前面作过分析的那个决议案**。看一看爱沙尼亚的社会民主党人同志们对该决议案作了些**什么修改**,是很有教益的。现在我把代表会议通过的决议全文引出来:

关于对国家杜马的态度

"国家杜马没有任何权力和力量来满足人民的要求,因为全部政权依旧在人民的敌人(沙皇专制政府、官僚和一小撮地主)手中。因此,社会民主党应当坚决丢掉对现在的国家杜马的立法力量的幻想,并向人民说明,只有在消灭沙皇专制制度以后由人民自己自由选举出来的全权的全民立宪会议才能满足人民的要求。

为了提高无产阶级的阶级自觉,加强对人民群众的政治教育,发展和组织革命力量,社会民主党对这个软弱无力的国家杜马也应当加以利用。因此,社会民主党根据以下原则参加国家杜马的活动:

一、社会民主党根据城乡无产阶级的利益和彻底的民主主义原则,对政府和资产阶级政党的一切提案和法案以及国家预算进行批评,并针锋相对地提出自己的要求和法案,同时经常从广大人民群众的要求和需要出发,通过自己的这种活动来揭露现行制度的不中用和资产阶级社会的阶级矛盾。

二、社会民主党利用质询权来揭露现政府的实质和本质,向人民指出政府的一切活动都是直接违反人民利益的,并说明工人阶级的无权地位,阐明政府、统治阶级和依靠统治阶级的政党在对待工人阶级方面所起的作用。同时,社会民主党应当同立宪民主党这个实行妥协的和背叛成性的政党作斗争,揭露他们的不彻底性和虚伪的民主主义,从而使革命的小资产阶级摆脱他们的领导和影响,跟无产阶级走。

三、作为无产阶级政党的社会民主党,在国家杜马中应当始终保持独立。社会民主党不应当同国家杜马中其他革命政党和反对派政党订立约束社会民主党行动自由的任何长期协议或协定。在个别场合,当其他政党的任务和步骤同社会民主党的任务和步骤一致的时候,社会民主党可以也应当同其他政党就这些步骤进行协商。

四、人民不可能同现在的农奴制政府达成任何协议,只有全权的立宪会议才能满足人民的要求和需要,因此,代表会议认为,无产阶级的任务不是为组织对现在这个软弱无力的杜马负责的内阁而斗争。无产阶级不应当为责任内阁而应当为立宪会议而斗争。

五、国家杜马中的社会民主党党团在进行这样的斗争的同时,应当同杜马外的无产阶级群众和广大人民群众保持极密切的联系,帮助这些群众组织起来,建立一支能够推翻专制制度的革命大军。"

　　用不着作什么注解了。我在自己的文章中试图以所分析的决议案为例说明不应当怎样写决议。爱沙尼亚的革命的社会民主党人则以自己的决议表明应当怎样修改不能用的决议。

载于 1907 年 4 月圣彼得堡出版的　　　　　译自《列宁全集》俄文第 5 版
《策略问题》文集第 2 卷　　　　　　　　　第 15 卷第 89—112 页

为爱沙尼亚社会民主党人
的决议加的按语[76]

(1907 年 3 月 25 日〔4 月 7 日〕)

我们的通讯员还给我们寄来了代表会议通过的**俄国社会民主工党"爱沙尼亚边疆区联盟"的章程**。由于篇幅不够,我们没有把它登载出来。

请读者注意关于杜马的决议。从这个决议中可以清楚看到,它是以《俄国生活报》第 47 号上发表的孟什维克的决议案作为基础的。孟什维克马·和阿·的影响就表现在这一点上,**也仅仅在这一点上**。爱沙尼亚社会民主党人对这个决议案中所有**重要的地方都按照鲜明的布尔什维克精神作了修改**(特别是谈到立宪民主党和"责任内阁"的地方)。这是对孟什维克决议案进行"修改"的良好范例!

载于 1907 年 3 月 25 日《无产者报》
第 15 号

译自《列宁全集》俄文第 5 版
第 15 卷第 113 页

勾结的基础

1907 年 3 月 21 日于彼得堡

自从三个星期以前《无产者报》第 14 号上的社论①发表之后，情况有了重大的变化。政府和立宪民主党人，即黑帮专制政府和自由主义君主派资产阶级，彼此更靠拢了一步。他们准备联合起来，共同扼杀革命，不给人民土地和自由，而只给一点可怜的施舍，使人民永远处在半饥饿半奴隶的状态。现在我们来仔细地分析一下目前的情况。

有两个问题像一块沉重的石头压在黑帮专制政府的心上，这就是预算和土地问题。如果杜马不批准预算，就得不到贷款。如果不设法哪怕是暂时地掩盖一下土地问题这个烂穿了的脓疮，就休想得到片刻的安宁。在预算和土地法未经杜马通过以前，政府是不敢解散杜马的。它怕解散杜马，同时又叫嚷要解散杜马，它把俄罗斯人民同盟这个黑帮组织全部发动起来，吓唬那些胆小的人和促使那些动摇的人让步。它想试图强迫杜马让步，用解散作为威胁来封杜马的嘴。以后就可以看到，它将怎样对付那个受尽侮辱的、遭到唾弃和蹂躏的"最高"会议。因此，它才要求批准预算，并保证说财政大臣根本无意向国家杜马提出批准借款这个问题。因此，瓦西里契柯夫先生才作了多次彬彬有礼的讲话，说政府将

---

① 见本卷第 56—60 页。——编者注

"保护各个人、各集团、各阶层三者利益之间的界限不受侵犯",但同时"也意识到,只在这些界限符合国家的根本利益时,自己才有责任给予保护。**这些界限如果不符合根本利益,就应当加以变动**"。这些话,特别是我们使用黑体的地方,无疑是隐约地向立宪民主党打招呼,微妙地暗示立宪民主党提出的"强制转让"在某种程度上是可行的。

立宪民主党人怎样回答所有这些难以捉摸的好感呢?嘀!他们竭力把捉摸不透的话变成可以捉摸的话,把暗示和隐喻背后的意思公开说出来,把它说穿。因此,他们也向政府表示了极大的好感,倾吐了自己的衷肠,虽然出于他们特有的谨慎,暂时还只是半推半就地、羞答答地伸出手来,去接斯托雷平先生宽宏大量地伸给他们的食指。立宪民主党的御用机关报《言语报》在 3 月 18 日向全世界宣布:人民自由党即将完成新土地法案的制定工作,这将使该党"获得最好的武装去**切实**地讨论土地问题",并且"新的提法充分注意到了通常所谓现实的力量对比这个因素"。第二天,在杜马的会议上库特列尔代表真的作了"切实的"发言,从而揭开了一点(虽然还远没有完全揭开)立宪民主党羞答答地用来遮丑的面纱,使人窥见了一点立宪民主党立法工作新成果的"现实主义"和"切实性质"。根据我们的理解,这里所说的切实的现实主义就是:第一,在很多地方,农民得到的土地不是"消费份额",而是少得多,如库特列尔先生极含混地说的"是多少就是多少"。显然结果是这样的:几百万俄亩的地主土地即使在"强制转让"的情况下也可以仍然不转让。用瓦西里契柯夫先生的说法,只等于略微"变动一下界限"。对于表明新法案的"现实主义"的第二个特点,库特列尔先生作了如下的说明:"拨给农民的土地"应当"永远归农民所有",因此"这些土地将来在任何条件下也不予以剥夺",这些土地将"交给农民永久使用而不是暂时使用",同时必须"仅仅限制转让权和抵押权"。这又很接近于通过瓦西里契柯夫先生之口所作的宣告:政府"打算把根据所有权原则应享受的优惠也扩展到农民占有的但迄今还没有享受到这种优惠的大片土地上去"。最后,立宪民主党新土地法案的第三个"切实"之处特别值得注意,这就是:原先设想赎买土地用公款,而现在是"实行土地改革所需的相当一部分费用(约占半数)应当由农民自己偿还"。那么,这同政府规定在1906年农民要交一半赎金又有什么区别呢? 因此,十分清楚,立宪民主党的土地法案同政府的"决定"在原则上是一致的。可以更清楚地说明这一点的是:立宪民主党的强制转让土地是假的,因为在立宪民主党的土地委员会中,农民占一半,地主占一半,并且由官员来"调和"他们的利益,这样,委员会中谁去实行"强制"呢? 真是巧妙的勾结。难怪《言语报》的杜马评论员在3月20日的报上就瓦西里契柯夫先生的讲话指出:"他这样提问题,说明他采取了切实的态度。"这是目前立宪民主党人所能够说的最大的恭维话!

至于预算问题,立宪民主党对黑帮专制政府采取的调和立场,在3月20日同一号《言语报》的社论中表现得极其明显。社论把"人民自由党提议否决整个预算"的传闻称为"明显的捏造"。社论确信,"人民代表们在作某些修改之后,大概会批准1907年的预算"。最后——先生们,请注意! ——社论断言:"如果杜马得到证明,财政大臣先生愿意协助杜马扩大权力〈当然是在"根本法"范围内扩大权力——见同一社论〉,杜马代表就可能对政府产生更大的信任",而"如果杜马有理由信任财政大臣先生,它就会同意那种等于是**允许借贷**而且是**需要多少就借多少的方案**"(黑体是我们用的）。这真是一段妙论，它为这一长串可耻的让步，一长串以零售方式出卖人民自由的行为（这种零售所以需要，是为了最终整个地出卖人民的自由）出色地收了场。

　　谁有耐心考察一下黑帮和自由派资产者进行可耻交易的全部详情，考察一下目前所能知道的这些详情，他就会确信，反革命势力正在组织起来，准备给伟大的解放运动以最终的致命的打击，准备制服坚强果敢的战士而欺骗和排挤幼稚、胆小和动摇的人。右派、波兰代表联盟[77]、立宪民主党正抱成一团，准备进行这次打击。政府自己唆使黑帮提出解散杜马和取缔"龌龊的宪法"的要求，然后又利用黑帮的叫嚣来吓唬立宪民主党和劳动派。立宪民主党也拿这种叫嚣和所谓斯托雷平打算立即解散杜马的假话来吓唬劳动派。黑帮专制政府和自由派资产阶级需要进行这些威胁和恐吓，是为了更巧妙地背着人民进行勾结，是为了和和气气地分赃和掠夺人民。各种各样的劳动派，你们不要受骗！要保卫人民的利益！要制止立宪民主党同政府的肮脏勾结！社会民主党人同志们，我们相信，你们会认清局势，你们会走在杜马的所有革命分子的最前列，你们会帮助劳动派看清自由主义君主派资产阶级的可耻的背叛行为。我们相信，你们会从杜马讲坛上严正地有力地向全体人民揭露这种背叛行为。

载于1907年3月25日《无产者报》　　　译自《列宁全集》俄文第5版
第15号　　　　　　　　　　　　　　　　第15卷第120—124页

口 蜜 腹 剑

（1907 年 3 月 25 日〔4 月 7 日〕）

国家杜马中关于土地问题的辩论是大有教益的。必须详细谈谈各个政党领袖的发言，仔细研究一下这些发言的内容。

毫无疑问，土地问题的主要之点是对地主土地所有制的态度。农民为了获得土地，正在进行反对地主土地所有制的斗争。各个政党对这一斗争采取了什么态度呢？

社会民主党人直接地公开地提出了**不经赎买地转让**土地的要求。社会民主党代表策列铁里在他的发言中有力地证明了保卫地主财产"权"的谬误，说明这种财产是掠夺来的，指出认为私有财产不可剥夺的言论是十足的伪善，驳斥了首席大臣不把**人民的利益**而把一小撮同国家政权血肉相连的地主的利益视为"国家利益"的看法。

如果再加上策列铁里同志在他发言的末尾提出的建议——把问题交给各个地方土地委员会（当然，是经普遍、直接、平等和无记名投票选举产生的）审议，那就可以对无产阶级在土地问题上的立场得到一个完整明确的概念了。否定地主的土地所有权。明确地规定改革的方法是一切通过地方委员会，——这就是说农民的利益应压倒地主的利益。不经赎买地转让，——这就是说，彻底捍卫农民的利益，同地主的阶级私利进行毫不妥协的斗争。

现在来谈劳动派。卡拉瓦耶夫没有十分明确地提出"不经赎买地转让"这个原则。这位农民代表在提出人民对地主的要求时不如工人代表那样坚决。没有明确地提出把问题交给各个地方委员会的要求,对于自由派(立宪民主党人)想撇开人民、把一个尖锐问题交给专门委员会去讨论而不拿出来公开讨论、不让人自由批评的阴谋没有表示反对。尽管这位劳动派的发言同社会民主党人的发言比起来还有这些缺点,我们还是应当承认他是捍卫农民的事业而反对地主的。这位劳动派使人民看清了农民怎样处于水深火热之中。他反驳了叶尔莫洛夫及地主阶级的其他维护者否认必须扩大农民占有的土地的结论。他确定了农民至少需要 7 000 万俄亩土地,并且说明地主、皇族和其他方面可以用来满足农民需要的土地在 7 000 万俄亩以上。再说一遍,尽管有我们着重指出的那些缺点,他的发言的总的精神还是诉诸人民,一心帮助人民擦亮眼睛……

我们看看立宪民主党人库特列尔的发言。那就完全是另一番景象了。他的发言使我们感到,刚才是一个十分彻底地维护农民(社会民主党人)或是不够坚决地维护农民(劳动派)来**反对地主**的人们的阵营,而现在是一个**地主的阵营**,这里的人知道"让步"不可避免,但是在竭力设法**少让一些**。

库特列尔说他"同意"劳动派,"同情"劳动派,这**完全**是为了把他所谓的必须对劳动派的法案马上进行限制和删减这颗苦药丸包上一层糖衣。库特列尔的整篇发言充满了**反对社会民主党人和反对劳动派的各式各样的论据**。

为了说话有根据,我们一步一步地来分析库特列尔的发言。

一开头是先向劳动派行屈膝礼。立宪民主党人同意基本思想,他热烈地同情……**但是**……**但是**……劳动团的法案"不限于实现**帮助**农民解决缺少土地的问题这个**简单**明了的任务,而是更进一步,力求**根本改造**现存的全部土地法律关系"(引文都是根据《同志报》的报道)。

总之,**口头上**"**同情**"庄稼汉,**实际上限制**庄稼汉的要求。口头上支持庄稼汉,实际上支持地主。

而且,库特列尔还要杜马相信,劳动派不限于实现一个**简单明了的任务**!读者想想吧:劳动派直截了当提出了 **7 000 万俄亩土地**。应当把这些土地从地主手里转交给农民。这还不"明了",还不"简单"啊!!

为了"明了"起见,就得谈谈劳动土地份额、消费土地份额以及 1861 年的份地份额。于是库特列尔先生谈呀,谈呀,谈个没完。他在这些无关紧要的问题上滔滔不绝地把废话塞满听众的耳朵,为的是得出一个结论:要使农民的份地达到 1861 年的土地份额,"照我看来……还差 3 000 万俄亩",而即使达到了,也还是比消费土地份额低。如此而已。这就是他在需要多少和满足多少这个问题上所谈的一切。

可是,这难道是对 **7 000 万俄亩**的要求的回答吗?可敬的"人民自由"的骑士,你不过是在支吾,你不过是在搪塞!到底应不应当把 7 000 万俄亩土地交给农民呢?应当还是不应当呢?

为了更清楚地说明这些遁词的本质,我们用**最新的**土地统计材料的总计数字来证实劳动派提出的数字。根据 1905 年的调查,私人的土地共有 10 170 万俄亩。其中村团和协作社共有 1 580 万俄亩;不满 20 俄亩的占有者拥有 320 万俄亩;20—50 俄亩的占有者拥有 330 万俄亩;**50 俄亩以上的占有者拥有 7 940 万俄亩**。最后一种占有者的人数总共是 133 898 人。也就是说,他们每人**平均拥有 594 俄亩**土地。假定我们给这些老爷每人留下 50 俄亩。总共是 690 万俄亩。从 7 940 万俄亩中减去 690 万俄亩,就能有**7 250 万俄亩地主土地空出来,这还没有把皇族、官家、教会、寺院等方面的土地计算在内。**

我们看到,劳动派所确定的农民能够而且应当获得的土地数量还不十分准确,尽管总数(7 000 万俄亩)接近于实际。

总之,立宪民主党人先生们,劳你们驾给一个简单明了的回答:应不应当让地主给农民**7 000 万俄亩土地**? 应当还是不应当?

我们的前任大臣、现在的自由派伪君子不直接回答问题,而是像晨祷前的魔鬼那样着忙,发急地叫喊:

"这种权利(即劳动团法案所说的土地权)不是等于挤进已经住满了人的屋子的权利吗?"

真妙,不是吗? **关于 7 000 万俄亩**的问题被躲过去了。这位自由派老爷给农民的回答就是:**屋子住满了。**

库特列尔跳过这个**令人不快的** 7 000 万俄亩(这些庄稼汉真不懂礼貌! 总纠缠什么 7 000 万!)的问题以后,就开始反驳劳动派,大谈土地国有化"实际上能否实现"的问题。

这一切都是蓄意搪塞,因为既然把 7 000 万俄亩留给地主,那就**没有什么东西可以国有化了**! 但是库特列尔先生为了**掩盖自己的意图**就是要这样谈。

他是怎样反对土地国有化的呢?

"我认为,可以设想出使土地国有化法案能够获得法律效力的那些政治条件,但是我不能设想在最近的将来是些什么政治条件能使这一法律真正实现。"

真是又有分量又有说服力。这位一生之中都是"优美地躬背哈腰"**78**的自由派官吏**不能设想**是什么样的政治条件能使人民的代表掌握立法权。我们这位亲爱的自由派是在暗示，按照通常的情况，都是统治人民的一小撮地主掌权。

是的，通常的情况是这样。俄国的情况就是这样。但是，这里谈的是争取人民自由的问题。这里讨论的正是**如何改变**地主实行统治的经济条件和"政治条件"的问题。而你**进行反驳**的理由却是，现在是地主掌权，因此应当把腰弯得更低一些：

> "把帮助农民这个简单的、肯定有益的任务复杂化，是没有道理的，不正确的……"

耳朵不会高过额头，不会的！

于是库特列尔先生就长篇大论地谈起来，说不需要搞"不能实现的"国有化，而只需要"扩大农民的土地使用权"。

当问题涉及用 7 000 万俄亩**地主**土地来**扩大农民占有的土地**（而不是**土地使用权**，最可敬的先生！）的时候，库特列尔扯到"国有化"问题上去。而当涉及"国有化"问题的时候，又回到"扩大"……的问题上来。也许这一下人们就想不起 **7 000 万俄亩**了吧！

库特列尔先生公开维护私有地产，声称消灭私有地产是"最大的不公平"。

> "既然没有人主张彻底消灭私有财产，那就必须完全承认私有地产可以存在。"

既然不能**一下子**前进两步，"那就必须"一步也不前进！这就是这位自由派的逻辑。这就是维护地主利益的逻辑。

库特列尔先生承认**强制转让**私有土地，乍看起来，这可以算是他的发言中唯一涉及到保护农民利益而不是保护地主利益的一点了。

但是,谁要是相信这些**漂亮话**,他就大错特错了。如果**地主**真的**会被强制**把大量土地让给**农民**,并且要价很低,在这种情况下,也只有在这种情况下,强制转让地主土地才会对农民有利。而如果**地主强制农民**用高价购买极少量的土地呢?

没有防止地主欺骗农民的**真正保障**,"强制转让"就是一句空话。

库特列尔先生不仅**连一个**这样的保障都没有提出来,反而用他的全篇发言,用他整个立宪民主党人的立场**排除了这些保障**。立宪民主党人不愿意进行杜马以外的工作。他们公开主张地方委员会按**反民主的原则组成**,即地主的代表和农民的代表各占一半,政府的代表任主席! 这完全等于让地主来强制农民。

如果再考虑到地价也是由同样的一些**地主**委员会去评定,考虑到立宪民主党人现在已经要农民支付(见库特列尔发言的末尾)地价的**半数**(另外一半**也是由农民**支付,只不过是采取多交捐税的形式!),那就可以看出,立宪民主党人先生们是**口蜜腹剑**了。

社会民主党人和劳动派在杜马中替农民说话。右派和立宪民主党人替地主说话。这是事实,任何遁词和空话都掩盖不了。

载于 1907 年 3 月 25 日《我们的
回声报》第 1 号

译自《列宁全集》俄文第 5 版
第 15 卷第 114—119 页

在第二届国家杜马中关于土地问题的发言稿[79]

(1907年3月21日和26日〔4月3日和8日〕之间)

先生们! 在杜马里已经有许多人发言,阐述了各个政党在土地问题上的基本观点。是该作出几点结论的时候了。现在应该明确地回答:争论的实质是什么? 解决土地问题的困难在哪里? 所有主要政党的代表们在杜马里所作发言的基本观点是什么? 各个政党在土地问题上截然分歧的意见是什么?

四个主要的政党或者说党派在杜马里就土地问题阐述了四种主要观点。斯维亚托波尔克-米尔斯基代表阐述了"右派"(包括十月党、君主派等等)的观点。库特列尔代表阐述了立宪民主党即所谓的"人民自由党"的观点。卡拉瓦耶夫代表阐述了劳动派的观点。在实质上同意卡拉瓦耶夫观点的季明、科洛科尔尼科夫、巴斯金、提赫文斯基等代表,给他作了补充。最后,我的同志策列铁里阐述了俄国社会民主工党的观点。政府代表瓦西里契柯夫大臣阐述了政府的观点,这些观点(我在后面将要指出)归结起来就是要调和"右派"和"立宪民主党"的观点。

现在我们来看看这四个政治派别在土地问题上的主要观点是什么。我按代表们在杜马里发言的次序来谈,也就是从右派谈起。

斯维亚托波尔克-米尔斯基代表的基本观点,就是一切所谓的

1907 年列宁《在第二届国家杜马中
关于土地问题的发言稿》手稿第 1 页
（按原稿缩小）

"君主派"政党和十月党的观点,就是大多数俄国地主的观点。斯维亚托波尔克-米尔斯基代表非常精彩地用如下一句话表达了这一观点:"因此,先生们,**放弃增加农民占有的土地面积的念头吧**,除非是遇到土地实在太少的特殊情况。"(我引用《同志报》的报道,这是一份最完全的报道,因为速记记录还没有发表。)

　　这句话讲得好:直截了当,明确,简单。**放弃**增加农民土地的**念头吧**——这就是**所有右派政党**,从俄罗斯人民同盟到十月党的真实观点。我们很清楚,俄罗斯地主和俄国境内其他民族的地主的看法也正是这样。

　　为什么地主们劝告农民**放弃**扩大农民占有的土地的**念头**呢?斯维亚托波尔克-米尔斯基代表解释道:因为地主的农场比农民的田庄组织得好,比农民田庄"文明"。据他说,农民"粗野、愚昧、无知"。请看吧,农民没有地主的领导就不行。斯维亚托波尔克-米尔斯基代表说得很俏皮:"有什么样的牧师,就有什么样的教民。"很明显,他坚信地主永远是**牧人**①,而农民永远是**被放牧的羊群**,永远要任人**宰割**。

　　永远吗,斯维亚托波尔克-米尔斯基先生? 永远吗,地主老爷们? 你们没有弄错吧? 农民迄今一直是"被放牧的羊群",不是因为他们过于"愚昧和无知"吗? 但是现在我们大家都看到,农民正在变成**有觉悟的人**。杜马中的农民代表现在不是转向"右派",而是转向劳动派和社会民主党人。像斯维亚托波尔克-米尔斯基这样的发言将会帮助最愚昧的农民弄清楚:真理在哪里? 能不能真的去支持那些劝告农民**放弃**扩大农民占有的土地这种**念头**的

---

　　① 俄语 поп 一词既有"牧师"之意,又有"牧人"之意。——编者注

政党?

因此,我对斯维亚托波尔克-米尔斯基代表的发言,以及所有坐在右边席位上的、将要就这个问题发言的人的发言表示衷心的欢迎。先生们! 请继续按这个调子讲下去吧! 你们大大帮助我们擦亮了甚至最愚昧的农民的眼睛!

有人说:地主农场比农民田庄文明…… 农民没有地主的领导就不行!

可是我要告诉诸位:俄国地主土地占有制和地主经济的整个历史以及关于现在的地主经济的所有材料都表明,地主的"**领导**"过去和现在始终意味着对农民施加穷凶极恶的暴力、对男女农民人格肆意进行侮辱,意味着对农民劳动进行世所未见的最残暴、最无耻的剥削(用俄国话说就是掠夺)。俄国农民这种备受压抑和一贫如洗的情况,不仅在西欧找不到,就是在土耳其也找不到。

我的同志策列铁里已经谈到,一块块地产连居民一起如何分赐给了宫廷"世界"的奸佞和宠臣。我希望你们特别注意谈到臭名昭彰的地主"**文明**"的斯维亚托波尔克-米尔斯基代表所触及的**经济制度**问题。

这位代表知不知道农民把什么叫做**工役制或徭役制**,经济学把什么叫做**工役经济**呢?

地主工役经济就是地主**农奴制**经济、徭役经济的直接遗物,直接残余。农奴制经济的实质是什么呢? 就是农民从地主那里得到**份地**来养活自己一家,为此农民就必须在地主土地上劳动三天(有时还要多)。对劳动者付酬不是用货币,像现在各个城市里的做法那样,而是用**土地**。农民靠从地主那里得来的份地只能勉强糊口。而为了勉强糊口,农民本人和他全家必须用自己的马匹、工具即

"农具"去为地主耕种土地。这就是农奴制经济的实质：用少得可怜的份地代替对劳动的报酬，用农民的劳动和农民的农具耕种地主的土地，用地主的棍棒强制农民劳动。在这种经济制度下，农民本身必须成为**农奴**，因为不用**强力实行强制**，任何一个靠份地生活的人也不会去给地主干活。这种农奴制对农民来说是怎么一回事，这一点农民自己非常明白，记得非常清楚。

农奴制**算是**废除了。但实际上地主至今还握有很大的权力（依靠他们抢来的土地），现在仍能**通过工役制**使农民处于农奴的依附地位。工役制，这也就是现代的农奴制。我的同志策列铁里在他关于政府宣言的发言中说，地主土地占有制和现在整个俄国国家政权都具有农奴制的性质。可是一家向政府献媚的报纸（它的名字叫《新时报》）却叫嚷策列铁里代表说的不符合事实。不，社会民主工党的代表说的是事实。只有那些完全无知的人或卖身求荣的文痞才能否认工役制是农奴制的直接残余，否认我国的地主经济靠工役制来维持。

工役制的实质是什么呢？就是地主的土地不是用地主的农具来耕种，不是雇工人来耕种，而是由**受地主奴役**的邻近的农民用自己的农具来耕种。庄稼汉不得不受奴役，是因为地主把好地都割归自己，把庄稼汉安置在"一小块沙地"上，驱使他们去种少得可怜的份地。地主霸占了很多土地，以致农民不仅没有可耕之地，甚至"连放鸡的地方也没有"。

1861年省地主委员会和地主——调停官[80]（他们被叫做调停官，想必是因为他们纵容①地主）——在**解放**农民的时候，把农民

---

①　俄语"мировой（调停官）"一词和"мироволить（纵容）"一词字形相近。——编者注

土地的⅕割给地主了！他们在**解放**农民的时候，强迫庄稼汉为这次掠夺后留在农民手里的份地付**高价**！任何人都知道，1861年进行"**赎买**"的时候，强迫庄稼汉付出了比地价**高得多**的代价。任何人都知道，当时迫使庄稼汉**赎买**的不仅有农民的土地，而且有**农民的自由**。任何人都知道，**政府**赎买的"善行"，使国库从农民那里勒索来的地价（以赎买的形式）**比它付给地主的要多**！这是地主和"自由派"官吏为了掠夺庄稼汉而结成的兄弟联盟。如果斯维亚托波尔克-米尔斯基先生忘记了这一切，那么农民**大概**没有忘记这一点。如果斯维亚托波尔克-米尔斯基先生不知道这一点，那他可以看一看扬松教授**还在30年前**在《关于农民份地和付款统计调查的试验》一书中是怎样写的，看一看从那时以来所有的经济统计文献重复了千百次的东西。

1861年对农民的"解放"[81]**使得**农民一下子就落入了地主的**圈套**。农民由于土地被地主夺去而走投无路，以致不是饿死，就是接受奴役。

20世纪"自由的"俄国农民仍然不得不接受邻近地主的奴役，**完全**和11世纪"庄稼人"（《罗斯法典》[82]这样称呼农民）受地主奴役、被"登记"为地主财产**一样**！

说法改变了，法律制定了又消失了，几百年过去了，可是问题的实质依然如故。工役制，这就是要农民处于受奴役的依附地位，使农民不得不用自己的农具去耕种邻近地主的土地。工役经济，这就是巧加粉饰和改头换面但实质未变的**农奴制**经济。

现在我从关于农民经济和地主经济的著作中俯拾即是的大量例子里举出一个来说明我的意思。农业司有一部在90年代初出版的篇幅巨大的著作，这部著作是根据**业主提供的**有关俄国地主经济制度的材料编的(《根据业主方面的材料所编的农业统计资料》1892年圣彼得堡农业司版第5编)。整理这些材料的是谢·亚·柯罗连科先生。不要把他同弗·加·柯罗连科混淆了。他不是一位进步作家,而是一个反动官僚。谢·亚·柯罗连科先生就是这样一位人物。在他编辑的这本书的第118页上,我们可以看到这样一段话:

"在叶列茨县南部(奥廖尔省),在地主的大农场里,除有年工从事耕作外,一大部分土地由农民耕种,以租给他们的土地作为报酬。**过去的农奴**〈请注意,斯维亚托波尔克-米尔斯基先生!〉**继续向他们原来的地主租地**,并为此而替地主种地。这样的村庄**仍然**〈注意这一点!〉叫做某某地主的**'徭役'**村。"

这是在上个世纪90年代,在臭名昭彰的农民"解放"实现了**30年**以后写的。1861年以后过了**30年**,还是同样的"徭役",还是用农民的农具去耕种**原来**的地主的土地!

可能有人会反驳我,说这是个别情况。然而,凡是熟悉俄国中部黑土地区地主经济制度的人,凡是稍稍翻阅过俄国经济文献的人,都得承认这不是例外,而是**通例**。在**俄罗斯本土**的各个省份,恰好是在**真正的俄罗斯**地主占优势的地方(怪不得这些省份对于所有坐在右边席位上的**真正的俄罗斯**人来说是那样珍贵了!)直到今天都是**工役经济占优势**。

作为例子,我来引证一下由许多学者编纂的《收成和粮价的影响》这样一部有名的学术性著作。这本书是在**1897**年出版的。书中证明地主的**工役**经济占优势的有下列这些省份:乌法、辛比尔斯克、萨马拉、坦波夫、奔萨、奥廖尔、库尔斯克、梁赞、图拉、喀山、下诺夫哥罗德、普斯科夫、诺夫哥罗德、科斯特罗马、特维尔、弗拉基米尔和切尔尼戈夫,即 17 个**俄罗斯**省份。

工役经济占优势……这是什么意思呢?

这就是说,地主的土地还是用农民的农具,用破产的、贫穷的、受奴役的农民的劳动来耕种的。这就是斯维亚托波尔克-米尔斯基代表和所有维护地主利益的人所说的"文明"。地主的牲口当然好,它们在阔绰的厩房里比在茅屋里的庄稼汉生活得还好。地主的收成当然好,因为还在 1861 年地主委员会就设法把农民的好地割给地主了。但是俄国地主经济的"文明"只能作为玩笑来谈。在大量的领地上并没有**任何**地主经济,而只有同一种农民经济:土地是用农民瘦弱无力的马匹来耕作的,是用破旧不堪的农具来耕作的。除了俄国,欧洲没有一个国家到现在还完整地保存着这种在大块和最大块土地上依靠受奴役的农民来维持的农奴制经济。

地主的"文明"就是保存地主农奴制。地主的文明就是向贫困的农民放高利贷,把农民抢劫一空,使农民为了一俄亩地、为了牧场、为了饮水场、为了树林、为了一普特面粉(冬季以极高的利息贷给饥饿的庄稼汉的)、为了一个卢布(农民家庭恳求来的)……而沦为奴隶。

可是坐在右边席位上的这些老爷却侈谈什么犹太人对农民的剥削,犹太人的利率!然而千万个犹太商人也做不到真正俄罗斯的信仰正教的地主那样,把俄罗斯的庄稼汉抢劫一空!最坏的高利贷者的利息无论怎样高也不能和真正俄罗斯的地主所拿的利息相比,这些地主冬天就雇下庄稼汉去干夏天的活,或者租给庄稼汉一俄亩地就迫使他付钱、干活、送鸡蛋、送鸡,天晓得还有些什么东西!

这好像是笑话,可是这种辛酸的笑话却与真理毫无差别。这里给你们举个**实例**来说明农民租一俄亩地要付出什么样的代价（例子是从卡雷舍夫关于农民租佃的一本名著里找来的）：农民租一俄亩地要给地主种一俄亩半地，交 10 个鸡蛋 1 只鸡，还加一个妇女干一天活（见卡雷舍夫原书第 348 页）。

这是什么呢？是"文明"还是最无耻的农奴制剥削呢？

有人用无耻谎言诬蔑农民，他们中伤农民，妄想使俄国和欧洲都认为我国农民是在为反对文明而斗争。这是谎言！俄国农民是在为争取自由、为反对**农奴制**剥削而斗争。农民运动声势最大最猛的地方，农民反地主的斗争最激烈的地方，**恰好**是那些**真正俄罗斯的**省份，在这些省份里，牢牢地保持着、根深蒂固地保持着**真正俄罗斯的农奴制**、**真正俄罗斯的**工役制以及对贫穷负债的农民的奴役和侮辱！

工役制并不是靠法律（根据法律，农民有饿死的"自由"！）而是靠农民**在经济上的依附地位**来维持的。任何法律、任何禁令、任何"监督"、任何"监护"，对工役制和奴役制都完全无能为力。要从俄国人民的躯体上剜掉这个脓疮只有一个办法，就是**消灭地主土地所有制**，因为到目前为止这种所有制在绝大多数情况下都是**农奴制**所有制，都是**农奴制剥削**的根源和支柱。

既然回避是否保存地主土地所有制这个**根本问题**，那么地主和官吏惯用的那些"帮助"农民、"改善"农民状况、"协助"农民得到土地这样的词句以及诸如此类的词句，就不过是无谓的借口和遁词。

这就是问题的关键。我特别要提醒农民和农民代表们：决不容许回避问题的这个**实质**。地主的地产到底是仍归地主所有还是转交给农民——在这个**最主要的**问题尚未弄清楚以前，不要相信任何诺言,不要相信任何漂亮的言词。**如果仍归地主所有,那么工役制和奴役制就仍会保留下来**。千百万农民就仍会受穷和经常挨饿。忍受逐渐死于饥饿的痛苦,——对农民来说,这就是保存地主土地所有制的含义。

为了让大家清楚地看到土地问题的这一实质是什么,必须提一提有关俄国地产分配的主要数字。今天所能看到的关于俄国地产的最新统计材料是**1905 年**的。这些材料是中央统计委员会根据特别调查搜集来的,调查的全部结果还没有公布,但是主要结果已经在报纸上公布了。欧俄共有近 4 亿俄亩土地。在 39 550 万俄亩中(初步统计),属于官家、皇族、教会和机关的有 15 500 万俄亩,属于私人的有 10 200 万俄亩,农民的份地有 13 850 万俄亩。

乍一看来,会以为官家的土地最多,因而问题完全不在于地主的土地。

这是一个经常发生但应当彻底加以消除的错误。诚然,官家拥有 13 800 万俄亩土地,但**这些土地几乎全部**都在北部的省份——阿尔汉格尔斯克省、沃洛格达省、奥洛涅茨省,并且都是在那些**不能进行耕作**的地方。根据统计学家(作为例子,我要提到普罗柯波维奇先生及其《从数字看土地问题》一书)的精确计算,能够分给农民的官地连政府自己也拼凑不出 700 多万俄亩。

可见,官地不能当一回事。关于农民移居西伯利亚的事也不值一提。这一点劳动派的发言人在杜马里已经说得很清楚了。如果地主老爷们当真相信移居西伯利亚的好处,那就让他们自己移居到西伯利亚去吧!关于这一点,大概农民是会同意的…… 至于靠西伯利亚来医治农民的贫困的建议,恐怕只能遭到他们的嘲笑。

对于俄罗斯各省,特别是对于农民最贫困的中部黑土地区的省份来说,问题**正是出在地主的土地上**,而不是出在任何其他的土地上。斯维亚托波尔克-米尔斯基代表说什么"土地太少是特殊情况",这是枉费心机。

俄罗斯中部地少,这不是特殊情况,而是通例。农民地太少,正是因为地主老爷们占的地面太大太宽了。"农民地太少",意味着地主强占了大量土地。

"农民地太少",意味着地主地太多。

先生们,给你们举几个简单而明确的数字吧。农民的份地共有 13 850 万俄亩。私有土地共有 10 200 万俄亩。在私有土地中,属于**大**土地占有者的有多少呢?

每人占有土地**在 50 俄亩以上**的土地占有者,共有 **7 950** 万俄亩土地。

而这么多的土地又归多少人所有呢? 还**不到 135 000 人**(准确的数字是 133 898 人)。

请你们仔细想一想这些数字吧:在**欧俄**的一亿多居民当中,135 000 人占有的土地就**几乎有 8 000 万俄亩!!**

而 1 225 万(!)户份地农民却只占有 13 850 万俄亩土地。

每一个大土地占有者,每一个(以下简称)地主,平均有 **594 俄亩土地**。

每一农户平均有**11⅓俄亩土地**。

这就是斯维亚托波尔克-米尔斯基先生及其同道者们所谓的**"土地实在太少的特殊情况"**! 一小撮(135 000)富人每人占有 600 俄亩土地而千百万农民每户只占有 11 俄亩土地,农民怎么能不**普遍"土地太少"**呢? 地主的**地多**已到了如此可观以至过量的地步，农民怎么能不"地少"呢？

斯维亚托波尔克-米尔斯基先生劝告我们"**放弃**"增加农民占有的土地的"**念头**"。不，工人阶级决不会放弃这个念头。农民决不会放弃这个念头。数百万数千万人**不可能**放弃这个念头，不可能**停止**争取实现自己目的的**斗争**。

我所举出的数字清楚地表明了人们为什么而斗争。**平均**每户有 600 俄亩土地的地主为自己的财富、收入（大概每年在 5 亿卢布以上）而斗争。而最大的地主往往同时又是最大的官吏。正如我的同志策列铁里所公正地指出的，我们的国家所捍卫的是**一小撮地主**的利益，而不是人民的利益。无怪乎大多数地主和整个政府都激烈地反对农民的要求。在人类历史上还从未有过这样的事例：统治阶级和压迫阶级会自愿放弃自己统治的权利、压迫的权利以及从被奴役的农民和工人身上榨取成千上万收入的权利。

农民则是为摆脱奴役制、工役制和农奴制剥削而斗争。农民斗争的目的是希望能够多少像人一样地生活。工人阶级**全力**支持农民反对地主。他们的支持符合工人本身的利益，因为工人也同样受着地主的压迫；他们的支持符合整个社会发展的利益，因为地主政权的压迫阻碍整个社会的发展。

先生们，为了向你们表明农民通过自己的斗争能够得到什么和**应该**得到什么，我现在给你们引证一个小小的统计。

农业大臣瓦西里契柯夫先生说："现在已经到了与其用雄辩的言词，还不如用数字、事实和现状来阐明这一问题的时候了。"我完完全全同意大臣先生的话。一点不错，先生们，正是应该这样：多举一些数字，多举一些**关于地主有多少地产和农民有多少份地**的数字。我已经给你们引证了地主有**多少**"多余"土地的数字。现在我再来引证关于**农民**需要多少土地的数字。我已经说过,每一农户平均占有$11\frac{1}{3}$俄亩份地。但是这个**平均数掩盖着**农民缺地的情况,因为大多数农民拥有的份地都**低于平均数**,而极少数农民的份地高于平均数。

在 1 225 万农户中,有 286 万户(取整数)**每户拥有的份地不到 5 俄亩**。332 万户有 **5 至 8 俄亩**。481 万户有 **8 至 20 俄亩**。110 万户有 **20 至 50 俄亩**。只有 25 万户才在 **50 俄亩以上**(最后这部分农户大约平均每户不超过 75 俄亩)。

假定用 7 950 万 俄亩地主的土地来扩大农民占有的土地。假定农民——按照农民协会的拥护者提赫文斯基神父的说法——不愿意**让地主受穷**,而给每个地主留下 **50 俄亩地**。这个数字对于像我们的地主这样一些"文明的"先生来说,恐怕是太大了,但作为例子我们暂时还是可以取这个数字。除去 135 000 个地主每人留下 50 俄亩以外,就给**农民**腾出来 7 200 万(**七千二百万**)俄亩土地。从这个数字中除去森林(像某些作家例如普罗柯波维奇先生的做法那样。普罗柯波维奇先生的数字我曾不止一次引用过)是没有根据的,因为森林也有收入,而把这笔收入留在一小撮地主手中是没有道理的。

除这 7 200 万俄亩外再加上可耕的官地(不到 730 万俄亩),以及**全部皇族土地**(790 万俄亩)、教会和寺院的土地(270 万俄亩),就可以得到**将近 9 000 万俄亩的土地**[①]。这个数字足够使所有贫困农户的地产平均**每户都增加到不少于 16 俄亩**。

先生们,你们懂得这是什么含义吗?

---

① 详细的计算(以备查对)见第三本笔记结尾部分。[83]

　　这会是一个巨大的进步，会使几百万农民摆脱挨饿状况，会使几千万工人和农民的生活水平得到提高，会使他们能够稍微像人一样地生活，像一个"文明"国家的比较文明的公民那样生活，而不是像现在濒临灭绝的俄国农民这样生活。当然这还不能使全体劳动者摆脱一切贫困和压迫（要做到这一点，必须把资本主义社会改造成社会主义社会），但能为他们实现这一目的的斗争创造极有利的条件。我已经说过，有**600万以上的农户即一半以上的农民每户平均有地不到8俄亩**。这样一来，他们的地产就可以**增加一倍多，几乎增加两倍**。

　　这就意味着，半数农民，半数终年挨饿受穷的、使城市工人即工厂工人的劳动力贬值的农民，**将会感到自己是一个人了**！

　　千百万工人和农民要想摆脱忍无可忍的绝望的处境，这是一种完全可行而且容易做到的办法，难道斯维亚托波尔克-米尔斯基先生或他的同道者们当真能够劝说这些工人农民**放弃**这样做的**念头**吗？

　　然而，即使大半数贫苦农户靠分配我们那些**土地过多**的地主老爷的土地而能够使自己的地产**几乎增加两倍**，这也还不够。除了这**600万**贫苦农户以外，还有**将近500万**（准确数字是480万）农户每户只有**8至20俄亩土地**。在这500万户当中，至少有300万户无疑也是靠自己贫瘠的份地艰苦度日的。这**300万农户**也可以把自己的地产增加到**每户16俄亩**，就是说增加50％，而有些户甚至增加**一倍**。

　　总起来说是这样：在1225万农户总数中，有**900万户**可以靠分配那些土地**过多**和过分习惯于**农奴制经济的地主老爷**的土地来**大大改善自己的状况**（**和工人的状况**，因为这些农户将**不再使工人**

贬值了!)!

这就是用来对比**大的地主**地产和**数量不足的农民**地产的数字所说明的问题。我很担心,数字和事实的爱好者、农业大臣瓦西里契柯夫先生并不喜欢这些**数字和事实**,因为,他在自己的发言中谈到希望引用数字之后紧接着就说:

"……然而不能不表示担心,**有许多人把希望寄托在**实现这类改革〈即广泛的土地改革〉上,可是**同数字一对比**,这种希望就不会有完全实现的可能了……"

这种担心是多余的,农业大臣先生!农民摆脱工役制和农奴制剥削的希望,**只要同数字一对比,就一定有完全**实现的**可能!!**无论农业大臣瓦西里契柯夫先生或者斯维亚托波尔克-米尔斯基先生及其他地主们怎样不喜欢这些**数字**,然而要**驳倒这些数字却是不可能的**!

*　　*　　*

现在我来谈一谈那些可能用来反对农民要求的意见。不论乍一听来多么奇怪,我在分析反对农民要求的意见时仍不得不**着重**于分析所谓的"人民自由"党的代表库特列尔先生的论据。

所以必须这样做,决不是因为我**愿意**和库特列尔先生争论。决不是这么回事。如果赞成农民为土地而斗争的人们**只需要同**"右派"**争论**,那我是很高兴的。然而库特列尔先生在自己的整个发言中实际上是在**反对**社会民主党和劳动派所提出的农民的要求,既直接反对(例如,反对我的同志策列铁里代表整个俄国社会民主工党所提出的建议),又**间接**反对(向劳动派证明必须限制和缩减他们的要求)。

斯维亚托波尔克-米尔斯基代表实际上并不想说服任何人,更没有想到要去说服农民。他不是说服,而是**表明自己的意志**,确切些说,是表明大多数地主的意志。**决不**增加农民占有的土地面积,——简单明白地说,斯维亚托波尔克-米尔斯基代表的"发言"的精神就是如此。

相反,库特列尔代表却一直在**说服**别人,主要是说服农民,说服他们放弃那些他声言劳动派法案中不能实现的或过分的东西以及我们社会民主党法案中不仅不能实现而且是"最大的不公平"(他在谈到社会民主党代表的提案时所采用的说法)的东西。

现在我就来分析库特列尔代表的反对意见和所谓的"人民自由"党在维护土地问题上的观点和土地改革的法案时所持的主要依据。

先从库特列尔代表在反对我们党的同志时称做"最大的不公平"的东西谈起。立宪民主党的代表说道:"我认为,当其他各种私有财产、各种动产和不动产都存在的时候,光消灭私有地产是最大的不公平! ……"接着又说:"……既然没有人主张彻底消灭私有财产,那就必须完全承认私有地产可以存在。"

库特列尔代表的推论就是这样,他"反驳"社会民主党人策列铁里的借口是:"其他的私有财产〈除私有地产以外〉是用或许更不值得赞扬的办法获得的。"我愈琢磨库特列尔代表的这种推论,就愈发觉这种推论(怎样才能说得更委婉一些呢?)令人奇怪。"……不消灭其他各种私有财产而光消灭私有地产,就是不公平……"

但是且慢,先生们,请回想一下你们自己的前提、自己的说法和自己的法案吧! 你们自己的出发点就是认为**某些**种类的地主财产"不公平",而且这种不公平已经达到如此严重的程度,以致需要制定一条专门的法律来规定消灭这种财产的方法和途径。

实际上这是什么含义呢？消灭**一种**不公平而不消灭其他各种不公平，就是"最大的不公平"吗？？库特列尔先生的话就是这样的含义。我还是第一次亲眼看到一个自由派，而且是这样一个稳健、冷静、在官场中磨炼出来的自由派来宣告"**全是或全非**"的原则！这是因为，库特列尔先生的推论就是完全建立在"全是或全非"的原则上的。我作为一个革命的社会民主党人，必须坚决起来反对这种推论方法……

先生们，请你们设想一下，我需要从院子里运出两堆垃圾，而我只有一辆小车，并且一辆小车只能运出一堆垃圾。我该怎么办呢？既然不能一下子运出两堆垃圾，那么根据只运出一堆垃圾就是最大的不公平这个理由，我是不是应该完全不去清扫自己的院子呢？

我倒是认为，谁**真正想彻底**清扫院子，谁真心诚意地渴望清洁而不是渴望肮脏，渴望光明而不是渴望黑暗，那他就会有另一种推论方法。如果确实不能一下子运出两堆垃圾，那就先运能够一下子弄到车上的那一堆，然后把车上的垃圾倒空，回家再运第二堆。就是这样，库特列尔先生！就是这样！

俄国人民首先应当用自己的车子运出那一堆叫做农奴制所有制即地主所有制的垃圾，然后推着空车回到比较干净的院子里，开始装运第二堆，开始清除资本主义剥削这堆垃圾。

库特列尔先生，如果您真的反对一切垃圾的话，那就让我们这样约定，好吗？那就让我们把您自己的话写进国家杜马的决议："国家杜马和库特列尔代表共同认为，资本主义所有制并不比农奴制地主所有制更值得赞扬，现决定先从俄国清除后一种所有制，然后再着手清除前一种所有制。"

　　如果库特列尔先生不支持我的这个提案,那么我将无法消除这样的推测,即"人民自由"党把我们从农奴制所有制引到资本主义所有制,不过是像一般所说的把我们从本丢推给彼拉多[84],或者说得简单些,这是寻找遁词,竭力逃避明确提出问题。关于"人民自由"党愿为社会主义而斗争这一点,我们从未听说过(因为**同资本主义所有制斗争,也就是为社会主义而斗争**)。但是关于这个党愿意为自由、为人民的权利而斗争这一点,我们倒听说过无数……无数无数遍了。而现在,当提到日程上来的恰好不是立即实现社会主义的问题,而是立即实现**自由**、摆脱**农奴制**而取得自由这个问题的时候,库特列尔先生却突然把我们引到社会主义问题上去!库特列尔先生声称消灭以工役制和奴役制为基础的地主所有制是"最大的不公平",其理由,**唯一**的理由,就是他想起了资本主义所有制是不公平的……　爱怎么说就怎么说吧,但听起来总有点奇怪。

　　在此以前,我只认为库特列尔先生不是社会主义者。而现在我深信,他根本不是民主主义者,根本不拥护人民自由——真正的而不是带引号的人民自由,因为,对于这些在为自由而斗争的时代把消灭摧残自由、压制和扼杀自由的东西说成是"最大的不公平"的人,世界上还没有哪个人同意把他们称做和算做民主主义者……

　　库特列尔先生的另一条反对意见不是针对社会民主党人而是针对劳动派的。库特列尔先生说:"我认为,可以设想出使土地国有化法案〈这里说的是劳动团的法案,库特列尔先生把它说得不正确,但是现在问题的实质不在这里〉能够获得法律效力的那些政治条件,但是我不能设想在最近的将来是些什么政治条件能使这一法律真正实现。"

又是一个非常奇怪的推论。说它奇怪，决不是从社会主义的观点看来奇怪（根本不是！），甚至也不是从"土地权"观点或其他"劳动"原则的观点看来奇怪，不是的，而是从库特列尔先生的党说过无数次的"人民自由"这个观点看来奇怪。

库特列尔先生一直都在说服劳动派，要他们相信他们的法案是"不能实现的"，他们想要"根本改革现存土地关系"是枉费心机，等等，等等。现在我们清楚地看到，库特列尔先生认为"**不能实现的东西**"不是别的，而正是目前和最近将来的**政治条件**！！

对不起，先生们，这明明是一种烟幕，是一种不可饶恕的混淆概念的手法。要知道，我们在这里所以把自己称为人民的代表，所以被看做立法机关的成员，是因为我们正在讨论和正在建议把坏的条件**改变成**好的条件。然而当我们正在讨论如何改变一种最坏的条件的时候，忽然有人出来反对我们说："无论现在……无论最近的将来……政治条件……都不能实现。"

二者必居其一，库特列尔先生：或者杜马本身就是一种**政治条件**，这时，一个民主主义者如果不管**其他**"政治条件"给自己造成什么样的限制也要去适应，去迎合，那就是可耻的。或者杜马不是"政治条件"，而只是一个根据上面喜欢什么不喜欢什么办事的机构，如果是这样，我们就不必把自己硬装扮成人民的代表。

如果我们是人民的代表，我们就应该表达人民的意愿和人民的要求，而不是看上面或者别的什么"政治条件"喜欢什么才说什么。如果我们是官吏，那我就愿意接受这个道理："上司"暗示我们不喜欢什么，我们就事先宣布什么"不能实现"。

"……**政治**条件！……"这意味着什么呢？这意味着战地法

庭、强化警卫、专横霸道和无法无天以及国务会议和俄罗斯帝国其他一些极可爱的……机……构。库特列尔先生是想让自己的土地法草案去适应那些在战地法庭、强化警卫和国务会议肆虐的情况下能够得到实现的条件吧！如果库特列尔先生因此而获得奖励……不是人民的同情，不是的，而是……溜须勋章，那我是不会感到奇怪的！

库特列尔先生**可以设想**使土地国有化法案获得法律效力的政治条件…… 当然可能！这位自称为民主主义者的人，却**不能设想**民主的政治条件…… 但是要知道，一个算做人民代表的民主主义者的任务不仅仅在于"**自己设想**"各种好的或者坏的东西，而且还在于**向人民**提供真正人民的法案、声明和说明。

库特列尔先生休想拿我作借口，说我在杜马中提议抛开法律或者违反法律…… 完全没有这回事！还没有哪一项法律禁止在杜马中谈论民主和提出真正民主的土地法案。我的同事策列铁里提出社会民主党党团的宣言，谈到"不经赎买地转让土地"和**民主国家**的问题，并没有违反任何法律。

库特列尔先生的推论完全可以归结如下：我们的国家既然不是民主的，那我们就不应该提出民主的土地法案！无论你们怎样琢磨库特列尔先生的推论，都悟不出半点**其他**的意思、**其他**的内容。我们的国家既然是为地主的利益服务的，那我们（**人……民的代表！**）在土地法案中就不应该写上地主所不喜欢的东西…… 不对，不对，库特列尔先生，这不是民主主义，这不是人民自由，这是一种跟自由相去十万八千里而跟奴才本性相差无几的东西。

*　　　　*　　　　*

现在我们来看一看库特列尔先生对他们党的土地法案究竟发

表了些什么意见。

库特列尔先生在谈到土地问题时,首先就"消费土地份额"和土地够不够的问题驳斥了劳动派。库特列尔先生以"1861年的土地份额"为例,说这个份额比消费土地份额还低,并说,"**根据他的大致的计算**"(关于这个计算,杜马一个字也没有听说过,对它毫无所知!),要达到这个份额甚至还差3 000万俄亩。

先生们,我提醒诸位注意,库特列尔代表的发言**在劳动团的代表卡拉瓦耶夫之后**,是专门驳斥他的。可是卡拉瓦耶夫代表在杜马中**公开明确地**指出,并且在《同志报》(3月21日)上还专门写了一封信向公众重申,为了把农民占有的土地提高到消费土地份额的水平,需要**将近7 000万俄亩土地**。他还说,官家的、皇族的、教会的和私有的土地加起来恰好就是这个数字。

卡拉瓦耶夫代表没有指出自己数字的来源,没有向杜马介绍得出这个数字的方法。我根据我明确提到过的、并且是官方的和最新的材料,即中央统计委员会的一个材料,算出的数字是**7 000万俄亩以上**。仅仅从私有的土地中,就能给农民腾出7 200万俄亩;此外还有皇族、官家、教会等方面的土地1 000多万至2 000万俄亩。

无论如何,事实总归是事实。库特列尔代表反驳卡拉瓦耶夫代表时力图证明**没有足够的**土地支援农民,但是他并**不能证明这一点**,因为他用的是一些**毫无根据的**而且像我所指明的是**不正确的数字**。

先生们,我应当告诫诸位不要滥用"劳动土地份额"、"消费土地份额"这些概念。我们社会民主工党不提这些"土地份额"要正确得多。这些"土地份额"给生气勃勃的、战斗性的政治问题增添了某些官僚主义和文牍主义的气味。这些"土地份额"把人弄得糊里糊涂,**使**问题的实质**模糊不清**。**现在**把争论集中到这些"土地份额"上,或者即使是一般地谈论这些份额,实际上等于是还没有把熊打死就要分熊皮;而且是这样一些人聚在一起口头上分熊皮,这些人即使等我们把熊打死也**并不会真的**去分。

放心吧,先生们! 土地到了农民手里,他们自己会分配的。农民能够顺利地进行分配,只是必须弄到土地。农民不会向任何人请教怎样分配土地。农民也不会允许**任何人**干预他们如何分配土地。

谈论如何分配土地是毫无意义的。我们这里不是测地办公室,也不是土地规划委员会,而是一个**政治机关**。我们应该帮助人民解决**经济任务和政治任务**,帮助农民同地主这个依靠农奴制剥削为生的阶级进行斗争。而关于"土地份额"的空谈却**模糊**了这一尖锐的迫切的任务。

为什么模糊了呢? 因为这是避而不谈**真正的**问题,即应不应该拿出 7 200 万俄亩地主土地给农民的问题,却去讨论**不相干的**、归根结底完全不重要的"土地份额"问题。这样做便于规避问题,对问题的本质避不作答。关于劳动土地份额、消费土地份额以及其他什么土地份额的争论,模糊了问题的真正**本质**——应不应该把 7 200 万俄亩地主土地分给农民?

有人想证明现有土地对达到这一或那一土地份额是否够用。

先生们,干吗要这样做呢? 干吗要空谈,要把水搅浑让人便于摸鱼呢? 真要没有那也只好没有,但是农民所要求的并不是臆想的土地,而是他们熟知的**邻近的地主的土地**,这难道不清楚吗? 应该谈论的不是"土地份额",而是**地主的土地**,不是够不够达到各种各样的土地份额，而是地主有**多少**土地。其他一切都不过是推托、借口，甚至是企图蒙蔽农民的眼睛。

例如，库特列尔代表就是这样回避问题的真正实质的。不管怎样，劳动派卡拉瓦耶夫直接提出了 **7 000 万俄亩**。库特列尔代表对**这一点**回答了什么呢？**对这一点没有作出任何回答。**他用"土地份额"把问题搅乱，也就是干脆不回答**他和他的党是否同意把地主的全部土地交给农民**这个问题。

库特列尔代表利用卡拉瓦耶夫代表没有非常明确和尖锐地提出问题这个错误而**回避了问题的实质**。然而，先生们，问题的全部关键正好在这里。**谁不同意**真正把地主的**全部**土地交给农民（提醒一下，我已经说好给每个地主留下 50 俄亩地，以便谁都不受穷！），谁就是**不支持农民**，谁就是**不愿意真正帮助农民**，因为如果你们模糊了或回避了地主**全部**土地的问题，那么**整个事情就都成了问题**。试问，那时**谁来决定分出多大一份**地主的土地给农民呢？**谁来决定呢？** 7 900 万俄亩中的 900 万俄亩是"一份"，7 000 万俄亩也是"一份"。**如果我们不决定，如果国家杜马不明确而坚决地发表意见，**那么谁来决定呢？

库特列尔代表避而不谈这个问题是不无原因的。库特列尔代表是在玩弄"强制转让"这个字眼。

先生们，别醉心于辞藻吧！别迷恋于漂亮的字句吧！要正视问题的实质！

当有人对我说"强制转让"的时候，我就要问自己：**谁强制谁**？如果是千百万农民强制一小撮地主服从人民的利益，那就好得很。如果是一小撮地主强制千百万农民使自己的生活服从这一小撮人的贪欲，那就糟得很。

　　然而就是这么个**小**问题，库特列尔代表竟然完全回避了！他说什么"不能实现"啦，什么"政治条件"啦，**实际上**是要人民**甘心**服从一小撮地主。

　　库特列尔代表是紧接着我的同志策列铁里发言的。策列铁里在我们社会民主党党团的宣言中提出了**两点**非常明确的声明，这两点声明正好明确地解决了这个根本的主要的问题。第一点声明是要求把土地转交给**民主的**国家。民主的意思是说代表人民群众的利益而不是代表一小撮特权分子的利益。我们必须直截了当和明确地向人民指出，**没有**民主的国家，没有政治自由，没有握有全权的人民代表机关，**任何**土地改革都不可能对农民有利。

　　第二点声明是，必须**预先**在同样民主的**地方委员会**里讨论土地问题。

　　库特列尔代表是怎样回答这一点的呢？**只字不提**。这种回答不好，库特列尔先生。你所回避的**正是**这样一个问题：是农民强制地主对人民的利益让步，还是地主强制农民把又一次招来破产的赎买这条新绞索套在自己的脖子上。

　　对这样的问题避而不答是不能容许的。

　　先生们，关于地方委员会的问题，除社会民主党人外，人民社会党人（巴斯金代表）和社会革命党人（科洛科尔尼科夫代表）都在杜马中谈到过。关于地方委员会的问题，报刊上早已提到过，第一届杜马也谈到过。我们不应该忘记这一点，先生们。我们必须使自己和人民弄清楚为什么关于这个问题谈论得这么多，它的真实意义是什么。

　　第一届国家杜马在1906年5月26日召集的第15次会议上讨论了地方土地委员会问题。问题是由劳动团的代表提出的。他们提出了一项有 35 名杜马代表(其中有 2 名社会民主党人:伊·萨韦利耶夫和伊·舒瓦洛夫)签名的书面声明。该项声明在 1906 年 5 月 24 日杜马第 14 次会议上初次宣读(见第一届国家杜马会议《速记记录》第 589 页);然后过了一天便印出来并进行了讨论。现将这项声明的**主要之点**全部引录如下:

"……必须立即在各地成立根据普遍、平等、直接和无记名选举制选出的委员会,以便进行必要的准备工作,例如:制定适合当地情况的土地使用消费份额和劳动份额;确定可耕地的面积,以及其中租来的土地所占的比例,用自己的农具和别人的农具进行耕种的土地分别所占的比例……等等。鉴于必须使土地法尽量适应各地不同的情况,让这些委员会积极参加向杜马提出的各项法案中所谈到的**土地改革基本原则**的一般讨论是适当的……" 因此,劳动派提议**立即**选举委员会,并马上制定相应的法案。

各个不同的政党是如何对待这个提案的呢? 劳动派和社会民主党人在自己的机关刊物中表示**一致**支持这一提案。所谓的"人民自由"党于 **1906 年 5 月 25 日**(即在杜马初次宣读劳动派的法案的第二天)在自己的主要机关报《言语报》上断然表示**反对劳动派的法案**。《言语报》**坦率地**表示了这样的担心,即这种土地委员会可能"**使土地问题的解决偏左**"①。

《言语报》写道:

"我们将在力所能及的范围内,尽量使地方土地事务委员会保持它那**办公和专门处理事务的性质**。根据同样的原因,我们认为,通过普选来成立这种委员会就意味着不是要让它们和平解决当地的土地问题,而是为了某种完

---

① 见 1906 年 5 月 26 日《**前进报**》85第 1 号由**格·阿列—斯基**署名的社论《立宪民主党人出卖农民》。

全不同的目的。对于改革的总方针的领导，仍应由国家掌握，因此，地方委员会中应该有国家政权的代表，其目的即使不是解决问题，至少也是监督地方机关解决问题。其次——仍然是在改革的一般原则所允许的范围内——**在地方委员会里，那些利益互相冲突的有关方面应该尽可能有同等数量的代表参加**。这样，既能使他们取得和解，又不致违背正在着手的改革系由国家推行的主旨，不致使改革变成由单方面行使暴力的行动而使整个事情彻底失败。"

话是说得非常明确的了。

"人民自由"党从**本质**上对提出的措施作了评价，并表示反对它。这个党所要的不是通过普遍、直接、平等和无记名投票选出的地方委员会，而是一小撮地主和千千万万农民都有**同等数量**的代表参加的那种委员会。为了"监督"，还必须有**国家政权的代表**参加。

让农民的代表们仔细想想这个问题吧。让他们弄清问题的实质，然后向全体农民去解释吧。

先生们，请你们自己也想想这是个什么问题吧。在地方委员会里，地主和农民的代表**人数相等**，而**政府派代表是为了监督**，为了"和解"。这就是说：地主有$\frac{1}{3}$的票数，农民有$\frac{1}{3}$的票数，国家代表有$\frac{1}{3}$的票数。而国家的高级官吏即所有的国家事务主持人本身就是**最富的地主**！结果就是：地主既"监督"农民，又"监督"地主！**地主**来让农民同地主"和解"！

毫无疑问，这一定会变成"强制转让"，就是**强制**把农民的钱和农民的劳动转让给**地主**；同1861年省地主委员会割去了农民$\frac{1}{5}$的土地并向他们索取了加倍的地价完全一样！

这样的土地改革无非是地主把他们不要的和最坏的土地**以高价出售**给农民，以便**更厉害地**奴役农民。这样的"强制转让"远比农民同地主**自愿达成协议坏得多**,因为在**自愿**达成协议的情况下,农民有一半票数,地主有一半票数。而按照立宪民主党的强制转让,农民只有⅓的票数,地主却有⅔的票数——⅓由于他们是地主,另外⅓由于他们又是官吏!!

伟大的俄罗斯作家、俄国最早的社会主义者之一、备受政府的刽子手折磨的尼古拉·加甫里洛维奇·车尔尼雪夫斯基对1861年的农民"解放"和该诅咒的"**赎买**"曾经这样写道:农民同地主自愿达成协议,比这种通过省地主委员会实行的"通过赎买的解放"还要好些①。如果是自愿达成购买土地的协议,农民受到的勒索就**不会像由政府**强使农民同地主"和解"那样厉害。

这位伟大的俄国社会主义者说得对。现在,在臭名昭彰的"通过赎买的解放"实现了46年之后,我们看清了办理**赎地手续**的结果。农民得到的土地的销售价格是**64 800**万卢布,却强迫农民交付了**86 700**万卢布,比土地价值多出了**21 900**万卢布。半世纪以来,正是由于要支付这些赎金,由于政府使农民同地主"和解",农民才在这些份地上苦撑苦熬,忍饥挨饿,弄得奄奄一息,直到全体农民都陷于目前这种忍无可忍的境地。

俄国的自由派想使农民同地主的这种"**和解**"重演。当心啊,农民们!社会民主工党告诫你们:如果你们同意作这种"和解",你们就将使人民再受几十年的苦难、饥饿、奴役、欺凌和侮辱。

地方委员会问题和赎买问题,——这就是土地问题的真正关键。因此必须特别注意**防止**在这个问题上有含糊不清、暧昧不明、拐弯抹角和支吾搪塞的地方。

---

① 能找到准确的原话就好了,好像是出自《没有地址的信》一书或者其他什么著作。**86**

　　而 1906 年 5 月 26 日第一届国家杜马讨论这个问题时，发言反对劳动派的立宪民主党人**科科什金**和**科特利亚列夫斯基**就完全是用拐弯抹角和支吾搪塞的办法来应付的。他们强调杜马不能立刻**颁布一道法令来成立**这样的委员会，虽然谁也没有提出要颁布任何一道这样的法令！他们说，要解决这个问题，就要改革选举制度和地方自治机关，也就是把成立协助杜马解决土地问题的地方**委员会**这项迫切而又简单的工作拖延下去。他们还说什么"颠倒了立法工作的程序"，什么有成立"80 或 90 个地方杜马"的危险，什么"成立像地方委员会这样的机关实际上毫无必要"，等等，等等。

　　先生们，这一切说法纯属支吾搪塞，纯粹是在回避杜马应该明确加以**解决**的问题：土地问题应该由民主的国家来解决还是由现在的国家来解决？在地方土地委员会中应该是农民（即大多数居民）占多数还是地主占多数？应该是一小撮地主服从千百万人民还是千百万劳动者服从一小撮地主？

　　请不要向我谈论什么杜马软弱、无能和无权了。这一点我非常非常清楚。我十分同意在杜马的随便哪一个决议、声明或宣言中重申和强调这一点。但是当前说的不是杜马的权利，因为我们当中没有一个人想提出违反杜马权利法的任何微小提案。这里谈的是杜马应该明确地表达而主要是正确地表达人民的真正利益，在土地问题的解决上说实话，使农民群众看清什么是阻碍解决土地问题的绊脚石。

　　当然，杜马的意志还不就是法律，这一点我很清楚！但是要想限制杜马的意志，堵住杜马的嘴的，不管是谁都行，**只是不能是杜马本身**！当然，杜马的决议一定会遭到各种各样的抵抗，但是这决不能用来论证事先就应该曲意逢迎，低声下气，苦苦哀求，卑躬屈

膝,去迎合别人的意愿,让人民代表的决议去适应随便什么人的
意愿。

当然,土地问题不是杜马最终所能**解决**的,农民争取土地的最
后一战也不会在杜马中演出。但是,通过说明问题、**明确**提出问
题、**充分**阐明真理、彻底清除各种模棱两可和含糊不清的提法来**帮
助**人民,这是我们**能够做到的**,而且是我们应该做到的,只要我们
愿意真正成为**人民的代表**而不是自由派的官吏,只要我们愿意真
正为人民的利益和自由服务的话。

为了真正帮助人民,必须在杜马的决议中极其明确地阐明土
地方面的**三个基本**问题,即我在发言中已经阐明而库特列尔代表
避而不谈并把它们搅乱的那些问题。

第一个问题——关于 7 900 万俄亩地主土地和至少必须把其
中的 7 000 万俄亩分给农民的问题。

第二个问题——关于**赎买**问题。只有在农民**不经赎买**而得到
土地的情况下,土地改革才能给农民带来一点真正的好处。赎买
将是套在农民脖子上的新**绞索**,将是俄国整个未来的发展无法承
受的沉重**贡赋**。

第三个问题——关于实现土地改革所必需的民主的国家制度
的问题,特别是关于**按普遍、直接、平等和无记名投票的原则选出
地方土地委员会**的问题。没有这个条件,土地改革就会变成强制
农民群众接受地主的奴役,而不是强制一小撮地主满足全体人民
的迫切要求。

我在发言一开头就说过,农业大臣瓦西里契柯夫先生**是在调
和**"右派"和"立宪民主党人"。现在,当我阐明了关于 7 000 万俄
亩地主土地、关于赎买以及关于(**主要是关于**)地方土地委员会的

组成这三个问题的意义以后，我只要举出大臣先生讲话中的**一个地方**就够了。

大臣先生说："……我们采取这种立场〈指地主所有制"界限不可侵犯"，只有在"有利于国家"的情况下才"变动"这些界限〉，只在**某些情况下允许强制变动界限**，也就是认为我们不能动摇……所有制的基本原则……"

先生们，你们**仔细**考虑过大臣先生的这几句意味深长的话吗？这几句话值得考虑…… 应该考虑…… 库特列尔先生已经完全说服大臣先生，使他相信："强制"这个词没有任何对地主**不好的含义**…… 为什么呢？？ **因为实行强制的将是地主老爷们自己！！**

*　　　　*　　　　*

先生们，我想我已经向你们说明了我们社会民主党在土地问题上对"右派"政党和自由主义中间派（立宪民主党）的态度。现在我必须谈一谈社会民主党的观点同广义上的劳动派（即所有拥护"劳动原则"的政党：人民社会党、狭义上的"劳动派"以及社会革命党）的观点之间的一个重大差别。

从我上面所谈的一切可以看出，社会民主工党完全支持农民群众为得到土地和摆脱农奴制剥削而同地主展开的斗争。农民在这一斗争中除了为争取俄国的自由和光明而作出了最大牺牲的无产阶级以外，没有也不可能有更可靠的同盟者。农民除了同觉悟的、在国际社会民主党的红旗下进行斗争的无产阶级联合起来以外，没有也不可能有其他办法来实现自己的正义要求。自由派政党在欧洲各国都背叛了农民，把农民的利益出卖给地主；而在我们俄国，正像我对自由派纲领即立宪民主党纲领的分析所表明的，也是同样的情形。

　　劳动派和社会民主党人在土地问题上的观点的差别,我在我的发言的前面几部分已经不止一次地谈到。现在必须分析一下劳动团的一个基本观点。

　　为了进行这种分析,我想谈一谈提赫文斯基神父的发言。先生们!社会民主党人不同意基督教的观点。我们认为,基督教的**真正的**社会的、文化的、政治的意义和内容,在叶夫洛吉主教这样的宗教界人士的观点和愿望中比在提赫文斯基神父这类人的观点和愿望中表达得**更为确切**。正由于这个原因,还由于我们具有绝无任何偏见的科学的唯物主义世界观,由于我们负有为全体劳动人民的自由和幸福而斗争的基本任务,我们社会民主党人对基督教学说采取否定的态度。但是在声明这一点的同时,我认为有责任就在这里坦率而公开地指出,社会民主党为信仰的完全自由而斗争,它完全尊重一切真诚的宗教信仰,只要这种信仰不是靠暴力或欺骗来进行传播的。我认为应该着重指出这一点,还因为我要谈的是我同提赫文斯基**神父**在观点上的分歧,至于这位农民代表无限忠于农民的利益、人民的利益,勇敢而坚决地维护这些利益,则应该受到充分的尊重。

　　提赫文斯基代表支持劳动团以**平均**使用土地为基础的土地法案。提赫文斯基代表在维护这一法案时说:

　　"农民是这样看待土地的,劳动人民是这样看待土地的:土地是上帝的,因而劳动农民有权使用它,如同我们每个人有权用水和呼吸空气一样。如果有人买卖水和空气或者用水和空气做生意,我们就觉得很奇怪;同样,如果有人用土地做生意,买卖土地,我们听来也很奇怪。农民协会和劳动团希望实现'全部土地归劳动人民'的原则。至于通过什么办法来实现,是通过赎买的办法还是通过不经赎买而直接转让的办法来实现,劳动农民对这个问题不感兴趣……"

　　提赫文斯基代表就是这样代表农民协会和劳动团发言的。

　　劳动派的错误、严重的错误就在于,他们**不关心赎买问题**和**实行土地改革的方法**问题;然而农民能否摆脱地主的压迫,却**正好取**决于这个问题。他们关心土地的买卖问题和所有的人有平等的土地权的问题;然而这个问题对于农民实际摆脱地主压迫的斗争却**没有任何重大的意义**。

　　提赫文斯基代表维护的观点是:土地不能买卖,全体劳动者有平等的土地权。

　　我完全理解,持这种观点是出于最崇高的动机,出于对垄断、对依赖他人生存的富人的特权、对人剥削人的现象的强烈抗议,出于想使全体劳动人民摆脱一切压迫和剥削的热望。

　　社会民主工党正是为了这个理想、社会主义的理想而进行斗争的。但是采取提赫文斯基代表及其同道者所幻想的小业主平均使用土地的办法,是不能实现这个理想的。

　　提赫文斯基代表愿意真诚地、坚决地为打倒地主权力而斗争,并且我相信他会斗争到底。但是他忘记了另外一个对当代劳动人民统治更严、压迫更重的权力,忘记了**资本的权力,货币的权力**。

　　提赫文斯基代表说,农民觉得出卖土地、水或空气是很奇怪的事。我了解,那些一辈子或几乎一辈子都生活在农村的人是必然会有这种看法的。但是请看看整个现代资本主义社会,看看大城市、铁路、矿井、矿山以及大小工厂吧。你们会看到富人怎样霸占了空气、水和土地。你们会看到千百万工人被注定呼吸不到新鲜空气,被注定在地下工作、在地下室生活、饮用遭到邻近工厂污染的水。你们会看到,城市里的地价怎样飞涨,工人怎样不仅受厂主的剥削,而且还受房产主的剥削。大家知道,房产主从工人的住房、小屋、房间的一角以及贫民窟赚的钱远比从豪华寓所赚的钱要多得多。既然整个现代社会都是靠买卖**劳动力**,也就是靠奴役千百万人的**雇佣奴隶制**来维持,买卖水、空气和土地还用得着说吗?

请你们想一想,当存在着这种货币权力和资本权力的时候,还谈得上什么平等地占有土地和禁止买卖土地呢? 如果一方面承认每个公民有占有同量土地的平等权利,一方面一小撮人又腰缠万贯,而大多数人一贫如洗,那么俄国人民能不能摆脱压迫和剥削呢? 不能,先生们,只要存在资本权力,就不可能有土地占有者之间的任何**平等**,谁想禁止买卖土地都是做不到的,荒诞可笑的。只要存在**资本权力**,所有的东西——不仅是土地,甚至人的劳动、人的自身,以及良心、爱情和科学,都**必然**成为**可以出卖的东西**。

我谈这些,决不是想削弱农民争取土地的斗争,贬低这一斗争的意义以及它的重要性和迫切性。决不是这样。我已经说过,并且现在重申:这一斗争是正义的和必要的;农民无论为了本身的利益,或为了无产阶级的利益,为了整个社会发展的利益,都**必须挣脱农奴主-地主的压迫**。

觉悟的工人不是要削弱而是要加强农民争取土地的斗争。社会主义者不是想阻止这一斗争,而是想**进一步发展这一斗争**,为此,他们力求摆脱各种天真的想法,不相信在存在着交换、货币和资本权力的条件下能够实现小业主之间的平等或禁止土地的买卖。

工人——社会民主党人完全支持农民反对地主。但是小经济(即使是平均的小经济)不能使人类摆脱贫困,摆脱人剥削人和人压迫人的现象。要做到这一点,必须为消灭整个资本主义社会并代之以社会主义大生产而斗争。现在,世界各国千百万觉悟的工人即社会民主党人正在进行这一斗争。而农民只有加入这一斗争，才能推翻自己的第一个敌人——农奴主-地主，然后再顺利地打倒第二个更厉害的敌人——资本权力！

载于1925年《列宁文集》俄文版
第4卷

译自《列宁全集》俄文第5版
第15卷第127—160页

杜马和批准预算

(1907 年 3 月 27 日〔4 月 9 日〕)

由杜马批准预算的问题具有极重大的政治意义。从法律的规定本身来看,杜马的权力是微不足道的,政府采取行动可以完全不用取得杜马同意。但在实际上,政府还是受着一定程度的牵制:预算得由杜马批准。这一点大家都公认,自由派资产者即立宪民主党人更是特别强调;他们喜欢把这种牵制说得天花乱坠,而不具体说明这种微小的牵制的微小的界限。政府需要钱,必须借债。但是不取得杜马直接或间接的同意,外债就借不成,即使借成了,也是费尽了九牛二虎之力,接受了很苛刻的条件,从而会使自己的状况大大恶化。

十分明显,在这种情况下,杜马讨论和表决预算,具有双重的政治意义。第一,杜马应当帮助人民看清俄国所谓的"国家经济"的各种治理办法,即一小撮地主、官吏和各种寄生虫有组织地掠夺和不断地、明目张胆地抢劫人民财产的各种办法。在杜马讲坛上阐明这一点,就是帮助人民去争取俄国自由派的巴拉莱金[87]之流经常挂在口上的"人民自由"。无论杜马今后的命运怎样,无论政府当前的步骤和"打算"怎样,——无论怎样,只有人民群众的自觉性和组织性能**最后**决定争取自由的斗争的结局。谁不了解这一点,那他就是徒具民主派的虚名。

　　第二,对预算进行无情的、**公开的**批评并根据彻底的民主原则对预算进行表决,会影响到欧洲和欧洲的资本以至欧洲中小资产阶级的广大阶层是否贷款给斯托雷平老爷们的俄国政府。无论银行家或国际资本的其他巨头贷款给斯托雷平之流老爷们,都是为了得到一切其他高利贷者"冒险"追求的那种利润。如果不相信贷款能保证偿还,并正常地取得利息,那么无论怎样爱好"秩序"(对于被无产阶级吓得魂不附体的欧洲资产阶级,"俄国"那种墓地般平静的秩序是最理想的了),都不会使所有这些路特希尔德家族和门德尔松家族慷慨解囊。欧洲货币资本的巨头对"斯托雷平公司"的可靠程度和支付能力的信念会加强还是会减弱,在很大程度上取决于杜马。如果欧洲广大的资产阶级分子不信任俄国政府,即使银行家们也没有能力给予几十亿贷款。被银行家和俄国政府所收买的全世界卖身投靠的资产阶级报纸一贯欺骗这些分子。收买欧洲发行量极大的报纸来支持给俄国贷款,已经成为"正常的"现象。甚至有人向饶勒斯提出,如果他不进行反对给俄国贷款的运动,他就可以得到20万法郎。这说明我国政府甚至对法国小资产阶级当中那些同情社会主义的阶层的"舆论"也是极其重视的。

　　欧洲广大的小资产阶级分子极少有可能来**检查**俄国财政的实际状况,即俄国政府的实际支付能力,确切些说,他们几乎没有什么办法来弄清真相。从这一点说,杜马的声音具有巨大的意义,因为杜马的争论和**决定**欧洲**全体**公众**很快**就会知道。在制止欧洲给斯托雷平一伙以财政援助方面,再也没有谁能比杜马更有作为了。

　　因此,作为"反对派"的杜马理所当然就负有义务。只有社会民主党人才履行了这个义务。据半立宪民主党的《同志报》承认,正是社会民主党人通过阿列克辛斯基代表就预算问题所作的发言,

НАШЕ ЭХО

1907 年 3 月 27 日载有列宁《杜马和批准预算》
一文（社论）的《我们的回声报》第 1 版
（按原版缩小）

比谁都更尖锐地提出了问题。跟半立宪民主党的《同志报》的意见相反,社会民主党人的做法是正确的,他们发表了清楚的、率直的和明确的宣言,说**社会民主党人**不能同意批准像俄国现在这样的预算。不够的地方仅仅是宣言中没有阐明社会党人对资产阶级的阶级国家的预算的看法。

跟着社会民主党人走的只有民粹派极左派,即社会革命党人。农民民主派中的大多数——劳动派和人民社会党人,像往常一样动摇于自由派政党和无产阶级之间,因为尽管农奴制和赋税的难以忍受的"压榨"把小业主推向战斗的工人阶级,小业主还是向资产阶级靠。

暂时还得到劳动派支持的自由派继续控制着杜马。他们听到社会党人说立宪民主党人在预算问题上起了背叛作用,就对社会党人报以……低劣的戏谑,讲些只有《新时报》的缅施科夫才讲得出的讽刺话,像司徒卢威那样叫喊什么社会民主党人装腔作势,如此等等。

但是无论戏谑也好,敷衍也好,讽刺也好,他们都回避不了一个事实,就是资产阶级自由派践踏了我们在上面指出的**民主派的两个任务**。

我们不止一次说过,自由派背叛革命不是由于个人的勾结,不是由于个人的叛变,而是由于为了私利而和反动派调和的阶级政策,即直接和间接支持反动派的阶级政策。立宪民主党人在预算问题上执行的正是这种政策。他们不是向人民阐明真相,而是故意挑选库特列尔这种经办文牍的套中人出来讲话,用这种办法来**麻痹**人民的注意力。他们不是向欧洲阐明真相,而是批评一些鸡毛蒜皮的事,拒绝在欧洲公众面前证实"斯托雷平公司"的破产,用这种办法来巩固政府的地位。

　　在以前,立宪民主党人就暗中执行过这种胆怯的和庸俗的政策。在彼得堡第二届杜马选举运动期间,社会民主党曾经在民众大会上说明,立宪民主党人在1906年春天**帮助**政府借了20亿法郎,用来杀人,用来成立战地法庭和讨伐队。克列孟梭当时向立宪民主党人说,如果立宪民主党正式表示俄国人民不能接受这笔贷款,那他可以发动一个反对贷款给俄国的运动。立宪民主党人**没有这样做**,从而帮助政府取得了进行反革命活动的贷款。这桩勾当他们是根本不提的。但是现在在杜马中秘密公开了。他们在杜马中正在公开干着同一桩极端卑鄙的勾当。

　　是时候了,应该在杜马讲坛上详尽地揭露这种勾当并向人民说明全部真相了。

载于1907年3月27日《我们的　　　　　译自《列宁全集》俄文第5版
回声报》第2号　　　　　　　　　　第15卷第163—166页

杜鹃恭维公鸡……⁸⁸

（1907 年 3 月 28 日〔4 月 10 日〕）

立宪民主党人恭维新时报派，新时报派也恭维立宪民主党人。"人民自由"党对大臣先生关于预算的总结发言表示满意。一向对所有的大臣都表示满意的党，对杜马"中间派"的领袖立宪民主党人同意批准那个主张解散杜马的内阁所提出的预算也表示满意。

《言语报》（3 月 28 日）的社论作者庄重地说道："如果需要证明国家杜马中关于预算的一般辩论并非一无所获的话，那么财政大臣先生的总结发言就是最有力的证明。"

这种有力的证明究竟是什么呢？

是大臣先生"丝毫没有用"过去那种"高傲地教训人和气愤地讽刺人的口吻"…… 大臣先生的答复在形式上是得体的，在内容上则表现了"对杜马批评的力量给予**应有的尊重**"。大臣先生安慰杜马，说它的权限比想象中的要大；并且对人民自由党说了些恭维话，"而杜马的大多数则用自己后来的投票〈他们同意把预算提交委员会讨论〉表明他们对这些恭维话受之无愧"。

真是一点也不错，这就是立宪民主党对杜马工作"**并非一无所获**"的有力证明。杜马工作的收获不在于实际情况有改善的指望，哪怕是一点点实实在在的指望。也不在于人民群众学会了一点东西和认清了某些被立宪的浮华辞藻掩盖起来的任务。完全不在这里。收获在于,大臣变得更有礼和更客气了——对那些同意以"人民代表机关"的名义实行任何妥协的人更客气了。

自由派同意出卖人民代表机关来加固黑帮统治的基础。斯托雷平一伙的政府以**此**为条件同意不解散(**暂时……**)杜马。双方是皆大欢喜,互相都受感动。

今天的《新时报》一面利用各种机会责骂立宪民主党让"犹太人"组成宗教委员会,一面发表它的杜马采访记者关于解散杜马为什么不利的长篇议论。"甚至极右分子也认为,现在解散杜马是极不恰当和极其有害的。"不实行政变就无法修改选举法,而如果根据现在的选举法选举新的杜马,那就会"失去第二届国家杜马里现在的中间派"。用新时报派的话来说,这个中间派"从十月党人起,中经和平革新党人、无党派人士、波兰人和立宪民主党人,直到劳动派"。"毫无疑问,现在的中间派主张纯粹的君主立宪制,它一直都在努力从事根本性的工作。**不管怎样我们将要失去这个中间派**〈如果解散第二届杜马〉。**就是说,我们将要失去杜马所批准的预算**,因为我敢肯定,内阁提出的预算——经过某些**微小的**〈请注意!〉修改——将被第二届杜马通过。"

《新时报》就是这样写的。它的论断非常明确。它对那些**立场极右而现在**又希望**保全杜马**的人的观点作了精辟的阐述。

在上层那些当权的显贵中有两派在进行斗争:是解散杜马还是暂时保全杜马。《新时报》早就在发挥、阐述和维护第一种政策,而且现在有时——确切些说是每时每刻!——还在继续维护第一种政策。但是当权的显贵们还有另外一种政策:我们不忙于解散。如果杜马批准预算,也许就比较容易得到贷款。就是说,等待一下更为有利。解散的威胁还拿在手上,"我们"可以不断地用这种威胁对立宪民主党人施加压力,迫使他们在众目睽睽之下向右转。

毫无疑问,从维护反动地主利益的观点来看,第二种政策比较机智和比较有利。第一种政策是愚蠢的、拙劣的和过于性急的。第二种政策考虑更周到,因为既有解散这张牌"备用",又可使**自由派为政府所利用**。杜马批准预算,这和同意改签期票即同意帮破产者的忙差不多。**既**得到**改签的**、期限推迟的期票,然后**又**解散杜马,这比不设法延长期票期限而立刻解散杜马更为有利。

除了批准预算以外,还可以有其他类似的期票。举例来说,立宪民主党人已经按地主的观点**改进了**自己的土地法案。但愿这个法案得到杜马的通过,但愿它随后得到国务会议的审核和**进一步的改进**。如果"我们"在**那个**时候解散杜马,我们就会有**两张**而不是一张改签的期票。也许"我们"就有可能从欧洲得到不是 10 亿,而是 20 亿。10 亿是由于杜马批准预算,即**依靠**"**经过严格的立宪检验的国家经济**"而取得的。另外 10 亿是由于"在人民代表机关真正立宪的创造性活动中**经过了**检验的伟大土地改革"而取得的。

国务会议对立宪民主党人的土地法案将只是**略加修改**。这个法案直到现在还满篇都是非常含糊的、什么问题也不能解决的词句。**实际上**,一切都取决于地方土地规划委员会如何组成。立宪民主党人**反对**采取普遍、直接、平等和无记名投票方式来选举这种委员会。立宪民主党人主张地主和农民代表名额**均等**,政府实行监督。政府和地主接受自由派的出色的法案的这种**基本思想**不会有任何危险,因为在国务会议、在斯托雷平一伙的好意协助下,**这种**委员会必然会把"强制转让"地主土地变成强制庄稼汉遭受奴役,即让庄稼汉通过新的导致破产的赎买而得到分配给他们的沙地、沼泽地和树墩地。

这就是政府的政策和立宪民主党的政策的真正含义。自由派用自己的背叛行为帮助地主耍花招。如果农民（"劳动派"）不听社会民主党的告诫，继续跟自由派走，那么地主必然会靠自由派律师的帮助来愚弄庄稼汉。

载于1907年3月29日《我们的　　　　　　译自《列宁全集》俄文第5版
回声报》第4号　　　　　　　　　　　第15卷第167—170页

知识分子斗士反对知识分子的统治

(1907 年 3 月 30 日〔4 月 12 日〕)

《人民杜马报》[89]第 13 号上刊载了一个关于群众性工人组织和关于工人代表大会的极其冗长的决议案,这是一批孟什维克著作家和实际工作者草拟的,准备提交本次代表大会。和孟什维克的其他决议案(关于国家杜马和"策略纲领"的决议案)不同,这个决议案没有著作家的署名。这一疏忽是偶然的,还是表明在这个问题上又冒出了一批孟什维克,现在还不得而知。我们提醒一下,像艾尔这样一位虔诚的孟什维克和工人代表大会的拥护者都说过:"只是一部分孟什维克对工人代表大会在某种程度上表示支持。"(《论全俄工人代表大会。提交俄国社会民主工党本次代表大会》文集第 82 页)

现在我们来看看决议案的内容。这个决议案分为 A 和 B 两部分。第一部分的论据部分尽是一些关于组织和联合工人群众的好处的老生常谈。就像巴扎罗夫所说的"为了显示自己了不起"[90],这里甚至不说组织,而说**自我组织**。虽然这个词实际上不说明任何问题,没有任何明确的意思,但却得到了工人代表大会拥护者的宠爱!不用说,"自我组织"这个词不过是知识分子的矫揉造作,是要用来掩饰他们真正的组织思想的贫乏,工人是绝对想不出"自我组织"来的……

　　论据部分批评了社会民主党,说"在党内,不是无产阶级分子而是知识分子起统治作用和决定作用"。这个批评很有意思。我们暂且不来分析这个批评的实际社会历史意义,因为这会离题太远。我们只是问一下:"孟什维克著作家和实际工作者"同志们,你们为什么不先从自己做起呢? 为什么医生不先治一治自己的病呢? 要知道,你们决议案中的每一句话都体现着被你们称为"知识分子的统治作用和决定作用"的东西啊! 为什么**你们的**"知识分子"**不首先**推辞一下,让"无产阶级分子"来拟定决议案呢? 有什么可以保证在你们"少数派**著作家**和实际工作者"所设计的"自我组织"中不会再出现同一种现象呢??

　　拉林、艾尔和其他许多拥护工人代表大会的人"谴责"社会民主党**强迫别人接受决议**。可是,**著作家们为了**进行这种批评,又"强迫别人接受"关于"自我组织"的极其乏味而冗长的新的词句…… 多么有意思的情景啊!

　　决议案同时指出了俄国社会民主党(是指俄国社会民主工党吗? 还是这里**故意**选择了一个更加广泛的词,好把普罗柯波维奇、库斯柯娃、波谢等先生也包括进去呢?)"在思想上和**政治上**"对无产阶级先进阶层的"影响",并表示希望俄国社会民主党的**"力量同有政治觉悟的无产阶级分子联合起来"**(A,第6条)。

　　同志们,你们试试把你们话里的用词**仔细考虑一下吧**!"有政治觉悟的"无产阶级能否**不是社会民主主义的**? 如果说不能不是,那你们的话就是无谓的同义反复,就是故弄玄虚、矫揉造作的空话。那就应该要求扩大俄国社会民主工党,以便把现在还没有加入党的真正的社会民主主义者吸收进来。

　　如果说能够不是,那你们就把社会革命党人无产者也算成觉悟的无产者了。不承认他们有**"政治觉悟"**是可笑的！这就是说，你们**实际上**是在**阶级**政党的**"自我组织"**和**"自主精神"**这种响亮词句的掩饰下，鼓吹吸收**非无产阶级**思想家，鼓吹把真正的自主精神（社会民主党的）同非自主精神即对资产阶级思想和资产阶级政治的依赖性（社会革命党的）**混淆起来**，从而**瓦解**无产阶级。

本来要进这间屋子，结果却跑进了那间屋子[91]……

这和过去1895—1901年的"经济派"[92]知识分子一模一样，他们就曾在"自我组织"、"纯工人的"运动等幌子下，把自己的狭隘、犹豫、怯懦和慌张强加到工人身上！

A部分的结论是："代表大会认为俄国社会民主党当前最重要的任务，就是和工人群众中的先进分子团结一致〈就是说**也和社会革命党人工人**团结一致，而不是**反对**他们?〉，努力把他们团结到独立自主的组织中来，尽管这种组织由于时间和地点的条件而有时具有或应当具有政治上单纯的特性。"

这里有什么肯定的、具体的、超出知识分子**感叹**的东西呢？它的含义是什么呢？天晓得。

就拿消费合作社来说吧。毫无疑问，它是把工人**团结起来了**。它的特性**从政治上说**是够单纯的了。这是否就是**"独立自主的"**组织呢??这要看从什么观点来看。在社会民主党人看来，只有充满**社会民主主义**精神，而且不只是充满"精神"，还要通过加入或**靠近**社会民主党而在策略上、政策上同社会民主党保持一致，这样的工人社团才是真正独立自主的。

在工团主义者、"无题派"[93]、波谢派、社会革命党人、"无党派〈**资产阶级的**〉进步人士"看来却恰恰相反，只有那些**不加入**社会民主党、**不靠近**社会民主党、在实际政策和策略上恰好不同而且唯独不同社会民主党保持一致的工人社团，才是**独立自主**的。

　　这两种观点的差别不是我们捏造出来的。谁都承认，的确存在着这样两种观点，它们相互**排斥**，而且不论在哪里，只要工人由于什么原因"团结起来"，都有这两种观点在明争暗斗。这两种观点是不可调和的，因为在社会民主党人看来，标榜"非党"（在策略上，在一切政策上）不过是一种要工人**从属于资产阶级**思想和资产阶级政治的隐蔽的因而也是非常有害的手法。

　　总结：这个决议案在结论中没有说出任何带实质性的东西。它的结论往好说是空话。而往坏说是有害的话，因为它会迷惑无产阶级，模糊**起码的社会民主主义**意识，为欧洲各国长期严重危害**社会民主主义**工人运动的一切丧失阶级特性的资产者大开方便之门。

　　应当怎样修改这个决议案呢？

　　空话应该删掉。应当简单明了地说：社会民主党必须帮助组织各种工人社团，例如消费合作社，并且经常注意使各种工人社团成为**只是进行社会民主党**的宣传、鼓动和组织工作的基地。

　　这才会真的是"政治上单纯的"但却是**实实在在的、社会民主党**的决议案。而你们这些反对"知识分子起统治作用和决定作用"的知识分子斗士先生们，并不是在从事无产阶级的事业，而是在高谈知识分子的空话。

　　关于决议案的第二部分（B），下次再谈①。

载于1907年3月30日《我们的　　　　　译自《列宁全集》俄文第5版
回声报》第5号　　　　　　　　　　第15卷第171—174页

――――――――――

①　见本卷第243—256页。——*编者注*

土地问题和革命力量

（1907 年 4 月 1 日〔14 日〕）

劳动派和农民协会会员的机关报《劳动人民报》**94**算出了杜马中在土地问题上即对农民"生死攸关的问题"上的力量对比。

"为了劳动人民的利益，能够在土地问题上采取一致步调的有劳动派（100 人）、人民社会党（14 人）和社会革命党（34 人）；一共是 148 人。假定社会民主党（64 人）在土地问题的许多方面也和他们一致，那么**总共就有 212 人**。

而在土地问题上反对他们所有这些人的，将是立宪民主党（91 人）、波兰代表联盟（46 人）、无党派人士（52 人）、十月党和温和派（32 人），——**一共是 221 人**。

反对者居多。我们没有把穆斯林（30 人）和哥萨克（17 人）计算在内；在最好的情况下，他们当中可能有一半人归附左派，有一半人归附右派。不管怎样，对劳动派的土地法，反对者比拥护者多。"

在这个统计中还漏掉了君主派（22 人），但是，把这些人加进去，不过是更加证实了劳动派的结论。

这个结论从两方面来看值得注意：第一，它阐明了俄国当前革命中社会力量对比这个基本问题；第二，它有助于弄清杜马和杜马斗争在解放运动中的意义。

一切社会民主党人都深信，我们的革命，按正在进行的社会经济变革的内容来讲，是**资产阶级**革命。这就是说，变革是在资本主义生产关系的基础上进行的,而且变革的结果必然正是这种生产关系的进一步发展。简单地说:即使取得了最充分的**自由**,即使农民在争取**土地**的斗争中获得了最彻底的胜利,整个社会经济**仍然**要受市场和货币的支配。争取土地的斗争,争取自由的斗争,就是争取资产阶级社会生存条件的斗争,因为即使实行最民主的共和制,不管通过什么形式把"全部土地交给人民",**资本**的统治仍然保持着。

不熟悉马克思学说的人,可能觉得这种观点很奇怪。但是,要相信这种观点是正确的并不困难,只要回忆一下法国大革命和它的结果,以及美国的"自由土地"的历史等等就行了。

社会民主党人把当前的革命称做资产阶级革命,绝对不是想轻视它的任务和贬低它的意义。恰恰相反。在无产阶级的更老的历史敌人还没有被推翻以前,工人阶级同资本家阶级的斗争是不可能充分广泛地展开和最后获得胜利的。

因此,无产阶级当前的主要任务,就是争取最充分的自由和最彻底地消灭地主(农奴主)土地占有制。只有通过这项工作,按彻底民主主义的原则对旧的、半农奴制的社会加以破坏,无产阶级才能作为一个独立的阶级而完全壮大起来,才能从"全体无权人民"共同的民主任务中完全划出自己的特殊的任务,即社会主义的任务,并保证使自己有最优越的条件来为社会主义进行最自由、最广泛和最紧张的斗争。如果资产阶级民主解放运动没有完成,没有进行到底,无产阶级就不得不把自己绝大部分力量用来实现一般的民主任务即资产阶级民主任务,而不是用来实现无产阶级的阶级任务即社会主义任务。

但是,社会主义的无产阶级能独立完成和作为领导力量来完成资产阶级革命吗？资产阶级革命这个概念岂不是意味着只有资产阶级才能完成这场革命？

孟什维克常常倾向于这种观点。但这种观点把马克思主义弄得面目全非。按社会经济内容来讲具有资产阶级性质的解放运动，按动力来讲并不是资产阶级性的。这一运动的动力可能不是资产阶级，而是无产阶级和农民。为什么可能这样呢？因为无产阶级和农民比资产阶级更为农奴制残余所苦，更需要自由，更需要消灭地主的压迫。相反，彻底的胜利对资产阶级则具有危险性，因为无产阶级会运用充分的自由来反对资产阶级，而且自由愈充分，地主权力消灭得愈彻底，运用起来也就愈方便。

因此，资产阶级期望资产阶级革命的结局是半途而废，是半自由，是同旧政权和地主勾结。这种期望植根于资产阶级的阶级利益。这在1848年德国资产阶级革命中已经表现得非常明显，因而共产党人马克思当时把无产阶级政策的重心完全放在同"妥协的"（马克思的说法）自由派资产阶级作斗争上面①。

在我们俄国，资产阶级更加怯懦，而无产阶级则远比1848年德国无产阶级觉悟得多，而且组织得更好。只有撇开"妥协的"自由派资产阶级，只有民主派农民群众在争取充分自由和争取全部土地的斗争中跟着无产阶级走，我们才有可能获得资产阶级民主运动的完全胜利。

第二届杜马更加明显地证实了这个估计。现在甚至农民也懂得，必须把自由派资产者即立宪民主党人算做右派，而把农民和工人算做左派。诚然，"劳动派"、人民社会党人和社会革命党人经常

---

① 参看《马克思恩格斯全集》第1版第6卷第128—133页。——编者注

动摇于资产阶级和无产阶级之间，而**实际上**往往在政治上充当自由派的**尾巴**。（如投票赞成戈洛文、采取"沉默策略"、同意把预算提交委员会讨论[95]等等。）这种动摇不是偶然的。这是小资产阶级的阶级本性所决定的。

为什么在土地问题这个迫切问题上必须把立宪民主党算做右派呢？因为立宪民主党的土地政策实质上是**地主的**政策。立宪民主党的"强制转让"实际上是**地主强制农民用破产的办法**赎买，因为赎买金额和税额实际上都**由地主决定**：在地方上，地主加官吏将在土地委员会中占优势（在第一届杜马中，立宪民主党人曾反对土地委员会由普选产生），而在全俄的中央立法方面，地主将通过国务会议等等来进行操纵。立宪民主党的"自由主义"是资产阶级律师的自由主义，因为资产阶级律师要农民同地主**和解**，而且是**按照有利于地主的条件和解**①。

现在谈谈第二个问题。立宪民主党人和右派在杜马中占多数。《劳动人民报》问道："**如何摆脱这种局面呢？**"答复很简单：要"摆脱这种局面"，就必须比纯粹是杜马的争辩提高一步。

即使左派在杜马中占了多数，这也是必要的，因为杜马毫无权力，而国务会议为了地主的利益会来"**改进**"任何一项杜马法案。这在目前也是必要的，——不是从党的主观意图来说是必要，而是

———————

① 《言语报》说，立宪民主党人的地主性质只能在群众大会上讲。对这句话我们再补充如下一点：根据《第二届国家杜马的代表》这部名著（1907年圣彼得堡版）我们算了一下，有79个明确无误的立宪民主党人，**其中有20名是地主。**能叫出名字的有：**图奇科夫、博古斯拉夫斯基、比格洛夫、**巴枯宁、**罗季切夫、波格丹诺夫、萨拉兹金、塔塔里诺夫、斯塔霍维奇、伊孔尼科夫、萨韦利耶夫、多尔戈鲁科夫、切尔诺科夫、**戈洛文、两个佩列列申、沃洛茨科伊、约尔丹斯基、切尔诺斯维托夫。使用黑体的是贵族代表、地方官[96]和地方自治局主席。

从客观历史来说是必要，因为**不这样做**，土地问题就**只能**按照有利于地主的条件来解决。

载于 1907 年 4 月 1 日《我们的 译自《列宁全集》俄文第 5 版
回声报》第 7 号 第 15 卷第 204—207 页

贫血的杜马或贫血的小资产阶级

(1907 年 4 月 2 日〔15 日〕)

比立宪民主党左的机关报（日刊）的数量少许有了增加。介乎立宪民主党和社会民主党之间的杜马左派的呼声可以听得更清楚了。

"人民社会党人"的日报是一种新的出版物。他们的《公共事业报》[97]（4 月 1 日，星期日）一开始就发出了一种非常典型而值得注意的抱怨、惋惜和追悔的声调。

他们抱怨什么呢？抱怨杜马"贫血"。

他们惋惜什么呢？惋惜"保全杜马"这个口号流行的时间太久。

他们追悔什么呢？追悔自己支持了立宪民主党的策略。

当然，这种追悔远远不是彻底的、真正的和诚恳的追悔，不是像一句名言所说的等于改正了一半错误的那种追悔。"人民社会党人"的追悔很不诚恳，以至他们在自己表示忏悔的第一号报纸上就对我们进行了恶意攻击，说我们社会民主党人——布尔什维克"解决意见分歧的办法就是把对手称为无知的人和可怜虫"等等，说我们把"走上妥协道路"的罪名加给对手的做法**实际上是不正确的**"。

关于民粹派的追悔有无诚意的问题，如果不是因为它密切关系到和直接关系到对评价整个第二届杜马以至评价整个俄国革命都具有决定意义的一些问题，那我们当然不会提请读者予以注意。

民粹派在杜马中有三派，它们在一系列基本问题上看法一致，实行比较一致的共同的政策，并通过各种方式反映出俄国广大人民群众的利益和观点。

在这部分代表中间，农民的人数最多；而且不能否认，广大农民群众正是通过这部分（而不是其他部分）杜马代表最确切地表达了自己的要求（以及自己的偏见）。因此，民粹派在杜马中的政策问题同农民群众的政策问题是连在一起的，而没有农民群众的参加，就谈不上解放运动的胜利。

人民社会党人大撒其谎，硬说社会民主党人用谩骂来解决意见分歧，说他们荒谬地把妥协的罪名加给劳动派（即民粹派）。先生们，这是撒谎，因为从第二届杜马的活动**一开始**，社会民主党人**就已经**在跟民粹派和同民粹派的斗争完全无关的情况下**表明了**对"保全杜马"这个臭名远扬的口号的看法，即你们现在正一瘸一拐地向其靠近的那种看法。

我们的同事尼·罗·于 **2 月 21 日**写道："'保全杜马！'——这就是资产阶级选民经常发出并得到资产阶级报纸（不仅有立宪民主党的报纸，而且有《同志报》这样的"左派"报纸）响应的呼声…… 保全杜马的秘密早就被黑帮—十月党人的报纸和政府揭开了。只要杜马'能尽职守'，'奉公守法'，就是说，只要杜马能对政府俯首听命，除了诚惶诚恐地递送呈文和卑躬屈膝地提出申请以外不轻举妄动，它就很容易保全下来。只要杜马背叛全民解放事业，让这个事业遭受黑帮集团摧残，它就很容易保全下来。只有政权仍然操在旧的统治者手里才能保存杜马。所有的人都应当清楚这一点，决不能忘记这一点。但是难道能用背叛来保存杜马吗？社会民主党对这个问题作了响亮而明确的回答：决不能！无产阶级和农民不需要背叛的杜马。无怪乎莫斯科的农民在给自己的代表的委托书中声称：'尽可以让他们把你们解散，也决不能背叛人民的意志。'如果杜马主要关心的是不刺激政府,那它就会失去人民的信任,它就履行不了它所肩负的任务:竭力帮助人民群众组织起来,以便战胜反动派,使解放运动取得胜利……   只有强者才使人害怕。也只有强者才受人尊敬。歇斯底里地叫嚷'保全杜马',是自由的人民和他们选出的代表所不齿的。"

这是第二届杜马开幕的**第二天**写的。看来是写得够明确的了!

在自己的出版物上、在一般的政策中以及在杜马中代表小资产阶级、小业主(城市小业主,特别是农村小业主即农民)各个阶层利益的民粹派,现在已开始明白社会民主党人说的是真话。事实**证实**了我们的政策。

但是,为了"不错过时机",为了不成为"事后聪明"的政治家,光向事变学习是不够的。必须**了解**事变的进程,了解**决定**各个政党的政策和整个杜马的政策的各个阶级之间**基本**的相互关系。

"保全杜马"是立宪民主党的口号,它反映了立宪民主党的政策。这种政策的实质是什么呢?是同反动派妥协而反对人民的要求。这种妥协表现在哪里呢?表现在服从反动派所规定的制度和活动范围。表现在把自由的要求和人民的要求变成**局限**在这种范围之内的无意义的、内容贫乏的和骗人的"改良"。为什么社会民主党把自由派的这种政策称为背叛呢?因为一切不成功的资产阶级革命之所以遭到失败,向来都是由于自由派同反动派妥协,就是说,由于自由派**实际上**背弃人民的自由而走向反动。自由派在革命中实行改良主义,就是对人民自由的背叛。这种改良主义的产生不是偶然的,而是**害怕**人民、特别是**害怕**工人阶级的资产阶级和一部分地主的阶级利益所决定的。

"保全杜马"这个口号之所以值得重视,是因为它鲜明地反映了这种背叛政策的**根本**路线。这种政策表现在如下各个方面：对宣言采取**沉默**策略，限制粮食工作委员会和失业工作委员会的任务，限制杜马中的发言，把杜马拆成几个委员会，把预算提交委员会讨论等等。

民粹派即小资产阶级的代表**过去和现在一直支持**立宪民主党的这种政策。民粹派投票赞成戈洛文而不是弃权。民粹派也采取了可怜的"沉默策略"，无论人民社会党还是**社会革命党**都有份。民粹派只是在社会民主党人一再影响下才**开始同立宪民主党分手**。但即使现在，无论劳动派或者人民社会党和社会革命党，它们的全部政策都是动摇不定的，它们**不懂得**为何要执行同立宪民主党斗争、利用杜马讲坛揭露它这一**任务**。

这种动摇是**小资产者贫血**的产物。

半是厌倦革命、半是由于（社会）本性而动摇不定的小资产者，他们的"贫血"是"杜马贫血"的基本原因。我们要正告民粹派：脸丑不要怪镜子。

你们不要实行贫血的政策了，你们要和立宪民主党断绝关系，要坚决跟无产阶级走，让自由派去**保全**杜马吧，而你们自己要公开地、勇敢地和坚定地**保卫**解放运动的利益和传统，——只有这样，你们的追悔才真正是"改正了一半错误"的追悔！

载于1907年4月3日《我们的
回声报》第8号　　　　　　　译自《列宁全集》俄文第5版
　　　　　　　　　　　　　第15卷第208—211页

怡然自得的庸俗言论或
立宪民主党化的社会革命党人

（1907 年 4 月 3 日〔16 日〕）

昨天我们指出,在杜马成立一个月以后,民粹派似乎才醒悟过来,并且开始……——我不说认识到,而说至少是感觉到"保全杜马"这个臭名昭彰的立宪民主党口号的无比卑鄙。我们在那篇文章中指出,立宪民主党的口号不是偶然提出的,而是资产阶级和地主的根本的阶级利益所决定的政策的反映。①

今天,立宪民主党的主要机关报《言语报》(4 月 3 日)就这一问题发表了社论。立宪民主党的社论作者写道:"近日来左派报纸激烈反对'保全杜马'的策略,是一种令人十分不安的征兆。"

的确是这样。我们很高兴,立宪民主党也注意到了民粹派对"保全杜马"的追悔。这就是说,我们昨天的观察没有错。这就是说,在小资产阶级当中确实出现了一股离开自由派地主而转向工人阶级的**潮流**。祝他们一帆风顺!

立宪民主党的《言语报》用以颂扬"保全杜马"策略的言论,应该作为庸俗言论的精华永世保存。请听一听吧:"要知道,只要杜马存在,这就是**你们**〈反对党〉所作的努力自觉取得的成果。这就

---

① 参看本卷第 174—177 页。——编者注

是你们的意志干预事变的第一个明显结果。这种**缺乏**事实本身就是一个最重要的事实，就是你们对你们拟定和你们通过的计划的执行。"

可惜，谢德林没有活到"伟大的"俄国革命时期。不然，他大概会给《戈洛夫廖夫老爷们》添上新的一章，会这样描写犹杜什卡[98]：他安慰被鞭挞的、被殴打的、饥饿的、受奴役的庄稼汉说：你等待改善吗？你为那个建立在人民挨饿、遭枪杀、受鞭笞和抽打的基础上的制度没有改变而感到失望吗？你抱怨"缺乏事实"吗？真是忘恩负义！要知道，这种缺乏事实就是一个最重要的事实！要知道，你的意志进行干预自觉取得的结果就是：利德瓦尔们照样主宰着一切，庄稼汉们心平气和地任人鞭打，而不再沉湎于关于"斗争诗境"的有害幻想。

对黑帮很难憎恨得起来，因为这方面的感情已经麻木了，就像人们所说的在战争当中由于进行一连串的战斗，由于长期对人开枪射击和长期生活在手榴弹的爆炸声中和子弹的呼啸声中感情渐渐麻木了一样。战争就是战争，而和黑帮进行的是公开的、随处可见的、**习以为常**的战争。

但是，立宪民主党的犹杜什卡·戈洛夫廖夫能够激起对他最强烈的憎恨和鄙弃的情感。这是因为人们，甚至农民，都听信这个"自由派"地主和资产阶级律师的谗言。这是因为他确实在蒙蔽人民的视听，确实在糊弄人民！……

同克鲁舍万们作斗争**不能**用口诛笔伐，必须采用另一种方式。对反革命进行口诛笔伐，就要求首先和主要是揭露那些丑恶的伪君子，因为他们假借"人民自由"的名义，假借"民主"的名义来歌颂政治上的停滞、人民的沉默，歌颂变成庸人的公民的备受压抑以及歌颂"缺乏事实"。应当跟这些自由派地主和资产阶级律师进行斗争,这些人得意得很,因为人民在沉默,而他们能够为所欲为地、无所顾忌地充做"国家要人",对那些对反革命的统治"不知深浅地"表示愤懑的人洒下圣油以示安抚。

难道能够平心静气地听着下面这种言论而不给以严厉的抨击吗:

"当塔夫利达宫的辩论就像白天吃饭晚上看戏一样成了生活中必不可少的事情的时候,当议程不再使所有的人感兴趣而只是为某些人特别⟨!!⟩关心的时候,当辩论一般政策成了罕见的事而演练口才由于没有听众实际上已不可能的时候,那一天,就可以作为代议政治在俄国取得最后胜利的一天来庆祝了。"

你这个犹杜什卡!当生活在皮鞭底下的人们失去知觉,不再"辩论"而一声不吭的时候,当地主们像自由派的犹杜什卡们白天吃饭晚上看戏那样有保障地享有旧日的地主权力(这种权力由于实行"自由主义的"改革而**得到巩固**)的时候,那一天就将是"人民自由"取得最后胜利的一天。反革命取得最后胜利的一天,就将是宪制取得最后胜利的一天……

过去如此——在欧洲资产阶级每次叛变的时候。**将来还会如此**……俄国将来也会如此吗,先生们?

犹杜什卡们力图洗清自己,他们证明说,在左派政党中过去和现在也都有拥护"保全"的人。幸而这次受了犹杜什卡们迷惑的人不是社会民主党人,而是社会革命党人。立宪民主党人引用了某个社会革命党人在塔墨尔福斯演说中的几处,说这个社会革命党人号召同立宪民主党人"合作",否定同他们进行斗争的迫切性和必要性。

　　我们不知道这个演说,也不知道《言语报》的引证是否可靠。

　　我们知道的是社会革命党人最近一次代表大会的**决议**而不是个别的演说,——这个决议**确实反映出**小资产者已经被自由派的犹杜什卡搅昏了头脑。

　　社会革命党的正式机关刊物⁹⁹(1907年3月8日第6期)刊载了这个决议,证明过去的即2月份各报发表的决议摘录是准确的。那里面的确是白纸黑字写得清清楚楚:"代表大会〈社会革命党的〉认为,杜马内部鲜明的党派组合,在每个集团孤立地行动和存在着尖锐的派别斗争的情况下,会使占多数的反对派的活动完全瘫痪,从而使实行人民代表制的主张在劳动阶级的心目中威信扫地。"当时(2月22日)《言语报》就曾给这种庸俗言论喝彩。当时(2月23日)我们就对这种庸俗言论作了揭露,指出了这样一种代表大会决议的小资产阶级根源和自由主义的叛变实质。^①

　　犹杜什卡之吻会不会从政治上杀害社会革命党的某个领袖,这一点我们不感兴趣。但是,对社会革命党代表大会的**立宪民主党式的决议**,却应当在工人面前千百次地予以揭露,以便告诫不坚定的社会民主党人,以便使无产阶级同看来似乎革命的社会革命党人坚决划清界限。

载于1907年4月4日《我们的
回声报》第9号

译自《列宁全集》俄文第5版
第15卷第212—215页

---

①　参看本卷第36—40页。——编者注

社会民主党党团和杜马中的
4月3日这一天

(1907年4月4日〔17日〕)

现在不得不回过来谈一谈由于质询里加监狱杀害和拷打犯人的事以及74人被送交战地法庭的事而在国家杜马中引起的一场风波。我们说不得不谈一谈，是因为《人民杜马报》不知为什么要模糊事件的真正意义，从而只是加深社会民主党杜马党团在这个问题上的行为所造成的非常不好的印象。

固然，《人民杜马报》谈到杜马第一天的质询时说："万事开头难"；固然，《人民杜马报》谈到这个问题时指出，"一些杜马党团还不大适应议会的活动"，但是，关键不在这里。我们认为，社会民主党党团在这里表现出来的，不是缺乏**议会斗争**经验，而纯粹是缺乏**政治斗争**经验。糟糕的不是社会民主党党团有时陷入某种"追求形式的圈套"（《人民杜马报》的用语），而是它有时白白放弃自己的阵地，在条件完全具备的时候不把已经很好地开始了的斗争进行到底，不把胜利**巩固起来**。

在回答政府宣言时就是这样，当时社会民主党党团把自己整整一半的胜利白白让给了……斯托雷平先生；4月3日在质询里加惨案问题时情况也是这样。

立宪民主党人反对提出紧急质询；这是很自然的，因为提出紧急质询,特别是就政府用战地法庭这种战时手段来迫害人民这样的问题提出紧急质询,往往带有"示威行动"的成分,即对大臣们施加压力的成分。就这样的问题提出紧急质询,无疑是杜马方面所作的、跟习以为常的"白天吃饭"或"晚上看戏"绝对不可同日而语的一桩"事情",一种"行为"。只有奴颜婢膝的《言语报》才极力想把杜马本身跟吃饭看戏画等号。但是,难道立宪民主党用来败坏人的这种毒素也能影响到杜马中的左派,甚至影响到社会民主党党团吗?! 我们不能这样设想,然而……

罗季切夫先生在讲坛上奴颜婢膝地说:"不要提出**紧急**质询,紧急质询在目前情况下可能触犯大臣们的自尊心。"

在杜马中热衷于给"一小撮饶舌者"当代表的立宪民主党的米拉波说出这样的话来,我们一点也不感到奇怪。

社会民主党代表贾帕里泽出色地回答了罗季切夫,他提醒这些奴颜婢膝的立宪民主党人说:"我们的责任就是要在刽子手向受害者举起屠刀的时候说话。"

这时库兹明-卡拉瓦耶夫走上讲台,宣读了他收到的由里加总督美列尔-扎科梅尔斯基(就是西伯利亚的母亲们至今还拿他的名字吓唬自己的孩子的那个美列尔-扎科梅尔斯基)从里加发来的电报。电文写得无耻之极,满篇都是极其粗鄙的嘲讽:"……无论 74 个人也好,70 个人也好,4 个人也好,里加没有理由把他们送交法庭;目前没有一个人需要搭救。"

为了反驳这份电报,阿列克辛斯基代表宣读了一份里加进步的复选人拍来的电报,说正在准备送交战地法庭。

在阿列克辛斯基代表理直气壮地坚持要求提出紧急质询以后,劳动团和社会革命党人集团也同意提出紧急质询的要求。

于是,**立宪民主党人开始退却**。佩尔加缅特甚至没有陈述理由,径直**请求**杜马左派不要坚持紧急质询,并**代表质询委员会**建议通过委员会在 24 小时内提出质询,说无论如何不要进行紧急质询!

殷勤得莫名其妙的布尔加柯夫接着发言。还是为了不要进行紧急质询,他请求在解决这个问题时不要带上党派情绪。布尔加柯夫先生本来首先应该向自己的党内同志说明,这类问题不比别的什么问题,最不能容许奴颜婢膝,要是采取奴颜婢膝的态度,总会很**自然地**使党派情绪**发作**到谁都不希望的地步。

在布尔加柯夫之后,基泽韦捷尔又向左派靠近了一步,又作了一个小小的让步。基泽韦捷尔建议把质询交给委员会去进行,让委员会"**尽快**"完成自己的任务。

杰拉罗夫代表人民社会党赞成进行紧急质询。

换句话说,全部左派以杜马中少有的一致反对立宪民主党人。事实愈来愈清楚地表明:问题成了政治性问题,已经开始的反对立宪民主党人奴颜婢膝的斗争可以而且应该进行到底。请看一看 4 月 4 日《新时报》上登载的亚·斯托雷平的《札记》吧。他是怎样地称赞立宪民主党啊!同时,为了使自己的同盟者即"右派"最终地懂得,在这种场合不应该发表如此尖刻的意见,不应该把立宪民主党人从他们目前所走的那条妥协的路上吓跑,他又是怎样地抨击自己的同盟者啊!斯托雷平先生从这一天"立宪民主党人的发言"中听到了——请注意——"真诚和严肃的语调"!

然而,就在社会民主党党团已经稳操胜券的时候,策列铁里却起来声明说,党团撤销自己进行紧急质询的建议。为什么?根据什么理由?要说提交委员会去质询会比进行紧急质询更为有效,这是没有任何根据的。肯定谁也不敢这样断定。

策列铁里的声明没有任何根据。这完全是自己打自己的嘴巴。4 月 3 日这一天对社会民主党党团来说决不是一个光彩的日子。这里的问题,我再说一遍,不在于缺乏**议会斗争**经验。这里的问题在于社会民主党党团在政治上软弱无力和优柔寡断,这种缺点已经不止一次地表现出来,它极有碍于社会民主党党团在杜马中担任整个杜马左派的真正领袖。这种情况不可忽视,必须努力扭转!

载于 1907 年 4 月 5 日《我们的回声报》第 10 号

译自《列宁全集》俄文第 5 版第 15 卷第 216—219 页

俄国革命的长处和弱点

（1907年4月5日和7日〔18日和20日〕）

一

昨天《人民杜马报》用这一标题登载的文章，是冷静地、明确地、质朴地叙述社会民主党人之间真正原则性分歧的一个典型。在这样的基础上进行争论是愉快而有益的，相反，回答《敬礼》杂志或《回声》**100**的歇斯底里狂叫却是不愉快的难题。

现在来谈正题。分歧是由对立宪民主党和民粹派的估计引起的。《人民杜马报》说得完全正确，在立宪民主党问题上的分歧应归结为**他们代表谁**这样一个问题。《人民杜马报》回答说：他们代表"中小资产阶级，主要是城市中小资产阶级"。布尔什维克的决议案说："这些政党的经济基础是一部分中等地主和中等资产阶级，特别是资产阶级知识分子，而一部分城乡民主派小资产阶级还跟着这些政党走（纯粹是由于习惯和直接受自由派的欺骗）。"①

显然，孟什维克对立宪民主党的估计比我们乐观。他们掩饰或否认立宪民主党同地主阶级的联系，我们则强调这种联系。他们强调立宪民主党同城市民主派小资产阶级的联系，我们却认为

---

① 见本卷第3页。——编者注

这种联系很少。

关于地主的问题,我们曾在《我们的回声报》**101** 第 7 号中指出,在**现在的**而不是**过去的**(这一点《人民杜马报》弄错了)立宪民主党杜马党团里有 20 个地主①,《人民杜马报》宣称我们这种论断是幼稚无知,并讽刺我们说,就是在社会民主党里也还有百万富翁和大官。

多么廉价的讽刺啊!谁都明白,辛格尔、阿龙斯、纳利夫金这样的人只是表现了个人从资产阶级转向无产阶级而已。但是先生们,难道你们真的会认为,20 个地主(在立宪民主党党团的 79 个成员中占¼)是作为个人跟着 60 个资产阶级知识分子走,而不是相反吗??你们会认为,是地主奉行自由派知识分子的政策,而不是自由派知识分子奉行地主的政策吗??你们用辛格尔和纳利夫金同志的例子开玩笑,不过是为了掩饰你们不可救药的立场而开的一个俏皮的玩笑而已。

当然,立宪民主党杜马党团的成分并不是主要的证明,它只是一种象征。主要的证明是:第一,俄国地主自由派的历史(这一点连《人民杜马报》也承认);第二(这是主要的),对立宪民主党**目前的政策**的分析。"立宪民主党的土地政策**实质上**〈请注意〉是地主的政策。"(《我们的回声报》第 7 号)"立宪民主党的'自由主义'是资产阶级律师的自由主义,因为资产阶级律师要农民同地主和解,而且是按照有利于地主的条件和解。"(同上)②

《人民杜马报》对这个论据无话可说。

其次。他们用什么东西来**证明**立宪民主党同城市民主派小资

---

① 见本卷第 172 页。——编者注
② 同上。——编者注

产阶级之间的阶级联系呢？用关于选举的统计。城市选出的立宪民主党人最多。事实的确如此，但这并不能说明问题。第一，我国的选举制度**并不**特别优待城市资产阶级的**民主派**各阶层。大家知道，民众大会能够**更确切地**反映"城市**民主派**小资产阶级"的观点和情绪。第二，同小城市的城市选民团比较起来，大城市的城市选民团里立宪民主党的势力较强，而左派势力较弱。关于复选人的统计就是证明。由此可见，立宪民主党代表的不是民主派小资产阶级，而是自由派中等资产阶级。城市愈大，无产阶级同资产阶级的对抗就愈尖锐，城市（资产阶级）选民团里的立宪民主党势力就愈是比左派强。第三，在 22 个有左派联盟的大城市里，右派得 17 000 票，十月党人得 34 000 票，立宪民主党人得 74 000 票，左派得 41 000 票。立宪民主党的票数所以**一下子**就减少这么多，正是因为立宪民主党**不是**民主派。自由派的律师在任何地方都欺骗民主派小资产阶级，但总是被社会党人所揭穿。

《人民杜马报》问道："说我国中小资产阶级为了摧毁直接威胁着他们的无产阶级的力量已经热衷于镇压革命——这样说对吗？"接着回答说："完全不对。"

这里把**我们的**观点表达得**完全不对**。亲爱的同志们，这已经不是有原则的争辩了……　你们自己很清楚：我们是把立宪民主党的反革命性和十月党的反革命性区别开来的；我们也根本没有把反革命的罪名加到**小资产阶级**的头上；我们认为立宪民主党的地主们不只是害怕工人，而且也害怕农民。你们那样说，就不是反驳，而是歪曲。

《人民杜马报》如下的论据倒是一个反驳意见：立宪民主党变得更温和、更反动，不是在革命高涨时，而是在革命低落时，就是说,不是由于自己的反革命性,而是由于自己的软弱性。《人民杜马报》用黑体字强调指出:立宪民主党的策略**"不是强大的反革命派的策略,这是软弱的革命派的策略"**。

于是,立宪民主党也成了革命派,只不过是软弱的革命派。真是不可思议的结论。所以走到这样荒谬绝伦的地步,是因为论证的出发点就是根本错误的。这一错误就在于否认立宪民主党的地主性质(在俄国,**地主**的反革命性或者以黑帮和十月党人的方式表现出来,或者以立宪民主党人的方式表现出来),否认立宪民主党里大多数是资产阶级**知识分子**。纠正了这两个错误,我们就会得出正确的结论:**立宪民主党的策略是反革命地主和软弱的资产阶级知识分子的策略**。地主是强大的反革命派。大资产者也是强大的反革命派。资产阶级知识分子和自由派官吏是他们的怯懦的奴仆,他们用"民主的"假面具来掩盖自己为反革命效劳的行为。

认为立宪民主党只是在革命低落时而不是在革命高涨时"右倾",这是不正确的。**《人民杜马报》**的同志们,请回忆一下《开端报》[102]吧。请回忆一下《维特——交易所的代理人,司徒卢威——维特的代理人》那样一些文章吧。那都是一些好文章! 那个时节是好时节……那时我们同孟什维克在对立宪民主党的估计上没有分歧…… 要正确阐述立宪民主党在革命高涨时或者说在历次革命高涨时的态度,就应当这样说:**革命在街头露面的时候,立宪民主党人就在大臣的前厅露面**。

1905 年 11 月司徒卢威谒见了维特,1906 年 6 月某个立宪民主党人谒见了某个黑帮,1907 年 1 月 15 日米留可夫谒见了斯托雷平。过去如此,将来还会如此……

*　　　*　　　*

《人民杜马报》在从经济上论证自己对立宪民主党的看法时最后说：

"由于俄国城市不发达，而城市工业中又以大工业的影响占绝对优势，我国城市的中小资产阶级对我国整个经济生活的影响就微不足道，因而他们不能像过去英法资产阶级那样，感觉到自己是一支独立的政治力量……"太好了，非常正确。只是这**与立宪民主党没有关系**。其次，这里已经完全看不到把"进步的城市大"资产阶级和"落后的农村小"资产阶级对立起来这种曾不止一次地被用来为孟什维克的策略辩护的所谓马克思主义的观点了…… "资产阶级不能把无产阶级当做自己的工具，因为无产阶级已经在自己的社会民主主义的旗帜下进行斗争了……" 一点不错！…… "这就是它在反专制农奴制的斗争中摇摆不定和犹豫不决的根源……" 同样一点不错，不过这不是讲立宪民主党，而是讲那些不仅依靠农村小资产阶级，而且也依靠城市小资产阶级的**劳动派**政党和集团！

"……俄国资产阶级民主派只要一向左转，他们立即就会丧失城市这个立脚点，而陷入农民民粹主义的泥潭。这也是由于城市资产阶级民主派比较软弱的缘故。"

正确！千真万确！《人民杜马报》竟为布尔什维克的策略作了如此完整的论证，这是我们根本不敢想象的。"我国资产阶级民主派只要一向左转，他们就成为民粹派。"一点不错：**左派**资产阶级民主派就是民粹派。而立宪民主党不过是冒充的民主派，实际上根本不是民主派。因此，当无产阶级不得不同资产阶级民主派一起进行资产阶级革命时，它必须结成广义的政治"联盟"，这里不仅是指达成选举协议和议会协议，而且还指同**左派**也就是同民粹派小资产阶级在反对黑帮和立宪民主党方面无需任何协议就采取共同的行动！

Quod erat demonstrandum——这正是我们所需要证明的。

下一次我们将同《人民杜马报》专门谈一谈民粹派的问题。

一①

既然承认"民粹派是立宪民主党的左邻"，承认他们"经常动摇于立宪民主党和社会民主党之间"，那就必然要承认布尔什维克的政策：迫使民粹派站到社会民主党方面来反对黑帮和反对立宪民主党。

孟什维克力图削弱或回避从他们承认的东西中必然得出的这个结论，他们的借口是：农民虽然比自由派**"革命，民主"**，但是却"充满了反动的社会空想"，并力图"在经济方面使历史的车轮倒转"。

这种在我国社会民主主义著作中经常见到的议论，无论从逻辑上看还是从经济史上看都有重大的错误。拿农民在社会主义革命思想方面的反动性同自由派在资产阶级革命中的政策的反动性作对比，就等于拿尺与斗作对比。

如果说农民在对待社会主义任务的态度问题上无疑赞成反动的空想，那么自由派资产者在对待**这一**任务的态度问题上则赞成像 1848 年 6 月或 1871 年 5 月那样实行反动的镇压[103]。

---

① 由于政府查封《人民杜马报》，我们尽量不同它直接争论，而只谈马克思主义在原则上怎样估计民粹派。

　　如果农民及其思想家民粹派在**目前的**革命中即资产阶级革命中同自由派比较起来是在奉行反动的政策,那么马克思主义者就永远不会承认民粹派比自由派更左、更革命、更民主。

　　显然,情况并不完全是这样。

　　请把自由派和民粹派的土地政策比较一下吧。目前其中有没有经济上反动的观点呢? 这两个党都具有限制地产转移的反动倾向。但是,立宪民主党的土地政策具有官僚性质(地主和**官僚**的土地委员会),所以它的反动性在当前**在实践上**要危险得多。就是说,从这一点看,如果要比较,决不可能对自由派有利。

　　"平均"使用土地…… 小生产者的这种平等思想是反动的,因为它不是向前寻找而是向后寻找完成社会主义革命任务的办法。无产阶级提出的不是小业主的平等社会主义,而是公有化大生产的社会主义。然而那种平等思想却最完全、最彻底和最坚决地反映了资产阶级民主性的任务。我奉劝那些忘了这一点的马克思主义者去看一看马克思的《资本论》第 1 卷和恩格斯的《反杜林论》。平等思想最完整不过地反映了同一切农奴制残余作斗争的要求,反映了争取最广泛、最彻底地发展商品生产的要求。

　　我们有些人在谈到民粹派的"平均制"土地法案的反动性时,常常忘记了这一点。

　　平等不仅是最完全地实现自由资本主义和商品生产所必需的条件的思想表现,而且,对于从农奴制中成长起来的农业所具有的经济关系来说,小生产者的平等还是最广泛、最完全、最自由和最迅速地发展资本主义农业的物质条件。

　　这种发展过程在俄国很早就开始了。革命加快了这个过程。全部问题就在于,这种发展是采取所谓普鲁士的方式(保留地主经济和对雇农的奴役,让雇农为了一块养不活人的份地"按公平的价格"纳租)还是采取美国的方式(消灭地主经济,把全部土地转交给农民)。

这是我国整个资产阶级民主革命的基本问题,是关系这个革命成败的问题。

社会民主党人要求把全部土地不经赎买转交给农民,也就是说,坚决争取有利于人民的第二种发展资本主义的方式。在农民同农奴主-地主进行斗争时,平等思想是为土地而斗争的最强有力的思想动力。而在小生产者之间建立平等,能最彻底地消灭所有一切的农奴制残余。因此,说平等思想是农民运动中最革命的思想,这不仅仅因为它是进行政治斗争的推动力,而且因为它是从经济上清除农业中的农奴制残余的推动力。

民粹派幻想平等能够建立在商品生产的基础上,幻想这种平等能够成为向社会主义发展的因素,就这一点说,他们的观点是错误的,他们的社会主义是反动的。这一点,任何一个马克思主义者都应当知道,应当记住。但是,一个马克思主义者如果忘记了这种平等思想本身和各式各样的平均制方案最完全地反映了资产阶级革命的任务而**不是**社会主义革命的任务,反映了同地主和官僚制度作斗争的任务而不是同资本主义作斗争的任务,他就背叛了自己的职责——历史地对待资产阶级民主革命的特殊任务。

或者是普鲁士式的演进:农奴主-地主变为容克;地主政权在这个国家里获得 10 年的巩固;实行君主制;实行"以议会形式粉饰门面的军事专制"①而不是实行民主制度;在农村居民及其他居民

① 参看《马克思恩格斯文集》第 3 卷第 446 页。——编者注

中存在着最大的不平等。或者是美国式的演进:消灭地主经济;农民变成自由的农场主;实行民权制度和资产阶级民主制度;在农村居民间存在着最大的平等——这是发展自由资本主义的起点和条件。

通过立宪民主党(他们引导我国走第一条路)的伪善态度和民粹派(引导我国走第二条路)的反动的社会空想主义表现出来的历史性抉择实际上就是这样。

显然,无产阶级应当全力支持第二条道路。只有这样,才能使劳动阶级尽快摆脱最后的资产阶级幻想,因为平等社会主义是小业主最后的资产阶级幻想。只有这样,人民群众才能从实际经验中而不是从书本中受到教育,在最短时间内切实地体会到所有一切平均制方案的软弱无力,在反对资本权力时的软弱无力。只有这样,无产阶级才能尽快清除掉自己身上的"劳动派"传统即小市民传统,摆脱现在必然落在它肩上的资产阶级民主任务,而**一心一意**去完成自己的、真正是本阶级的任务,即社会主义的任务。

正是由于不了解资产阶级民主任务和社会主义任务的相互关系,某些社会民主党人才会害怕把资产阶级革命进行到底的政策。

正是由于不了解资产阶级革命的任务和实质,才会发出下面这样的议论:"它〈我国革命〉归根到底不是出于农民的需要而发生的,**而是**〈??〉出于发展着的资产阶级社会的需要而发生的",或者说"这个革命是资产阶级革命,**所以**〈!!??〉不能在农民的旗帜下进行,不能由农民领导"(4月4日《人民杜马报》第21号)。这就是说,俄国的农民经济不是建立在资产阶级的基础上,而是建立在别的什么基础上!农民群众的需要,这也就是最完全、最迅速和最广泛地"发展资本主义社会"的需要,按"美国方式"而不是按"普鲁士方式"发展的需要。正因为如此,资产阶级革命**可以**在"农民的领导"下**进行**(确切些说:是在无产阶级的领导下进行,因为农民虽然动摇于立宪民主党和社会民主党之间,但总的说来还是**拥护**社会民主党的)。资产阶级领导的资产阶级革命只可能是不彻底的革命(严格地说这不是革命,而是改良)。只有在无产阶级和农民阶级的领导下,它才可能是真正的革命。

载于 1907 年 4 月 5 日和 7 日《我们的回声报》第 10 号和第 12 号

译自《列宁全集》俄文第 5 版第 15 卷第 220—228 页

《约·菲·贝克尔、约·狄慈根、弗·恩格斯、卡·马克思等致弗·阿·左尔格等书信集》俄译本序言

(1907 年 4 月 6 日〔19 日〕)

现在介绍给俄国读者的这一部马克思、恩格斯、狄慈根、贝克尔以及 19 世纪国际工人运动其他领袖的书信集,对我国先进的马克思主义文献是一种必不可少的补充。

我们不打算详谈这些书信对于社会主义运动史以及对于全面阐明马克思和恩格斯的活动的重要意义,因为这是无须说明的。我们只想指出一点,这就是,要了解这些书信,就必须熟悉论述国际史的基本著作(见耶克的《国际》俄译本,知识出版社出版),熟悉论述德国和美国工人运动史的基本著作(见弗·梅林的《德国社会民主党史》和莫里斯·希尔奎特的《美国社会主义史》)等等。

我们也不打算对这部书信集的内容作概括的叙述,以及对这些书信所涉及的各个历史时期加以评论。这一点梅林在他的《与左尔格通信集》(《新时代》杂志[104]第 25 年卷第 1 册和第 2 册)一文中已经出色地做到了,出版者大概会把它附在本书后面,或者以俄文单行本形式发行。[105]

在我们所处的革命时代,对俄国社会党人具有特殊价值的东西,乃是战斗的无产阶级从了解马克思和恩格斯将近 30 年(1867—1895 年)的私人交往的活动中应当得出的那些教训。因此,我国社会民主主义的文献最初尝试向读者介绍马克思和恩格斯给左尔格书信的时候,也正是俄国革命中社会民主党的策略方面的"迫切"问题被提出来的时候(普列汉诺夫的《现代生活》杂志[106],孟什维克的《评论》[107]),这是毫不奇怪的。现在我们要请读者注意的,也就是对本书信集中那些从俄国工人政党目前任务来看特别重要的地方所作的评论。

马克思和恩格斯在信中谈得最多的是英美两国和德国工人运动中的迫切问题。这是可以理解的,因为他们是德国人,当时住在英国,而且又是同他们那位住在美国的同志通信。对于法国工人运动的问题,特别是巴黎公社的问题,马克思在给德国社会民主主义者库格曼的信[①]中谈得最多,也最详细。

把马克思和恩格斯有关英美工人运动的言论同有关德国工人运动的言论比较一下,是大有教益的。如果注意到在德国和英美两国,资本主义处于不同的发展阶段以及资产阶级这个阶级在这些国家全部政治生活中的统治形式各不相同这一事实,那么这种比较的意义就更大了。从科学的角度看,我们在这里可以看到唯物主义辩证法的典范,看到善于针对不同的政治经济条件的具体特点把问题的不同重点和不同方面提到首位加以强调的本领。从工人政党实际的政策和策略的角度看,我们在这里可以看到《共产党宣言》的作者针对不同国家的民族工人运动所处的不同阶段给

---

① 见《马克思致库格曼医生书信集》,俄译本由尼·列宁编辑并作序。1907 年圣彼得堡版(序言见本版全集第 14 卷第 373—382 页。——编者注)。

战斗的无产阶级确定任务的典范。

马克思和恩格斯在谈到英美社会主义运动时,特别尖锐地批评它脱离了工人运动。在马克思和恩格斯评论英国"社会民主联盟"[108](Social-Democratic Federation)和美国社会主义者的大量言论中,始终贯穿着的是责备他们把马克思主义变成了教条,变成了"刻板的(starre)正统思想",责备他们把马克思主义看成"教条而不是**行动的指南**"[①],责备他们不善于适应在他们周围发生的、理论上虽然很弱但生命力很旺盛、气势很磅礴的群众性工人运动。恩格斯在1887年1月27日的信里感慨地说:"如果我们在1864—1873年间坚持只和那些公开承认我们纲领的人合作,那我们今天会处于什么境地呢?"[②]在这封信以前的一封信里(1886年12月28日),恩格斯谈到亨利·乔治思想对美国工人阶级的影响问题时写道:

"一二百万工人在下一个11月投票拥护真正的("bona fide")工人政党,在目前来说,要比十万人投票拥护一个在学理上无可挑剔的纲领更有价值得多。"[③]

这是很值得注意的一段话。我们这里有一些社会民主党人急忙引用这段话来为召开"工人代表大会"的主张或建立拉林的"广泛的工人党"一类的主张辩护。我们要问问这些急于"引用"恩格斯的话的人,你们为什么不用这一段话为"左派联盟"辩护呢?这几封被引证的信是在美国工人投票选举亨利·乔治的那个时期写的。威士涅威茨基夫人——一位嫁给俄国人的美国人,翻译过恩格斯的著作——当时请求恩格斯(这可以从恩格斯给她的回信中

---

① 参看《马克思恩格斯文集》第10卷第557页。——编者注
② 同上书,第563页。——编者注
③ 同上书,第561页。——编者注

看出)把亨·乔治狠狠批评一顿。恩格斯回信说(1886年12月28日),这样做的**时机还没有来到**,最好是让工人政党根据不完全纯正的纲领开始形成起来。然后,工人自己就会明白问题在哪里,就会"从本身的错误中学习"。而妨害"工人政党在全国范围内巩固起来(不管根据什么样的纲领)的举动,我都认为是个大错误"①。

至于亨·乔治的思想从**社会主义**观点来看是完全荒谬的**反动的**这一点,恩格斯自然非常清楚,而且不止一次地指出过。在给左尔格的书信中,马克思1881年6月20日的一封信很值得注意,在这封信里,他对亨利·乔治作了评价,说他是**激进资产阶级**的思想家。马克思当时写道:"亨·乔治在理论方面是非常落后的(total arrière)。"②但恩格斯并不怕同这位货真价实的**反动社会主义者**一起去参加选举,只是要有人善于事先向群众说明"他们自己的错误会造成什么后果"(恩格斯1886年11月29日的信)③。

恩格斯在同一封信中谈到当时美国工人的一个组织"劳动骑士"109(Knights of Labor)时说:"'劳动骑士'的最大的弱点〈直译是:腐败的地方,faulste〉就是他们**在政治上的中立态度**……　每一个新参加运动的国家所应采取的第一个步骤,始终是把工人组织成独立的政党,不管怎样组织起来,只要它是一个真正的工人政党就行。"④

显然,这里一点也找不到可以替从社会民主党跳到非党工人代表大会等等主张作辩护的东西。而任何一个不愿意被恩格斯指

---

① 见《马克思恩格斯文集》第10卷第560—561页。——编者注
② 同上书,第461页。——编者注
③ 同上书,第559页。——编者注
④ 同上书,第557—558页。——编者注

责为把马克思主义贬低成"教条"、"正统思想"和"宗派主义"等等的人，则应当从这里认识到有时候必须同激进的"反动社会主义者"一起搞选举运动。

但是最重要的，当然不是谈论美俄两国的这些对比（我们提到这些，只是为了回答论敌），而是要分析英美工人运动的**基本**特点。这些特点就是：无产阶级没有比较重大的全国性的**民主**任务；无产阶级还完全受资产阶级政治的支配；一小撮社会主义者由于宗派主义立场而脱离了无产阶级；社会主义者在选举中丝毫不受工人群众欢迎等等。谁要是忘记了这些基本条件而从"美俄两国的对比"中得出一些广泛的结论，那就暴露出他自己极其肤浅。

恩格斯所以强调在这种条件下要成立工人的经济组织，是因为当时已经非常稳固地建立起来的民主制度向无产阶级提出了纯粹社会主义的任务。

恩格斯所以强调成立一个即令是纲领欠妥的独立工人政党的重要性，是因为当时所说的那两个国家中的工人根本就没有什么政治独立性，他们在政治上过去和现在多半是跟着资产阶级走的。

如果企图把从这种论述中得出的结论应用到如下的国家或历史时期，在这些国家或历史时期中，无产阶级比自由派资产者更早成立了自己的党，无产阶级根本没有投票选举资产阶级政客的传统，直接摆在面前的不是社会主义任务而是资产阶级民主任务，——如果企图这样做，那就是对马克思历史方法的嘲弄。

如果我们把恩格斯对英美两国运动的评论和对德国运动的评论对照一下，读者就会更加明了我们的意思。

对德国运动的评论在本书信集中也很多，并且非常值得注意。所有这些评论贯穿着完全不同的另一种思想：要谨防工人政党中的"右翼",要向社会民主党中的**机会主义**无情地(有时是**猛烈地**,如马克思在 1877—1879 年间所做的那样)开战。

我们先从书信中引证一些论述来证实这一点,然后再来作出评价。

这里首先必须指出卡·马克思对赫希柏格之流的评论。弗·梅林在他的《与左尔格通信集》一文中竭力缓和马克思以及后来恩格斯对机会主义者的抨击,而且做得我们认为有点过分。例如,在谈到赫希柏格之流的时候,梅林固执己见,认为马克思对拉萨尔和拉萨尔派[110]的评价不正确。但是我们再说一遍,这里我们认为重要的,并不是从历史上来评价马克思对于某些社会主义者的抨击是否正确或者是否过分,而是马克思对于整个社会主义运动中某些**派别**所作的**原则性**的评价。

马克思抱怨德国社会民主党人同拉萨尔派和杜林妥协(1877年 10 月 19 日的信),同时也指责"同一帮不成熟的大学生和过分聪明的博士〈德语"博士"是相当于我国"副博士"和"大学优等毕业生"的一种学位〉妥协,这些人想使社会主义有一个'更高的、理想的'转变,就是说,想用关于正义、自由、平等和博爱(fraternité)的女神的现代神话来代替它的唯物主义的基础(这种基础要求人们在运用它以前进行认真的、客观的研究)。《未来》杂志[111]的出版人赫希柏格博士先生是这种倾向的代表,他已经'捐资'入党,——我想他可能怀有'无比高尚的'意图,但是,我对'意图'不感兴趣。世界上很难找到一种比他的《未来》杂志的纲领更糟糕、更'谦逊地自负'的东西了"(第 70 封信)①。

---

① 见《马克思恩格斯文集》第 10 卷第 420 页。——编者注

　　在过了将近两年以后(1879年9月19日)写的另一封信里,马克思驳斥了那种说他和恩格斯支持**约·莫斯特**的谣言,并向左尔格详细说明了他对德国社会民主党中的机会主义者的态度。《未来》杂志是赫希柏格、施拉姆、爱·伯恩施坦三人主办的。马克思和恩格斯**曾经拒绝**参加这种刊物的工作,可是当谈到由同一个赫希柏格参加并提供经费创办一种新的党的机关刊物问题时,马克思和恩格斯首先要求接受他们所指定的主笔希尔施去监督那些"卑鄙无耻的博士和大学生之流以及奸诈恶劣的讲坛社会主义者",然后又直接向倍倍尔、李卜克内西和社会民主党的其他领袖们发出一个通知,警告他们说:如果赫希柏格、施拉姆、伯恩施坦不改变自己的路线,那他们就要公开反对"这种糟蹋〈Verluderung——这个词的意思在德语中**还要厉害些**〉党和理论的行为"。①

　　当时德国社会民主党正处于像梅林在他的《党史》中所说的"混乱的一年"("Ein Jahr der Verwirrung")。在"非常法"**112**颁布以后,党并没有立刻找到正确的道路,最初还迷恋于莫斯特的无政府主义和赫希柏格之流的机会主义。马克思当时在谈到赫希柏格时写道:"这些家伙在理论上一窍不通,在实践上毫不中用,他们想把社会主义(他们是按照大学的处方来炮制社会主义的)变得温和一些,特别是想把社会民主党变得温和一些,把工人开导一下,或者像他们所说的,向工人注入'启蒙因素',可是他们自己只有一些一知半解的糊涂观念。他们首先想提高党在小市民心目中的声望。这不过是些可怜的反革命空谈家。"②

---

① 参看《马克思恩格斯全集》第1版第34卷第388、390页。——编者注
② 同上书,第389页。——编者注

　　马克思所进行的"猛烈的"进攻,使机会主义者退却以至……销声匿迹了。马克思在1879年11月19日的一封信里通知说,赫希柏格已被排除于编辑委员会之外,而党的所有有名望的领袖如倍倍尔、李卜克内西、白拉克等人都已**摒弃**了他的那种思想。① 社会民主党的机关报《社会民主党人报》**113**已经由当时站在党的革命派方面的福尔马尔担任编辑。又过了一年(1880年11月5日),马克思说,他和恩格斯经常同这个《社会民主党人报》的"可悲"(miserabel)的办报方针进行斗争,并且往往斗争得**很激烈**("wobei's oft scharf hergeht")。李卜克内西1880年曾到过马克思那里,他保证**在各方面**都要"加以改进"。②

　　和平恢复了,战争还没有一点迹象。赫希柏格隐退了,伯恩施坦成了革命的社会民主党人……至少是到1895年恩格斯逝世的时候止。

　　1882年6月20日,恩格斯写信给左尔格,说这一斗争已成往事:"德国的情况总体上非常好。虽然党内著作家先生们曾经企图使党发生反动的转变,但是他们遭到了惨重的失败:社会主义的工人在各方面都备受凌虐,这使他们在各方面都变得比三年前更加革命了。……这些人〈党内著作家〉不惜一切代价,力图用温良恭顺、卑躬屈膝的办法,乞求取消反社会党人法,因为这项法令剥夺了他们的稿费收入。一旦这项法令被取消,就有可能发生公开的分裂,菲勒克、赫希柏格……之流就会形成一个单独的右翼;到那时,我们可以根据具体情况同他们进行谈判,直到他们最后彻底垮

----

① 参看《马克思恩格斯全集》第1版第34卷第400页。文中提到的信的日期应为1879年11月14日。——编者注
② 同上书,第449页。——编者注

台。上述意见我们在反社会党人法刚一颁布时就说过了,那时候,赫希柏格和施拉姆在《年鉴》[114]上抛出文章,采用在当时情况下十分卑鄙的方式评论过去党的活动,并要求党采取比较有教养的〈原文是"jebildetes",不是 gebildetes。恩格斯这里是指德国著作家的柏林口音〉、恭谨礼让的、文雅体面的做法。"[①]

1882 年对伯恩施坦派[115]所作的这种预言,在 1898 年以及后来的年代已被光辉地证实了。

从那时起,特别是从马克思逝世以后,可以毫不夸大地说,恩格斯始终不渝地在"过分地矫正"被德国机会主义者所歪曲的路线。

1884 年底。恩格斯斥责了德国社会民主党帝国国会议员投票拥护航运补助金[116]("Dampfersubvention",见梅林的《党史》)时所表现的那种"市侩偏见"。恩格斯写信给左尔格说,他不得不为此写很多信(见 1884 年 12 月 31 日的信)。

1885 年。恩格斯在评述航运补助金案全部经过时写道(6 月 3 日):"事情几乎弄到分裂的地步。"社会民主党议员的"市侩欲望"是"**多么巨大**"。恩格斯说:"小资产阶级的社会主义派别,在德国这样的国家里是不可避免的。"[②]

1887 年。左尔格写信给恩格斯说,党选举菲勒克之类的人(赫希柏格式的社会民主党人)为国会议员,只会使自己丢脸。恩格斯在回信中辩解说,没有别的办法,工人政党无法找到参加国会的理想人选。"右翼的先生们知道,他们之所以被容忍,只是因为有反社会党人法;一旦党重新获得行动自由,他们就会立即被驱逐

---

① 参看《马克思恩格斯全集》第 1 版第 35 卷第 327—328 页。——编者注
② 参看《马克思恩格斯全集》第 1 版第 36 卷第 321 页。——编者注

出去。"并且一般说来,最好是"党比自己的议会英雄们好,而不要
与此相反"(1887年3月3日)。恩格斯抱怨说,李卜克内西是一
个调和分子,他总是用空话来掩盖分歧。但是事情一旦弄到分裂
的地步,在决定关头,他是会同我们站在一起的。①

　　1889年。在巴黎举行了两个国际社会民主党代表大会**117**。
机会主义者(以法国的可能派**118**为首)同革命的社会民主党人分
裂了,恩格斯(他当时已经68岁)像一个少年一样投入战斗。有许
多书信(从1889年1月12日至同年7月20日)都是谈同机会主
义者的斗争的。当时不仅机会主义者受到了抨击,而且李卜克内
西和倍倍尔等德国人也因为他们的调和态度而受到了抨击。

　　恩格斯在1889年1月12日写道:可能派已经卖身投靠政府。
他还揭露了英国"社会民主联盟"(S.D.F.)成员同可能派的联盟。②
"为了这个该死的代表大会,我东奔西走,写许多信,没有功夫做别
的事。"(1889年5月11日)恩格斯气愤地说,可能派奔走张罗,而
我们的人却在睡大觉。现在连奥尔和席佩耳都要求我们去参加可
能派的代表大会。但是这"终于"使李卜克内西睁开了眼睛。③ 恩
格斯和伯恩施坦共同写了反对机会主义者的小册子(由伯恩施坦
署名,但是恩格斯称它们为"我们的小册子")。

　　"除社会民主联盟外,可能派在整个欧洲没有得到一个社会主
义组织的拥护〈1889年6月8日〉。所以他们只得回到非社会主
义的工联方面去。"(请我国崇拜广泛的工人党和工人代表大会等
等的人们注意!)"从美国来参加他们大会的只有一个**劳动骑士**的

---

　　①　参看《马克思恩格斯全集》第1版第36卷第608—609页。——编者注
　　②　参看《马克思恩格斯全集》第1版第37卷第128—129页。——编者注
　　③　同上书,第193页。——编者注

代表。"对手还是在同巴枯宁派作斗争中遇到的那个。"只是无政府主义者的旗帜已经换成了可能派的旗帜:同样是向资产阶级出卖原则,以换取小小的让步,主要是为几个领导人谋取一些肥缺(市参议会、劳动介绍所等等)。"布鲁斯(可能派的领袖)和海德门(同可能派联合起来的社会民主联盟的领袖)正在攻击"权威的马克思主义",企图组成一个"新国际的核心"。

"你简直想象不到德国人幼稚到何等地步。我连向倍倍尔说明问题所在,也花了很大力气。"(1889 年 6 月 8 日)①当两个代表大会已经开过,当革命社会民主党人在数量上超过可能派(可能派当时同**工联主义者**、社会民主联盟以及部分奥地利人等等**联合起来了**)的时候,恩格斯简直高兴极了。(1889 年 7 月 17 日)②他高兴的是李卜克内西等人的调和主义方案和提案都宣告失败了。(1889 年 7 月 20 日)"我们那些多愁善感的调和主义者极力主张友爱和睦,结果遭到屁股上被狠踹一脚的报应。也许这会把他们的病医好一些时候。"③

……梅林说得对(《与左尔格通信集》),马克思和恩格斯不爱讲什么"客气":"他们每次打人从不怎么犹豫,但每次挨打也从不叫苦。"恩格斯有一次写道:"如果他们以为用自己的那些小针头就能刺穿我这苍老、坚韧而又厚实的皮,那他们就错了。"④梅林在谈到马克思和恩格斯时写道:他们希望别人也养成他们那种不为情感所动的性格。

① 参看《马克思恩格斯全集》第 1 版第 37 卷第 222、223 页。——编者注
② 同上书,第 241—243 页。——编者注
③ 同上书,第 245 页。——编者注
④ 同上书,第 57 页。——编者注

1893 年。把"费边派"**119**鞭打了一顿,这是……谴责伯恩施坦派的时候自然要做的事(要知道,伯恩施坦在英国"费边派"那里"培养"他的机会主义不是没有道理的)。"在伦敦这里,费边派是一伙野心家,他们有相当清醒的头脑,懂得社会变革必不可免,但是他们决不肯把这个艰巨的事业交给粗鲁的无产阶级单独去做,所以他们惯于自己出来领导。害怕革命,这就是他们的基本原则。他们是地道的'有教养的人'。他们的社会主义是市政社会主义:生产资料应当归公社所有,而不应当归国家所有,至少在开头应该这样。此外,他们把自己的社会主义描述为资产阶级自由主义的一种极端的、然而是不可避免的结果,因此就产生了他们的策略:不是把自由党人当做敌人同他们进行坚决的斗争,而是推动他们作出社会主义的结论,也就是哄骗他们,'用社会主义渗透自由主义',不是用社会主义候选人去同自由党人相抗衡,而是把他们硬塞给自由党人……也就是用欺骗手段使自由党人接受他们。费边派这样做不是自己被欺骗,被愚弄,就是欺骗社会主义,这当然是他们所不了解的。

费边派除了出版各种各样的恶劣作品外,还尽力出版了一些好的宣传品,这是英国人在这方面所出版的最好的东西。但是他们一谈到他们的特殊策略——抹杀阶级斗争,那就糟糕了。他们之所以疯狂地仇视马克思和我们大家,就是因为阶级斗争问题。

费边派当然有许多资产阶级信徒,所以'也有钱'……"①

---

① 见《马克思恩格斯文集》第 10 卷第 643—644 页。——编者注

对社会民主党内的知识分子
机会主义派的经典评价

　　1894年。农民问题。恩格斯在1894年11月10日写道:"在大陆上,随着各种成果的取得,渴望获得更大成果的心理也在增强,而名副其实的争取农民的活动也就风行起来了。起初,法国人在南特通过拉法格不仅声明说:通过直接干预去加速小农的破产,这不是我们的事情,这一点资本主义会替我们操心;而且还说:必须直接保护小农,使他们不受国库、高利贷者和大地主的剥削。但是这一点我们是不能赞同的,因为第一,这是愚蠢的;第二,这是不可能的。接着,福尔马尔又在法兰克福发表演说,他打算收买**全体农民**,但是他在上巴伐利亚要收买的农民,不是莱茵地区的负债累累的小农,而是剥削男女雇工并大批出卖牲口和粮食的中农甚至大农。除非我们放弃一切原则,否则是不能同意这一点的。"①

　　1894年12月4日:"……巴伐利亚人已经变得非常机会主义了,并且几乎成了鄙俗的人民党(我指的是大多数领袖和许多新入党的人);他们在巴伐利亚邦议会中投票赞成整个预算,特别是福尔马尔还在农民中间进行鼓动,其目的是为了吸引上巴伐利亚那些占有25—80英亩(10—30公顷)土地因而不得不使用雇工的大农,而不是为了吸引那些大农手下的雇农。……"②

　　可见,马克思和恩格斯十多年来始终不渝地在对德国社会民

---

　　① 见《马克思恩格斯文集》第10卷第673—674页。——编者注
　　② 参看《马克思恩格斯全集》第1版第39卷第318页。——编者注

主党内的机会主义作斗争,批评社会主义运动中的知识分子庸俗习气和市侩习气。这是一个极重要的事实。一般人都知道德国社会民主党被看做实行无产阶级马克思主义政策和策略的模范,但是不知道马克思主义创始人怎样经常不断地同该党"右翼"(恩格斯的说法)作斗争。恩格斯逝世不久,这种斗争就从秘密转向公开了,这不是偶然的。这是德国社会民主党数十年历史发展的必然结果。

现在,我们可以十分清楚地看出,在恩格斯(以及马克思)所作的劝告、指示、纠正、威胁和教导中,贯穿着两条路线。对于英美社会主义者,他们总是坚持不懈地号召同工人运动打成一片,铲除自己组织中的狭隘的顽固的宗派主义精神。对于德国社会民主党人,他们总是坚持不懈地教导不要陷入庸俗习气、"议会迷"(马克思在1879年9月19日信里使用的说法)①和市侩知识分子机会主义的泥坑。

我国社会民主党中的长舌妇喋喋不休地谈论前一种劝告,而闭口不谈后一种劝告,这难道不值得玩味吗?在评论马克思和恩格斯书信时所表现的**这种**片面性,难道不是我们俄国某些社会民主党人的……"片面性"的明证吗?

现在,当国际工人运动出现严重动荡和动摇的征兆的时候,当机会主义、"议会迷"和庸俗改良主义的极端表现引起完全相反的革命工团主义的极端表现的时候,马克思和恩格斯"纠正"英美社会主义运动和德国社会主义运动时所采取的总路线就获得了特别重要的意义。

---

①　参看《马克思恩格斯全集》第1版第34卷第391页。——编者注

　　在**根本没有**社会民主工党、**根本没有**社会民主党的代表参加议会、不论在选举中或报刊上都**根本看不到**一贯的坚定的社会民主主义政策的国家里，马克思和恩格斯就教导社会党人**无论如何**要打破狭隘的宗派圈子，**参加到**工人运动**中去**，以便使无产阶级**在政治上振作起来**，因为在19世纪最后三分之一的年代里，无产阶级不论在英国或美国都**几乎**没有表现出**任何政治独立性**。这两个国家的政治舞台——在几乎完全没有资产阶级民主性的历史任务的条件下——**完全**被趾高气扬的资产阶级占据着，被这个在欺骗、腐蚀和收买工人的手腕上举世无双的资产阶级占据着。

　　如果谁认为马克思和恩格斯对英美工人运动的劝告可以简单地直接地应用到俄国来，那他运用马克思主义就不是为了弄清马克思主义的**方法**，不是为了**研究**各特定国家工人运动的具体历史特点，而是为了打知识分子的、派别组织的小算盘。

　　相反，在资产阶级民主革命还没有完成、过去和现在都被"以议会形式粉饰门面的军事专制"（马克思在他的《哥达纲领批判》中使用的说法）①统治着、无产阶级早已参加政治生活并实行社会民主主义政策的国家，马克思和恩格斯最怕的是用议会活动来限制和用庸人观点来缩小工人运动的任务和规模。

　　在俄国资产阶级民主革命时代，我们尤其应当把马克思主义的**这一**方面加以强调，提到首位，因为我国自由派资产阶级广大的、"出色的"、富有的报刊正用各种办法向无产阶级鼓吹邻邦德国工人运动"模范的"忠顺态度和合法的议会活动，鼓吹它如何温文尔雅。

————————

　　①　参看《马克思恩格斯文集》第3卷第446页。——编者注

　　背叛俄国革命的资产阶级分子制造这种别有用心的谎言,并不是出于偶然,也不是由于立宪民主党营垒中某些过去的大臣或未来的大臣品德败坏。他们这样做是出于俄国自由派地主和自由派资产者的根本的经济利益。俄国一切社会党人在同这种谎话、这种"愚化群众"("Massenverdummung"——恩格斯 1886 年 11 月 29 日信中使用的说法)①的行为作斗争中,都应当把马克思和恩格斯的书信当做必不可少的武器。

　　自由派资产者制造的别有用心的谎言,要人民相信德国社会民主党人举止如何"文雅"。德国社会民主党人的领袖、马克思主义理论的创始人则告诉我们说:

　　"法国人的革命言论和行动,使菲勒克分子及其同伙〈即德国社会民主党国会党团中的社会民主党人机会主义分子〉的哀鸣显得更加苍白无力〈这里是指法国众议院里工人政党的形成和德卡泽维尔工人罢工**120**迫使法国激进党人离开法国无产阶级一事〉。在最近关于反社会党人法的辩论中,只有倍倍尔和李卜克内西发了言,他们两人都讲得很好。经过这次辩论,我们又能给高尚正直的人们留下良好的印象了,而过去的辩论并不总能收到这样的效果。特别是在德国人推选这么多庸人参加帝国国会(当然这是难免的)以后,有人出来同他们争夺一下领导权,一般说来是件好事。**德国在平静时期一切都变得庸俗了**。在这种时候,法国竞争的刺激是**绝对必要的**……"(1886 年 4 月 29 日的信)②

　　这就是深受德国社会民主党思想影响的俄国社会民主工党应当好好吸取的教训。

---

①　见《马克思恩格斯文集》第 10 卷第 559 页。——编者注
②　参看《马克思恩格斯全集》第 1 版第 36 卷第 471 页。——编者注

　　给予我们这种教训的,并不是19世纪两位最伟大人物的书信中的个别词句,而是他们对无产阶级国际经验所作的批评的全部精神和全部内容,这种批评是同志式的、坦率的,绝无外交辞令,决不使用心计。

　　至于这种精神在马克思和恩格斯的全部书信中究竟贯穿到什么程度,还可以从下面一些虽属较为局部性的但是极能说明问题的言论中看出来。**121**

　　1889年,英国开始了由没有受过训练的不熟练的普通工人(煤气工人、码头工人等)进行的年轻的、生气勃勃的、充满新的革命精神的运动。恩格斯对这件事特别高兴。马克思的女儿"杜西"(Tussy)当时在这些工人中间进行鼓动工作,恩格斯对她极为夸奖。1889年12月7日他从伦敦写信说:"这里最可恶的,就是那种已经深入工人肺腑的资产阶级式的'体面'。社会分成大家公认的许多等级,其中每一个等级都有自己的自尊心,但同时还有一种生来就对比自己'更好'、'更高'的等级表示尊敬的心理;这种东西已经存在得这样久和这样根深蒂固,使得资产者要搞欺骗还相当容易。例如,我决不相信,在约翰·白恩士(Burns)心中,他在本阶级中享有的声望会比他在曼宁红衣主教、市长和一般资产者那里的声望更使他感到自豪。秦平(Champion)(退伍的中尉)历来同资产阶级分子、主要是保守派分子串通一气,却在教会的教士会议上鼓吹社会主义等等。甚至连我认为是他们中间最优秀的人物汤姆·曼(Mann)也喜欢谈他将同市长大人共进早餐。只要把他们同法国人比较一下,就会发现革命有什么好处。"①

---

　　① 见《马克思恩格斯文集》第10卷第576—577页。——编者注

这段话是用不着解释的。

再举一个例子。1891年,欧洲出现了战争危险。恩格斯当时常常同倍倍尔通信讨论这件事,他们一致认为,如果德国受到俄国侵犯,德国社会党人就要同俄国人及其同盟者进行殊死的战斗,不管这些同盟者是谁。"德国如被扼杀,我们也会和它一起同归于尽。如果发生最有利的情况,斗争变得异常激烈,以至德国只有采取革命的手段才能站住脚,那样一来我们就很可能不得不掌握政权,演一次1793年。"(1891年10月24日)①

请那些向全世界大喊大叫,说俄国工人政党在1905年所设想的"雅各宾式的"远景不合社会民主主义原则的机会主义者们听听吧!恩格斯直截了当地向倍倍尔指出,社会民主党人有可能不得不参加临时政府。

马克思和恩格斯既然对社会民主工党的任务有这样的看法,他们对俄国革命及其伟大的世界意义充满了极其乐观的信心,就是十分自然的了。从这本书信集中,可以看出他们将近二十年来始终这样热情地期待着俄国的革命。

拿马克思1877年9月27日的一封信来看。东方的危机[122]使马克思非常高兴。"俄国早已站在变革的门槛前面,为此所必需的一切因素都已成熟了。由于土耳其好汉……打击了……　这就将变革的爆发提前了许多年。按照一般规则("secundum artem"),变革将从**立宪的把戏**开始,接着就会有一场惊人的剧变(il y aura un beau tapage)。要是大自然母亲不特别苛待我们,我们该能活到这个胜利的日子吧。"②(马克思当时59岁)

---

①　参看《马克思恩格斯全集》第1版第38卷第181页。——编者注
②　参看《马克思恩格斯全集》第1版第34卷第275页。——编者注

大自然母亲没有让而且看来也不可能让马克思活到"这个胜利的日子"。但是"立宪的把戏"被他**说中了**,他的话就像是昨天针对俄国第一、二两届杜马说的。要知道,告诫人民防止"立宪的把戏",正是自由派和机会主义者非常痛恨的那个抵制策略的"灵魂"……

再看看马克思 1880 年 11 月 5 日的一封信。由于《资本论》在俄国大受欢迎[123],他感到十分高兴,并站在民意党人一边反对当时刚刚产生的土地平分派[124]。马克思准确地看出了土地平分派观点中的无政府主义成分(他当时不知道而且也不可能知道民粹派-土地平分派后来会变成社会民主党人),并且用尖刻的讥讽词句猛烈地抨击了土地平分派:

"这些先生反对一切政治革命行动。按照他们的主张,俄国应当一个筋斗就翻进无政府主义、共产主义、无神论的千年王国中去。他们现在就用令人讨厌的学理主义为翻这种筋斗作准备,而这种学理主义的所谓原则,是由已故的巴枯宁首创而流行起来的。"①

由此可以想见,马克思会怎样估计社会民主党的"政治革命行动"对于 1905 年和以后年代的俄国的重要意义了②。

再看看恩格斯 1887 年 4 月 6 日的一封信。"而俄国看来会发生危机。最近的几次谋刺[126]使一切都陷入混乱……"③1887 年 4

---

① 参看《马克思恩格斯全集》第 1 版第 34 卷第 453 页。——编者注
② 顺便谈一下,我记得是普列汉诺夫还是维·伊·查苏利奇 1900—1903 年期间对我说过,恩格斯曾给普列汉诺夫写过一封信,谈到了《我们的意见分歧》和俄国当前革命的性质。我们很想知道是否确实有过这样一封信,它是否还保存着,现在是否应该把它公布出来。[125]
③ 参看《马克思恩格斯全集》第 1 版第 36 卷第 622—623 页。——编者注

月9日的信上也这样说:"军队中尽是心怀不满和搞密谋活动的军官〈恩格斯当时对民意党人的革命斗争印象很深,他把希望寄托在军官身上,还看不到俄国士兵和水兵在18年后极其光辉地表现出来的革命性〉。……我认为这种局面不会拖到年底…… 如果人们在俄国动手干起来("losgeht"),那就太好了!"①

1887年4月23日的一封信说:"在德国,一个迫害接着一个迫害〈迫害社会党人〉。看样子,俾斯麦似乎要将一切都准备停当,以便在俄国爆发革命时(现在看来,这也许只是几个月内的事),人们在德国也会立即揭竿而起("losgeschlagen werden")。"②

事实证明,这几个月很长很长。毫无疑问,肯定会有一些庸人要皱眉蹙额,严厉指责恩格斯的"革命主义",或者取宽容态度,对这位亡命国外的老革命家的陈旧的空想一笑置之。

是的,马克思和恩格斯在估计革命时机很快到来这一点上,在希望革命(例如1848年的德国革命)获得胜利这一点上,在相信德意志"共和国"很快成立这一点上("为共和国捐躯",——恩格斯回忆他1848—1849年期间参加维护帝国宪法的运动的情绪时这样称呼那个时代**127**),有很多错误,常常犯错误。他们在1871年也犯了错误——当时他们一心一意想"把法国南部发动起来,他们〈贝克尔写的是"我们",这是指他自己和他的亲密朋友,见1871年7月21日的第14封信〉为此而牺牲了一个人所能牺牲的一切,冒了一个人所能冒的一切危险……" 在同一封信里还说:"如果我们能在三四月间多筹集一些钱,我们也许就能把整个法国南部发动起来,使巴黎公社得到挽救。"(第29页)但是两位伟大的革命思想

---

① 参看《马克思恩格斯全集》第1版第36卷第624—625页。——编者注
② 同上书,第629页。——编者注

家在努力提高(并且确实提高了)全世界无产阶级的水平,使他
们摆脱日常的琐碎的任务时所犯的**这种**错误,同官气十足的自
由派在宣扬、喊叫和诉说他们的谬论(说革命是无谓忙碌,革命
斗争是徒劳,反革命的"立宪"幻想妙不可言)时所表现的平庸智
慧比较起来,要千倍地高尚,千倍地伟大,千倍地**有历史价值**,千
倍地**正确**……

俄国工人阶级一定能用他们充满错误的革命行动来争得自
由,推动欧洲前进。让那些在革命方面没有行动的庸人以没有错
误而自夸吧。

尼·列宁

1907 年 4 月 6 日

载于 1907 年圣彼得堡出版的《约·
菲·贝克尔、约·狄慈根、弗·恩格
斯、卡·马克思等致弗·阿·左尔
格等书信集》一书

译自《列宁全集》俄文第 5 版
第 15 卷第 229—249 页

杜马和俄国自由派

4 月 10 日于圣彼得堡

俄国所谓的"社会人士"情绪十分消沉、惊恐、慌张。星期日（4月 8 日）《同志报》刊登的费·马洛韦尔先生（他的这个笔名取得非常恰当①）的文章所以大有教益，有代表性，正是因为它确切地反映了这种情绪。

马洛韦尔先生文章的题目叫做《杜马和社会人士》。所谓社会人士，按俄语词的旧的用法，在这里是指一小撮自由派官吏、资产阶级知识分子、闲得发愁的食利者，以及其他一些自命为民族精华、以"知识分子"的美名自傲、炮制着"社会舆论"、架子十足、自命不凡、饱食终日的人。

马洛韦尔先生认为，"左派报刊最近对杜马口诛笔伐是极端冒险的举动"。这就是他的文章的中心思想。马洛韦尔先生提出的论据就是他所说的社会人士的情绪。据他说，社会人士已经厌倦了，他们"回避"政治，对种种丑恶现象不表示抗议，只是到图书馆看书，到书店买"轻松的"小说。"周围都是松松垮垮……""只有全国重新振作起来，杜马才能振作起来"。"当然，杜马如果要英勇殉难，目前随时都能做到，但是根据传闻，这仅仅有利于并非有意要取代它的继承者。而人民除了新选举法还能得到什么好处呢？"

---

① 俄语"马洛韦尔"意为丧失信心的人。——编者注

我们所以引这些话,是因为它们是大多数俄国自由派和所有自由主义后院中的知识分子的**典型写照**。

请注意,在最后一句话里没有说"社会人士",而突然冒出个"人民"! 马洛韦尔先生掩耳盗铃(所有丧失信心的知识分子一向都是这样),捏造了一套论据,硬说声名狼藉的"社会人士"真正决定着"外来的支持"或**群众的**态度。但是不管捏造得多么巧妙,仍然露出了马脚:不得不舍弃"社会人士"而求助"人民"。与街道严密隔绝而保护起来的、闷人的、发霉的"社会人士"书斋一旦把通向"街道"的房门打开一点,里面积下的灰尘便滚滚而出。以"有知识"、"有教养"自命的干鱼[128]的诡辩术也就大白于天下了。

命题:**左派**对杜马口诛笔伐是冒险的举动。

证明:**社会人士**已经厌倦,回避政治,只愿看轻松的小说。

结论:杜马英勇殉难并不能使**人民**得到任何好处。

政治口号:"看来现在谁都不会怀疑,在最近的将来,政治斗争所争取的目标只能是巩固和扩大杜马的权利,因为它是暂时还由人民〈!〉掌握的同政府进行斗争的唯一〈!〉工具。"

这就是那些披着怀疑一切和与世无争的清高外衣的反革命伪君子的无与伦比的逻辑!

命题:我们"社会人士"坐在污泥里。你们左派想清除污泥吗? 别碰! 污泥并不妨事。

证明:我们对于打扫污泥的多次尝试(不是我们作的尝试)已经厌倦,我们对打扫污泥没有兴致。

结论:碰这堆污泥是冒险的举动。

马洛韦尔之流先生们的推论具有重大的意义,因为,再说一遍,这种推论确切地反映了归根到底是由于俄国革命中的阶级斗争而产生的情绪。资产阶级厌倦了，他们喜欢看"轻松的"小说，——这种现象不是偶然的，而是必然的。居民的党派划分——这是革命运动在第二届杜马选举时所获得的一个极为重要的教训和极为重要的政治成果——已经通过全国性的事实清楚地表明地主资产阶级的广大阶层向右转了。而"社会人士"和"知识分子"不过是这一万个上层分子的渺小的、可怜的、卑怯的仆从而已。

大部分资产阶级知识分子都同这些回避政治的人物相依为命，赖以为生。只有少数知识分子加入工人政党的宣传员小组，他们都切身体会到人民群众**"如饥似渴"**地需要政治书报和社会主义知识。当然，这些知识分子即使没有英勇殉难，也是过着一种英勇的苦役般的生活，在党的队伍里做一名待遇菲薄、食不果腹、终日劳累不堪、紧张得要命的"小兵"。**这样的**知识分子所得的报偿就是：他们跳出了"社会人士"的臭粪堆，**他们的**宣传对象根本不会对社会政治问题抱冷淡态度。要知道，那种给自己找不到对这些问题不抱冷淡态度的宣传对象的"知识分子"之像"民主派"和正面意义上的知识分子，就如同为了金钱而把自己卖给合法丈夫的女人之像钟情的妻子一样。无论前者或后者，都不过是冠冕堂皇和完全合法的卖身的不同形式而已。

左派政党要真正成为左派并无愧于左派的称号，它们所代表和所反映的就必须是下层人民——无产阶级和一部分城乡小资产阶级的利益和心理状态，而**不是**"社会人士"、**不是**一小撮形形色色怨天尤人的知识分子坏蛋的利益和心理状态。左派政党是这样的政党：它们的宣传对象对于社会政治问题**从来**不抱冷淡态度，就像饥饿的人对于一块面包的问题从来不抱冷淡态度一样。这些左派政党"对杜马的口诛笔伐"，是下层人民的某种倾向的反映，是群众对于那些(该怎么说呢?)自命不凡、钟爱自己周围的臭粪堆的纳尔苏修斯[129]所表示的某种愤怒的回声。

作为这些纳尔苏修斯中间的一个的费·马洛韦尔先生写道:"人民群众的心理状态怎样,在当前时期是一个绝对的未知数,谁也不能担保,群众对解散第二届杜马的反应会跟解散第一届杜马的时候有什么不同。"

说这种话的人的心理状态,同资产阶级社会中有一种"正派妇女"的心理状态有什么不同呢? 这种"正派妇女"说:"谁也不能担保我不会出于爱情去同为我出价最高的人结婚。"

可是,太太,您本身的感情就一点也不能给任何人作担保吗? 马洛韦尔之流先生们,你们没有感到自己是"人民群众"的一分子,没有感到自己是参加者(不只是旁观者),没有意识到自己是普遍情绪的体现者之一,是促进者之一吗?

资产阶级"不能担保"无产阶级能从失败走向胜利。而无产阶级**可以担保**资产阶级在人民争取自由的斗争无论失败还是胜利的情况下都会同样卑鄙无耻。

那些喜欢动摇喜欢犹豫的社会民主党人最好通过马洛韦尔之流先生们的实例学习学习,以便认清,不仅把社会民主党对自由派采取的态度说成"片面的敌对的"态度,而且把革命说成"全民族的"革命(以马洛韦尔之流为领导!?),今天都是极其**反动**的。

载于1907年4月10日《我们的回声报》第14号

译自《列宁全集》俄文第5版第15卷第250—253页

孟什维克的策略纲领

（1907年4月15日〔28日〕以前）

《策略纲领（由马尔托夫、唐恩、斯塔罗韦尔、马尔丁诺夫等人在一批孟什维克实际工作者参加下拟定，**准备提交本次代表大会**）》印成单页发表了。

这个纲领与《俄国生活报》第47号上登载的、由同一些孟什维主义领袖拟定的关于国家杜马的决议案是什么关系，现在还不清楚。在我们所说的这个单页里，根本没有提到是否打算以决议草案的形式来比较详细地探讨这里所阐述的策略观点，并具体说明将探讨哪些问题，等等。对这种不明确的态度，我们不能不感到遗憾，因为《策略纲领》本身在一些提法上极其含糊，很不明确。为了说明这一点，我们把纲领中最后三项阐明"社会民主党在最近时期的迫切任务"的条文全部引出来。现在先从第3条谈起：

"……（3）要在工人群众保卫自己这个雇佣工人阶级的利益的基础上，开展工人群众政治方面和组织方面的独立活动。党的小组要在满足无产阶级在职业、政治和文化方面的当前要求的基础上，在努力保持和扩大无产阶级广大阶层从旧制度方面争得的让步的基础上，帮助无产阶级广大阶层开展组织建设工作。"

还能想象得出比这更含混、模糊和空洞的东西吗？这是提交1907年代表大会的"策略纲领"呢，还是一般地论述工人阶级任务的通俗文章的摘要？

　　大家知道,已经提到代表大会议程上的有工会问题,工人代表大会问题,全权代表苏维埃问题,——这些都是目前时期即工人运动发展的当前阶段的具体问题。而他们却用"独立活动"这种老生常谈和空话来款待我们,好像是存心要**隐瞒自己**对于实际生活提出的和党所提出的问题的**看法**! 同志们,这不是纲领,而是**官样文章**。在有些问题例如工人代表大会这样的问题上,已经写出了一大批党的文献(从党的正式机关报《社会民主党人报》[130]上的文章起,到许多小册子止)。写这个纲领,就应当从实质上回答问题,而不应当回避问题。

　　　"……(2)进行坚决的思想斗争来反对一切想限制无产阶级阶级独立性的尝试,反对向无产阶级灌输反动的市侩幻想,反对一切会导致以无政府主义的恐怖手段和阴谋家的冒险活动来代替有组织的阶级斗争的倾向。"

　　真是声色俱厉。看来,起草人想"发泄一通"。当然,这是他们的权利,而我们也不是那种对激烈论战喜欢抱怨的人。你们愿意怎样激烈都可以,只是要把你们的意图讲明白。可是你们的第2条讲得一点也不明确。可以猜想,它是"瞄准"布尔什维克的,但由于提法含糊而**没有打中**目标。所有的布尔什维克当然都会举双手赞成谴责**无政府主义的**恐怖手段、"阴谋家的冒险活动"、"反动的市侩幻想"和"限制阶级独立性的尝试"。

　　我们给孟什维克同志们出个好主意。如果你们想和布尔什维克进行激烈论战,狠狠地"刺"他们,就要把决议案写得让我们**无法接受**。应当把所有的问题都**摆出来**,而不要给早就提出的问题蒙上一层新的面纱! 看看我们是怎样做的吧:我们的关于非党政治组织的决议草案**直截了当地**指出,我们反对阿克雪里罗得的**哪些哪些**思想,反对在某些党员的某些著作里反映出来的**某种某种**思潮。人们可以任意指责我们这个决议草案，但是要说我们意思含混或回避争论的**实质**恐怕是办不到的。

"……(1)要通过组织无产阶级群众有计划地干预政治生活的各个方面，来激发他们政治上的主动性。

社会民主党在执行这一任务时，一方面号召无产阶级支持所有的进步阶级联合起来同反动派作斗争，同时又反对同非无产阶级的阶级的任何一个部分实行任何永久的联合，每当这些阶级的各个派别发生意见分歧的时候，都要支持符合于社会发展利益的行动。社会民主党要对自由派资产阶级的反革命意图和小市民土地社会主义的空想的反动的偏见同样地进行革命的批判。"

我们故意把这一条放在最后，因为只有这一条比较有内容，就是说，它**触及**孟什维克和布尔什维克的不同策略的原则基础。但仍然只是"触及"，仍然是水分太多而具体材料太少！头两句是老生常谈，在1894—1895年的报刊上这样谈是很自然的事，但是在1907年这样谈就很不恰当了。而且它们在措辞上颇欠斟酌，例如，社会民主党反对和其他各个阶级进行任何"联合"，决不仅仅是反对"永久的联合"。

只有第三句才涉及到策略的基础。只有在这里，面纱才稍微撩起了一些，使人能看到我们时代的一些具体现象的轮廓。

在这里，与社会民主党对立的是：(1)自由派资产阶级的反革命**意图**；(2)小市民土地社会主义的空想的反动的**偏见**。向党提出的指示是对两者**同样地**进行批判。

我们来分析一下与党对立的这两个部分以及这种指示的意义。

同志们所说的"**自由派**资产阶级的反革命意图"指的是什么，这一点不大清楚。笼统地说自由派资产阶级而不作进一步说明，这在 1897 年是可以的,但在 1907 年就绝对不行了。孟什维克同志们真是落后得惊人啊!俄国现在的各种**政党**在第一届杜马内,部分地已经在第二届杜马内显了身手。如果到现在还**没有注意到**俄国这些已经完全形成的政党,那还算得上什么"策略纲领"呢?

很难设想自由派资产阶级是指十月党。显然,同志们是指**立宪民主党**类型的政党(民主改革党,也许还有和平革新党,都是同一类型的政党)。"意图"一词也使人这样看,因为我们看到,十月党不只是意图是反革命的,而是全部政策都已经是反革命的了。

可见,这里是指立宪民主党的**反革命"意图"**,也就是说,是指立宪民主党**已经开始**执行**反革命**性质的**具体**政策了。

这个事实无疑是确实的。公开而明确地承认这个事实无疑会使俄国社会民主党内目前互相敌对的派别接近起来。必须对这种意图进行"革命的批判",这也是毫无疑问的。

其次,纲领把反动的"小市民土地社会主义的**偏见**"同自由派的反动**意图**相提并论。

我们不能理解,怎么能把**阶级**(自由派资产阶级)同**学说**(社会主义)、把**具体政策**(意图)同**观点**(偏见)加以比较和对照呢??这是非常不合逻辑的。要在**策略纲领**里能自圆其说,就必须这样做:(1)把一个阶级同另一个阶级加以对比,例如把自由派资产阶级同民主派(或反动的?)农民加以对比;(2)把一种政策同另一种政策加以对比,例如把反革命政策同革命政策加以对比;(3)把一些学说、观点和偏见同另一些学说、观点和偏见加以对比。这个问题非常明显,非常简单,因此使人不禁要问:孟什维克说得这样不合逻辑是偶然的吗？逻辑上的不明确是不是反映了政治思想上的不明确呢？

　　社会革命党、劳动派、人民社会党的"社会主义"充满了空想的反动的偏见，这是毫无疑问的。在评价这些政党的时候，当然应该指出这一点，就像布尔什维克在他们提交第四次和第五次代表大会的决议草案里所做的那样。孟什维克在不合逻辑的语句中重复这种毫无疑问的看法，显然是随便抓住一条理由来为自己支持立宪民主党的**政策**辩护。事实上，在这个纲领里他们已经不能不为这种政策举出理由加以辩护了。现在孟什维克已经**触及**俄国资产阶级革命中自由派资产阶级和农民的对比了。这当然是一大进步。在已经有了第一届杜马的经验和第二届杜马的部分经验以后，已经不可能单单用"黑帮危险"这种臭名昭著的谎言来替自己同立宪民主党订立选举协议、投票选举立宪民主党人当主席、支持立宪民主党的口号等等行为作辩护了。他们**不得不**提出布尔什维克早在《**两种策略**》(1905年7月)①这本小册子里就已提出的一个原则问题，即自由派资产阶级和农民对俄国革命的态度问题。现在孟什维克实际上是怎样说明这个问题的呢？

　　"在俄国，城市资产阶级民主派不掌管整个国民经济，因此不能独立地发挥革命主动性，像在以前几个世纪的资产阶级革命中那样；而构成生产者大多数的农民还刚刚开始摆脱资产阶级以前那种生产的经济条件和社会条件，因此更不能起独立领导革命的作用。"

　　这是用**经济分析**来论证孟什维克对自由派和对农民的政策的**唯一的**尝试！"农民比城市资产阶级民主派**更不能**……"——所谓"更不能"，就包含着**为**支持立宪民主党人的政策**辩护**的意思。

---

　　① 见本版全集第11卷第1—124页。——编者注

为什么说"更不能"呢？因为农民"还刚刚开始摆脱资产阶级以前那种生产的经济条件和社会条件"。这种理由显然不能令人满意。如果说农民"刚刚开始摆脱"，那么阻碍它摆脱的是"**直接沉重地压迫着农民的农奴制残余**"。我们党的土地纲领的头一句话就是这样说的。由于农奴制残余直接沉重地压迫着农民，在农民中间必然地不可避免地会发生比在自由派资产阶级中间**更加深刻**、广泛、猛烈的反对现存制度的革命运动。这里根本谈不上自由派资产者或农民是否能起**领导**革命的作用①；至于自由派和农民谁更能"独立地发挥革命主动性"，或者确切些说，作为独立的参加者来**进一步发展**革命这个问题，孟什维克的估计也是**完全错误**的。

孟什维克对农民的政治作用的看法，正好与**全党**（布尔什维克和孟什维克都包括在内）一致同意的、我们的土地纲领的基本论点相抵触。

第一，我们已经指出，"农奴制残余直接沉重地压迫着农民"。因此，在俄国目前的资产阶级民主革命中，农民**不能不**比自由派资产阶级更具有革命性，因为革命运动的力量的大小、生命力的强弱、持久和剧烈的程度都是以已经过时的旧制度的压迫的轻重为转移的。

---

① 总的说来，我们对孟什维克在自己的纲领中**提出**了无产阶级在革命中起**领导**作用的问题表示热烈欢迎。最好能在代表大会上讨论这个问题并通过决议。孟什维克论证农民不能起领导作用的理由是不充分的。问题不在于农民"刚刚开始摆脱"农奴制，而在于**小生产**（在农业和工业中）的基本条件迫使小生产者**动摇不定**：是维护"旧制度"和"私有制"呢，还是反对旧制度。至于自由派资产阶级，孟什维克同样忽略了它不可靠的主要原因，即布尔什维克的决议案中所说的：害怕无产阶级，必然要依靠旧制度的政权工具来保护自己"不受无产阶级的侵犯"。

第二,在我们的土地纲领里,我们要求"没收私有土地"。我们根本不要求自由派资产者提出这类非常激进的**经济**措施,甚至与此稍微近似的措施。为什么呢? 因为不存在能激起自由派资产阶级为**没收**很大一部分被旧制度视为"合法的"私有财产而斗争的客观条件。而在农民中间,我们大家都**认为**存在着这种客观条件,因为马克思主义者要求没收,并不是由于偏爱极端革命的措施,而是由于认识到农民群众处于极端困苦的境地。农民的极其强烈的资产阶级民主革命性,就是从我们土地纲领所承认的这种前提中必然产生出来的。

第三,我们的土地纲领谈到"支持农民的革命行动,直到没收地主土地"。这里公开承认必须对农民的直接革命斗争、对席卷国内广大地区和很大一部分居民的群众性"行动"持肯定态度。**城市资产阶级**根本不会有这样的**革命行动**,不仅"自由派"资产阶级即中等资产阶级和一部分大资产阶级不会有,而且民主派小资产阶级也不会有。社会民主工党从来没有答应而且也不可能答应给城市资产阶级的任何"没收"方案以任何"支持"。由此可以看出,孟什维克所谓"城市"资产阶级"进步"而"农村"资产阶级"落后"这种常见的论断(在这个纲领里也**暗示了**这种看法)是多么的**错误**。他们所以作出这种论断,是由于他们不理解我们整个纲领在同农奴制残余作斗争(这种斗争是俄国资产阶级革命的经济内容)的问题上的基本思想。

第四,俄国一年来的政治事件,特别是第一届杜马和选举第二届杜马,清楚地表明,农民尽管十分落后、十分涣散等等,却能**一下子**促成比自由派资产阶级政党(包括立宪民主党在内)无疑**更具民主精神**的**政治党派**(如"劳动团"等)的形成。只要把立宪民主党的土地法案和"104人"法案比较一下，或者把立宪民主党和劳动派对集会自由和地方土地委员会的组成问题所抱的态度比较一下，或者把立宪民主党以空洞的立宪词句来安慰人民和平息革命运动的刊物同劳动派以民主主义精神促使城乡小资产阶级**更多的阶层革命化**的刊物（如《农民代表消息报》131等）比较一下，就足以说明这一点了。

总之，不管从哪一方面来看，都不能不承认，孟什维克在把自由派和劳动派加以对比时所作的估计是**根本错误**的。

这种错误的根源是他们不理解俄国农业中发生的资产阶级变革。这种变革只能采取两种形式：或者是稍微去掉一点地主土地占有制中的农奴制特征，减轻一点对雇农的奴役，这样来保存地主土地占有制；或者是没收地主的地产，把土地转交给农民（例如采取国有化、分配、"地方公有"等等形式）①，这样来消灭地主土地占有制。

俄国农业中的资产阶级变革是绝对不可避免的。即使在第二种情况下，这种变革也仍然是资产阶级的变革（与民粹派的学说相反）。但是变革究竟采取第一种形式还是采取第二种形式，要看民主革命是取得胜利还是半途而废，要看决定革命进程和结局的是农民群众还是自由派地主和厂主。

斯托雷平也好，自由派（立宪民主党）也好，他们实行资产阶级变革都是为了保存地主土地占有制。斯托雷平采取了最粗暴的亚

---

① 我要特别请读者注意一点，就是我故意不涉及社会民主党土地纲领中引起争论的问题（分配、国有化、地方公有），而只提到这样一个论点，这个论点不仅从形式上说是党代表大会通过的，而且从实质上说没有在社会民主党内引起争论或派别之分。

细亚的形式,这种形式会在农村挑起斗争并加剧革命。自由派害怕这种情况,不愿意冒失掉一切的危险而主张让步,但这种让步仍然会**保存**地主土地占有制,——只要回忆一下赎买以及(这是最主要的)地方土地委员会如何组成就足以了解这一点了! 在地方土地委员会中,地主代表和农民代表人数**均等**,并由**政府代表**担任主席,这样组成地方土地委员会就是让地主保持**优势**。赎买则是加强农民资产阶级实力和奴役农民无产阶级的一种办法。斯托雷平和立宪民主党的土地改革的这种根本的**经济上的**一致性,正是孟什维克所不理解的。

斯托雷平和立宪民主党在让步的**规模**和实行改革的方式(粗暴地还是巧妙些)上有分歧。但是,斯托雷平也好,立宪民主党也好,都主张**改良**,也就是说,都主张用**向农民让步**的办法来保持地主的**优势**。

无产阶级和农民则主张**革命**,主张不仅**消灭**地主的优势,而且**消灭整个**地主土地占有制。

斯托雷平说,我们可以用地主的一点点让步来终止革命。

自由派(包括立宪民主党)说,我们只有用地主的较大的让步才能终止革命。

农民和工人说,我们要消灭地主土地占有制,从而把革命进行到底。

否定几种土地纲领的这种对比,就是否定我们自己的土地纲领,否定纲领里所说的"没收私有土地"、"支持农民的革命行动,直到没收地主土地"。

承认这种对比,就是承认社会民主党的策略路线,即无产阶级应当引导民主派农民去反对专制制度和自由派。

　　因此，孟什维克在自己的全部策略上发生动摇并不是偶然的；只要他们还承认这个土地纲领，他们就不可避免地注定要动摇。他们中间的某些人一心想以"转让"来代替纲领中的"没收"一词，从而**十分彻底地**表明了下一步还会搞机会主义，因为他们感到**必须**使他们那种支持立宪民主党的政策同立宪民主党的土地纲领提法一致起来。

　　但是他们还没有这样做。一些有威望的孟什维主义领袖甚至还不敢公开地、直接地预先提出这个建议。因此他们在政治上动摇就不可避免了。

　　他们要实行支持立宪民主党的政策，同时又不敢公开讲明！无论是支持"杜马组阁"的要求，或者以根本不存在的黑帮危险为借口同立宪民主党结成联盟，或者是投票赞成立宪民主党人当杜马主席，这一切都不过是支持立宪民主党的政策、使无产阶级接受自由派领导权的政策的具体表现。

　　但是孟什维克不敢公开维护这种政策。由于他们采取这种口是心非的态度，他们就不由自主地去"臆造"一些假理由，说什么在选举中存在着"黑帮危险"，说什么"杜马组阁"不是为黑帮奸党同立宪民主党勾结打掩护的骗人的半截子改革，说什么自己的60—70票如果不投戈洛文（赞成他的有356票，反对他的有102票），就有使立宪民主党遭到失败的"危险"，如此等等。

　　这种口是心非的态度迫使他们去**美化**立宪民主党。他们避免**直接**说明这个党的阶级成分和它的阶级**支柱**。他们在代表大会上避而不对俄国各资产阶级政党作出评价。他们不说"自由派资产阶级"，而说"城市资产阶级民主派"。

　　他们用一种初看起来很有道理的论据来为他们对立宪民主党

所作的这种**根本错误的评语**①辩解,说什么选举的统计材料表明正是大城市选出的立宪民主党复选人最多。这种论据是站不住脚的:第一,在第二届杜马的选举中,**根据《言语报》的材料,**在 22 个有左派联盟的大城市中,立宪民主党获得了 74 000 票,而左派获得了 41 000 票。这就是说,尽管左派在进行合法宣传方面力量非常薄弱(根本没有日报,根本没有公开的办事机构等),劳动派和社会民主党还是一下子就从立宪民主党那里夺得了三分之一以上的选票! 因此,立宪民主党代表的是城市资产阶级的**上层,**也就是自由派资产阶级,而根本不是城市"**民主派**"。第二,在所有的国家里,自由派资产阶级虽然长期领导人数众多的城乡小资产阶级下层分子,但是并没有因此而成为**民主派**政党,**群众**的党。社会党人和自由派争夺对广大的城市小资产阶级贫民的**民主主义**领导权的斗争是一个长期而艰巨的斗争。一开始就宣布立宪民主党是"城市民主派"就等于**放弃**这种斗争,放弃**无产阶级**的事业而把它交给自由派。第三,否认自由派**地主**仍然是立宪民主党的**阶级支柱**之一,就等于无视那些人所共知的政治事实和经济事实,无视立宪民主党杜马党团的成分,特别是无视资产阶级知识分子、律师等同地主的紧密联系以及前者对后者的依赖。立宪民主党的土地政策**就是**自由派地主的政策。自由派在地主中间愈是占少数,立宪民主党的土地政策就会愈快地变成软弱无力的资产阶级知识分子实现"社会和平"的善良愿望。立宪民主党并不会因为继续

---

① 我们所分析的这个纲领**没有**直接指出立宪民主党是城市资产阶级民主派的政党,但是整个纲领和全部结论的意思就是这样的。孟什维克报刊也是这样"解释"的。纲领讲得吞吞吐吐,不过是反复提醒我们,向代表大会提出关于各个资产阶级政党的阶级内容问题和我们对这些政党的态度问题确实大有必要。不这样做,就不可能制定坚定的策略。

幻想使十月党人地主和劳动派农民和解并订立亲善协定①而具有
"民主精神"。

　　　　　　　*　　　　　*　　　　　*

　　在说明自由派资产阶级和农民的相互关系时的根本错误像一
根红线一样贯穿着孟什维克的整个"策略纲领"。他们在下面这段
话里再次表达了这种错误思想：

　　"无产阶级处于完全依靠自己的境地,得不到城市民主派的充分支持
〈!!〉,便转而〈在10—12月这个时期以后〉贬低城市民主派在当前革命中应
起的进步作用,并相应地对它采取了片面的敌对的态度⋯⋯ 无产阶级由于
不正确地理解城市资产阶级的历史作用,开始把自己对革命所抱的全部希望
片面地寄托在正在登上历史舞台的农民的运动上。"

　　这一段妙论应当载入史册,作为一部分俄国社会民主党人在
1907年"忘记自我"的写照。

　　这简直就是社会民主党人在自由派面前发表的一整篇地地道
道的忏悔词! 真是难以设想:在第二届杜马时期,在黑帮和杜马左
派的政治对立已经明显地尖锐化的时候,在革命危机已是客观存
在、谁也不敢否认它已成熟的时候,在实力削弱了的自由主义"中
间派"(立宪民主党)显然已向右转的时候,在自由派在选举中遭到

---

　　① 大家知道,右派立宪民主党人,包括司徒卢威先生在内,提议选十月党人卡普
斯京和劳动派分子别列津为第二届杜马副主席。我倒愿意把这个方案叫做
自由派的⋯⋯"机智"的"天才"表现。的确,**客观情况**也正是这样:立宪民主
党的**历史使命**就是使十月党人地主同劳动派农民和解。左派立宪民主党人
由于害怕左派而不愿公开暴露这一点。然而这是无可争辩的事实。由于客
观条件的作用,通过使十月党人地主同劳动派农民和解以阻止革命,成了立
宪民主党的历史任务。反过来也就是说:只要十月党人地主和劳动派农民
双方的基本经济利益都能得到"满足",俄国革命就不会彻底完成,不会进行
到底。

了民主派农民排挤的时候，——在这种时候，居然有一些社会民主党人**公开**向**自由派忏悔**，承认对他们采取了"片面的敌对的态度"，**贬低了**他们的进步作用！这到底算什么呢？是社会民主工党一些最杰出的领袖在代表大会之前经过反复考虑和斟酌而提出的策略纲领呢，还是那些在无产阶级中间感到格格不入而郁郁寡欢的小资产阶级知识分子的号泣？

"无产阶级对城市民主派采取了片面的敌对的态度……" 这表现在什么地方呢？让我们逐个回忆一下去年的政治事件吧。是表现在抵制上吗？可是，第一，这件事发生在统一代表大会以前，而纲领的起草人评论的是这次大会以后的事件。第二，这与"城市民主派"又有什么相干呢？不，显然不是指抵制。看来是指支持杜马组阁的要求以及同立宪民主党结成联盟的问题。这里的确表现出**无产阶级**对**立宪民主党**的敌对态度，但决不是对城市民主派的敌对态度。

那时在党内是谁表现了**无产阶级**的这种敌对态度呢？是布尔什维克……

纲领起草人无意之间说出了一个重大事实，即布尔什维克在反对支持"杜马"组阁的要求和反对同立宪民主党结成联盟的斗争中体现了**无产阶级**的政策。说得对。至于一心想缓和对自由派的敌对态度的，那只是工人政党中的小资产阶级分子。

……无产阶级"得不到城市民主派的充分支持"……

首先，这里特别明显的错误是把自由派（立宪民主党）和城市民主派混为一谈。根据《言语报》的材料，在 22 个城市内有"左派联盟"（其中也包括孟什维克的各个组织）参加竞选。在这些城市中，同立宪民主党人相比，无产阶级无疑在很大程度上得到了**城市**

民主派的支持（左派联盟获得 41 000 票，立宪民主党人获得 74 000 票）。由此得出一个完全不利于孟什维克的结论：无产阶级能够而且应当把城市（和农村）小资产阶级民主派吸引到自己方面来，以对付自由派资产阶级。

其次，既然孟什维克说自由派**没有充分支持**无产阶级，那么他们是否懂得自由派支持无产阶级的**意义**呢？要知道，他们的纲领是在 1907 年写的，不管他们怎样设法使纲领尽可能不具体、尽可能空洞，纲领也决不是脱离时间和空间的。在 1902—1904 年，甚至在 1905 年 10 月以前，司徒卢威先生以至整个自由派都不止一次地声明他们支持无产阶级，而且确实支持了无产阶级去攻击专制制度。

可是在 1905 年 10 月以后呢？孟什维克不会不知道自由派**在 12 月和 12 月以后已经背弃**无产阶级，不再给无产阶级的革命斗争以任何支持了。

请问，究竟是谁对谁采取了片面的敌对的态度呢？

是无产阶级对自由派吗？

还是自由派对无产阶级和革命呢？

抑或是孟什维克对无产阶级阶级斗争的策略呢？

＊　　　　＊　　　　＊

孟什维克讲出了"片面的敌对的态度"这种话，就把对 1905 年 10 月以后的俄国革命的两种看法对比得再鲜明不过了。自由派的看法即德国特赖奇克们（他们把 1848 年说成是"疯狂的一年"）的俄国拥护者的看法是：无产阶级对自由主义、对立宪制度下的合法活动、对君主立宪、对赎买等等采取了片面的敌对的态度。

无产阶级的看法（和欧洲所有的社会党人对欧洲资产阶级革

命的看法一样)是:自由派资产阶级对革命、对自由、对民主等等采取了片面的敌对的态度。

孟什维克竭力想使工人政党放弃第二种看法而采取第一种看法。

只要孟什维克这样做,工人政党就将竭力促使孟什维克离开工人政党,让他们去投靠自由派。

＊　　　　　＊　　　　　＊

我们决不是想说,孟什维克就是想把工人政党变为自由派的附庸。工人政党内的机会主义者不同于工人政党外的自由派的地方就在于,前者真诚地继续为自己的党服务,但是采取了不正确的、不坚定的策略立场,其**结果**是使无产阶级在政治上从属于自由派。

这种不正确立场的"可悲"之处在于,孟什维克本想攻击布尔什维克,却攻击了整个无产阶级和无产阶级对革命的态度。每当孟什维克的攻击牵涉到真正的原则问题,也就是牵涉到两种不同策略的起因问题时,情况都是这样。其他的攻击都是非原则性的;只要简单地提一下,就可以让读者看到:我们面前是一个纲领呢,还是一篇自由派的论战文章。

例如,"纲领"中说:"无产阶级群众〈原文如此!〉转而相信将会出现政治奇迹,即不受〈!!〉无产阶级本身内在运动发展规律的制约而突然爆发〈!!〉起义,一举〈!!〉推翻专制制度而代之以劳动阶级的政治统治。"

到目前为止,只有自由派的报纸才利用**这种**形式把**这种**东西硬加在"无产阶级群众"身上。什么原因驱使孟什维克在这里笼统地提到起义,我们不清楚。但是,在策略纲领里,除了我们所引用的这句话以外,一个字也没有谈到起义,因此,策略纲领那样谈论起义,不能不令人产生一个问题:今后是不是应当把这个"孟什维克纲领"叫做"自由派纲领"呢?

载于1907年4月圣彼得堡出版的　　　　　　译自《列宁全集》俄文第5版
《策略问题》文集第1卷　　　　　　　　　　第15卷第188—203页

拉林和赫鲁斯塔廖夫[132]

(1907年4月15日〔28日〕)

格·赫鲁斯塔廖夫同志在孟什维克的《人民报》[133]第1号(4月10日)上发表了一篇战斗性的、非常有趣和非常出色的(从布尔什维克派的观点看)谈论工人代表大会的小品文。我们认为这篇小品文出色,是因为孟什维克赫鲁斯塔廖夫的文章同孟什维克拉林一样地甚至是更大地帮了**我们**的忙。为了对他们两人表示同样的感谢,我们现在来分析一下他们思想的实质,把两者作个鲜明的对比。

请回忆一下尤·拉林在他的小册子《广泛的工人党和工人代表大会》里所提出的主张吧。照拉林的想法,广泛的工人党大致应当包括整个俄国900万无产阶级当中的90万人。"招牌"应当撤掉,就是说,这个党不应当是社会民主党。社会民主党和社会革命党应当合并。新的党实际上应当是"非党的党"(拉林本人的用语)。社会民主党和社会革命党应当成为"在广泛的党内管宣传的团体"。

任何人都看得出来,拉林的方案非常明确,他的关于工人代表大会的主张中根本没有阿克雪里罗得经常使用的那种吞吞吐吐、含糊不清的说法,因为拉林同志的思想这样明确,我们布尔什维克夸奖他的诚实,认为他在这一点上跟"具有官场习气的孟什维主义"(拉林语)的含糊其词恰成对照。但同时,我们认为拉林的方案是机会主义的冒险,因为跟社会革命党合并以及"非党的党"只会模糊工人的认识,使社会民主党组织陷于困难境地。

现在请读者认真研究一下赫鲁斯塔廖夫同志的方案。他直截了当地写道:"党不应该管召开代表大会的工作。""发起召开代表大会的应当是工会和负责召开代表大会的专门委员会。"

这种委员会应该怎样组成呢?

赫鲁斯塔廖夫同志没有直接回答这个问题。但下面几句话虽然是间接地但却相当明确地回答了这个问题:

"按照设想,代表大会的成员是些什么人呢? 要不要规定某种资格限制呢?"他提出了这个问题,接着作了回答:"既然我们极力想扩大组织,我们也就反对任何限制。在代表大会上,所有当选的工人代表都应该有席位。工会、消费合作社、工人储金会、工人互助会、工厂委员会、专门为召开代表大会成立的委员会以及没有工厂委员会的工厂所选出的代表,在全俄工人代表大会上都应该有自己的代表。这就是代表大会的成员。"

话是说得十分明确的了。"反对任何限制"——工人通过任何方式选出的人全都可以参加。至于怎样把"工人"跟各种职员(商业、邮电、铁路等方面的)以及跟加入我们社会民主党组织和加入"消费合作社"的农民**区别开来**,作者没有谈到。这肯定是件技术性的小事,因为按照他的看法,既然"反对任何限制",为什么还要限制小资产阶级分子呢?

再往下看。关于代表大会的成员,赫鲁斯塔廖夫同志作了明确的规定。关于代表大会的任务,他也谈得很明确。他写道:"不管怎样,各个工人代表大会委员会和地方上的社会民主党组织将同时存在。"

"……基层组织是工厂委员会。由群众选出并向群众报告工作的工厂委员会参与工厂各方面的生活（从调停劳资冲突，有计划地领导经济罢工，寻找工作等等起，直到建立储金会、俱乐部，组织报告会和建立图书馆），就能把无产阶级的广大阶层纳入自己照管的范围。

一个城市或工业中心的所有工厂委员会组成一个工人代表大会委员会。它的责任是领导、加强和扩大工会运动和合作社运动，组织失业救济，对举办公益事业的城市自治机关施加影响，进行反对食品涨价的宣传，同杜马的失业工人救济组织打交道，**在各地讨论一切有关工人阶级利益的法案**〈黑体是作者用的〉；在改革地方自治机关时领导选举运动等等。

工人代表大会将仅仅是整个运动的领导机关和指导机关。这就是大致的方案。当然，现实生活还会提出一些修改。"

话是说得十分明确的了。非党的工厂委员会。非党的工人代表大会委员会。非党的工人代表大会。赫鲁斯塔廖夫同志说："通过这些委员会和在这些委员会的帮助下，党就会得到一个影响整个工人阶级的强有力的杠杆。"

试问，这和拉林有什么区别呢？？ 它和那个方案完全是一个货色，只是词句稍有不同而已。实际上，这完全是把社会民主党变成"在广泛的党内管宣传的团体"，因为**事实上赫鲁斯塔廖夫同志的"方案"没有给社会民主党保留任何其他任务**。他和拉林完全一样，也是把工人阶级的政治活动交给"非党的工人党"去管，因为**"讨论一切法案"、"领导选举运动等等"**，这也就是工人阶级的**全部**政治活动。

拉林只是比赫鲁斯塔廖夫诚实一些，直爽一些，实际上他们两人都主张和要求"取消社会民主工党而代之以无产阶级的非党政治组织"。而这正是布尔什维克关于非党工人组织的决议案的第1条所揭示的东西，赫鲁斯塔廖夫同志还曾为这个决议大动肝火，骂我们是检察官，等等。

赫鲁斯塔廖夫同志所以恼火,是因为他感到必须回避我们决议中直接提出的问题:谁应该领导无产阶级的斗争,是**社会民主党**,还是"无产阶级的**非党**政治组织"? 在对城市自治机关施加影响、同杜马委员会打交道(赫鲁斯塔廖夫同志根本不提**社会民主党杜马党团!** 这是出于偶然,还是一个人由于模糊地感到非党的"工人代表大会委员会"无论同社会民主党人打交道还是同社会革命党人和劳动派打交道都是一样而"不能不这样做"呢?)、讨论法案、领导选举运动**等等**活动当中,谁应该是"领导机关和指导机关"呢?

当这个问题摆在面前的时候,赫鲁斯塔廖夫同志除了气恼没有别的办法,因为承认无产阶级的政治活动应当由非党的"委员会"来领导是不大合适的。他怒气冲冲地问道:"究竟哪一个社会民主党人过去和现在进行过鼓动,主张召开反党的代表大会呢? 对方连一个名字也提不出来。"赫鲁斯塔廖夫同志,请不要动肝火,我们决议案的第1条就**提出了一连串名字**,现在还可以添上**格·赫鲁斯塔廖夫同志的名字**。实际上,赫鲁斯塔廖夫同志和拉林一样在鼓动建立**广泛的劳动党**。[①] 我们用"劳动"而不用工人,是因为:(1)不论是拉林,还是赫鲁斯塔廖夫,都不反对劳动民主派即小资产阶级民主派参加非党的政治组织(例如工人代表大会有"消费合作社"的代表参加,又如"反对任何限制"的口号);(2)工人政治组织的非党性质必然意味着社会民主党观点同劳动派观点的相互掺杂。

赫鲁斯塔廖夫同志写道:"祖巴托夫和加邦所建立的组织很快

---

① 这是加·林多夫同志的用语。他在《策略问题》文集的《工人代表大会》一文中精辟地论证了这个词的正确性。

就去掉了警察的气味，而执行了纯阶级的政策。"它们去掉了警察的气味，是**由于有组织的社会民主党**有意识地参与了这件事，因为社会民主党从来不同意把无产者的政治活动的领导权交给非党的组织。看来，赫鲁斯塔廖夫同志认为"纯阶级的"政策与**社会民主党的**政策有区别！我们很希望他能**开诚布公地**阐明自己的思想。

赫鲁斯塔廖夫同志下命令说："工人代表大会一定要召开，社会民主党人一定要参加这个大会。"当然，只要召开，我们一定参加。过去为了争取社会民主主义，我们参加过祖巴托夫和加邦的工人运动。今后为了反对劳动派思想和劳动派的**非党**思想，捍卫社会民主主义，我们还要参加劳动派的工人代表大会。这既不是肯定旧的加邦主义，也不是肯定新的非党精神。

赫鲁斯塔廖夫同志诉诸"布尔什维克工人"，竭力离间他们同那些曾进行鼓动反对工人代表苏维埃的布尔什维克的关系。我们不准备理睬这种花招，我们只来援引一下非派别的托洛茨基的著作。请赫鲁斯塔廖夫同志看一下他的《保卫党》这本书，翻开**第82页**一篇用同一标题写的文章的第2节《普罗柯波维奇先生的居心叵测的公正》。赫鲁斯塔廖夫同志看了这篇文章，就会因为自己用召开非派别的工人代表大会的思想来掩饰拉帮结派的花招而感到羞愧的。

对于有觉悟的工人，我们只需要简单地指出一点，让**非党**的委员会在无产阶级**政治活动**（选举运动等等）中起领导作用，这纯粹是知识分子的怪论，只能引起**十倍的**争吵和无谓纠纷，而最后还得"回到社会民主党上来"。

最后，我们要再次感谢赫鲁斯塔廖夫同志，感谢他明确地毫不

含糊地宣传工人代表大会。拉林和赫鲁斯塔廖夫是布尔什维克反
对阿克雪里罗得的最好的同盟者。

载于1907年4月15日《劳动报》
第1号

译自《列宁全集》俄文第5版
第15卷第254—258页

气得晕头转向

（关于工人代表大会问题）

（1907年4月21日〔5月4日〕以前）

我们分析的这个决议案①的第二部分（B）是关于工人代表大会问题的。

孟什维克在这个问题上谈得和写得已经很多了，他们当然可以提出一个决议案来切实地加以总结，以消除在阐明这个思想时出现的争执和分歧，作出党的明确的指示。我们现在只须指出一点，就是在俄国最近出版的论述工人代表大会的著述中（如前面提到的小册子《论全俄工人代表大会》），按孟什维克观点来阐述这个问题的书刊已达15种之多。

现在我们就来看一看这一场"争论"的结果。

论据部分的第1条说：

"仅仅出于职业的、地方的〈?〉以至各种〈?〉集团的〈??〉需要而产生和形成的群众性工人组织，如果没有无产阶级社会民主主义政党或组织对它们的影响，就会产生一种只看到无产阶级个别阶层或集团的职业利益、局部利益和日常需要而缩小工人群众思想上和政治上的眼界的自然倾向。"

什么样的**群众性**组织会是出于**集团的**需要而形成的呢？天晓

---

① 见《我们的回声报》第5号上刊载的对第一部分的分析（见本卷第165—168页。——编者注）。

得。所谓集团,向来都是指与群众性决不相容的小圈子。决议案的起草人只是把一些词拼凑在一起,而不考虑这些词的具体和确定的内容。

其次,出于**地方的**需要而产生的群众性组织,这是什么意思呢? 这里究竟指的是哪一种类型的组织呢? 又是不清楚。如果指的是消费合作社、合作社一类的组织,那么它们的特点根本不在于**地方**性。孟什维克喜欢泛泛而谈,不对问题作**具体**说明,这完全是知识分子的特点。这从根本上说是同无产阶级格格不入的,从无产阶级观点来看是有害的。

从字面上来理解,"出于**地方的**需要而产生的**群众性**工人组织"是包括**工人代表苏维埃**的。这是俄国革命时期人所共知的一种群众性工人组织。无疑可以说,很少有哪一篇论述工人代表大会和群众性工人组织的文章会不谈到这种组织的。这个决议案好像是对确切而具体地阐明某种思想和口号这种要求的嘲笑,竟**一个字**没有提到工人代表苏维埃,**一个字**没有提到工人全权代表苏维埃,等等。

总之,我们所看到的只是对某种**地方的**群众性组织吞吞吐吐地提出了一些**批评**,而根本没有谈到这些组织的**积极**作用、它们进行活动的条件等问题。

其次,不管你对这个拙劣到极点的论据部分第 1 条怎样逐点加以修补,总是存在着一个总的、根本的错误。"没有无产阶级社会民主主义政党的影响",不但职业的、地方的、集团的组织,就是非地方的群众性**政治**组织,"也会产生一种缩小工人眼界的倾向"。

根据决议案起草人的本意,论据部分第 1 条应该说明召开"全俄工人代表大会"的必要性;因为他们说,地方的、职业的以及其他的组织会缩小工人眼界,而**如果**召开了全俄工人代表大会,就会如何如何……　但逻辑却完全违背了最可尊敬的"著作家和实际工作者"的心愿,因为在**两种**场合下,社会民主党都可能发生影响或不发生影响! 对比没有成功,反而造成混乱……

论据部分的第 2 条:

"召开全俄工人代表大会以便由此开始实现俄国工人在政治上的统一这个思想,得到了工人群众的支持,它一定会给工人群众的组织建设带来能实现统一的因素,并在工人群众面前把工人阶级的共同利益和它在目前俄国革命中的任务提到首位。"

第一,这个出名的"思想"真的得到了工人群众的支持吗? 这个决议案的论据部分第 5 条说:"工人本身对召开它〈工人代表大会〉的要求**还没有表现**为为筹备大会而采取的某些重大实际步骤。"

这里无意中说了实话。关于工人代表大会,**知识分子**已经写了一大堆文章,但**工人本身**还没有采取任何重大的实际步骤。企图把知识分子的臆想强加到工人头上的做法失败了。

其次,工人代表大会是怎么回事呢? 它的目的是"开始实现俄国工人在政治上的统一"。

如此说来,无论是俄国社会民主工党,还是 1902 年罗斯托夫的游行示威[134],或是 1903 年的夏季罢工[135]、1905 年的 1 月 9 日事件以及 1905 年的十月罢工,都还不是这样的开端! 迄今为止一直存在着的历史,现在都一笔勾销了! 只是因为阿克雪里罗得之流想出了一个工人代表大会……才算有了一个开端。这真是千古绝唱。

工人**"在政治上的"**统一,这是什么意思呢? 假如这不是起草人专门为这个决议案发明的新名词,那么这个名词的意思就是指**围绕一定的政治纲领和策略**实现的统一。什么样的纲领和策略呢??难道我们的知识分子不知道,在全世界现在就有而且过去也有过工人在**资产阶级政治**旗帜下实现的**政治上的统一**吗?也许神圣的俄罗斯是例外?也许在神圣的俄罗斯,工人的任何一种政治上的统一就都成了社会民主主义的统一?

可怜的决议案起草人所以在思想上搞得如此混乱不堪,是因为他们**不敢**把工人代表大会所包含的、早就被更为真诚的或者更为年轻热情的工人代表大会拥护者所道破的真谛直截了当地说出来。这个真谛就是,工人代表大会应该是**非党的**工人代表大会。的确,要是**党的**工人代表大会,那还值得大谈特谈吗??

但是我们的孟什维克害怕直截了当地说出**真话**:"工人的政治上的统一是非党的"……

这一条的结尾是:召开代表大会这个思想"一定会给工人群众的组织建设带来能实现统一的因素,并在工人群众面前把工人阶级的共同利益和它……的任务提到首位"。先是组织建设,然后才是**任务**,即纲领和策略!"著作家和实际工作者"同志们,难道不应该倒过来说吗?请想一想:对阶级利益和任务的理解没有**统一起来**,能够把组织建设**统一起来**吗?你们想一想就会相信,这是不可能的。

不同的党对工人阶级的共同利益和它在目前革命中的任务的理解是**不同的**。对这些任务的理解,就是在统一的俄国社会民主工党内部,在孟什维克、托洛茨基派、布尔什维克之间,也是各不相同的。同志们,请你们想一下:这些分歧在工人代表大会上能**不反映出来**吗?在代表大会上能**不冒出来**吗?能不由于同无政府主义者、社会革命党人和劳动派等的分歧而复杂化吗？"召开工人代表大会这个思想"或工人代表大会的召开本身能够**消除**这些分歧吗？

可见，决议案起草人所谓"召开代表大会这个思想一定会……**带来能实现统一的**因素等等"的诺言，或者是非常年轻的、醉心于最近读过的一本著作的知识分子的天真幻想，或者是蛊惑宣传，即用不可能实现的诺言迷惑群众。

不，同志们。能够实现统一的是实际斗争。能够实现统一的是政党的发展，政党在议会内外的坚持不懈的斗争，以及总罢工等等。召开非党代表大会的尝试不会带来真正的统一，不会建立起对"利益和任务"的统一的理解。

当然可以说：各个政党在工人代表大会上的斗争会使社会民主党人的活动场所更加广阔，会使他们取得胜利。如果你们这样看工人代表大会，那你们就直截了当地讲，而不要许诺"能实现统一的因素"这种人间天堂。你们不直截了当地说明这一点，就有这样一种危险：受了你们的诺言欺骗和迷惑的工人为了**政治上的统一**来参加代表大会，但实际上他们看到的却是政治上存在着重大的**不可调和的分歧**，社会革命党人、社会民主党人等等**不可能**马上统一起来，这样他们就会**失望地离去**，就会诅咒那些使他们上当的知识分子，诅咒整个"政治"、整个社会主义。这种失望的必然结果就是高呼：打倒政治！打倒社会主义！这不是统一工人，而是分化工人！这就会使纯粹的工联主义或幼稚的工团主义在某种原始形式下泛滥开来。

当然，社会民主党**最终**会战胜一切，会经住一切考验，会把所有工人团结起来。但难道这能作为采取冒险政策的根据吗？

论据部分的第 3 条：

"为召开广泛的工人代表大会〈已经不是全俄的,而是广泛的!那究竟是跨党派的还是非党的? 同志,不要害怕,说啊!〉而进行的宣传鼓动,一方面给无产阶级中积极关心社会生活〈这样说是"为了显示自己了不起"!〉的群众的分散的组织活动指出了一个能实现统一的具体目标——召开广泛的工人代表大会,同时又会大大促进这些阶层建立自我组织〈就是说,**没有社会民主党的影响**,不然就不是自我组织了,对吧?〉的要求,提高他们在这方面的积极性。"

这叫从本丢推给彼拉多。第 2 条是:召开工人代表大会将带来能实现统一的因素。第 3 条是:围绕召开工人代表大会这个具体目标来实现的统一将促进自我组织的建立。建立自我组织为了什么呢? 为了召开工人代表大会。召开工人代表大会为了什么呢? 为了建立自我组织。著作家写反知识分子统治的决议为了什么呢? 为了让知识分子自己满意。

第 4 条:

"由于召开工人代表大会的思想在工人中间日益流行,各党〈?? 印错了吧? 是社会民主党吧?〉对贯彻这一思想的尝试采取消极态度,特别是采取敌视态度,会使无原则的冒险主义者有充分可能把工人引上错误道路,使他们投入各种煽动家的怀抱。"

真是气极了。这一条的内容就是气得晕头转向。要骂谁,自己都没有弄清楚,于是就对自己人开起火来。

就拿《回声》最近一集(第 5 集)来说吧。叶·查尔斯基反对尤·拉林说:尤·拉林"忽然发现了一个组织方面的万应灵药……""这是一种意外的处方……""是一团混乱……""尤·拉林没有发现,他是提议用'自觉的'行动来加强与工人群众的阶级团结事业直接对立的革命自发倾向。而这一切都是为了召开工人代表大会……""不管怎样,我们面前是一块对各种'土地煽动'都极其有利的土壤……　这就是拉林同志的混乱思想的结局"。

看来已经够了吧? 连**孟什维克**都在谴责拉林搞煽动宣传和冒险主义,因为处方、万应灵药和其他恭维话指的正是冒险主义。

这就是说,瞄准了一个,却打中了另一个! 真是自己人不认识自己人。请再注意一点:如果在决议案起草人看来拉林都是冒险主义者、煽动家,那么艾尔之流**就更不像话了**。艾尔公然说(《全俄工人代表大会》1907 年莫斯科版):在工人代表大会问题上有**两派**;而**他们**,即莫斯科的孟什维克,既不同意"彼得堡派"(第 10 页),也不同意拉林。他说"彼得堡派"只想召开工人先锋队的代表大会,而这不过是"变相的党代表大会"(第 10—11 页)。拉林"在彼得堡被看做异教徒和纵容者"(第 10 页)。拉林打算成立"全俄工人党"。莫斯科派打算成立**全俄工人联合会**。

试问,既然拉林都遭到《回声》这样"痛骂",那么艾尔、阿赫梅特·察·阿尔汉格尔斯基、索洛敏之流又该受到什么样的处置呢? 可见,不论是拉林还是莫斯科派,都在充满火气的第 4 条的谴责之列!

但是,可爱的同志们,既然你们很恼火,在自己的决议案中谴责**"错误的道路"**,你们至少就该说明什么是**正确的道路**。不然,像你们这样气得晕头转向,就太可笑了。要知道,你们在否定"全俄工人联合会"和"全俄工人党"的时候,**一个字也没有提到你们想召开工人代表大会的具体目的究竟是什么**!

煽动家和冒险家会利用工人代表大会来达到错误的目的。**因此我们社会民主党人就应该支持工人代表大会而不向工人代表大**

会指出**任何目的**……　天啊,孟什维克的决议案真是集一切谬论之大成。

第5条:

"另一方面,关于工人代表大会的任务及筹备工人代表大会的方式和方法的问题,在社会民主党人中间还没有怎么弄清楚〈应该说已经非常清楚了,因为无论拉林还是莫斯科派都把代表大会的任务、方式和方法**明确地指出来了**!"彼得堡派"同志们,用不着把脑袋藏在翅膀下面。阿克雪里罗得孵出来的小鸭并不会因此从水塘跑到陆地上来!〉,而工人本身对召开它的要求还没有表现为为筹备大会而采取的某些重大实际步骤,只有工人在党的有力的有计划的支持下,通过自己有组织地发挥自主精神来进行筹备,代表大会才会真正地而不是虚假地体现无产阶级觉悟阶层的集体意志,才会有助于无产阶级的阶级统一。"

这叫做开头致贺词,了末唱挽歌。拉林和年轻的莫斯科派刚刚表现了"自主精神",彼得堡派就向他们高喊:且慢,你还没有体现集体的意志!你还没有怎么弄清楚!(**非党的**)代表大会还没有在**党的**有力支持下来筹备!

可怜的艾尔、阿赫梅特·察·等同志啊!他们本来非常高兴,以非常可爱的年轻人的热情大干了一场,出版了整整两本有关工人代表大会的文集,对问题从各个方面作了探讨,说明了大会的"一般政治上"和组织上的意义以及对杜马、对党、对"小资产阶级自发势力"的态度,——忽然却在阿克雪里罗得的帮助下来了一个大转弯!

我们很担心,从前是拉林一个人"闹事"(请记住:"异教徒和纵容者"),反对**具有官场习气的孟什维主义**,现在闹事要变成**起义**

了……　过去阿克雪里罗得答应发挥自主精神和召开真正的工人代表大会来反对知识分子的统治,而现在"彼得堡派"著作家却作出决定并**解释**说,应该在同一个遭到辱骂的"知识分子"党的许可下……理解这种自主精神!

＊　　　＊　　　＊

从这些论据得出如下一些非常可笑的结论是不足为怪的:

"根据这些理由,俄国社会民主工党代表大会建议工人和知识分子同志们〈是这样的吗? 反对知识分子"统治"的斗士们的口气有多亲切啊!〉对工人代表大会的纲领和任务,对为筹备大会而进行的宣传鼓动工作和组织工作以及对大会召开的方式方法等问题,进行〈但不是用拉林和阿赫梅特的方法!〉一次全面的讨论。

同时,党代表大会认为各级党机关必须大力支持为筹备工人代表大会而在宣传鼓动方面和组织方面进行的活动;敌视这种活动的鼓动是根本不容许的,因为这种鼓动是为了保存和巩固俄国社会民主党党内已经过时的制度,这种制度无论同聚集在党内和党周围的无产阶级分子的目前发展水平和他们的需要还是同革命的需要都已经不相容了。"

你看,这怎能不说是气得晕头转向呢? 这种决议案怎能不叫人发笑呢?

党代表大会决不容许维护由它自己批准的**党内已经过时的制度**!

党代表大会对这个已经过时的制度**没有提出任何**改革,它甚至把出名的"工人代表大会"(为了实现不可思议的"政治上的统一"而召开的)都**推迟**了,同时却**要求支持**……"活动"!

这真是知识分子的无可奈何的哀鸣:我不满意目前党内已经

过时的制度,我不想保持和巩固这种制度! ——好极了。不想保持,那就提出明确的修改意见吧,我们会乐意讨论的。请费心告诉我们,你喜欢什么样的工人代表大会? 这还没有怎么弄清楚……要求还没有表现出来……大会的召开还没有进行筹备。**应该进行讨论**。——好极了。亲爱的同志们,为了**"进行讨论"**,实在是用不着写决议的,因为**没有决议**,我们就已经讨论很久了。但要知道工人的政党不是知识分子进行"讨论"的俱乐部,而是战斗的无产阶级组织。讨论归讨论,而我们需要的是实践和行动。在什么样的**党组织**中可以实践和行动呢? 在过去的党组织中吗? 决不容许维护从前的已经过时的组织,决不容许保持和巩固这样的组织! ——好极了。

真是絮絮叨叨没有个完。知识分子为自己的犹豫不决,为自己被弄得晕头转向发火了,生气了。

这就是"具有官场习气的孟什维主义"的最后一招。

＊　　　　＊　　　　＊

孟什维克著作家们用兜圈子的办法巧妙地回避了现实生活中和著作界中已经成熟和已经提出的一个问题:是要独立的社会民主工党,还是**代**之以(另一种说法是:使之从属于)无产阶级的非党政治组织?

我们布尔什维克的决议案公开提出了这个问题,并且**直截了当地**明确地解决了这个问题。在这里,回避是没有好处的,不管这种回避是由于晕头转向还是由于善意的"调和"都是一样。回避是没有好处的,因为,已经提出要**代替**了,而且**为了实行这种代替**已经在进行活动了。孟什维主义的知识分子母鸡已经孵出小鸭来了。小鸭已经开始游水了。母鸡**应当**进行选择:让它们在水里,还是到陆地上来。他们的答复(这个答复可以这样来确切地表达:既不在水里,也不到陆地上来,而是**在泥塘里**)不是答复,而是支吾搪塞。

阿克雪里罗得控制不了拉林。拉林控制不了艾尔、阿赫梅特·察·之流。后面这一伙人控制不了无政府工团主义者。

诸位先生,在水里还是在陆地上呢?

我们是愿意在陆地上的。我们预先告诉你们,你们愈是努力地坚决地往泥塘里钻,就会愈快地回到陆地上来。

"为了扩大和加强社会民主党对广大无产阶级群众的影响",我们不是提议用非党的"工人党"来代替社会民主党、建立凌驾于党之上的"全俄工人联合会"、召开目的不明的工人代表大会,而是提出一个简单的、平凡的、绝无空洞之嫌的建议:"一方面,必须加紧组织工会并在工会中进行社会民主党的宣传鼓动,另一方面,必须愈来愈广泛地把工人吸收到党的各种组织中来"(布尔什维克决议案的最后一条)。

厌倦一切的知识分子们会觉得这太"过时"了,**太枯燥了**。那就让他们去制定空洞计划吧!我们也会跟工人一起去参加"工人代表大会"(假如能够开成的话),去**用事实**证明我们的预言的正确,并且……并且将同失望的(确切些说,是对一些知识分子领袖感到失望的)工人一起回到工会和党的各种组织的"过时的"工作上来。

＊　　　　＊　　　　＊

我们党内为什么会产生"工人代表大会"思潮呢?这里只简单地谈一下我们认为很主要的三个原因:(1)知识分子庸人对革命感到厌倦;(2)俄国社会民主党的机会主义具有自己的特点,它在历史上就是顺着使"纯工人"的运动受资产阶级影响这个方向发展的;(3)没有消化好俄国十月革命的传统。

关于(1):**一部分**工人代表大会派明显地表现出对革命已感到厌倦,希望无论如何都要使党合法化,把什么共和制、无产阶级专政等等一律抛掉。合法的工人代表大会是达到这个目的的捷径。因此(部分地也由于第二个原因)人民社会党人、"无题派"-伯恩施坦派(《同志报》等的)和立宪民主党人都对这个代表大会表示支持。

关于(2):拿俄国社会民主党的机会主义在历史上的第一种形式来说。群众性的工人运动一开始(上一世纪90年代的后半期),就产生了**"经济主义"**和司徒卢威主义[136]这样的机会主义。对于这两种主义之间的联系,**当时**不论是普列汉诺夫还是阿克雪里罗**得或是全体旧火星派分子**[137]都不止一次地作过说明。普罗柯波维奇和库斯柯娃的有名的《信条》[138](1899—1900年)很鲜明地表达了这一联系:让知识分子和自由派去搞政治斗争,而工人去搞经济斗争。政治性的工人党是革命知识分子的臆想。

这一经典式的《信条》明显地反映了知识分子对"纯工人"的运动的迷恋所包含的历史意义和阶级意义。这就是要工人阶级(为了"纯工人"的任务)从属于**资产阶级**的政治和思想。知识分子的这种"迷恋"反映了要不觉悟的工人从属于自由派的资本主义倾向。

现在,我们在更高的发展阶段上看到了**同样的情形**。就像在《信条》中自由主义和纯工人运动是互相联系的一样,同立宪民主党的联盟和支持立宪民主党的政策跟非党的工人代表大会也是互相联系的,它们是同一个事情的两个方面。**实际上**,非党的工人代表大会反映了同一种资本主义倾向：**削弱**无产阶级的阶级独立性而让它**从属于**资产阶级。这一倾向在以**非党**工人组织来代替社会民主党或要后者**从属于**前者这两种方案中表现得非常鲜明。

因此，人民社会党人、"无题派"、社会革命党人等等都支持召开"工人代表大会"的思想。

关于(3)：俄国资产阶级革命创造了独特的无产阶级群众组织，它们不同于在欧洲常见的那些无产阶级群众组织（工会、社会民主党等）。这就是工人代表苏维埃。

把这类机关简单地发展成为一种制度（像托洛茨基所做的那样）或笼统地对无产阶级的革命热情表示支持，醉心于"革命工团主义"的"时髦"词句（像莫斯科某些工人代表大会派那样），这就很容易（不是用机会主义的方式而是用革命的方式）得出召开工人代表大会的思想。

但这是以非批判的态度对待伟大的光荣的革命传统。

实际上，工人代表苏维埃和类似的机关是起义的机关。它们的力量和成就完全决定于起义的力量和成就。只有到起义成熟的时候，它们的出现才会不是滑稽剧，而是无产阶级的功绩。在斗争达到新的高潮的条件下，在斗争进入**这个阶段**的情况下，这样的机关当然是必不可少的和切合需要的。但它们的历史发展不应该是地方工人代表苏维埃简单地变成全俄工人代表大会，而应该是萌芽状态的革命政权机关（工人代表苏维埃正是这样的机关）变成取得胜利的革命政权的中央机关，变成革命临时政府。工人代表苏维埃及其联合对于起义的胜利是必需的。而起义取得胜利后，一定会建立起**另外的**机关。

*　　　*　　　*

　　俄国社会民主党当然不应当拒绝参加工人代表大会,因为革命的发展是极其迂回曲折的,可能产生各种各样的和非常特殊的情况。但仔细地研究革命时而高涨时而低落这些不同的情况并尽力加以利用,这是一回事,而制定混乱的或者说反社会民主主义的空洞计划,则完全是另一回事。

载于 1907 年 4 月圣彼得堡出版的　　　　　译自《列宁全集》俄文第 5 版
《策略问题》文集第 2 卷　　　　　　　　　第 15 卷第 175—187 页

弗·梅林论第二届杜马

(1907 年 4 月 21 日〔5 月 4 日〕以前)

最近一期德国社会民主党的杂志《新时代》①刊登了一篇附有该刊常任"社论作者"弗兰茨·梅林这一常用标志的社论。作者指出，社会民主党人辛格尔和大卫在例行的预算辩论中利用发言的机会表明，在最近的选举中似乎遭到失败的社会民主党139是如何坚决地捍卫自己的无产阶级立场。而德国自由派则恰恰相反，他们在选举中同政府勾结起来，反对教权主义"中间派"和社会民主党，结果落到做反动派卑贱的同盟者的可耻下场。梅林说："自由派资产阶级为了得到一星半点的施舍而给易北河东部的容克充当恭顺的奴婢〈德语"Dirne"的原意是"卖淫妇"〉。"

我们一字不差地引出这句尖刻的话，是为了让读者清楚地看到，社会民主党对德国自由派问题的提法和现在俄国立宪民主党报纸上常见的那种提法在语调上和内容上是多么不同。大家知道，俄国这些报纸对德国选举的结果完全唱着另一种调子，它们说社会民主党犯了错误，说它忽视了资产阶级民主派，对资产阶级民主派采取了"片面的敌对的态度"，如此等等。

不过这只是顺便谈谈。这篇文章使我们感兴趣的倒不是梅林对德国自由派的评价，而是他对俄国杜马和**俄国自由派**的评价，因

---

① 1907 年 3 月 6 日第 23 期(第 25 年卷第 1 册)。

为他对俄国自由派的口号("保全杜马",进行"有益的工作")作了
十分中肯和透彻的分析。

现在我们把梅林这篇文章的第二部分的译文全部引出来。

德国自由派和俄国杜马

……要想了解这次辩论①是多么无聊,回顾一下 60 年前的柏
林联合议会是不无益处的,那时资产阶级还是第一次披挂上阵参
加议会斗争。当时的资产阶级很少有什么英勇举动。请看马克思
对他们的描绘:"它不相信自己,不相信人民,在上层面前嘟囔,在
下层面前战栗,对两者都持利己主义态度,并且意识到自己的这种
利己主义;对于保守派来说是革命的,对于革命派来说却是保守
的;不相信自己的口号,害怕世界风暴,同时又利用这个风暴来谋
私利;毫无毅力,到处剽窃;因缺乏任何独特性而显得平庸,同时又
因本身平庸而显得独特;自己跟自己讲价钱;没有首创精神,没有
负起世界历史使命;活像一个受诅咒的老头子,注定要糟蹋健壮人
民的初次勃发的青春激情而使其服从于自己风烛残年的需求,没
有眼睛! 没有耳朵! 没有牙齿,没有一切。"②

尽管如此,当时的资产阶级在自己的权利得到保证以前,也仍
然善于扣住每一个铜板,并限制国王和容克的收入;它宁肯失掉国
王的宠爱,也不愿牺牲自己的长子继承权来帮助国王免除破产的
命运。

当时,联合议会里的自由派无论如何也比现在的自由思想者
精明。他们愿意唾弃关于"有益的工作"的空谈,他们宁肯停办当

---

① 这里指的是帝国国会就预算问题进行的辩论。
② 参看《马克思恩格斯文集》第 2 卷第 76 页。——编者注

时像建筑东方铁路这样的对国家富强十分重要的工程，也不甘心放弃自己的制宪权利。

在帝国国会结束预算辩论的同时，俄国召开了第二届杜马，这更容易勾起人们对过去的回忆。毫无疑问，到目前为止，俄国革命时期议会的情形与其说像1789年的法国革命时期的议会，还不如说更像1848年普鲁士革命时期的议会；俄国第一届杜马的情形在某些方面同过去在柏林剧院召开的臭名远扬的"妥协者议会"非常相似，甚至连某些细节也几乎一样，如议会被解散后立宪民主党多数都曾发表过没有结果的拒绝纳税的号召。而普鲁士政府召集的第二届议会也同本届俄国杜马一样，带有更鲜明的反对派色彩，可是一个月之后就又被强迫解散了。现在有不少人已经预言，新的俄国杜马也将遭到同样的命运。但是那些绝顶聪明的自由派却冠冕堂皇地劝告人们：要保全杜马，要以多做"有益的工作"来取得人民的信任。这一点的含义如果是像自由派所解释的那样，那么它就是对新杜马的所有的劝告中最愚蠢的一个。

历史不会重演。新杜马是革命的产物，它同过去的第二届普鲁士议会完全不一样。它是在选举遭到极端卑鄙无耻的压制下选举出来的，这种对选举的压制，连德国"帝国撒谎同盟"的所作所为同它比起来都大为逊色。在这一届杜马的左派中，立宪民主党已经不再占统治地位；现在的左派在强大的社会主义党团的影响下已经是一支受过锻炼的队伍。要想迅速地解散杜马并不那样简单。如果杜马的解散与否完全取决于沙皇政府的意志，它就不会花费精力制定一套既可憎又可恶的程序来压制选举了。沙皇政府需要一个人民代表机关来应付债权国，以挽回它破产的命运，同时它已经没有任何可能——即使它的情况没有困难到那样的程度——来制造更卑劣的选举制度，更粗暴地压制选举。

在这一方面1849年的普鲁士反动派还有一张最大的王牌：取消普选权，实行三级选举，这样选出来的所谓人民代表机关就不会对它进行任何严重的反抗，而它对国家债权人来说毕竟是一种保证。

新杜马的选举恰恰表明了俄国革命的规模比过去的德国革命要大得多。另外，革命选出新杜马无疑也不是偶然的，因为革命打算利用杜马。然而，如果革命听从德国自由派的英明劝告，努力去做自由派所谓的"有益的工作"来争取人民的信任，那它就背叛了自己；如果它这样做，它就会走上德国自由派已走了60年的那条卑鄙可耻的老路。这位奇妙的英雄所指的"有益的工作"只会使新杜马去帮助沙皇政府摆脱财政困境，从而得到一点可怜的施舍，即只有斯托雷平之类的内阁才能处心积虑地制造出来的"改良"。

现在让我们引一个史例来说明"有益的工作"的含义。1789年夏天，当国民议会在一夜之间完成了法国农民的解放的时候，天才的卖身求荣的冒险家米拉波，这位立宪民主党的最伟大的英雄曾经把这一事件比做"可恶的狂饮节"。但是在我们看来，这却是"有益的工作"。与此相反，普鲁士农民的解放却像乌龟爬行一样，从1807年到1865年几乎拖了60年，并且无数农民被残暴地夺去了生命，我国自由派认为这是"有益的工作"而大肆宣扬。在我们看来，这却是"可恶的狂饮节"。

总之，如果新杜马愿意执行自己的历史任务，毫无疑问应当从事"有益的工作"。可喜的是关于这一点意见完全一致。问题只在于,这项"有益的工作"应当是什么样的工作。从我们方面来看,我们希望并预祝杜马成为生育它的俄国革命的工具。

＊　　　　　＊　　　　　＊

梅林这篇文章自然而然地使人联想到俄国社会民主党内当前存在的流派。

首先不能不注意到,作者在比较1905年及以后几年的俄国革命和1848—1849年的德国革命时,把第一届杜马比做有名的"妥协者议会"。妥协者这个名词是马克思创造的。马克思在他办的《新莱茵报》[140]上就这样称呼当时的德国自由派。这个绰号已经作为无产阶级思想在评价资产阶级革命方面的一项永恒的财富载入史册。

马克思所以把革命时期的德国自由派叫做"妥协者",是因为自由派资产阶级当时以"妥协论"作为自己政治策略的基础,要求人民同王权妥协,要求革命力量同旧政权妥协。这种策略反映了德国资产阶级在德国资产阶级革命中的阶级利益:资产阶级害怕把革命进行到底,害怕无产阶级的独立行动,害怕农民完全战胜他们中世纪的剥削者,即在经营上当时仍然保留着不少农奴制特点的地主。资产阶级的阶级利益促使它同反动派勾结起来("妥协")反对革命,而自由派知识分子则创造出一种"妥协论"来掩饰自己对革命的背叛。

梅林引用的那一段精彩的论述使人们清楚地看到,马克思在革命时代怎样鞭笞了这种实行妥协的资产阶级。凡是熟悉梅林出版的马克思和恩格斯在40年代的著作,尤其是他们在《新莱茵报》上所写的论文的人,一定都了解**这样的**论述还可以举出许多许多。

让那些同普列汉诺夫一样,企图引用马克思的话来为社会民主党右翼在俄国资产阶级革命中的策略辩护的人考虑考虑这一点吧！这些人依靠不恰当地摘录一些东西来作为自己的论据：抓住关于支持大资产阶级反对反动的小资产阶级的一般原理，不加鉴别就把它用于俄国的立宪民主党和俄国革命。

梅林给这些人上了很好的一课。凡是愿意就无产阶级在资产阶级革命中的任务问题向马克思求教的人，都必须掌握马克思**针对**德国资产阶级革命时代所作的论断。难怪我国孟什维克如此胆战心惊地回避这些论断了！因为这些论断正是俄国"布尔什维克"在俄国资产阶级革命中同**实行妥协的**资产阶级所进行的无情斗争最完整最鲜明的写照。

马克思认为，在德国资产阶级革命时期，无产阶级的基本任务就是把革命进行到底，夺取领导权，揭露"实行妥协的"资产阶级的叛变行为，使人民群众，尤其是农民①摆脱这种资产阶级的影响。这是历史事实，只有那些徒具马克思主义者虚名的人才会隐瞒和回避这一事实。

梅林作出"有益的工作"和"可恶的狂饮节"的评价，是同这一点不可分割地紧密联系在一起的。

梅林的这个对比对俄国自由派即立宪民主党（他们正在第二届杜马里设法批准依靠战地法庭的专制政府的预算）真是击中了要害，要想给这些话再作什么补充，那只会削弱它们的力量。

我们现在把德国社会民主党右翼的提法同梅林的提法对比一下。读者当然都知道，梅林以及整个《新时代》杂志编辑委员会采

---

① 1848年马克思在评论农民在资产阶级革命中的作用时说：德国资产阶级出卖了**自己的天然的同盟者农民**（参看《马克思恩格斯全集》第1版第5卷第331页。——编者注）。

取的是革命的社会民主党的观点。而伯恩施坦派则站在相反的机会主义立场上。伯恩施坦派的主要机关刊物是《社会主义月刊》。在这个杂志的最近一期（1907年4月）上，我们看到一位罗曼·斯特列尔佐夫先生写的一篇题为《第二届俄国议会》的文章。这篇文章充满了恶毒攻击布尔什维克的言词，作者看来是出于恶意，把布尔什维克叫做"列宁分子"。这位作者把列宁在彼得堡选举时期写的小册子中措辞最激烈的几段话摘引出来，而对孟什维克阴险地制造**分裂**并因而引起一场斗争的事实却**只字不提**，仅仅从这一点就可以看出这位射手①向德国公众报道时态度是多么诚实了！

但这还是次要的。对我们来说重要的是这位伯恩施坦派对问题的原则提法。作者赞扬孟什维克，**尤其是普列汉诺夫**，说他们是俄国社会民主党中的**现实主义派**。德国社会民主党中央机关报《前进报》**141** 只因为说了一句"人民派到第二届杜马里去的不是请愿者（Fürsprecher），而是战士（Vorkämpfer）"，结果就遭到这位"现实主义者"的斥责："看来《前进报》也同列宁分子一样，把俄国目前的局势看得太乐观了"（上述杂志最近一期第295页）②。作者的结论非常明确。他在文章结尾写道："总之，所有一切反对党当前的目标就是保全杜马（Erhaltung der Duma）。"其次，社会党人不应该"把自己的精力浪费在同立宪民主党进行毫无益处的斗

---

① 这里是指斯特列尔佐夫。在俄语中，斯特列尔佐夫（Стрельцов）和射手（Стрелец）一词词根相同。——编者注

② 顺便说一句。也许作以下补充是必要的：由于斯特列尔佐夫先生竭力在德国社会民主党面前污辱布尔什维克，我们不能不对他表示深深的衷心的感谢。斯特列尔佐夫先生干这一行干得如此……出色，我们再也找不到比他更好的盟友替我们在德国社会民主党里宣传布尔什维主义了。加油干吧，加油干吧，斯特列尔佐夫先生！

争上”(同上,第296页)。

　　请读者自己把梅林谈论“可恶的狂饮节”的思路和斯特列尔佐夫之流先生们谈论“保全杜马”的口号的思路加以比较并从中得出结论吧。

　　这种比较完全能够代替对布尔什维克和孟什维克在本届杜马中的政策的评论,代替对布尔什维克和孟什维克关于对国家杜马的态度的决议草案的评论。

载于1907年4月圣彼得堡出版的　　　　　译自《列宁全集》俄文第5版
《策略问题》文集第2卷　　　　　　　　第15卷第259—266页

就彼得堡的分裂以及因此设立党的法庭问题向俄国社会民主工党第五次代表大会的报告[142]

(1907 年 4 月)

大家从资产阶级报纸(《同志报》等等)上面知道,我们党中央设立了一个党的法庭,来审查我的行为,即审查在第二届杜马选举期间彼得堡社会民主党组织发生分裂时出版的我的小册子《**圣彼得堡的选举和 31 个孟什维克的伪善面目**》①。

法庭由我这方面的代表 3 人、31 个孟什维克方面的代表 3 人以及拉脱维亚社会民主党、波兰社会民主党和崩得的中央委员会指定的 3 名主席团委员组成。我在这个法庭上对 31 个孟什维克和**唐恩**同志(他是中央机关报编辑部成员,因此也是中央委员)的不可容忍的行为提出了反诉。这个反诉一方面得到了 234 个彼得堡布尔什维克党员所举行的会议的支持(他们的决议和概述整个事件的报告载于《无产者报》第 13 号),另一方面也得到了彼得堡社会民主党代表会议(除了分裂出去的孟什维克以外)的支持。这次代表会议的决议载于《无产者报》第 14 号。[143]

法庭是中央委员会设立的机构,它不认为自己有权作主对 31

---

① 见本版全集第 14 卷第 310—321 页。——编者注

个孟什维克和唐恩同志起诉,因此请同一个中央委员会规定一下它在反诉问题上的职权范围。中央委员会在一次专门会议上重新讨论了这个问题,并确定:这个法庭是专为审理列宁的案件而设立的,至于是否再让它审理其他的人,完全要由中央委员会决定。中央委员会当然认为自己有责任把任何被这个法庭控告有不能容忍的行为的人提交一个法庭审理。而这个新的法庭的成员也完全要由同一个中央委员会决定。

这样,我们就看到一系列错综复杂的极其荒诞和极其矛盾的现象。孟什维克中央委员会既是向法庭提出控诉的机关,又是决定法庭成员和法庭职权的机关。我的反诉是针对中央委员会孟什维克委员的领袖的。可是这些人既是任命法庭的人,又是检察长,又是决定如何处理**对他们**提出反诉这个问题的人!

不言而喻,这种做法是不能树立党的威信的。只有党的代表大会才能解决这种错综复杂的荒诞现象。因此我向代表大会提出请求:直接由代表大会授予法庭以全部审判权;使法庭不受显然和本案有利害关系的中央委员会(它的孟什维克委员)的任何约束;使法庭有权不受任何限制地全面审理案件,可以对一切党员和党的一切机关(包括中央委员会孟什维克委员在内)提出控诉,等等。

为了向俄国社会民主工党代表大会的代表们说明案情,现在提出下列材料:(1)我在法庭第一次开庭时宣读的我的辩护词(亦即对中央委员会孟什维克委员的起诉书)全文。(法庭一共开庭两次,在几十个证人当中询问了三人。法庭的审判因代表大会的召开而停止)(2)对彼得堡分裂的实际经过的简述。

一　列宁在党的法庭上的辩护词
（亦即对中央委员会孟什维克
委员的起诉书）

审判员同志们！

中央委员会控告我（在报刊上）**发表了对党员来说不能容许的言论**。中央委员会关于设立党的法庭的决定就是这样说的。现在我直接从事件的实质说起，也就是先把中央委员会"提交法庭审理"的"声明"全文念一下：

"……中央委员会认为，列宁同志署名的小册子《圣彼得堡的选举和 31 个孟什维克的伪善面目》对圣彼得堡组织的 31 个党员提出指责，公然说他们同立宪民主党进行谈判'是为了把工人选票出卖给立宪民主党'，说'孟什维克同立宪民主党搞交易，是为了在立宪民主党的帮助下，违背工人的意志而把自己的人塞进杜马'。

中央委员会认为，把这样的指责登在报刊上，特别是在选举前夕，必然在无产阶级的队伍中造成混乱，使党员政治上的诚实受到怀疑，并且会被无产阶级的敌人利用来同社会民主党作斗争。

中央委员会鉴于这种言论对党员来说是不能容许的，决定提请党的法庭审理列宁同志的行为。"

这就是控告书的全文。首先我要指出，控告同事实有很大**出入**，我要求法庭根据我被控告的那本小册子的**原文**加以更正。这就是：那本小册子明确指出，我所指责的**不只是** 31 个孟什维克，**而且还有唐恩同志**，即中央委员会的**一位委员**。

中央委员会在草拟自己的决定时**不会不知道**唐恩同志是中央委员（也许他还曾参加问题的讨论或者参加草拟因我指控唐恩而

对我提出控诉的决定?)，**不会不知道**我所指责的不只是 31 人，而且还有唐恩。这就是说，中央委员会**故意把自己的一名委员**从被我指责的人员中抽掉了。这不仅同事实不符，而且是一种恶劣的、不能容许的行为，我在后面将详细地评论事情的**这一**方面，并尽力用庭审的全部材料来**加以**说明。

现在我来谈控诉的实质。

中央委员会从我的小册子中引了两段话，因此对两段话中的每一段我都应当尽量详细地加以分析。当然，我了解，问题牵涉到**整个**小册子，而不仅仅是这两段话。但是我按照中央委员会的做法，把这两段话当做基本的主要的依据。

第一段话是从小册子的开头引来的。让我把那一页整个念一下，好让大家清楚这段话的上下文：

"《同志报》今天(1 月 20 日)刊载了〈提醒一下，这事发生在圣彼得堡组成左派联盟的 **5** 天之前，在圣彼得堡市举行国家杜马选举的 **16** 天之前〉圣彼得堡选举前夕从社会党组织分裂出去的 31 个孟什维克的宣言的详细摘要。"①

我要强调指出，小册子的第一句话把圣彼得堡在选举前夕发生**分裂**这一基本事实摆在首要地位。我所以要强调这一事实，是因为以后我还要再三指出它的意义。

下面接着念：

"……我们先扼要地回忆一下事实经过，看看从社会民主党分裂出去的孟什维克在退出代表会议之后干了些什么……" 关于这次退出及其意义，我曾经在出版这本小册子几天以前出版了一

---

① 见本版全集第 14 卷第 310 页。——编者注

本小册子《社会民主党和圣彼得堡的选举》和另一本小册子《"你会听到蠢人的评判……"(社会民主党政论家札记)》①。后一本小册子几乎全被警察没收,只有几份保全下来,我提起这本小册子,是为了使法庭能够弄清当时情况的全貌,而不只是一些片断。

"……(1)他们从社会民主党的工人当中分裂出去之后,同小资产阶级(社会革命党人、劳动派和人民社会党人)结成了联盟,以便共同去跟立宪民主党人进行席位交易。关于分裂出去的社会民主党人加入小资产阶级联盟的书面协定,**他们向工人**和公众**隐瞒了**。

但是我们还是希望,这个协定终究会公布,秘密一定会公开。"

请法庭注意,在我指责唐恩和31个孟什维克的小册子中,一开头着重指出了对工人隐瞒书面协定这件事。再往下:

"(2)分裂出去的孟什维克作为小资产阶级联盟(报上称为"左派联盟"是不正确的)的一个组成部分,同立宪民主党人搞交易,要求从六个席位中让三个给这个联盟。立宪民主党人给了两个席位。交易没有搞成。小资产阶级'代表会议'(这个叫法不是我们的,是从报上借来的)同立宪民主党人联合举行的一次会议是**1月18日**开的。《言语报》和《同志报》都发了消息。《言语报》今天宣称没有达成协议(当然,我们应当估计到他们仍在幕后进行谈判)。

孟什维克现在还没有在报刊上报道关于自己把工人选票出卖给立宪民主的'**行动**'。"

这就是第一段话的上下文。这些话是在**我第一次**从报上知道

----

① 见本版全集第14卷第248—271、272—290页。——编者注

孟什维克和民粹派同立宪民主党结成联盟**反对**彼得堡社会民主党组织多数派的计划没有成功的当天写的，同时我也把话说在前头，说不能认为协定已**完全无望**，说应当作**坏的估计**，即谈判可能仍在"**幕后**"进行。为什么我当时认为（现在我也仍然认为我当时的看法是正确的）应当作这种坏的估计呢？因为对公众隐瞒孟什维克同小资产阶级联盟的书面协定是不正确的、有辱社会党人身份的行为，必然要招致**最坏的猜疑**。

这里所谓把工人选票"出卖给"立宪民主党是指怎样一种情况呢？有些爱开玩笑的人对我说，他们理解为我说的是**为了金钱**而出卖。当然，这个玩笑开得很俏皮。然而凡是能够识字并且认真看完全书而不是看只言片语的人，自然会从前后文、从整个上下文中一眼看出，这里所说的出卖**不是为了金钱，而是为了杜马席位**。这里的"交易"和"买卖"自然是指政治等价物的交换而不是经济等价物的交换，是席位和选票的交换而不是金钱和选票的交换。

有人会问，对于这样一目了然的事情还值得谈吗？

我肯定地认为是值得谈的，因为根据这一点，我们马上就可以弄清中央委员会提出来的一个问题，即在报刊上公开讲究竟是可以容许的还是不可容许的。

如果小册子在这个地方说，31个人为了金钱而把工人的选票出卖给立宪民主党，这就是捏造对方有可耻的、罪恶的行为。谁这样说，就该把谁送交法庭审判，显然，这决不是因为他"在无产阶级的队伍中造成混乱"，而是因为他**进行诽谤**。这是显而易见的。

相反，如果小册子在这个地方说，31个人以社会民主党获得杜马席位为条件，把工人的选票**加到**立宪民主党的选票上，那么这是以抱有诚意的、无懈可击的、对党员来说可以容许的方式进行论战的范例。

我选择的说法和上面**这种**说法区别何在呢？区别在于构成整个音乐的声调。正是我的说法指望使读者仇恨、憎恶和轻视有这种行为的人。这种说法不是指望说服这些人，而是指望粉碎他们的队伍，不是指望纠正对方的错误，而是指望把对方的组织消灭干净。这种说法确实会使人对对方产生最坏的想法和最坏的猜疑，它确实同劝说性和纠正性的说法不同，能"在无产阶级的队伍中造成混乱"。

人们会问我：这就是说，你承认这种说法是**不能容许的**？我要回答说，是的，是这样的，**不过要作一点小小的补充**：是对**统一的党**的党员来说不能容许的。这个补充是问题的全部关键。中央委员会对我提出的控告之所以根本不正确，说得重些，之所以非常不老实，就是因为**中央委员会没有提到**：在写这本小册子的时候，在小册子所代表的（不是形式上，而是实质上）并为其目的服务的组织中，**没有统一的党**。在党发生了**分裂**的此时此刻控告什么"在报刊上发表了对党员来说不能容许的言论"，这不是老实的态度。

分裂就是割断一切组织联系，把观点上的斗争从在组织内部进行转到在组织外部进行，从纠正和说服同志转到消灭他们的组织，转到激起工人群众（以及一般人民群众）反对分裂出去的组织。

在统一的党的党员之间不能容许的事，在已经分裂的党的各个部分之间是可以容许的而且是必需的。对于一个党的同志，如果他们的思想跟你不一致，不能写文章在工人群众中间不断散布对他们的仇恨、憎恶和蔑视。而对于分裂出去的组织却完全**可以而且应当这样做**。

为什么说应当呢？因为既然发生了分裂，就必须把群众从分裂出去的人的领导下**争取**过来。人们对我说：你在无产阶级的队伍中制造混乱。我回答说：我是有意识有目的地在彼得堡无产阶级的一部分队伍中间即跟着在选举前夕分裂出去的孟什维克走的那一部分人中间制造混乱的，**而且只要有分裂，我就永远要**这样做。

我在圣彼得堡选举前夕对孟什维克进行了激烈的带污辱性的攻击，这确实使无产阶级中间**相信他们并追随他们的**那部分队伍发生了震动。这是我的目的。这是我作为进行左派联盟选举运动的圣彼得堡社会民主党组织的一员应尽的责任。这是因为**在分裂以后**，为了进行这一运动，**就必须粉碎引导无产阶级去拥护立宪民主党的孟什维克的队伍，必须**在他们的队伍中造成混乱，必须激起群众仇恨、憎恶、蔑视这些人，认清他们**已不是**统一的党的党员，而成了阻挠我们社会民主党组织进行选举运动的政治敌人。我当时向**这样的**政治敌人作了**歼灭性的**斗争。而且只要是再发生分裂或者分裂再发展下去，**我永远都要进行**这种斗争。

如果孟什维克在圣彼得堡制造分裂之后，我们不在**孟什维克所领导的**那部分无产阶级队伍中造成混乱，我们就无法进行我们左派联盟的选举运动。遗憾的只是，当时我不在彼得堡[144]，对于**争取**群众摆脱分裂出去的孟什维克的影响这件事出力**不够**，如果能更努力更顺利地完成这一任务，左派联盟是可以在圣彼得堡取得胜利的。关于选举结果的统计数字证明了这一点。

控告在逻辑上的（当然不只是逻辑上的）根本错误正在于狡黠地避开了分裂问题，只字不提分裂的事实，企图把从统一的党的角度看来是正确的要求用到**没有统一、没有**统一的党的条件上来，而且（我在后面将证明这点）之所以没有这种统一，正应归咎于造成分裂并掩盖分裂的中央委员会这个控告人自己！

如果有人用衡量党内所允许的斗争的尺度来衡量分裂情况下的斗争，来衡量从外部来反对党或者（在一个地方发生分裂时）反对某一党组织的斗争，那么这样的人不是像小孩子那样天真，就是伪善。从组织的角度来看，分裂就是割断**一切**组织联系，也就是从说服一个组织内的同志的斗争转到**摧毁**敌对组织、消灭它对无产阶级群众的影响的斗争。从心理的角度来看，很明显，同志间一切组织联系的中断，**已经**意味着相互间的怨恨和敌视达到了**极点**，变成了仇恨。

而在彼得堡的分裂中，还有两个特别因素使斗争变得十分尖锐和无情。

第一个因素是党中央委员会扮演的角色。"根据党章"，中央委员会应当实现统一，无论发生什么样的地方性分裂都不应当引导地方去采取分裂情况下才采取的斗争方式，而应当引导地方向中央委员会申诉，或者具体些说，应当引导地方请求中央委员会协助恢复统一。而**事实上**，中央委员会却是圣彼得堡在选举前夕的分裂的主谋和参加者。正是这种情况，这种在说明代表会议为何决定提出反诉的理由时曾详细地有根有据地加以阐明的情况，使我们不得不认为彼得堡的分裂是**不诚实的**分裂。我在后面要专门讲到这一点，并将坚持由法庭审理被告对原告的这种控诉的法律性质所产生的一些问题。

第二个因素是分裂正遇上彼得堡的选举运动。如果党没有迫不及待的公开的群众性的政治行动或者其他任何一种政治行动，那么在这种情况下发生分裂有时并不意味着需要**马上**进行无情的歼灭战。但是既然有像选举这样的群众性行动，既然无论如何必须立即干预选举,进行选举,那么发生分裂,就意味着要无条件地立刻进行歼灭战,用战争来决定由**谁**进行选举:是社会民主党的地方组织,还是从这个组织分裂出去的集团。在发生这种分裂时,一分钟也不能拖延这样的任务:从分裂出去的那些人的影响下争取群众,粉碎他们的组织,在政治上消灭它们。正是由于布尔什维克**在**孟什维克1月6日分裂出去**之后**对孟什维克作了毫不留情的进攻,才使得首都的选举运动进行得比较和谐,多少像是党的选举运动,至少像是社会民主主义的选举运动。

有人说:斗争吧,只是不要使用有毒的武器。毫无疑问,话说得很漂亮,很动听。但这或者是一句漂亮的空话,或者是含糊其词地表达了我在一开始就发挥过的那个看法:在群众中散布对对方的仇恨、憎恶、蔑视,这种斗争方式在统一的党内是不可容许的,而在分裂的情况下由于分裂的性质本身却是必然的和必要的。上面这句话或者说这个隐喻,无论你怎样琢磨也悟不出丝毫别的实在的内容,而只能理解为要你把如下两种斗争方式区别开来:一种是在一个组织内部进行说服这种抱有诚意而无懈可击的斗争方式,另一种是搞分裂的斗争方式,也就是摧毁敌对组织,激起群众对敌对组织的仇恨、憎恶和蔑视的斗争方式。所谓有毒的武器,就是不诚实的分裂,而不是由于分裂已成事实而进行的歼灭战。

在分裂情况下容许进行的斗争有没有界限呢?这样的斗争是没有也不可能有从党来说是容许的界限的,因为分裂就意味着党已经不存在了。以为可以通过党、通过党的决定等等来反对由于党已分裂而采用的斗争方式,这种想法本身就是可笑的。在分裂情况下的斗争界限,不是党的界限,而仅仅是一般政治的界限,或者确切些说,是一般民事的界限,刑法的界限。如果你同我分裂了,你对我的要求,就不能比对立宪民主党人或社会革命党人或大街上任何一个人的要求更高。

再举一个明显的例子来说明我的意思。最近一号《无产者报》登载了一篇关于科夫诺市选举的地方通讯[145]。记者极不满意崩得同争取派结成反对立陶宛社会民主党人的联盟,并对崩得进行了严厉的批评。对于统一的党的党员来说,可以容许进行什么样的批评呢? 大致应当是这样表示不满:崩得分子同犹太资产者结成联盟去反对另一个民族的社会党人,这种做法是不正确的;这种行为反映了小资产阶级民族主义思想的影响,如此等等。只要我们同崩得还在一个统一的党内,就绝对不容许在选举前夕在群众中散发反对崩得、把崩得分子鄙薄为无产阶级叛徒的小册子。但是,**假如**1903年的历史重演(历史一般是不会重演的,我只是举一个假想的例子),崩得又从党内分裂出去。在这种情况下,如果在崩得派工人群众中间散发小册子,指出他们的领袖是改头换面的资产者、被犹太资产阶级所收买并通过犹太资产阶级把自己的人塞到杜马中去等等,以激起他们对自己领袖的仇恨、憎恶和蔑视,那么,有谁会认真地提出这是不能容许的吗? 谁要是提出这样的申诉,人们就只会当面嘲笑他说:不要制造分裂,不要使用分裂这种"有毒的武器",否则以后就不要抱怨,凡动毒刀的,必死在毒刀下!

上面这一切说过以后,第二段话就没有详细谈的必要了。这段话是说:"孟什维克同立宪民主党搞交易,是为了在立宪民主党的帮助下,违背工人的意志而把自己的人塞进杜马,这就是他们从社会民主党跑到小资产阶级联盟,又从小资产阶级联盟跑到立宪民主党那里的简单原因。"①要是从**统一的党**的角度出发，从形式上表面上分析这段话，你当然可以说：对党员不应当说"搞交易"，而应当说"进行谈判"；不应当说"塞进"，而应当说"选进"；不应当说"自己的人"，而应当说"社会民主党的代表"，等等。但是像这样"分析"引文，或者"评论"用词，除了只能使人付之一笑而外还能得到什么结果呢？使用最侮辱人的、最鄙视人的、把一切都往坏处说而不往好处说的措辞，就是在分裂情况下进行斗争，**以便消灭**那些对当地社会民主主义无产阶级的政治运动**进行破坏**的组织，这难道还不明显吗？因这种用词含有侮辱人和鄙视人的意味而提出申诉，就像一个**工贼**因人们对他态度凶狠而提出申诉一样。而用这样的观点来审查申诉和控告，就等于没有**真正**弄清楚究竟这个人的行为是不是工贼的行为，便判定不容许使用"工贼"这样的字眼。

有各种各样的分裂。我已经不止一次地用过"不诚实的"分裂这种说法。现在就来说明问题的这一方面。中央委员会在控告中说我怀疑某些党员政治上的诚实。这说得太轻了，并且用在上面引用的两段话上也不对。我不只是"怀疑"31个人和唐恩的"政治上的诚实"。我的"有关选举的小册子"的全部内容都是**指责**他们**制造政治上不诚实的分裂**即**对党不诚实的分裂**。而我现在仍然坚持这种指责。任何想把这种指责的重心从制造分裂这个基本的、主要的和根本的问题上转到任何细小的、局部的和派生的问题上去的尝试都是徒劳的。

任何一种分裂都是极大的反党罪行，因为它毁灭党，割断党内的联系。但是有各种各样的分裂，我屡次使用的"不诚实的分裂"

---

① 见本版全集第14卷第316页。——编者注

这种说法,不能用到一切分裂上去。我举例来说明这一点。

假定党内早就有两派在相互斗争,一派主张支持立宪民主党的政策,另一派反对支持立宪民主党的政策。后来发生了重大的政治事件,加剧了立宪民主主义的倾向,加速了立宪民主党同反动派的勾结。主张支持立宪民主党的一派和反对支持的一派发生了破裂。这种分裂像任何分裂一样,必然会引起最尖锐、最激烈的斗争,加剧仇恨心理,如此等等。但是还不能认为这种分裂就是不诚实的分裂,因为除了原则的分歧尖锐化以外,在分裂的背后并没有隐藏任何别的东西。

还可以想象出另外一种分裂。假定党内两个派别彼此同意允许在不同的地方采取不同的策略。如果有一个地方破坏这个共同协议,而且是暗地里破坏,背地里破坏,用出卖同志的方式破坏,那么,大家都一定会同意这种分裂是**不诚实的**分裂。

在彼得堡选举前夕,孟什维克制造的正是这种不诚实的分裂。第一,在全俄代表会议上党内两个派别都曾郑重保证在选举中服从地方组织的地方策略。全俄国只有彼得堡孟什维克违背了这一保证。这是不诚实。这是对党背信弃义。

第二,中央委员会不但不促成党的统一,反而竭力实行派别政策,直接帮助孟什维克制造分裂,而中央委员唐恩非常积极地参加了这一活动。这是不诚实。这是利用党给的权力来反对党。这是口头上维护党的统一,而实际上在暗处从背后用毒刀伤人。

这就是使我不得不鄙视 31 个人和唐恩,认为他们是政治上不诚实的人的**两件**主要事实。我的**整个**小册子正是充满了这种对他们的鄙视。

因此我在法庭上坚持这一指责。我已经尽一切力量利用庭审使审判员了解彼得堡分裂的全部情况,使他们能有充分的把握确定:这是不是诚实的分裂?使用"有毒武器"的是制造这种分裂的人还是同分裂制造者进行最无情的歼灭战的人?

把这个问题彻底弄清,并且是由第一次**真正**加入俄国社会民主工党的各民族社会民主党的代表来弄清,**直到掌握最隐秘的内情和底蕴**,对于在我们党内建立真正党的关系来代替半遮半掩的分裂状态,具有重大的意义。

这次审讯从它的内容说,不是一个形式问题,不是一个狭隘的法律问题。事实上关键并不在于,在统一的党内应当怎样措辞,是说搞交易呢还是说进行谈判,说选进呢还是说塞进,说为了席位出卖选票呢还是说以获得席位为条件把选票合在一起,等等。这样理解问题,当然只能使人付之一笑。

关键在于,我们是真正珍惜我们党的统一,还是容忍分裂,作一番敷衍而避开分裂问题,避开这个毒疮。审判员同志们,彼得堡的分裂是已经过去的全党分裂时期的最后的、确实是最后的尾声呢,还是……还是新的分裂的开始,即用有毒武器在各地进行的新的斗争的开始,这要取决于——也许要在不小的程度上取决于——你们法庭的判决。

俄国社会民主工党的不稳定的统一是将得到巩固还是受到削弱,这要取决于你们的判决。

二　对彼得堡分裂的实际经过的简述

1906年俄国社会民主工党十一月代表会议一致决定,在选举问题上一律服从社会民主党**各地方**组织的决定。

列宁在这次代表会议上宣称:"希望维堡区也不要违反彼得堡委员会的决定!"(见圣彼得堡社会民主党组织的孟什维克派的报告)这就好像是事先提醒互相都要承担义务。

在《无产者报》第8号(1906年11月)的一篇专论中提出,布尔什维克的任务是严厉批评同立宪民主党结成联盟,但要**服从地方组织**。

就在1906年11月,中央委员唐恩同志**"纯粹以私人的身份"**(根据他在法庭上的声明)参加了费多罗维奇工程师召集的会议,出席会议的有米留可夫和纳波柯夫(这两人是立宪民主党中央委员会和彼得堡委员会的领袖),有社会革命党的一个领袖和彼舍霍诺夫(人民社会党的领袖)。他们谈论了选举问题,**但不是谈的彼得堡的选举**(唐恩同志的话)。唐恩同志认为没有必要把这次会议的情况向中央委员会和彼得堡委员会汇报。

1906年12月,唐恩同志出席了关于选举问题的情况通报会,参加会议的有俄国社会民主工党彼得堡委员会以及立宪民主党、人民社会党和社会革命党的代表。唐恩声明他是中央委员会的代表,但他发表了**"个人的看法"**,认为圣彼得堡最好**按区达成协议**。

1907年1月4日,中央委员会会议通过决定,以最后通牒方式要求彼得堡社会民主党组织代表会议**分成市代表会议和省代表会议**。布尔什维克中央委员(马克西莫夫、季明、斯特罗耶夫)投票反对这个实际上等于由中央委员会分裂彼得堡组织的步骤。

1907年1月6日,圣彼得堡社会民主党组织举行代表会议解决选举问题。参加会议的有39个布尔什维克和31个孟什维克。孟什维克根据两个形式上的理由退出了代表会议:(1)他们认为代表名额分配不合理;(2)代表会议拒绝根据中央委员会的要求分成市代表会议和省代表会议。

在分析这两个理由时,我们举了三件事实:(1)经1月6日代表会议确认的代表名额是42个布尔什维克和28个孟什维克。孟什维克在**他们自己刊印的传单**中说,布尔什维克应当算做35个,孟什维克应当算做32个,**也就是承认**布尔什维克占多数。(2)由于分裂,圣彼得堡社会民主党组织的下次代表会议是在中央委员会特设的一个委员会的特别监督下选举出来的,那次选出参加3月25日代表会议的代表是92个布尔什维克和41个孟什维克。新的选举证实布尔什维克更占多数。(3)无论在俄国的哪一个城市,无论是在维尔纳、敖德萨或是巴库,中央委员会都没有要求把代表会议分开。因此这个最后通牒式的要求不仅是不合法的,而且显然是从派别考虑出发专门为了对付彼得堡才提出来的。

孟什维克退出代表会议以后,选举了自己的执行机关,印发自己的传单(有孟什维克的中央委员参加,包括唐恩同志在内),进行独立的选举运动。他们撇开布尔什维克,单独同各民粹派政党(人民社会党、社会革命党、劳动派)达成协议,以便共同去和立宪民主党订立协议。

彼得堡的资产阶级报刊(《言语报》、《国家报》、《同志报》等等)热烈欢迎孟什维克的分裂活动,称他们是"温和的社会党",号召他们同布尔什维克进行英勇的斗争,欢呼"布朗基主义者"遭到孤立,等等。布尔什维克除了1月6日向民粹派建议结成**反对**立宪民主党的联盟之外,没有参加任何谈判。

1月14日《言语报》在社论中答应,如果反对布尔什维克的联盟缔结成功,就可以把**工人选民团的一个席位**让给孟什维克。

　　孟什维克在1月17日的会议上决定:他们将把他们得到的一切席位都交由工人选民团分配。1月19日《同志报》刊载了这一消息。

　　1月15日,米留可夫谒见了斯托雷平,此后立宪民主党明显地向右转了。

　　1月18日召开了孟什维克、民粹派和立宪民主党的代表会议。立宪民主党给他们两个席位,而他们要求三个,结果同立宪民主党决裂。

　　1月20日《同志报》登载了孟什维克反对布尔什维克和破坏布尔什维克选举运动的传单摘要。我在同一天写了小册子《圣彼得堡的选举和31个孟什维克的伪善面目》;这本小册子在三天后出版。

　　1月25日彼得堡成立了左派联盟。28日召开了圣彼得堡**市**工人选民团选出的(1月7日和14日选出的)各工厂的初选人大会。271人中有200—250人出席了大会。大会以多数票通过了**支持左派联盟**的决议(只有10至12票反对)。决议特别号召孟什维克**"不要支持(即使是暗中支持)立宪民主党"**。

　　在1月17日曾答应把"自己的"席位交给工人选民团的孟什维克,这次不但不听**全体**初选人大会的呼声,反而公然宣称这是"社会革命党和布尔什维克的巫婆神汉聚会"。

　　1月30日举行了**社会民主党**初选人的会议。由彼得堡委员会指定了复选人的候选人。

　　1月29日左派联盟号召科洛姆纳区的非党进步选民废除他们同孟什维克的**书面**协定,因为在这个协定中(以及在孟什维克的**铅印**传单中)附有这样一个条件:**"孟什维克复选人不受民粹派和**

布尔什维克联盟提出的有关分配代表席位的条件的约束"(第 2 条第 3 项)。规定这个条件,显然是打算在第二级选举中能够同立宪民主党一道来投票反对左派联盟。

2 月 7 日彼得堡进行选举。黑帮危险被彻底驳倒了。立宪民主党得到 28 798 票,左派联盟得 16 703 票,十月党得 16 613 票,君主派得 5 270 票。左派联盟只要在 5 个选区从立宪民主党手里夺到 1 573 票,就可以在全彼得堡取得胜利。在科洛姆纳区左派联盟获得的票数总共只比立宪民主党少 196 票。

这就是事情的简短经过。从这里可以清楚地看到,实质上圣彼得堡的选举运动是被孟什维克破坏的。实质上分裂的阴谋早在 11 月就已开始,而且是由中央委员唐恩开始的。实质上正是唐恩和孟什维克在中央委员会中的其他委员在圣彼得堡实行分裂来反对一个地方组织的多数派……

1907 年 4 月印成单行本　　　　　　　译自《列宁全集》俄文第 5 版
　　　　　　　　　　　　　　　　　　第 15 卷第 291—308 页

彼得堡的改组和分裂的消灭

(1907 年 5 月 2 日〔15 日〕)

读者从合法日报上已经看到,俄国社会民主工党彼得堡组织终于完成了该组织大多数党员早已确定的改组工作。这个地方组织的全体党员特别选出的代表会议[146]已经在 1907 年 3 月 25 日召开,会议讨论了彼得堡委员会的改组方案(载于《无产者报》第15 号)和孟什维克的反方案(载于《俄国生活报》第 51 号),并且没有改动多少就通过了彼得堡委员会的改组方案。

这一组织章程的精神实质就是彻底实行民主集中制的原则。领导整个组织的是**代表会议**,代表会议由全体党员用直接选举的办法(只在有不可克服的困难时才用二级选举的办法),按照一定比例(第一次代表会议的代表是每 50 个党员选 1 个)选出。这个代表会议是常设机关,每月至少召集两次,它是彼得堡组织的最高机关,每半年改选一次。

代表会议选出彼得堡委员会,其委员**从全体党员中产生**,而不是仅仅从在这个地方组织的某个区工作的党员中产生。

这种类型的组织消除了各区在代表名额分配上的一切不平等现象,而主要的是:废除了臃肿的、多级的和不民主的由各区代表组成彼得堡委员会的制度,造成了直接由代表会议这个统一的领导机关团结起来的全体党员的真正统一。这个代表会议的组织方法，保证了大多数优秀工人能够参加而且必然参加对地方组织的一切工作的领导。

代表会议已经实现了这一新型的组织，宣布自己是常设机关，选出了由19位同志组成的新的彼得堡委员会，举行了两次常会（确切些说是一次常会的两次会议）来解决一切日常问题。

为了说明被代表会议否决的孟什维克的改组方案是怎么回事，我们现在只指出一个最重要的情况。孟什维克的方案也规定彼得堡组织的领导机关是这样的代表会议（他们称之为总委员会）。可是，按照这个方案，代表会议的执行机关彼得堡委员会完全被取消了！孟什维克的方案规定："市总委员会划分为一系列专门委员会（宣传、鼓动、文化、工会、财务等）以进行日常工作。"总委员会选出的由5人组成的"主席团负责代表彼得堡组织同其他政党打交道并负责同我党中央机关联系"。

由一些专门委员会进行**日常工作**，而这些委员会零星分散，没有由代表会议的一个执行机关把它们统一起来，这种组织的工作能力如何是可以想象的！民主**集中制**在这里变成了空中楼阁。实质上这是实行著名的拉林计划——把社会民主党变为一个在尽量不形成统一组织的工人中进行**宣传的团体**——的一个步骤。不用说，孟什维克的这个方案立即遭到了否决，现在可以做的唯一的事情就是请方案的制定者给我们介绍一下俄国社会民主工党内**孟什维克的委员会**或组织根据这些原则进行工作的经验了。

其次，特别需要指出的是：彼得堡组织的新的代表会议**结束了彼得堡的分裂**。大家知道，在第二届杜马选举时，孟什维克在彼得堡制造了分裂，根据某些形式上的所谓原因退出了1907年1月6日的代表会议，即解决了俄国社会民主工党参加彼得堡选举运动问题的代表会议。后来,在俄国社会民主工党中央委员会**专门设立**的**特别**委员会(其中包括拉脱维亚社会民主党在中央委员会中的委员)的**直接**监督下,又进行了新的代表会议代表的选举,这个代表会议已于3月25日首次举行。因此,3月25日的代表会议(现在它仍在继续工作,因为如我们上面所说,它宣告自己是常设机关)便成为彼得堡最近一年来**第一个**组织得在代表资格、在代表的合法性和代表的人数等等方面**没有丝毫争议**的社会民主党代表会议。

对于布尔什维克和孟什维克斗争得最为激烈的彼得堡组织来说,这还是**前所未有**的事情。无论是在讨论抵制问题的代表会议(1906年2月)[147]上还是在讨论支持"杜马"组阁的要求问题的代表会议(1906年6月)[148]上,布尔什维克虽然都获得了胜利,但是,每次会议开头总要发生代表名额的分配是否合理的争论。

因此,利用这种没有争议(第一次没有争议)的、显示彼得堡社会民主党两派力量的材料来说明刚刚过去的在彼得堡选举前夕发生的分裂的真正原因和真正意义,那是非常有教益的。大家知道,孟什维克曾用两个形式上的理由来为这一分裂辩护:(1)1月6日代表会议的代表名额分配不合理(他们责难布尔什维克虚报票数、特别是虚报店员的票数,责难布尔什维克非法宣布孟什维克的代表资格无效);(2)代表会议拒绝执行中央委员会关于将代表会议分为市代表会议和省代表会议的要求。

第二个"理由"实际上就是由中央委员会(即中央委员会中的孟什维克委员)**参与**制造彼得堡的分裂,关于这一点,最近几号的《无产者报》已经说得非常清楚了。这一点其他城市的所有党员也是容易理解的,因为他们都清楚,中央委员会**无论在什么地区都没**有要求过**而且也不可能要求**把全市代表会议分成市代表会议和省代表会议。中央委员会在彼得堡所以要以最后通牒方式提出这个要求,是为了分裂圣彼得堡组织,然后再去帮助那些分裂出去的孟什维克开始(或继续)同立宪民主党进行谈判。

但是,分裂的第一个"理由",除了彼得堡的党员以外,全党党员都还根本不清楚,而且还有争论。他们无法判断1月6日代表会议代表名额的分配是否合理,无法判断彼得堡的布尔什维克和孟什维克实际的力量对比。要用文件来证明这一点,对于社会民主党的报刊是一项难以胜任的任务,因为只有特别委员会才有可能收集和研究这些文件。但是,由于3月25日代表会议代表名额的分配数字是经过审查的,没有异议的,所以现在我们就能够向全党说明孟什维克为选举前夕彼得堡的分裂所作的辩护究竟有多少理由。为了说明这一点,只要把选举1月6日和3月25日两次代表会议代表时各区选布尔什维克和选孟什维克的社会民主党人人数的材料作一比较就行了。

关于3月25日代表会议代表选举时投票情况的材料是没有争议的:这些材料经过中央的一个委员会的审查,并且得到了布尔什维克和孟什维克双方的承认。

为了使有关1月6日代表会议代表选举时投票人数的材料不致引起争议,我们引用孟什维克的数字。31个孟什维克在退出1月6日代表会议时曾经发表一项特别声明——一份印刷品,标题是:《为什么我们要退出代表会议?(出席代表会议的31个代表致中央委员会的声明)》。在《无产者报》第12号上,我们已经分析过这份印刷品①。现在我们来引用一些刊登在这份印刷品的第7、8

---

① 见本版全集第14卷第305—309页。——编者注

两页上的"关于彼得堡组织代表会议〈1月6日的代表会议〉代表选举人情况的数字"。这里——列举了11个区中布尔什维克**所得的票数**①和孟什维克**所得的票数**,同时所有的选票又分为无争议的和有异议的两种,有异议的选票又分为布尔什维克有异议的和孟什维克有异议的两种。

在这里没有必要照搬这些详细的划分。后面我们将专门提一下孟什维克所作的**一切**更正。现在为了进行比较,我们引用布尔什维克和孟什维克"所得的票数"的**总和**,就是说,把无争议的和有争议的票数放在一起,以便每个党员能够自己通过这些数字和选举3月25日代表会议代表的票数的对比,看出1月6日代表会议代表的选举有**哪些**不合理的地方,这些不合理的地方**出在哪一方**。

在31人的印刷品里,没有关于彼得堡组织第12区即店员区的表格材料,他们说(原文第4页),由于选举不民主,彼得堡委员会只允许313个加入组织的店员选出5名代表,即60人选1名代表,而不是50人选1名代表(一般比例)。孟什维克根据这个理由就**完全**不承认店员的选票。既然5个代表当中有1个孟什维克和4个布尔什维克,我们就把赞成孟什维克的票算做63票,把赞成布尔什维克的票算做250票。

现在,我们把社会民主党彼得堡组织的所有12个区分为6个无争议的和6个有争议的。列入有争议的区的,是那些或者孟什维克或者布尔什维克对1月6日代表会议代表选举中对方所得的**过半选票有异议**的区。这些区是:维堡区(在孟什维克所得的256

---

① 这些数字又分为布尔什维克的票和异端派("革命联盟纲领派")的票。这两者都是布尔什维克,不过两者之间在是结成左派联盟还是提出纯粹社会民主党的名单问题上有争论。

票当中,对234票布尔什维克有异议,认为它们不尽合理),戈罗德区(在孟什维克所得的459票当中,对370票布尔什维克有异议),莫斯科区(在孟什维克所得的248票当中,对97票布尔什维克有异议,有107票孟什维克有异议;对布尔什维克所得的185票孟什维克**全都**有异议①),铁路区(在布尔什维克所得的21票当中,有异议的是5票;在孟什维克所得的154票当中,有异议的是107票),爱沙尼亚区(对布尔什维克所得的全部100票孟什维克都有异议),店员区(孟什维克对所有的313票**完全不承认**,宣布这些选票——仅仅是这些选票——全部作废;声称进行选举的是组织的上层,而不是组织的全体成员)。

属于无争议的区有:瓦西里耶夫岛区、纳尔瓦区、环城区、拉脱维亚区(对这4个区的所有票数都没有争议),还有涅瓦区(在**布尔什维克**所得的150票当中,有异议的是15票;在**孟什维克**所得的40票中,有异议的是4票)和彼得堡区(在**孟什维克**所得的120票当中,有异议的是22票)。

各区票数有如下表②:

从上述统计中可以得出如下结论:

(1)彼得堡社会民主党工人对圣彼得堡组织的改革(3月25日的代表会议的目的)所表示的关注,大大超过了对城市选民团的杜马选举(1月6日的代表会议的目的)的关注。

---

① 凡被另一方认为不尽合理、未经审查、数字夸大但还不是全属虚报的选票,一概叫做有异议选票。在1月6日代表会议上,布尔什维克决定将**全部**有异议选票产生代表的比例提高,**规定它们**每75票出1名代表,而不是每50票出1名代表。

② 见本卷第289页。——编者注

俄国社会民主工党圣彼得堡组织	选举1月6日代表会议代表时得票数			选举3月25日代表会议代表时得票数		
区名	布尔什维克	孟什维克	共计	布尔什维克	孟什维克	共计
无争议的区　瓦西里耶夫岛区	329	339	668	798	435	1 233
彼得堡区	161	120	281	528	254	782
纳尔瓦区	24	6	30	202	231	433
涅瓦区	150	40	190	585	173	758
环城区	451	63	514	737	—	737
拉脱维亚区	117	47	164	100	—	100
共　计	1 232	615	1 847	2 950	1 093	4 043
有争议的区　维堡区	97	256	353	155	267	422
戈罗德区	220	459	679	701	558	1 259
莫斯科区	185	248	433	331	83	414
铁路区	21	154	175	29	105	134
爱沙尼亚区	100	—	100	150	—	150
店员区	250	63	313	300	50	350
共　计	873	1 180	2 053	1 666	1 063	2 729
总　计	2 105	1 795	3 900	4 616	2 156	6 772

社会民主党组织中党员的人数在两个半月当中是**不会**发生很大变化的。3月份举行集会和统计选票时警察的迫害并没有减轻,甚至更厉害了(大学里不能集会,对工人的迫害加剧)。

社会民主党组织中**投票人数**增加了半倍多,在$2/3$以上(由3 900人增加到6 772人)。

(2)布尔什维克在投票人数较多情况下对孟什维克的优势,**大大超**过在投票人数较少情况下所占的优势。1月6日孟什维克在3 900选票当中得了1 795票,即46%,而3月25日他们在6 772选票当中得了2 156票,即32%。

(3)在无争议的区(前6个区),**布尔什维克**和**孟什维克**所得的

票数都增加了(而布尔什维克所得的票数是大大增加)。**在有争议
的区(后6个区),布尔什维克所得的票数增加了,而孟什维克所得
的票数减少了。**

布尔什维克所得的票数由873增加到1 666。**孟什维克所得
的票数则由1 180减少到1 063。在有争议的几个区里并不存在
孟什维克的优势。**

这一事实解答了哪一方面应对造成分裂负责的问题。

得到监督的并由中央的一个特别委员会审查过的选举表明:
在有争议的几个区里,布尔什维克的票数少于实际的票数,而孟什
维克的票数**多于**实际的票数!!

孟什维克口诛笔伐,说布尔什维克在有争议的几个区虚报了
票数。布尔什维克也这样谴责孟什维克。得到监督的选举使布尔
什维克的票数增加了,使孟什维克的票数减少了。这难道不是再
确凿不过、再肯定不过地证明布尔什维克有理吗?

无论是借口有些区的材料可能带偶然性,或是借口我们把1
月6日的有争议的票和无争议的票放在一起,都不能成为反驳这
一结论的理由。我们说第一个借口不成其为借口,因为我们之所
以故意不单举个别的区,而是把各区分成**两类**,拿6个区同6个区
对比,正是为了消除**任何**认为带偶然性的借口。如果单举个别区
的材料(如莫斯科区!!),那对我们会有利得多。

第二个借口也不成其为借口,因为我们故意用**孟什维克**的数
字作为根据,对这些数字他们自己只作了无足轻重的订正。按照
31个孟什维克用书面方式在他们的传单里发表的意见(第7页),
"实际上不应承认的"只是以下的票:涅瓦区布尔什维克150票当
中的15票和爱沙尼亚区布尔什维克的全部票数,莫斯科区孟什维

克248票当中的107票和铁路区孟什维克154票当中的41票——就是说，一共只有115张布尔什维克的票和143张孟什维克的票。店员区的选票（全部313票）孟什维克是全部否认的。显而易见，这些订正根本动摇不了我们所得出的总的结论。

3月25日的代表会议（它的代表的选举经过中央的一个委员会的特别审查并且被大家公认没有争议）**已经证明**：在1月6日代表会议代表名额问题上的争论中，真理完全在布尔什维克方面，布尔什维克占有很大优势；而孟什维克的优势已被彻底驳倒。当然，可能还会有人反对我们的论证，他们可能会说，3月25日的代表会议是在选举运动后举行的，因而它反映出社会民主党工人是在1907年1月6日以后才在这个问题上转到布尔什维克方面。但是，这种反对意见并不能削弱，反而更能说明（尽管是用稍微不同的方式说明）在选举问题上造成分裂的责任恰恰应当由孟什维克承担。

彼得堡组织在第二届国家杜马选举中出现分裂，责任**应当完全由孟什维克承担**。我们一直坚持这一点，并且有责任向党证明这一点。

现在我们已经彻底证明了这一点。

载于1907年5月2日《无产者报》第16号

译自《列宁全集》俄文第5版第15卷第267—275页

谈谈全民革命的问题

(1907 年 5 月 2 日〔15 日〕)

从某种意义上说,只有全民的革命才能够是胜利的革命。这种说法在下面这种意义上是对的,即要使革命取得胜利,就必须把大多数居民团结起来,为实现这一革命的要求而斗争。这大多数居民或者完全由一个阶级组成,或者由具有某些共同任务的几个不同阶级组成。对目前的俄国革命来说当然也是这样:说俄国革命只有在它成为全民革命的时候才能取得胜利,**是说**俄国革命要取得胜利,就必须使大多数居民自觉地参加斗争。

然而,通常所说的"全民"革命的正确含义也只限于此。老实说,除了这种老生常谈(只有大多数人才能战胜有组织的少数统治者)之外,再不能从这一概念得出其他什么结论了。因此,如果把这一概念当做一般公式、模式和策略准则来运用,那是根本不对的,是完全反马克思主义的。马克思主义者应当从"全民革命"这一概念中看到,尽管几个**不同的**阶级在某些有局限性的共同任务上有一致的地方,但还必须正确分析这些阶级的各种不同的利益。无论在什么情况下,都不能用这一概念来**模糊**和掩盖对某一革命过程中的阶级斗争的分析。如果这样运用"全民革命"的概念,就是完全放弃马克思主义,就是倒退去玩弄小资产阶级民主派或小资产阶级社会党人的庸俗词句。

我们的右翼社会民主党人常常忘记这一真理。他们还常常忘记，**革命中各阶级的相互关系是随着革命的进步而变化的**。革命的任何真正进步都要吸引更广大的群众参加运动，因而就要求更清楚地认识阶级利益，因而就要求更明确地划分各种政治类别即政党类别和更确切地描绘各个不同政党的阶级面貌，因而就要求更要以具体的、明确的、各个阶级的**不同的**政治经济要求来代替笼统的、抽象的、模糊不清的要求。

例如，俄国资产阶级革命像任何资产阶级革命一样，不可避免地是在"政治自由"、"人民利益"这种笼统的口号下开始的，而只有在斗争过程中，只有在实际上实现这一"自由"并以**一定的**内容去充实"民主"这一空洞字眼的时候，群众和各个阶级才会明白这些口号的具体含义。在资产阶级革命前夜，在资产阶级革命开始之时，所有的人都为民主而斗争：既有无产阶级，也有农民和城市小资产阶级分子，还有自由派资产者和自由派地主。只有在阶级斗争过程中，只有当革命经过了一个相当长的历史发展时期以后，才能看出各个阶级对这个"民主"的不同理解。同时，还能看出，不同的阶级有着截然不同的利益，需要它们为了实现同一个"民主"而采取**不同的**经济措施和政治措施。

只有在斗争过程中，只有在革命的发展过程中，才可以看清楚：某一个要求"民主"的阶级或阶层不愿意或不能够像另一个阶级走得那么远，因而在实现"共同的"（所谓共同的）任务的时候，为了确定实现这些任务的**方式**，例如为了确定自由和民权制度实现的深度、广度和彻底程度，为了确定用什么方式把土地转交给农民等等，各个阶级会展开激烈的斗争。

我们不得不提起这些被人遗忘的真理，是为了向读者说明不久以前两家报纸进行的争论。这两家报纸就是《人民报》和《我们的回声报》，下面就是前者反对后者的一段话：

"《我们的回声报》写道：'居民按党派划分，是革命在第二届杜马选举时期所得到的最重要的政治教训和最重要的政治成果，这种划分根据全国范围的事实清楚地表明，地主和资产阶级的广大阶层向右转了。'完全正确；但是，各地的'左派'代表——社会革命党人、劳动派和人民社会党人——的情绪和代表当选证书也'清楚地表明，在全国范围内'：目前'群众'在不小程度上都充满着立宪民主党式的'立宪幻想'；'群众'对杜马的独立活动都寄予厚望：他们极为关心'保全'杜马的问题。《我们的回声报》的著作家们却没有注意到这种最重要的现象。他们只注意群众派**谁**参加杜马，而不注意**为什么**群众派这些人参加杜马。既然如此，《我们的回声报》是否同意，它让无产阶级忽视'全民的'任务，也就是让无产阶级不仅同资产阶级'社会'隔绝，而且同小资产阶级'群众'隔绝呢？"

这一段话极有教益，意味深长，它暴露了机会主义的三大错误：第一，把代表的情绪同选举的结果对立起来，这就是以代表的情绪来暗中代替人民的情绪，这就是撇开更深刻、更广泛、更带根本性的东西，而看重更渺小、更狭隘、更带随意性的东西①。第二，用估计这种或那种"情绪"的问题来代替无产阶级坚定不移的政治路线和策略的问题。第三(**这也是最主要的**)，为了"全民革命"这个庸俗民主派的偶像而用同"小资产阶级群众""**隔绝**"的危险来吓唬无产阶级。

对于前两个错误，我们尽量谈得简单些。选举触动了群众，它不仅表明了群众的暂时的情绪，而且表明了他们的**根本利益**。马克思主义者决不应该撇开阶级利益(通过选举中的党派组合表现

---

① 至于"代表当选证书"，我们完全不同意这个理由。谁会去注意革命的和机会主义的委托书和代表当选证书呢？谁不知道有多少报纸由于发表革命的委托书而被查封呢？

出来的阶级利益)而去看重暂时的情绪。代表的情绪也许是沮丧的,但是群众的经济利益却能激起群众性的斗争。因此,如果估计"情绪"有必要,那是为了确定采取某种行动、步骤或提出某种号召的**时机**,而决不是为了确定无产阶级的**策略**。否则就是以看"情绪"行事的无原则做法来代替坚定的无产阶级策略。这里谈的始终是**路线**问题,而决不是"时机"问题。无产阶级目前恢复了元气还是没有恢复元气(像《人民报》所想象的那样),这一点之所以重要,是对估计**行动**的"**时机**"来说的,而不是对确定工人阶级**行动的策略路线**来说的。

第三个错误是最根本最重要的错误:害怕社会民主党或者(也就是)无产阶级会同小资产阶级群众"隔绝"。这种害怕实在太不应该了。

既然社会革命党、劳动派和人民社会党实际上在追随立宪民主党(这是过去和现在常有的事,从投票选举戈洛文起,直至采取死一般沉默的著名策略等等),社会民主党就**必须**同小资产阶级群众隔绝。因为二者必居其一:或者小资产阶级群众的摇摆反映小资产者的动摇本性,表明革命的发展很艰难,但并不意味着革命已经结束和革命力量已经耗尽(这是我们的看法)。这时,社会民主主义的无产阶级把自己同小资产阶级群众的任何动摇隔绝开来,也就是**教育**这些小资产阶级群众走向斗争,帮助他们作好斗争的准备,提高他们的觉悟,加强他们的决心和坚定性等等。或者小资产阶级群众的动摇意味着当前的资产阶级革命完全结束(我们认为这种观点是**不对**的,虽然社会民主党中的极右分子倾向于这一观点,但没有一个社会民主党人直接而公开地维护这种观点,这是毫无疑问的)。这时,社会民主主义的无产阶级**也必须**把自己同小资产阶级的动摇（或叛变行为）隔绝开来，以便培养工人群众的阶级意识，帮助他们作好更有计划、更加坚定和更加坚决地参加下一次革命的准备。

在这两种情况下，在任何一种情况下，社会民主主义的无产阶级都绝对必须同**充满立宪民主党式的幻想**的小资产阶级群众隔绝。社会民主主义的无产阶级无论在什么情况下都应当执行真正革命阶级的坚定不移的政策，不能因听到关于全民任务、全民革命的任何反动的或庸俗的胡说而不知所措。

可能，在某种力量组合下，在各种不利条件的某种凑合下，绝大多数资产阶级阶层和小资产阶级阶层会暂时变得奴颜婢膝或胆怯。这会是一种"全民性的"胆怯，但是社会民主主义的无产阶级为了整个工人运动的利益，一定要把自己同这种习性**隔绝开来**。

载于1907年5月2日《无产者报》　　　译自《列宁全集》俄文第5版
第16号　　　　　　　　　　　　　　第15卷第276—280页

关于俄国社会民主工党十一月军事和战斗代表会议的记录[149]

(1907年5月2日〔15日〕)

《人民杜马报》第20号(今年4月3日)登载了如下一个文件：
"俄国社会民主工党中央委员会给各级党组织一封信：'最近出版
了一本小册子，标题是《军事和战斗组织第一次代表会议记录》①。
为了消除可能发生的各种误解，中央委员会认为有必要就这件事
作如下说明：(1)某些军事和战斗组织的代表召开这次代表会议，
不但没有得到中央委员会的同意，甚至置中央委员会的坚决反对
于不顾，因为中央委员会认为战斗组织搞任何形式的联合都是不
能允许的。(2)中央委员会技术组并没有得到中央委员会关于参
加"代表会议"的许可，该组的一个成员却背着中央委员会擅自参
加了代表会议，因而受到了中央委员会的严厉谴责。此外，还应当
补充一点：波罗的海沿岸边疆区的军事组织也不顾社会民主党拉
脱维亚边疆区中央委员会的决定参加了代表会议。'"

读者从这里可以看出，我们的中央委员会非常气愤，急不可待
地在全党面前诽谤这次代表会议，列举一些形式上的缺点来掩盖

---

① 中央委员会把标题简化了，原来的标题是《俄国社会民主工党……组织……
代表会议……(1906年11月)》(1907年圣彼得堡版，定价60戈比，序言Ⅳ
页＋正文168页)。

事情的实质。

我们建议全体党员都来看看《俄国社会民主工党军事和战斗组织的会议记录》这本极有意思的小册子,这样他们自己就会相信中央委员会的气愤和不满是可笑的。至于我们,那么我们认为谈谈——哪怕是简单谈谈——这本书(以及由它引起的"冲突")还是必要的。

先简单说说中央委员会充满火气的声明中涉及的形式方面的问题。代表会议是不顾中央委员会的反对而召开的,因为中央委员会认为"战斗组织搞任何形式的联合都是不能允许的"。火气不小,只是完全不合逻辑。如果它根本不把**代表会议**包括在"各种形式的联合"之内,那它就是无的放矢。如果战斗队员的会议("代表会议")这样一种"形式的联合"**也**是不能允许的,那我们就疑惑不解了:既然一些组织是**党的**组织,既然它们并没有被党代表大会或中央委员会解散,那怎么能禁止这些**党**组织的代表**开会**呢?? 显然,中央委员会不敢直言不讳地说出它的真正想法(最好完全解散一切战斗组织),因此它的气愤是可笑的。实际上,要做得合乎情理,它就应该**从实质上**反对代表会议的**某些措施或决议**,而不是叫嚷"不许召开会议"。这就不由得使人怀疑:是不是他们想用这种叫嚷来阻碍从实质上提出问题呢?

现在我们来回顾一下俄国社会民主工党军事和战斗组织代表会议召开的前后经过。去年秋季,在这个问题上彼得堡军事组织和中央委员会发生了冲突。前者根据"党章**规定**地方组织有召开代表会议的权利",筹划召集军事和**战斗组织**的代表会议①。中央

---

① 见中央委员会刊印的《俄国社会民主工党在军队中进行工作的组织第一次代表会议记录简短摘要》,这是由中央委员会印刷所刊印的 13 页的通报。

委员会反对彼得堡军事组织的主动精神,并且不允许战斗组织参加。结果召开了**两个代表会议**:(1)**只有军事组织参加的十月代表会议**,有中央委员会的代表参加;(2)既有军事组织又有**战斗组织**参加的**十一月代表会议**,没有中央委员会的代表参加(虽然中央委员会**指派**了一个委员参加**这次代表会议**)。参加**十月代表会议**的有**8个**军事组织的代表。参加十一月代表会议的有**11个**军事组织和**8个**战斗组织的代表。在这**两个代表会议**上,俄国社会民主工党彼得堡委员会的代表和党的其他工作人员有发言权。

十月代表会议的决议由中央委员会印成了上述的通报(《**简短摘要**》),**十一月代表会议**的决议载于《无产者报》第9号,现在又印成了《**记录**》单行本。我们在文章开头指出中央委员会反对代表会议,就是指**十一月代表会议**。

当然,召开两个代表会议这一点应当受到指责。在统一的党内这无疑不是一件好事。现在我们撇开形式方面不谈,而提出产生**两个代表会议**的冲突的**实质**问题:战斗组织参加代表会议是有利还是有害?十月代表会议的决议写道:"……专门召开军事组织的代表会议来讨论怎样组织军队去参加人民武装斗争的问题,是党的迫切需要。战斗队的代表来参加代表会议,不会给会议的工作成就带来任何好处。"(中央委员会的通报第4页)完了。这就是全部理由。

这些理由显然是不正确的。就算一切最坏的事情战斗队员都有份,但他们参加过以往的一些起义总是事实。单单因为这一点,同他们一起开会就是有利的和必要的。向党**揭发**他们的**有害**倾向,在他们出席的代表会议上**指明**他们的活动具有怎样怎样的性质,是有好处的。无论中央委员会还是参加会议的**任何**一个代表都可以而且有责任这样做。代表会议的决议**无论在哪方面都不能**约束任何人,无论对中央委员会还是对地方委员会来说,这些决议都不是绝对必须遵守的。在这种情况下,**害怕**一起开会简直是可笑。

如果中央委员会现在公开指责代表会议有战斗队员参加而**不同样公开地指责**这个代表会议的任何一项决议,那就是说,这种代表会议已经**推翻**了中央委员会的看法!

为了能尽快把话题转到这个代表会议的决议上来,我们拿代表会议关于**战斗组织的任务**的决议作例子。这项决议写道:"军事和战斗组织代表会议认为,战斗组织的主要任务是:(1)宣传对武装起义思想的正确看法,说明在哪些具体条件下武装起义才能够发生、继续进行和胜利完成,因为甚至在党的工作人员中间,对武装起义也存在着极其模糊和不正确的看法;(2)为顺利地举行武装起义准备一切必要的技术条件;(3)把俄国社会民主工党周围有觉悟的工人骨干组织起来,以便进行积极的行动;(4)为了进行战斗,帮助居民中的革命民主阶层组织起来,同时加强社会民主党对他们的战斗领导。"

这样,战斗组织的主要任务首先是**宣传对武装起义的正确看法**。关于军事和战斗组织在武装起义中的作用的决议更加鲜明地重申了这个意思:"战斗组织的作用是:在人民群众中宣传对武装起义的正确看法……"

难道我们的孟什维克中央委员会连**这样**的会议都认为是"不能允许的"?? 或者,它之所以急急忙忙拿出一块挡箭牌,打官腔说"任何集体行动甚至集体的会议都是不能允许的",**是为了**逃避一个不愉快的责任:在党面前**明确**说出它认为战斗组织的**哪些任务**

是正确的,哪些任务是不正确的??

问题就在这里,在孟什维克中间对于战斗组织普遍抱着一种极端伪善的态度:他们不反对利用**非党**战斗组织的活动的某种"成果",但对于**党的**战斗组织,他们却像长舌妇那样散布流言蜚语,以便**完全避开**如何在群众中宣传对武装起义的正确看法等问题。

在这些流言蜚语中有一种流行的说法:战斗队员(跟着布尔什维克)过分看重起义的**技术**。

好极了,先生们! 你们责备我们过分看重"技术"吗? 为了弄清这个问题的真相,那你们是否可以看一看社会民主党孟什维克军事代表会议(十月)的决议和布尔什维克军事代表会议(十一月)的决议呢?

关于在军官中的工作问题。孟什维克代表会议(十月)的决议写道:

"代表会议认为,在军官中进行革命宣传是一项重要的任务,不仅因为在和平时期,社会民主党军事革命组织在军官中进行工作,在许多情况下都有助于我们军队中的工作,而且因为在武装起义时期,革命的军官能够成为起义的技术领导者。因此代表会议建议各军事革命组织重视在军官中进行的工作,努力设法使他们变成社会民主党的自觉的支持者。"(中央委员会的通报第13页)

布尔什维克代表会议(十一月)的决议写道:

"鉴于(1)军官的社会阶级成分和军官作为一帮职业军人的利益,迫使他们竭力要保持常备军和保持人民的无权地位,(2)因此,在目前的资产阶级民主革命中,整个军官阶层起着反动的作用,(3)目前一些有反政府情绪的军官集团并没有起积极的作用,(4)然而,个别的军官有可能转到我们党这方面来,这些军官在军队起义和军队转到人民方面的时候,以及在为武装起义进行技术准备的时候,都能用自己的专业知识和专门的军事素养作出很大的贡献,——军事和战斗组织代表会议认为:(一)军事组织不可能在军官中建立独立的社会民主党的组织;(二)必须利用目前一些有反政府情绪的军官集团来做情报工作,并吸收个别成员到我们党的军事和战斗组织中来担任指导员和实际领导者。"(《记录》第132页)

在孟什维克的决议里,**一个字**也没有提到军官的**阶级**成分及其在**整个**资产阶级革命中的作用。而在布尔什维克的决议里,**首先**提出了对这两方面的估计。这是第一点。孟什维克提的是**单纯技术**,因为证明在军官中工作的"**重要性**"的**全部**理由只是:在军官中的工作"**能够帮助**"我们在军队中的工作(提供房子? 给以合法的掩护?),以及能提供技术领导。布尔什维克则把技术放在**从属的**地位,认为这是"**个别军官**"的贡献,而首先提出的证明是,工人政党不可能在军官中建立"**独立的社会民主党的组织**"。这是第二点。孟什维克抱着市侩的看法,不敢指出军官和资产阶级的阶级联系,就补充了一个胆怯的结论:"**设法**使军官变成社会民主党的自觉的**支持者**"。而布尔什维克公开作出了**整个阶层是反动的**这一无产阶级的估计,因而得出了果断的结论:利用有反政府情绪的军官"**做情报工作**",吸收"**个别成员**"到**我们党的**军事和战斗组织中来。这是第三点。

试问,既然情况是这样,怎能不把孟什维克所谓布尔什维克特别是布尔什维克战斗队员过分看重"技术"的说法叫做长舌妇的流言蜚语呢? 我们看到,实际上这种说法一方面是用来掩盖孟什维克对军官的看法只重技术的狭隘性,另一方面是用来掩盖纯粹知识分子的**机会主义**心理:不敢作出军官具有资产阶级阶级成分的估计;不敢在进行军队工作时承认阶级差别,承认占多数的"士兵"出身于农民和工人,而占极少数的是贵族子弟或通过服兵役而混迹于贵族行列的资产者。

不单是参加小小的十月代表会议的孟什维克分子暴露出对军官抱有这种"单纯技术的"和市侩机会主义的看法。我们看到,我们的孟什维克中央委员会也持有同样的看法。只要回想一下中央委员会著名的致各级组织的**第四封信**(解散杜马时期)就清楚了。在这封信里,所以坚持"支持杜马"(作为召集立宪会议的权力机关)这个口号,是因为要竭力迎合"中等资产阶级和**军官**"的利益和觉悟水平。在这封信里,中央委员会甚至谈到,工人代表苏维埃在夺取政权的斗争中的**胜利**只会导致转到人民方面来的军队的军事专政! 请看,没有"自由派"的军官,士兵即使同工人代表苏维埃一道也不能建立什么别的东西,而只能建立军事专政!**150**

我们还看到,孟什维克的思想领袖普列汉诺夫也对军官持这种市侩看法。在整个 1906 年,我们看到他拼命指责布尔什维克过分看重起义的技术性任务。而可敬的普列汉诺夫同志本人在这个时期的文章中论述了起义的哪一个方面呢? 论述了起义的群众根源吗? 论述了农民和无产阶级分子在起义中的作用吗? 根本没有。在这个时期,普列汉诺夫同志**只是**在《日志》**151**第 7 期(1906年 8 月)上论述了一个**自由派**军官的**一封**信,客气而又客气地"纠正"了这个军官对"士兵"和维特内阁时期的"安定"性等等所持的资产阶级观点。普列汉诺夫同志写道:"我甚至想,只有〈注意这个"只有"!〉军官参加军事组织才能结束〈士兵和水兵的〉**暴动**,这种暴动只是毫无计划地徒劳无益地消耗革命所需要的力量。"请看,好大的能耐:**只有**军官参加才能结束暴动!! 没有军官就只能"**毫无计划地**"浪费大老粗的力量。而当布尔什维克战斗队员举行会议,想向社会民主党提个小小的建议,建议把战斗组织的**主要**任务规定为**教群众**学军事知识,让他们懂得起义的过程,懂得**有计划地**

进行起义的条件的时候,具有官场习气的孟什维克伪君子们就大喊大叫:这完全是用狭隘的单纯技术的观点来理解"计划性"! 战斗队员违反中央委员会的意图举行会议是完全"不能允许的"!

关于这些伪君子谈得不少了。现在回过来谈记录。我们看到那里有一处不是向社会民主党提出"小小的建议",而是提出一种狂妄的荒谬的空洞计划。这就是伊扎罗夫同志关于党在武装起义中的作用的报告里的一个地方。伊扎罗夫同志在这里的确走到了荒谬的地步,他竟把所有的党组织划分成三大类:军事组织、战斗组织和无产阶级组织!! 他甚至"计划"由这三类组织出**同等数量**的代表组成"军事战斗苏维埃",等等(见第 95 页)。显然,我们布尔什维克**永远都要**同这种"**战斗主义**"坚决划清界限。无产阶级组织应占绝对统治地位和拥有决定权,所有的军事和战斗组织要**完全服从它**,这些战斗组织**必须完全**由社会民主党工人**党员**充任骨干(或许甚至要**用党员民兵队代替战斗组织**),这一切在我们看来都是不容置疑的事情。

如果有人为了派别的目的要把伊扎罗夫同志的狂想奉献给我们,那我们就请这样的"批评家"不要忘记:**布尔什维克军事和战斗代表会议并没有跟着伊扎罗夫走极端!** 对于诽谤我们战斗队员的那些人的最好的驳斥,就是战斗队员**自己**在代表会议上抛开了伊扎罗夫的空洞计划。为了使**他们**就社会民主党在武装起义中的作用问题所作的决定**不至于被认为是狂妄的规定或命令**,他们**自己**把他们讨论这个问题的代表会议变成了**非正式会议**(见《无产者报》第 9 号和《记录》第 116 页)。就是在非正式会议上一致通过的决议中,也根本没有伊扎罗夫那样的空洞计划,而只是说"要保证使无产阶级组织、军事组织和战斗组织取得最紧密的联系和配合"。同时在关于军事组织的任务的决议中**特别着重提出"全部工作要服从""无产阶级组织的政治领导"**(《无产者报》第 9 号和《记录》第 137 页)。既然布尔什维克战斗队员自己就能够纠正伊扎罗夫的谬论,那就可想而知,中央委员会害怕全党的军事和战斗组织共同举行代表会议是完全没有理由的。

由于篇幅关系,我们不可能同样详细地谈论代表会议其他方面的工作。我们应当指出,这一大本书**几乎用了一半篇幅**来登载关于军事工作的报告(第 10—49 页)和关于过去的武装起义的报告(第 53—59、64—79 页)。这些材料非常宝贵,全体有觉悟的社会民主党工人都会对军事和战斗代表会议率先收集和整理这些材料表示感谢的。还应当提到瓦林同志《关于过去的武装起义》这个报告。这个报告特别着重研究武装起义,认为武装起义是**特殊形式的群众运动**,是特殊形式的无产阶级阶级斗争。报告特别强调某些阶级之间的斗争极端尖锐化的历史时期是起义的条件。报告研究了各个阶级所起的作用、军队中的运动取决于各种社会力量的对比、起义的政治方面同战斗方面不可分割、"人民群众广泛的民主组织"是革命临时政府的前提等等问题。当然,**研究**这类问题,比用"无产阶级群众相信突然爆发起义的奇迹"这种立宪民主党人式的说法来写"策略纲领"(见马尔托夫等人的《策略纲领》)要困难些。

最后应当提到关于目前时局的辩论和伊利扬同志的精彩发言。伊利扬同志在**1906 年 11 月军事战斗代表会议上**说明了对**第二届杜马**的看法,他的看法为后来的事件光辉地证实了。他说:"容我谈谈杜马。这次杜马的组成情况将完全不同于上一届。革命力量和反动势力双方都会动员起来。农民特别是由于自己的希望没有实现,将会委派比上一次更革命的分子进杜马。无产阶级无疑也会这样做…… 糟糕的是,有一部分社会民主党人力图让自由派的某些中间人物充斥杜马。"(《记录》第84页)

在1906年11月,**战斗**代表会议比普列汉诺夫和孟什维克中央委员会对**政治问题**作了更正确的估计!

当然,要在一篇报纸论文中把《记录》的内容都介绍出来是不可能的。最后我们热诚地劝告大家**研究**这份记录,特别是劝告那些能够不用自由派的嘲笑口吻谈论起义问题的社会民主党人。

载于1907年5月2日《无产者报》第16号

译自《列宁全集》俄文第5版第15卷第281—290页

俄国社会民主工党
第五次代表大会文献[152]

(1907 年 5 月)

1
为反对关于中止大会议程问题的
辩论的提案而作的发言[153]

(5 月 1 日〔14 日〕)

我坚决反对中止辩论。不能用简单的表决来硬性解决具有重大原则意义的问题。

2

在辩论大会议程问题时的发言

（5月2日〔15日〕）

就这个问题进行的辩论十分清楚地表明,社会民主党内不同的派别在策略问题上存在着重大的分歧。真难以设想,在这种情况下,竟会有人向我们建议从大会议程上取消所有的具有总原则性质的问题! 而且这些人在会上要求取消原则问题的时候,竟荒唐地进行诡辩,说什么他们讲求实际,主张务实!

我提醒大家一下,无产阶级在资产阶级民主革命中的任务问题早就提到俄国社会民主党的面前了。还在1905年初,在革命以前,俄国社会民主工党的(即布尔什维克派的)第三次代表大会[154]和同时召开的孟什维克日内瓦代表会议[155]就讨论过这个问题。当时孟什维克自己把具有总原则性质的问题列入了他们代表大会的议程。

当时他们自己就讨论了无产阶级在资产阶级革命中的策略原则,并且就这个问题通过了经过论证的决议。如果现在有人建议取消这类问题,这只能是情绪低落的结果,对于这种情绪应当斗争,而不应当屈服!

他们谈到西欧各国社会民主党的经验,说这些党的代表大会都是"务实的"。可是我要告诉大家,德国人在他们的代表大会上不止一次地讨论过比评价我国当前的革命和无产阶级在革命中的任务更抽象、更具有理论性的问题。吸收其他政党的经验，不应当使我们降低到某个过着因循守旧的平庸生活的时期的水平，而应当使我们提高到能提出总的问题和整个无产阶级革命斗争的任务。我们应当学习的是好榜样，而不是坏典型。

有人说："决不能靠几十票的多数来解决重大的策略问题。"这难道不是诡辩吗？这难道不是从有原则转到无原则的不值一驳的遁词吗？

我们从来不靠表决解决问题。好几年来，我们一直是在解决如何用马克思主义的观点来分析我国革命的问题。好几年来，我们一直是在用我国革命的经验来检验我们的理论观点和总的策略决定。而现在竟然有人对我们说，还不到总结党的这项工作的时候！原来，不应当确定策略原则，而应当做事变的尾巴，碰到什么解决什么……

请回想一下斯德哥尔摩代表大会吧。在代表大会上得到胜利的孟什维克撤销了他们关于对时局的估计的决议案，撤销了他们关于对资产阶级政党态度的决议案。结果怎样呢？结果是中央委员会没有提出任何原则根据来解决它所面临的问题。结果是中央委员会没有任何政策，瞎撞了一整年，今天拥护立宪会议，明天又拼命鼓吹杜马组阁，后天又提出"支持杜马作为召集立宪会议的权力机关"，后来又宣传全权杜马，后来又主张同立宪民主党结成联盟，如此等等……　你们能把这叫做坚定的无产阶级政策吗？（中间派座上和布尔什维克座上发出掌声）

有人说："为了党内和平……为了实际工作，我们应该回避总的问题。"这是诡辩。这些问题不能回避，回避这些问题的结果不会是和平,而只能是更盲目的因而是更凶狠更无成效的党内斗争。

决不能回避这些问题,这些问题是贯穿在各方面的。大家还记得普列汉诺夫在代表大会开幕式上的讲话吧。他说,既然我国革命是资产阶级革命,那就应当尽快在资产阶级当中找到同盟者。我敢说,这种推论的根据是错误的。我敢说,不弄清楚这些根据,就会使党犯无数不必要的实际错误。

普列汉诺夫在这次讲话中还说,俄国社会民主党内的机会主义是软弱无力的。也许是的,如果认为普列汉诺夫本人的作品是软弱无力的话!(布尔什维克座上发出掌声)我倒是认为,我们党内的机会主义恰恰表现在,从第一次真正的全党代表大会进行讨论时起,他们就想取消关于我们在资产阶级革命中的策略原则的总的问题。我们应当做的不是取消理论问题,而是把我们党的全部工作提到从理论上阐明工人政党的任务的高度。(布尔什维克鼓掌)

3

赞成采用记名投票表决方式的发言[156]

(5 月 2 日〔15 日〕)

我和拉脱维亚代表团的一位代表坚持保留那种至今一直采用的投票表决的方式。这种表决最民主,节省时间,明确。根本无法舞弊。提议唱名表决的人想的只是拖延记名表决的时间,从而使记名表决无法采用。

4

以代表大会第6次
会议主席身份所作的发言

（5月3日〔16日〕）

（1）

我建议向为举行这次代表大会提供方便的英国社会民主联盟的代表们表示感谢。（鼓掌）

（2）

我建议讨论如何安排下列各项议题的程序：中央委员会工作报告；杜马党团工作报告；对资产阶级政党的态度和对国家杜马的态度。

关于其他一些问题，所有派别的代表一致决定作如下安排：

（5）工人代表大会；（6）工会和党；（7）游击行动；（8）失业、危机和同盟歇业；（9）组织问题；（10）斯图加特代表大会；（11）军队中的工作；（12）其他。

5

关于中央委员会工作报告的发言

(5 月 4 日〔17 日〕)

我本想专门谈谈这个问题的政治方面。但是听了上面阿布拉莫维奇同志的发言,我不得不简略地谈一下他的意见。当阿布拉莫维奇同志说到孟什维克的中央委员会"遭到围攻"的时候,我心里想:"可怜的孟什维克呀! 他们又受围攻了。不仅在他们处于少数的时候,而且在他们处于多数的时候,他们都'遭到围攻'!"

有没有由孟什维克政策的性质本身产生的内在原因使得孟什维克总是抱怨无产阶级政党围攻他们呢?

说孟什维克的中央委员会遭到围攻,阿布拉莫维奇同志举出了哪些事实呢? 三件事实:为召开紧急代表大会而进行的宣传鼓动,军事和战斗组织的代表会议,最后,像阿布拉莫维奇同志所说的,"其他组织问题"。

我们来看一看这三件事实。

要求召开紧急代表大会的宣传鼓动,是在已经看清中央委员会的政策完全违背党内多数人的意志的情况下广泛展开的。我提醒一下,这是在中央委员会提出支持责任内阁的口号以后。这时候,崩得还没有参加我们的党,但波兰人和拉脱维亚人都已参加了。而他们都是坚决反对中央委员会的政策的。这就是说,事实十分明显,当时中央委员会同党内大多数已发生了分歧。究竟是谁围攻谁:是要求中央委员会向代表大会作报告的党内多数人围攻党的中央委员会呢? 还是走上反党道路的中央委员会围攻党? 请你们回想一下,普列汉诺夫当时猖狂到了什么地步。中央委员会正式出版的《社会民主党人报》转载了他的一封反对召开代表大会的信。在这封信中,普列汉诺夫谈到召开代表大会的呼吁时,竟猜疑宣传鼓动的动机,并斥责是浪费工人的钱财! 请大家想一想:普列汉诺夫竟敢拿这些玩意来反对要求举行代表大会的党内多数,他这样做对吗?

我只想指出一点:在俄国社会民主工党十一月全国代表会议作了决定之后,要求召开紧急代表大会的宣传鼓动就停止了。

第二件事实:军事和战斗组织的代表会议。代表会议有两个,这当然是令人痛心的事;但是认为这就是对中央委员会的"围攻",那就令人奇怪了。如果说明一下未经中央委员会同意而召开的代表会议作出的决定有哪些地方不好,是不是比只抱怨遭到围攻更好呢? 请大家注意,在这**两个**代表会议上,莫斯科委员会和彼得堡委员会都有代表参加,这就是说,党内任何一个派别都没有让自己这一派别只和某一个代表会议发生关系。而1906年11月发表的布尔什维克军事和战斗组织代表会议的决议直到现在都没有遭到严重的批评。

第三件事实:"其他组织问题"。这是什么问题呢? 这种问题的具体内容是什么呢? 是指在选举期间孟什维克在中央委员会的帮助下制造的彼得堡组织的分裂吗? 但是在这一点上要说中央委员会遭到围攻,那简直太可笑了。

现在来谈谈问题的政治方面。我们的主要任务是考察中央委员会如何领导无产阶级的阶级斗争,中央委员会实际上如何运用统一代表大会通过的策略。

中央委员会给党规定的第一个口号是支持"杜马"组阁即组织"责任"内阁的要求。马尔托夫同志在这里对我们说,这个口号是为了扩大和加深杜马同政府之间的冲突而提出来的。

是这样吗? 无产阶级应该怎样做才是扩大和加深这个冲突呢? 当然是应该指出引起冲突的那些斗争和摩擦的真正场所,即指出阶级斗争的场所,而在目前情况下就是指出人民同旧政权之间斗争的场所。为了扩大和加深杜马内的冲突,必须自己弄明白并且向人民说清楚,杜马内的冲突只是很不充分地而且是歪曲地反映了人民同旧政权的冲突,杜马内的斗争是杜马外的革命斗争的微弱的反映。为了扩大和加深冲突,必须提高政治认识和政治要求,不是围绕杜马提出口号,而是围绕总的革命斗争提出口号。而中央委员会的做法恰好相反,它把推进革命斗争的口号缓和和缩小成杜马组阁这一口号。它不号召人民为政权而斗争(虽然由于事变的整个客观发展,这个斗争已经产生了),而号召人民为自由派同政权勾结而斗争。当议会外的革命斗争事实上由于客观条件已经在进行的时候,中央委员会却有意无意地号召党采取走"和平的"议会道路的口号。实际上,过去根本就没有而且也不可能有比较重大的要求组织"责任内阁"的社会运动。连孟什维克的社会民主党杜马(第一届杜马)党团也没有接受中央委员会的这个口号。(马尔托夫说:"不对!")不,对的,马尔托夫同志,只要查查中央委员会的决议和第一届杜马的速记记录,就可以看到我的话是对的。

不管中央委员会的愿望和动机怎样,中央委员会的口号实际上迁就了自由派的政策。而这种迁就不可能得到任何结果，因为自由派的政策反映的不是当时实际的社会运动，而是阻止革命的幻想（虽然革命根本没有被阻止住）。事件的进程表明，要求支持组织"责任内阁"这件事情本身，不过是一种手法拙劣的阴谋而已。

中央委员会的第二个口号是七月罢工[157]时期提出的。那次行动遭到失败不能怪中央委员会。不但不能怪，而且应该表扬这个孟什维克中央委员会，因为它当时总还是愿意革命的。中央委员会待在彼得堡，不知道全俄国无产阶级的情绪，这不是中央委员会的过错。我们当时相信起义并且期待着起义，这也不能说是错误。起义实际上是发生了，而我们给起义预先提出的口号、预先规定的政策，才是决定这次起义成败的因素之一。

我认为中央委员会的错误在于：它力图把已经发展成起义的革命斗争限制在非革命的或半革命的口号的框子里。这一点表现在中央委员会的"局部性的群众行动"这个口号上，尤其表现在"支持杜马作为召集立宪会议的权力机关"这个口号上。提出这种没有生命力的口号，意味着让无产阶级的政策去迁就自由派资产阶级的政策。然而事件又一次表明，这种尝试完全是枉费心机，根本办不到。我们这里常常有人埋怨诉苦，说工人政党软弱无力。而我要说，正由于你们缓和自己的口号，你们才是软弱无力的！（布尔什维克座上发出掌声）

现在接着讲下去。我们再来考察一下在第二届杜马选举时同立宪民主党结成联盟的问题。马尔托夫在他宣读的中央委员会工作报告中回避了这个问题，满不在乎地打着官腔说，中央委员会作出决定，认为结成联盟是可以容许的，只要严格地按照中央委员会的指示去做，结成联盟是可以容许的！（笑声）如果中央委员会在政治工作报告中不是讲决议在形式上怎样合法,而是讲实际生活怎样从实质上检验这种政策的正确性,这总还是应该的吧。我们布尔什维克始终认为:臭名昭彰的黑帮危险实际上不过是自由派用来防范从左边来的危险的盾牌;如果我们的政策把害怕黑帮危险作为出发点,那实际上就上了自由派的圈套。选举的结果证明我们是对的。在许多城市中,选票的统计数字驳倒了自由派和孟什维克的谎言。(喊声:"那基辅、波兰、维尔纳呢?")我没有时间来谈个别的地方,我要说的是总的政治结果。统计学家斯米尔诺夫根据 22 个城市的情况计算,左派联盟得 41 000 票,立宪民主党得74 000 票,十月党得 34 500 票,君主派得 17 000 票。而根据另外16 个城市的情况来看,在 72 000 张选票中,反对党得到的票数占58.7%,反动派得到的票数占 21%。选举揭示出黑帮危险是虚构的,而以所谓例外为借口"容许"同立宪民主党结成联盟的政策**原来是**一种使无产阶级依赖自由派资产阶级的政策。

因此,我要向大家指出,不要忽视理论上的争论,不要把意见分歧看成是哪个派别制造出来的东西而加以鄙弃。我们的一些旧的争论,我们在理论上特别是在策略上的分歧,在革命进程中常常变成最直接的实际问题上的分歧。不解决那些老问题,不解决对资产阶级革命的看法以及立宪民主党和劳动派的相互关系这样一些基本问题,在实际政策中就一步也不能前进。实际生活不是抹杀分歧,反而使分歧更尖锐,更厉害。像普列汉诺夫这样著名的一些孟什维克在同立宪民主党人联盟的政策上搞到如此荒谬的地步,并不是偶然的。普列汉诺夫提出臭名远扬的"全权杜马"的主张,也就是鼓吹既适合于无产阶级又适合于自由派资产阶级的共同口号。普列汉诺夫只是比别人更突出更露骨地反映了整个孟什维克政策的实质和基本倾向：以迁就自由派资产阶级的政策来代替工人阶级的独立的路线。我们的中央委员会的破产，首先而且主要就是这种机会主义政策的破产。（一部分中间派和布尔什维克鼓掌）

6

关于杜马党团工作报告的发言

（5月8日〔21日〕）

我想把辩论重新转到如何从原则上评价杜马党团的政策这个问题上来。策列铁里同志说："我们有过错误，但是不曾有过动摇。"我想，责备年轻的、刚开始活动的杜马党团犯了错误，那是完全不正确的。但问题的实质正在于，党团在政策上无疑有过**动摇**。为了教育整个无产阶级政党而不是为了责备几个人，我们应当坦率地承认这种动摇，并给自己提出克服这种动摇的任务。

策列铁里同志引证欧洲的历史。他说，1848年不仅教我们懂得争取社会主义的条件还没有成熟，而且教我们懂得，不同资产阶级民主派结成某种联盟，就无法进行争取自由的斗争。策列铁里同志的这个结论是彻头彻尾的修正主义。恰恰相反，无论1848年的革命还是以后的历史经验教给国际社会民主党的恰恰是另一种东西，即资产阶级民主派愈来愈反对无产阶级，只有在无产阶级领导下才能把争取自由的斗争进行到底。1848年教导我们的不是同资产阶级民主派联合，而是必须使人民群众中最落后的阶层摆脱根本不能为民主而斗争的资产阶级民主派的影响。策列铁里同志用伯恩施坦主义的精神来引证1848年的经验，正好暴露出修正主义并不像普列汉诺夫毫无根据地所说的那样在我们党内是软弱无力的。

策列铁里同志关于粮食工作委员会的声明,也很能说明他的根本立场的动摇。策列铁里说,我们没有充分强调我们关于就地调查的建议的**合法性**。我们满足于一般的讨论,错过了机会,没有把我们方案的合法性作为论据来说服别人。下一次我们要改正这个错误。

这样提问题,就非常明显地反映出我们党团的立场完全是动摇的。真是难以设想,有人居然为他们没有充分论证合法性而感到痛心!问题根本不在于说明理由和强调合法性,不在于"**说服**"立宪民主党人或其他什么人,这难道他们不知道吗?政府**实质上**不可能允许而且也不会允许就地调查,认为(而且是正确地认为)这样做就是诉诸群众,这难道他们不明白吗?

无论你怎样强调合法性,问题的本质并不会因此而改变。策列铁里不朝下看,不去开导人民群众,向他们说明真相,而是朝上看,希望说服自由派,用合法性来争取…… 这是地道的资产阶级议会主义。而这种渺小的、可怜的、贫乏的政客伎俩不会得到什么结果是一目了然的,因为很清楚,无论孟什维克或立宪民主党怎样利用议会玩弄诡计,都不可能使斯托雷平放弃他的政策。抛开了群众,这是明摆着的事实,企图通过以合法方式说服斯托雷平之流和立宪民主党人而得到好处,那是无聊的知识分子的无聊幻想。

我认为,同民族民主党人谈判也是同样无聊的机会主义做法。引证倍倍尔的话来为这种做法辩护是无济于事的。他说,倍倍尔说过:如果工作需要,即使是魔鬼的老祖母,也要同她打交道。同志们,倍倍尔说得对,**如果工作需要**,当然也可以同魔鬼的老祖母打交道。但是,哪一项**工作**需要你们同民族民主党人打交道呢?

没有哪一项工作有这个需要。这样做一点好处也没有。可见，倍倍尔的话说得很好，而你们的理解却很糟。[158]

投靠民族民主党人也好，投戈洛文的票也好，企图抛弃没收的主张也好，这一切都是同一条错误路线的几个部分，这一切都不是没有经验的表现，而正是**政治上动摇的**表现。从这个观点来看，邀请普罗柯波维奇先生也不是一件小事情。在这里，有人对我们说，普罗柯波维奇先生没有出席，他没有出席是不能对他加入党一事进行谴责的。这就好像把我们从本丢推给彼拉多。在彼得堡代表会议上他们对我们说，等到开代表大会再谈吧，不开代表大会问题弄不清楚。而现在在代表大会上他们又说，没有普罗柯波维奇出席不行，等以后把问题转给彼得堡组织吧。这是诡辩。

普罗柯波维奇是个著作家，他的作品是众所周知的。普罗柯波维奇是典型的资产阶级知识分子，是抱着某种机会主义的目的钻到我们党内来的。他加入铁路区党组织显然是对我们的嘲弄。这是用来掩护**杜马**工作的幌子。而我们的中央委员会的过错就在于让他利用了这种幌子。我们的杜马党团的过错就在于，它帮助了那些不在党内工作、从根本上敌视党、为《同志报》撰稿的自由派著作家踏着杜马的阶梯进入我们党里来。

切列万宁在这里为杜马党团的政策辩护，他说，就算立宪民主党人现在落后了，现在反动了。但这并不是一成不变的。不要把问题看死了。立宪民主党人在革命低潮时期表现不好，他们在高潮时期可能还有用处，那时他们会迅速地向左转。

这是孟什维克惯用的说法，只不过说得格外露骨罢了。因此这种说法是骗人也就更加明显。就拿革命的两大路标即1905年10月这个最大的高潮和1907年春天这个最大的低潮来说吧。立宪民主党人在 1905 年配当民主派吗？不配。孟什维克自己在《开端报》上都承认这一点。维特是交易所的代理人，司徒卢威是维特的代理人，孟什维克当时就是这样写的，而且也写得对。那时，孟什维克同意我们的意见，认为我们不应当支持立宪民主党人，而应当揭露他们，使他们在民主派中间威信扫地。

现在，1907 年春天，你们也开始同意我们的意见，认为立宪民主党人是不中用的民主派。可见，不论在高潮时期或低潮时期，立宪民主党人都没有可取之处。而在这两个时期之间的那个时期，任何一位历史学家都会称之为动摇时期，在这个时期里，一部分社会民主党人发生动摇，转而采取小资产阶级的政策，他们妄想"支持"立宪民主党人，结果只是给工人政党带来了害处，终于看到自己错了。

简单地谈谈托洛茨基。托洛茨基代表"中间派"说话，他反映了崩得的观点。他攻击我们提出了"难以接受"的决议案。他公然用分裂，用杜马党团要退出大会来威胁我们，说什么我们的决议案使杜马党团受到了侮辱。我特别强调这几句话。我吁请你们把我们的决议案仔细再看一遍。

要求冷静地承认错误，还没有加以任何严厉的指责，就认为是一种侮辱，就谈到要分裂，这岂不是怪事？？这岂不是表明我们党有害怕承认错误、害怕批评杜马党团的毛病？

居然能够这样提出问题，单是这一点就说明我们党内有某种非党的东西存在。这种非党的东西就表现在杜马党团同党的关系上。杜马党团应当有更强的党性，应当同党有更密切的联系，应当更加服从整个无产阶级的工作。如果能够这样做，就不会叫喊受了侮辱和以分裂来威胁了。

当托洛茨基说什么我们的难以接受的决议案有碍于我们的正确思想的贯彻的时候,我曾对他叫道:"拿出**您的**决议案来吧!"托洛茨基回答说:不,你们先得撤销自己的决议案。

你看,采取"中间派"的立场很不坏吧!那样做,可以为我们的(托洛茨基所认为的)错误("不灵活")而处罚全党,不让党"灵活地"叙述同一些原则!地方上的同志们会质问我们:为什么你们没有贯彻自己的决议案?因为中间派生这个决议案的气,而一生气,他们就不肯说明自己的原则!!(布尔什维克和一部分中间派鼓掌)这不是有原则的立场,而是中间派无原则的表现。

我们是带着全党早就知道的两条策略路线来参加代表大会的。对于工人政党来说,掩饰分歧和隐瞒分歧是不明智的,不体面的。我们要把两种观点更清楚地加以对比。我们要表明这两种观点在我们的政策的一切问题上是怎样应用的。我们要对党的经验作出明确的总结。只有这样,我们才能尽到我们的责任,结束无产阶级政策上的动摇。(布尔什维克和一部分中间派鼓掌)

7

有关事实的说明

（5月10日〔23日〕）

马尔托夫同志引证我同《人道报》编辑的谈话（编辑的署名是艾蒂安·阿韦纳尔）①,有些地方讲得不对。

在谈话中我提到,中央委员会（当然是中央委员会中的孟什维克委员）同立宪民主党人**暗中秘密**串通。现在,我的这番谈话已经由代表大会上的辩论证实了。在代表大会上已经弄清楚,早在1906年**11月**,唐恩就**私下**同米留可夫、纳波柯夫以及社会革命党和人民社会党的首领举行"茶话会"。这件事,唐恩认为既没有必要报告中央委员会,也没有必要报告彼得堡委员会。

同立宪民主党人会见,既不呈报中央委员会,也不呈报彼得堡委员会,这就是同立宪民主党人暗中秘密串通。

在谈话中还指出,孟什维克并没有反对立宪民主党人的卑鄙建议:把工人的席位交给孟什维克来换取孟什维克对立宪民主党人的帮助。马尔托夫同志证明说,孟什维克**在口头上**反对过这个建议。我根据事实声明,孟什维克的**行动**与他们口头上的反对有矛盾:(1)在口头上,孟什维克答应把全部席位都交给工人选民团。

---

① 见本卷第10—16页。——编者注

实际上，当**全体**工人初选人通过自己的集会号召孟什维克（以220—230票对10—20票的多数）不要"暗中支持"立宪民主党人时，孟什维克却**拒绝服从**；(2)在1月25日以后，即在左派联盟成立以后，孟什维克**在报刊上**提出了支持左派联盟的条件：让孟什维克复选人在第二级选举中有行动的自由。这个条件在客观上只能有一个意思，就是在第二级选举中决心支持立宪民主党人来反对社会民主党人。

尼·列宁

8

声　明¹⁵⁹

（5月11日〔24日〕）

　　主席团说明，撤销昨天的决定是不可以的，——这样说是正确的。（喊声："当然！"）要撤销这个决定，得由代表大会专门通过一项决定，允许把这项建议提付表决。在目前情况下，谁也没有建议撤销昨天的决定。这个决定仍然有效。是否可以以后再讨论呢？阿布拉莫维奇忽略了一个最本质的因素，即关于以后再讨论的问题是由于昨天表决了指示问题后产生的新情况（拉脱维亚代表提出的理由）引起的。这个新理由是阿布拉莫维奇没有估计到的。因此，维尔涅尔的建议是合乎会议规程的。

9

关于对资产阶级政党的态度的报告

（5 月 12 日〔25 日〕）

关于对资产阶级政党的态度问题，是早已把俄国社会民主党分成两个阵营的那些原则分歧的中心点。还在革命刚取得一些巨大成就以前，甚至在革命以前（如果可以把 1905 年上半年说成革命以前的话），对这个问题就已经有两种定型的看法。争论关系到对俄国资产阶级革命的看法。这场革命是资产阶级革命，这一点，社会民主党内的两派都同意。但它们对这一范畴的理解以及对由这一范畴得出的具体政治结论在看法上是有分歧的。社会民主党的孟什维克这一派对这个概念的解释是这样的：在资产阶级革命中，资产阶级是这一革命的主要动力，而无产阶级只能处于"极端反对派"的地位。无产阶级不能担负独立进行这场革命的任务，不能领导这场革命。1905 年进行的关于临时政府的争论（确切些说，关于社会民主党是否参加临时政府的争论），特别鲜明地反映了这些分歧。孟什维克之所以认为社会民主党不可以参加临时革命政府，首先就是因为他们认为资产阶级是资产阶级革命的主要动力或领袖。在得到新《火星报》赞许的高加索孟什维克的决议（1905 年）[160]中，这种观点表现得十分露骨。这个决议公然指出，社会民主党参加临时政府，会吓跑资产阶级，从而**缩小革命的规**

模。这里显然是认为,无产阶级在资产阶级革命中不能够也不应当比资产阶级走得更远。

布尔什维克持相反的观点。他们坚决认为,我国革命按其社会经济内容来看,是资产阶级革命。这就是说,俄国目前发生的这场变革的任务没有超越资产阶级社会的范围。即使目前的革命取得了最彻底的胜利,即建立了最民主的共和国,由农民没收了地主的全部土地,也丝毫没有触动资产阶级社会制度的基础。生产资料私有制(或土地私人经营制,不管谁是法律上的土地占有者)和商品经济仍然存在。资本主义社会的矛盾,其中的主要矛盾——雇佣劳动和资本之间的矛盾,不仅没有消除,反而愈来愈尖锐和深刻,发展得愈来愈广泛和单纯了。

这一切对任何一个马克思主义者来说应当是完全没有争论的。但是,决不能从这里得出结论说,资产阶级是革命的主要动力或领袖。得出这种结论,就是把马克思主义庸俗化,就是不懂得无产阶级和资产阶级之间的阶级斗争。问题在于,我国革命是在无产阶级已经开始意识到自己是一个单独的阶级并且联合成一个独立的阶级组织的时候发生的。在这种情况下,无产阶级利用一切民主成果,利用各种各样的自由,以便加强自己的阶级组织来**对付**资产阶级。因此,资产阶级必然力图磨平革命的锐角,不让革命进行到底,不让无产阶级能够充分自由地进行自己的阶级斗争。资产阶级和无产阶级的对抗,迫使资产阶级力求保存旧政权的某些工具和机构,以便用这些工具来**对付**无产阶级。

因此,在最好的情况下,即在革命达到最大的高潮的时期,资产阶级也仍然是动摇于革命和反动之间的成分(这不是偶然的,而是必然的,是由资产阶级的经济利益决定的)。可见,资产阶级不可能是我国革命的领袖。

这场革命最大的特点是：土地问题非常突出。土地问题在俄国比在相应条件下的任何其他国家都要尖锐得多。1861年实行的所谓农民改革是极不彻底和极不民主的，并没有动摇农奴主-地主统治的庞大基础。所以，土地问题，即农民争取土地反对地主的斗争，是目前这场革命的一块试金石。这种争取土地的斗争必然推动广大农民群众进行民主革命，因为只有民主制才能给他们土地，才能使他们成为国家的主人。彻底摧毁地主土地占有制是农民取得胜利的条件。

从社会力量的这种对比中必然得出一个结论：资产阶级既不可能成为革命的主要动力，也不可能成为革命的领袖。只有无产阶级才能够把革命进行到底，使革命取得彻底胜利。但是，也只有在无产阶级能够领导大部分农民进行斗争的条件下，才能取得这样的胜利。俄国当前的革命要能取得胜利，只有建立无产阶级和农民的革命民主专政。

早在1905年初，我指的是1905年春俄国社会民主工党举行第三次代表大会的时候，就有过这样的提法，它已经被俄国革命的各个重大阶段上的事件完全证实了。我们的理论结论在实践中、在革命斗争的进程中得到了证实。在1905年10月革命达到最大的高潮的时期，无产阶级走在最前列，资产阶级动摇犹豫，农民则捣毁了地主的庄园。参加萌芽状态的革命政权机关（工人代表苏维埃，农民和士兵代表苏维埃，等等）的主要是无产阶级的代表，其次是起义农民中的先进分子。在第一届杜马时期，农民中很快就产生了比自由派（立宪民主党）更左倾即更革命的民主的"劳动团"。在选举第二届杜马时，农民直接打败了自由派。无产阶级走在前面,农民比较坚决地跟随无产阶级前进,反对专制制度,反对动摇的自由派。

现在来谈谈我们面前的决议草案。我所说的观点上的差异充分表现在布尔什维克的决议案和孟什维克的决议案的对立上。布尔什维克草案的基点是说明几大**类**资产阶级政党的**阶级**内容。我们早在提交斯德哥尔摩统一代表大会的决议案中就是这样做的。当时我们已经指出资产阶级政党有三大类,即十月党、自由派和农民民主派(当时这个派别还没有完全形成,"劳动派"这个名词在俄国政治词汇中还不存在)①。我们现在的决议案保存了这个特点。这个决议案不过是变相的斯德哥尔摩决议案。事件的进程充分证明斯德哥尔摩决议案的基本论点是正确的,因此,只要根据第一届和第二届杜马的经验稍稍变动一下就可以了。

孟什维克提交统一代表大会的决议案既没有分析政党的类型,也没有分析各个政党的阶级内容。决议案软弱无力地指出,"资产阶级民主派政党在俄国还只是刚刚形成,因此还没有具备稳定政党的性质","在俄国目前的历史阶段,还没有哪一个政党现在就已经同时兼有彻底的民主主义和革命性"。难道这不是软弱无力的言论吗?难道这不是回避马克思主义的任务吗?离开了无产阶级,永远不可能有政党的充分的稳定性,正像永远不可能有"彻底的"民主主义一样。但是,我们的责任就是揭示登上历史舞台的各个政党的阶级根源。我们的决议案表明,这个工作是可以完成的。我已经根据第一届和第二届杜马的例子说明,决议案指出的政党的三种类型在整整一年的革命过程中是相当"稳定的"。

---

　　① 见本版全集第12卷第208—210页。——编者注

孟什维克的观点是不稳定的。他们现在的决议案甚至比他们去年的草案又倒退了一大步。现在我们来看一看《人民杜马报》第12号(1907年3月24日)登载的这个决议案。在这个决议案的论据部分指出:第一,无产阶级和资产阶级民主派有"一系列共同的任务";第二,无产阶级必须"把自己的行动同其他社会阶级和社会集团的行动配合起来";第三,在农民占多数而城市民主派软弱的国家里,无产阶级"以自己的运动来推动""本国的整个资产阶级民主派";第四,"在资产阶级政党目前这样的组合情况下,国家的民主运动还没有得到完备的表现",在一极上它反映了城市资产阶级的"现实主义"和不准备进行斗争,而在另一极上则反映了农民的"小资产阶级革命主义和土地空想这两种幻想"。论据部分就是这样。现在再看看结论。第一个结论是,无产阶级在实行独立政策的时候,既应当同一些人的机会主义和立宪幻想作斗争,也应当同另一些人的革命幻想和反动的经济方案作斗争。第二个结论是,必须"把自己的行动同这些政党的行动配合起来"。

凡是希望确定工人政党对资产阶级政党的态度的任何一个马克思主义者都必须给自己提出的问题,这个决议案连一个也没有回答。这些共同的问题究竟是什么呢?首先必须确定各个政党的阶级性质。然后应该弄清楚各个阶级在目前革命中基本的相互关系,就是说,这些阶级同革命的继续或发展有什么样的利害关系。其次,应该从一般地分析阶级进而分析各个政党或各个政党集团现在所起的作用。最后,应该具体指出工人政党在这个问题上的政策。

孟什维克的决议案根本没有说明这些问题。这是一种敷衍态度,它笼统地说什么无产阶级政策应该同资产阶级政策"配合"。

究竟怎样"配合",同哪些资产阶级民主派政党配合,这方面却一字不提。这是一个关于政党但又不谈政党的决议案。这是一个又要确定我们对各个不同的政党的态度,又丝毫没有确定我们的态度的决议案。决不能遵照这样的决议案行事,因为这个决议案有极大的伸缩性,可以随便用什么方式和拿什么东西去"配合"。这样的决议案谁也约束不了;它是名副其实的"自由派的"决议案。对它可以这样解释,也可以那样解释,但是它丝毫没有马克思主义的气味。马克思主义的基本原理在这里被遗忘得干干净净,以至任何一个左派立宪民主党人都可以在这个决议案上签字。请看这个决议案的一些要点吧:无产阶级和资产阶级民主派的"共同任务"……　难道所有的自由派报刊不也在这样叫喊吗?……　必须"配合"——这正是立宪民主党人所要求的……　既同右面的机会主义又同左面的革命主义作斗争,——这正是想要置身于劳动派和资产阶级自由派之间的左派立宪民主党人最喜欢用的说法!这不是对资产阶级民主派独立而自主的工人政党的立场,这是希望**在**资产阶级民主派**中间**占据"中间派"地位的自由派的立场!

　　请大家从实质上来考察一下孟什维克的论点:无产阶级以自己的运动来"推动""本国的整个资产阶级民主派"。这对不对呢?完全不对。请大家回想一下我国革命的一些重大事件吧。大家可以看看布里根杜马。沙皇号召人民走合法的道路,号召接受他的(沙皇的)筹组第一届人民代表机关的条件。无产阶级的回答是坚决拒绝。无产阶级号召人民扫除这种机关,不让它成立。无产阶级号召一切革命阶级为争取最好的筹组人民代表机关的条件而斗争。这丝毫不是预先确定不去利用最坏的机关,如果不管我们怎样努力,这种机关实际上还是产生的话。这是**反对**实现最坏的筹组人民代表机关的条件的斗争。有些人在评价抵制的时候，总是犯逻辑错误和历史性错误，把**在**某种机关**范围内**进行的斗争同**反对**这种机关的实现的斗争混为一谈。

自由派资产阶级怎样回答无产阶级的号召呢？他们异口同声地大叫反对抵制。他们号召参加布里根杜马。自由派教授们叫学生好好学习，不要罢课。资产阶级就是以反对无产阶级的斗争来回答无产阶级关于进行斗争的号召的。这两个阶级甚至在民主革命中的对抗，那时就已经十分明确地表现出来了。资产阶级想缩小无产阶级斗争的规模，不让无产阶级越出成立布里根杜马这个范围。

自由派的科学泰斗维诺格拉多夫教授那时就这样写道：如果我国革命走 1848—1849 年的道路，那会是俄国的幸事，如果我国革命走 1789—1793 年革命的道路，那会是俄国的不幸。这位"民主派"竟把革命夭折、起义失败称为幸事！如果我国革命像 1793 年法国革命那样无情地镇压自己的敌人，那么，照"自由派"的意见，就得叫普鲁士的骑兵来恢复秩序了。孟什维克说，我国资产阶级"不准备进行斗争"。而事实上资产阶级那时就已经**准备**进行斗争，他们准备进行的正是**反对**无产阶级的斗争，反对革命取得"过大的"胜利的斗争。

我们再往下看。就拿 1905 年 10—12 月来说吧。在我国革命达到最大的高潮的这个时期，资产阶级曾表明它"准备进行斗争"来反对无产阶级，这是用不着证明的。这一点是当时的孟什维克报刊完全承认的。资产阶级，包括立宪民主党人在内，拼命给革命抹黑，把革命说成是盲目的疯狂的无政府行动。资产阶级不仅不支持人民建立的起义机关——所有的工人代表苏维埃、农民和士兵代表苏维埃等等,反而害怕这些机关,反对这些机关。大家可以回想一下司徒卢威当时怎样把这些机关称为下流场所。资产阶级认为这些机关的建立表明革命走得太远了。自由派资产阶级想把人民的革命斗争劲头引到警察控制的立宪反动制度的狭窄轨道上去。

关于自由派在第一届和第二届杜马中的所作所为,就不必多讲了。孟什维克也承认,在第一届杜马内,立宪民主党人**干扰**社会民主党人和一部分劳动派分子实行的革命政策,阻挠他们的活动。而在第二届杜马内,立宪民主党人公然附和黑帮,公然支持政府。

现在说什么无产阶级以自己的运动来"推动本国的整个资产阶级民主派",这等于是嘲弄事实。现在对我国资产阶级的反革命性不置一词,就是完全背离了马克思主义的观点,完全忘记了阶级斗争的观点。

孟什维克在他们的决议案中谈到城市资产阶级的"现实主义"。他们使用这个奇怪的术语却违背他们的本意而泄露了天机。我们在右翼社会民主党人那里常常可以看到现实主义这个词的特殊含义。例如,普列汉诺夫的《现代生活》杂志把右翼社会民主党人的"现实主义"和左派社会民主党人的"革命浪漫主义"对立起来。孟什维克决议案中提到的现实主义究竟指的是什么呢? 原来,这个决议案是在赞扬资产阶级温和谨慎!

孟什维克关于资产阶级讲"现实主义"、关于资产阶级"不准备"进行斗争的论断,加上他们的策略纲领上关于社会民主党对自由派采取"片面的敌对的态度"的公开声明,只说明了一个问题。这一切实际上只有一个意思,就是用依赖自由派资产阶级的政策偷换工人政党的独立政策。孟什维主义的这种实质不是我们臆造出来的,不是单纯从他们的理论见解中引申出来的,这种实质表现在一年来他们为贯彻自己的政策而采取的一切重大措施上。请看看"责任内阁"、同立宪民主党人结成联盟、投戈洛文的票等等例子吧,实际上这正是一种依赖自由派的政策。

关于农民民主派,孟什维克说了什么呢?决议案把资产阶级的"现实主义"和农民的"土地空想"相提并论,把它们看做具有同等意义的东西或者至少是完全同类的东西。孟什维克说,必须同资产阶级的机会主义作斗争,同样也必须同农民的空想主义、"小资产阶级革命主义"作斗争。这是典型的孟什维主义论调。有必要来谈谈这种论调,因为它是根本错误的。根据这种论调,在实际政策中必然会得出一系列错误的结论。这里表面上看来是批评农民的空想,而实际上是不懂得无产阶级在民主革命中推动农民取得彻底胜利的任务。

的确,大家可以仔细研究一下农民的土地空想在目前革命中的意义。农民的主要空想是什么呢?无疑是平均制思想,是他们相信消灭土地私有制和平均分配土地(或使用土地)就能够消除贫困、失业和剥削的根源。

毫无疑问,从**社会主义**的角度来看,这是空想,这是小资产者的空想。从社会主义的角度来看,这是反动的偏见,因为无产阶级的社会主义理想不是小业主的平等,而是公有化的大生产。但是请不要忘记,我们现在评价的不是农民的理想在社会主义运动中的意义,而是农民的理想在目前资产阶级民主革命中的意义。在**目前**革命中,把全部土地从地主那里夺过来,分给或平均分给农民,难道这是空想,是反动?!不!这不仅不是反动,恰恰相反,它最坚决最彻底地表达了完全消灭整个旧制度和全部农奴制残余的愿望。如果认为在商品生产条件下可以保持住"平均制"，甚至认为"平均制"可以成为半社会主义的开端，这种想法才是空想。而农民希望立即把土地从地主那里夺过来，加以平分，这不是空想，而是革命，而且是从革命这个词的最严格最科学的含义上说的。夺取土地并分配土地，会给资本主义最迅速、最广泛、最自由的发展奠定基础。

从客观上看，即不是从我们的愿望出发，而是从俄国现阶段经济发展的角度来看，我国革命的基本问题恰恰在于，革命要保证资本主义的发展，是通过农民对地主的彻底胜利呢，还是通过地主对农民的胜利。俄国经济中的资产阶级民主变革是绝对不可避免的。世界上没有哪一种力量可以阻挡它。但是这种变革可能有两种形式：要么是普鲁士式的（如果可以这样说的话），要么是美国式的。这就是说，地主可能取得胜利，强迫农民赎买或接受其他微不足道的让步，同一小撮富人勾结起来，使群众彻底破产，把自己的经济变为容克式的资本主义经济。这种变革虽然是资产阶级民主变革，但对农民是最不利的，从迅速发展资本主义的要求来看是最不利的。相反，农民起义取得彻底胜利，没收地主的全部土地，把土地平分给农民，就意味着最迅速地发展资本主义，是实行资产阶级民主变革时对农民最有利的一种形式。

而且这不单单对农民更为有利，就是对无产阶级也是更为有利的。觉悟的无产阶级知道，除了通过资产阶级民主变革，没有而且也不可能有另外的道路通向社会主义。

这就是说，这场变革进行得愈不充分和愈不彻底，那么愈长久和愈沉重地压在无产阶级肩上的就不是社会主义任务，不是纯属本阶级的即无产阶级的任务，而是一般的民主任务。农民的胜利愈彻底,那么无产阶级就会愈迅速地最终作为一个阶级分离出来,就会愈明确地提出自己的纯粹社会主义的任务和目的。

从这里你们可以看到,农民的平均制思想,从社会主义的角度来看是反动的和空想的,从资产阶级民主主义的角度来看则是革命的。因此,把自由派在目前革命中的反动性和农民在设想社会主义革命时的反动空想主义相提并论,那就是犯了不可容忍的逻辑错误和历史错误。自由派力图把目前的革命加以阉割,把它变成赎买、立宪君主制、立宪民主党的土地纲领等等,农民则企图把他们立即打垮地主、夺取全部土地、分配全部土地的愿望反动地用空想加以理想化。如果把这两者混为一谈,那就不仅完全背弃了无产阶级的观点,而且甚至背弃了彻底的革命民主派的观点。如果决议案中写什么要在目前革命中同自由派的机会主义和农民的革命主义作斗争,这个决议案就不是社会民主党的决议案。写这个决议案的人就不是社会民主党人,而是资产阶级民主派阵营中处于自由派和农民之间的知识分子。

我在这里不能十分详细地评论孟什维克的著名策略纲领及其臭名远扬的反对"无产阶级对自由主义采取片面的敌对的态度"的口号。这种口号的非马克思主义性质和非无产阶级性质是一目了然的。

最后,我要谈一谈一种常见的对我们提出的所谓异议。有人对我们说,"你们的"劳动派常常同立宪民主党一起来反对我们。确实是这样。但是这不是对我们的观点和我们的决议案提出的异议,因为我们是十分肯定和十分坚决地承认这一点的。

劳动派显然不是十分彻底的民主派。劳动派(包括社会革命党在内)显然动摇于自由派和革命无产阶级之间。我们指出了这一点,也应当指出这一点。这种动摇决不是一种偶然现象。这种动摇是由于小生产者的经济地位的实质而必然产生的。一方面,小生产者受压迫,受剥削,他不由自主地要反对这种状况,争取民主,赞成消灭剥削的主张。另一方面,他是**小业主**。农民身上存在着业主(如果不是今天的业主,那也是明天的业主)的本能。这种业主的私有者的本能促使农民脱离无产阶级,使农民幻想和渴望出人头地,自己成为资产者,固守着自己的一小块土地,固守着自己的一堆粪便(如马克思愤慨地说过的)①而和整个社会对立。

农民和农民民主派政党的动摇是不可避免的。因此,社会民主党一点也不要为难,不要怕同这种动摇划清界限。每当劳动派表现出畏缩和追随自由派的时候,我们都应该毫无顾忌地、十分坚决地反对劳动派,揭露和谴责他们的小资产阶级动摇性和软弱性。

我国革命正处在困难时期,需要有团结一致的无产阶级政党那种坚强的意志、坚韧不拔的毅力和不屈不挠的精神,才能顶住怀疑、消极、冷淡和不愿意斗争的情绪。小资产阶级往往而且必然最容易受这种情绪的影响,最容易表现出没有气节,最容易背弃革命道路,最容易叫苦和后悔。凡是遇到这种情况,工人政党都要同动摇的小资产阶级民主派划清界限。凡是遇到这种情况,都应当善于利用哪怕是杜马讲坛来公开揭露不坚定的民主派。在这种情况下,我们必须在杜马中发言:"农民们! 你们要知道,你们的代表背叛了你们,当了自由派地主的尾巴。你们的杜马代表把农民事业出卖给自由派的空谈家和辩护士了。"要让农民知道,我们也应该用事实向他们证明,不仅在捍卫社会主义的利益方面,而且在捍卫

---

① 参看《马克思恩格斯全集》第1版第4卷第11—12页。——编者注

民主的利益方面,不仅在捍卫一切被剥削劳动者的利益方面,而且在捍卫反对农奴制剥削的全体农民群众的利益方面,都只有工人政党才是真正可靠的,始终如一的。

如果我们坚持不懈地实行这种政策,我们就可以从我国革命中给无产阶级的阶级发展事业发掘出大量的财富,——不管命运会怎样摆布我们,不管革命会遭到怎样的挫折(在最不利的情况下),不管怎样,我们都将发掘出这样的财富。坚定的无产阶级政策一定会向整个工人阶级提供极丰富的思想、极明确的认识和极坚定的斗争性,世界上没有任何东西能够从社会民主党那里夺走这一切。即使革命遭到了失败,无产阶级也可以首先学会了解自由派政党和民主派政党的经济基础和阶级基础,其次学会仇恨资产阶级的背叛行为,蔑视小资产阶级的软弱性和动摇性。

有着这样丰富的知识和这样的思想素养的无产阶级,将来一定会更加齐心、更加勇敢地去进行新的、社会主义的革命。(布尔什维克和中间派鼓掌)

10

就关于对资产阶级政党的态度的
报告所作的总结发言

（5 月 14 日〔27 日〕）

　　我从这里触及到的波兰代表团的立场问题谈起。人们（特别是崩得分子）责备波兰同志，说他们前后不一致，居然同意了我们的决议案，而他们在委员会里亲口说过我们的决议案是不能令人满意的。人们能够这样责难是由于玩弄了一个很简单的手法：回避了代表大会面临的有关这项议程的那些问题的**实质**。凡是不想回避问题的这种实质的人都很容易看出，我们布尔什维克在两个最根本的问题上，过去和现在都始终是同波兰同志们的意见一致的。第一，我们一致认为，为了实现无产阶级的社会主义任务，无产阶级在同其他一切政党、同资产阶级政党（不管它们的革命性如何，不管它们保卫的是什么样的民主共和国）发生关系时，绝对必须保持阶级独立性。第二，我们一致承认，工人政党有权利和有义务领导小资产阶级民主派政党（包括农民政党在内）不仅同专制制度作斗争，而且同背叛成性的自由派资产阶级作斗争。

　　在波兰同志提交代表大会的关于社会民主党杜马党团的报告的决议案中，这些思想或者说论点都表达得非常明确。那里直接谈到对一切政党（直到社会革命党）都要保持阶级独立性。那里直接谈到社会民主党同劳动派集团共同反对自由派的可能性和必要性。这就是我们俄国所谓的左派联盟或左派联盟政策。

从这里可以清楚地看到，在对资产阶级政党的态度问题的基本点上的真正的一致把我们和波兰同志联合起来了。否认这一点，说什么波兰同志的行为前后矛盾，那就是回避直截了当地提出原则分歧。

无产阶级因抱有社会主义的目的而不同于一切政党，哪怕是最革命最共和的政党，此外，无产阶级在目前革命中领导着整个革命民主派的斗争。在波兰同志的决议案和布尔什维克的决议案中基本的指导思想就是这样，这难道还能否认吗？

关于托洛茨基，我想谈几句话。我现在没有工夫谈我们同他的意见分歧。我只想指出，托洛茨基在《保卫党》这本小册子中公开表示他同意考茨基的看法，即在俄国当前革命中，无产阶级和农民的利益在经济上是一致的。托洛茨基承认成立反对自由派资产阶级的左派联盟是可以允许的，是适宜的。在我看来，这些事实足以说明托洛茨基是接近我们的观点的。撇开"不断革命"的问题不谈，这里在对资产阶级政党的态度问题的基本点上是一致的。

李伯尔同志拼命责备我，说我甚至把劳动派也从无产阶级的同盟者资产阶级民主派中间排除出去了。李伯尔在这里又是只注意词句，而不注意争论的实质。我说的不是要取消我们同劳动派的共同行动，而是必须同劳动派的**动摇**保持距离。当劳动派出现追随立宪民主党人的倾向的时候，就应当不怕同他们"划清界限"。当劳动派不是采取彻底的革命民主派观点的时候，就应当无情地揭露他们。李伯尔同志，二者必居其一：要么工人政党实行真正独立的无产阶级政策，那时，只有在一种情况下我们才可以同一部分资产阶级采取共同行动，就是**这部分资产阶级必须接受我们的政**策，而不是相反；要么我们所说的无产阶级阶级斗争的独立性就是一句空话。

除李伯尔外，普列汉诺夫也回避争论的实质，只不过采取了另一种方式。普列汉诺夫谈到罗莎·卢森堡，把她形容为云端圣母[161]。没说的！争辩得多优雅，多委婉，多动人…… 但是我仍然要问普列汉诺夫：圣母归圣母，而你对问题的**实质**有什么看法呢？（中间派和布尔什维克鼓掌）如果把圣母抬出来是为了回避从实质上分析问题，这可是不好。圣母归圣母，但我们对"全权杜马"该怎么办呢？这是什么玩意儿呢？这同马克思主义或同无产阶级的独立政策有什么相同之处呢？

李伯尔和普列汉诺夫用不同的口吻对我们说："有时候可以达成协议。"说这种话很方便，但是毫无原则，毫无内容。同志们，我们本来**也只是**有时候，仅仅是有时候，才容许在一定情况下同劳动派达成协议。我们很乐意把这些话写进我们的决议案。

然而问题不在这里。问题在于：**什么样的**共同行动有时候是可以容许的？同什么人？为了什么目的？这些重大的问题被普列汉诺夫用委婉的俏皮话和李伯尔用慷慨激昂的空话掩盖了。这不是理论问题，而是活生生的实践问题。根据经验我们知道孟什维克所说的有时候可以达成的所谓的协议、所谓的"技术性"协议是什么意思！这种协议无非是一种使工人阶级依附自由派的政策。"有时候"只不过是掩饰这种机会主义政策的不高明的遁词而已。

普列汉诺夫引用了马克思著作中关于必须支持资产阶级的言论。可惜他没有引用《新莱茵报》上的言论，可惜他忘记了在德国资产阶级革命的高潮时期马克思是怎样"支持"自由派的。其实，要证明这样做是无可争辩的,也无须扯得这么远。旧《火星报》就曾经不止一次地谈到社会民主工党必须支持自由派,甚至支持贵族代表。在资产阶级革命以前的时期,当社会民主党还应当唤醒人民参加政治生活的时候,这样做是完全合理的。现在,各种各样的阶级都已经登上舞台,一方面,农民革命运动显示了自己的力量,另一方面,自由派的背叛已经成为事实,——在这种时候,根本谈不到我们要支持自由派。我们大家都同意社会民主党人现在应当提出没收地主土地的要求,而自由派是怎样对待这个要求的呢?

普列汉诺夫说:一切多少还算进步的阶级都应当是无产阶级手中的工具。我不怀疑,普列汉诺夫的愿望是这样的。但我认为,事实上孟什维克的政策所要求的却不是这样,而是相反。事实上在去年一年内,即在所谓孟什维克支持立宪民主党的时期,正是孟什维克每次都做了立宪民主党的工具。无论在支持杜马组阁的要求的时候,还是在同立宪民主党结成选举联盟的时候,都是这样。经验表明,在这些场合,同普列汉诺夫和其他孟什维克的"愿望"相反,成了工具的恰恰是无产阶级。至于"全权杜马"的问题,至于投戈洛文的票的事,那就更不用说了。

必须十分明确地承认,自由派资产阶级已经走上了反革命的道路,我们必须同它作斗争。只有这样,工人政党的政策才会是独立的政策,才不仅仅在口头上是革命的政策。只有这样,我们才能不断地影响动摇于自由主义和革命斗争之间的小资产阶级和农民。

他们毫无理由地在这里抱怨我们,说我们提出的自由派在欺骗小资产阶级这一说法是错误的。不仅我国革命而且其他国家的经验都表明,自由派正是靠着欺骗来影响许多居民阶层的。我们的首要任务就是努力使这些阶层摆脱自由派的影响。德国社会民主党十年来不断破坏而且终于摧毁了(例如在柏林)自由派对广大居民群众的影响。我们能够做到而且应该做到这一点,使立宪民主党失去他们的民主派拥护者。

　　现在我举例说明,孟什维克实行支持立宪民主党的政策会导致什么结果。在孟什维克的《俄国生活报》1907年2月22日这一号(第45号)上有一篇不署名的即编辑部的文章,谈到了选戈洛文的事和戈洛文的演说,该文说:"国家杜马主席担当了伟大的重要的任务,——他说的话应该是凝聚着14 000万人民的主要要求和需要…… 可是戈洛文先生一刻也没有超出立宪民主党党员的地位来表达整个杜马的意志。"请看,这话听起来多么有教益啊!孟什维克仅仅为了要投票支持,就说自由派负有重要的任务——代表"人民"说话。这就是把思想政治领导权直接转交给自由派。这就是完全抛弃了阶级观点。我可以说,如果在左派联盟中哪一个社会民主党人异想天开说什么劳动派分子负有重要的任务,反映"劳动者"的需要,那我会完全同意坚决谴责这个社会民主党人。这是孟什维克同立宪民主党结成思想联盟,而我们是不应当同任何人,甚至同社会革命党人结成任何类似的联盟的。

　　顺便提一下,马尔丁诺夫说,当我们提出关于全部土地和全部自由的要求的时候,我们就落到了结成这种联盟的地步。这是不对的。我请你们注意一下孟什维克的《社会民主党人报》。在这家报纸上登载的中央委员会拟定的选举纲领草案中,我们看到的同样也是这种要求土地和自由的口号!马尔丁诺夫的话不过是吹毛求疵而已。

　　最后,我想对波兰同志们说几句话。也许,对于他们中间的某些人来说，似乎不需要确切地说明小资产阶级政党的特点。也许是因为波兰的阶级斗争比较尖锐，这样做没有必要。但是对于俄国社会民主党人来说，这样做是必要的。明确地指出劳动派政党的阶级性质，对于指导整个宣传鼓动工作是极其重要的。我们只有根据对政党的阶级分析，才能十分明确地向整个工人阶级提出我们的策略任务：保持无产阶级的社会主义的阶级独立性，在无产阶级领导下既反对专制制度，也反对背叛成性的资产阶级。（布尔什维克和中间派鼓掌）

11

就波兰代表提出的关于资产阶级
政党的决议草案所作的发言

（5 月 15 日〔28 日〕）

从上一个发言中你们可以看出，波波夫同志说目前的争论徒劳无益是说得非常正确的。你们也亲眼看到了李伯尔的发言毫无原则。我只是提醒你们一点，在我们这个没有搞出什么结果来的委员会中，投票**反对**我们和拉脱维亚同志们而主张以**波兰草案**[162]作为基础的有 **4 名孟什维克，1 名崩得分子，2 名波兰代表**。

总之，在委员会中主张以波兰草案作为基础的是那些在原则上与波兰代表距离**最远**的人。他们之所以这样做，是为了用孟什维克的观点修改草案，是为了使决议案成为它的起草人所不能接受的东西！李伯尔在这种情况下亲自和孟什维克一起投票赞成（李伯尔说："不对！"），在表决是否可以同立宪民主党结成联盟时也是如此。在这以后，他的慷慨激昂的关于原则的发言简直是可笑的。

我完全明白波兰代表为什么竭力要以自己的草案作为决议的基础。他们认为我们的决议案写得那样详细是不必要的。他们只想说明真正把我们同他们联合起来的两大原则：（1）无产阶级在一切与社会主义有关的问题上同**一切**资产阶级政党都要划清界限而保持阶级独立性;(2)社会民主党和小资产阶级民主派联合起来共同反对背叛成性的自由派。这两种思想也像一根红线一样贯穿在布尔什维克的草案中。然而,波兰草案写得那样简短,就给孟什维克留下了过多的钻空子的机会。孟什维克拿自己的修正案迫使草案起草人投票反对自己的整个草案。但是,孟什维克也好,崩得分子也好,他们自己又不敢坚持经过他们那样"修改的"波兰草案。于是整个委员会的工作就彻底破产了。

现在对我们大家说来,特别是对波兰同志说来,只有一条路可走:力求把布尔什维克的草案当做基础。如果对布尔什维克的草案也要作一些无法接受的修改,那就不得不承认代表大会无能了。但是以这个对几大类政党都作了正确分析的草案为基础,通过一项具有十分明确的革命社会民主党精神的决定,还是可行的。

反对我们的草案的人说,这个草案对政党的说明太琐碎了。他们说,政党可能分裂,可能改组,这样一来,整个决议就不适用了。

这种反对意见是根本站不住脚的。我们所说明的并不是小派别,甚至不是个别政党,而是几大类政党。由于是很大的几类政党,它们之间的相互关系很少有可能发生像革命高潮完全代替革命低潮或者革命低潮完全代替革命高潮那样迅速的变化。大家可以把这几类拿来仔细研究一下。反动的资产阶级和比较进步的资产阶级,这是**一切**资本主义国家的两种不变的类型。除了这两种不变的类型以外,我们仅仅增加了两种类型:十月党(介乎黑帮和自由派之间)和劳动派集团。**这两种**类型是否可能迅速变化呢?不可能,除非我国革命发生根本的转变,使得我们无论如何不仅要根本修改我们代表大会的决议,而且甚至要根本修改我们的纲领。

　　大家可以想想我们提出的没收全部地主土地这一**纲领性**要求。在其他任何一个国家里，社会民主党人从来也不可能支持小资产阶级的没收欲望。这在**通常的**资本主义国家里会是一种骗术。而在我国，在资产阶级民主革命时期，这是一种必然。可以担保，在评价劳动派政党时产生的一些基本问题，不会比我们的没收土地的纲领性要求更早得到修改。

　　我还要指出一点，为了避免对左派联盟的任何误会和曲解，我们明确地说明了劳动派政党的斗争**内容**。事实上这些政党并不反对一般的剥削（正像他们自己所感到的），更不反对资本主义剥削（正像他们的思想家所说的），而**只是**反对农奴制国家和地主土地占有制。而明确地指出这个真实的斗争内容，马上就可以消除任何关于工人政党和农民在争取社会主义的斗争中，在反对资本主义的斗争中有可能共同行动的错误思想。

　　此外，我们在自己的决议案中还明确地指出劳动派政党的"假社会主义性质"，我们号召大家坚决反对掩盖小业主和无产者之间的阶级矛盾。我们号召大家揭露小资产者的迷雾般的社会主义思想。在谈到小资产阶级政党的时候，一定要指出这几点。但是必须指出的**也就是**这几点。孟什维克还加上了要同农民在目前革命中的革命主义和空想主义作斗争，这是极其错误的。他们的决议案的意思正是这样。而这种思想**在客观上**就是号召人们反对**没收**地主土地。其所以这样，是因为自由派中那些影响最大、分布最广的政治思想流派正是把没收说成是革命主义、空想主义等等。孟什维克一年来偏离这些原则而在实践中拒绝捍卫没收的主张，这不是偶然的，而是必然的。

　　你们不应当这么做，同志们！唐恩在他的一次发言中俏皮地说：我们的批评家如果老是批评我们干了我们没有干过的事情，那是很糟糕的。我们只是想拒绝没收，但**没有**真的拒绝！

我要回答说：假如你们真的拒绝了，那我们就已经不会有统一的党了。我们不应当采取这种拒绝的态度。假如我们想采取这种政策，哪怕只是有一点点这种想法，我们就会动摇无产阶级在资产阶级民主革命中进行独立的阶级斗争的一切革命基础。（布尔什维克、波兰代表和拉脱维亚代表鼓掌）

12
反对李伯尔提出的
对代表大会通过的布尔什维克关于
对资产阶级政党的态度的
决议案的修正意见[163]

(5月15日〔28日〕)

李伯尔是错误的。从这里你们就可以看到李伯尔的这些修正意见的性质。他的声明充满学生气,这是他缺乏原则性的典型表现。

13

反对托洛茨基提出的
对代表大会通过的布尔什维克
关于对资产阶级政党的态度的
决议案的修正意见[164]

（5 月 15 日和 16 日〔28 日和 29 日〕）

(1)

这里有两点很重要，不能把它们删去。第一点是指出经济上比较进步的资产阶级阶层。这是很重要的。更加重要的是提到资产阶级知识分子。在资产阶级政党中间，资产阶级知识分子的人数日益增多，他们企图使农奴主-地主和劳动农民和解，主张保存专制制度的一切残余。

(2)

说托洛茨基的修正意见不是孟什维克的意见，说这个意见表达了"同一个"思想，即布尔什维克的思想，对于这一点，我们不能不同意。但托洛茨基未必把这个思想表达得更好。我们说"同时"，指的是当前政策的**基本**性质。毫无疑问，这种基本性质是这样的：环境迫使我们同时做到既反对斯托雷平，又反对立宪民主党。对于立宪民主党的背叛**政策**也是如此。托洛茨基增补的文句是多余的，因为我们在决议案中不是要捕捉个别的怪事，而是要确定社会民主党在俄国资产阶级革命中的**基本**路线。

14

反对马尔托夫提出的对布尔什维克
关于对资产阶级政党的态度的
决议案的修正意见

(5月16日〔29日〕)

(1)

大家都明白,马尔托夫的修正意见[165]关系非常重大。"技术性协议"是一个伸缩性极大的概念。原来,他们认为"全权杜马"也算"技术"问题。如果马尔托夫以为我们所说的同劳动派的协议不是技术性的,那他就错了。我们的决议案并没有说同自由派资产阶级达成技术性协议是不允许的。一项决议案不应当规定允许做什么或禁止做什么,而应当指出政治思想路线。如果你们不满意决议案没有禁止做什么的规定,而要加上你们"允许做什么"的注释,那么,这样就会破坏我们决议案的整个精神和主旨。如果这样的修正意见获得通过,那我们只好收回自己的决议案。

(2)

马尔托夫说我们拒绝在自己的决议案中提到我们同革命民粹

派之间存在着对抗,这明明是用不能容忍的谎言自己打自己的嘴巴,同时也表明他的修正意见[166]是凭空想出来的。事实不是这样,不是我们拒绝同民粹派的假社会主义作斗争,而是你们孟什维克同志们拒绝支持**革命**民主派,偏爱**自由派**(立宪民主党)。民粹派的大多数派别(人民社会党人和劳动派)不但没有特意附和社会革命党人的恐怖主义,相反,它们都有容易受自由派影响的毛病。**全体**民粹派的真正革命性,就是力求**消灭**地主土地占有制。只有自由派才认为**这样做**是"冒险主义和空想"。**实际上**马尔托夫是在给自由派帮忙。

15

反对马尔丁诺夫提出的对布尔什维克
关于对资产阶级政党的态度的
决议案的修正意见[167]

（5月16日〔29日〕）

（1）

　　马尔丁诺夫的修正意见又一次企图提出孟什维克的观点，认为农民在当前革命中比立宪民主党更反动（或者可能更反动），因为孟什维克对立宪民主党的反动性只字未提。马尔丁诺夫的论据颠三倒四。农民的两重性不在于他们摇摆于革命和反动之间，而在于他们摇摆于立宪民主党和社会民主党之间。为了证实马尔丁诺夫所说的无政府主义倾向，孟什维克不可避免地、必然地会搬出他们很喜爱的一个思想，即没收地主土地的要求是反动的，而赎买是进步的。所谓农民有"无政府主义倾向"，这是自由派地主的说法。至于什么我们会使无产阶级运动服从于农民运动，这种说法是可笑的，因为我们已经几十次地作过否定的声明，并在各项决议案中说明过这一点。

（2）

　　如果我们接受了马尔丁诺夫的修正意见，那对社会民主党来说无疑是可笑的。关于对农奴制国家要进行坚决斗争这一点，我们在决议案的开头就已经说明了。现在应该从这一社会经济命题中作出政治结论。我们的任务是使被自己的经济状况推向斗争的那一部分资产阶级（即农民）摆脱那些不能对农奴制国家进行坚决斗争的资产者的影响（摆脱自由派地主即立宪民主党人的影响）。马尔丁诺夫建议把开头说过的话在结尾再说一遍，目的是要模糊明确的政治结论。

16

国家杜马问题决议起草委员会的报告[168]

（5 月 18 日〔31 日〕）

我们的委员会没有达成协议。布尔什维克的草案 6 票赞成，6 票反对。孟什维克的草案 5 票赞成，5 票反对，1 票弃权。现在我要为我们布尔什维克的草案简短地向大家作一申辩。这个草案波兰社会民主党人和拉脱维亚社会民主党人都是同意的。

我们认为，关于资产阶级政党的决议已经谈过的东西，在关于国家杜马的决议里都应该删掉，因为杜马斗争只是我们反对资产阶级政党和专制制度的整个斗争的一部分，而且不是主要的一部分。

在本决议案中，我们只谈到我们在杜马中应该采取怎样的政策。至于说明我们是怎样参加杜马的，我们根据下面的理由把决议案的这一部分——关于抵制这一条——删掉了。我个人和所有的布尔什维克一样认为，鉴于一切自由派报刊所采取的态度，本来应该对我们是怎样参加杜马的这一点作出说明。不管整个自由派资产阶级的看法如何，工人政党必须声明：正是由于资产阶级背叛了革命，我们才不得不暂时同这种畸形的机关打交道。可是拉脱维亚同志们反对这一条，为了不妨碍工作迅速结束（我们必须赶紧工作，使得代表大会能在明天如期闭幕），我们取消了这一条。反正代表大会的意志是明确的,而由于时间不够,也不能进行原则性的辩论。

现在我谈一谈我们决议案的基本思想。实质上这完全是重申我们在斯德哥尔摩代表大会提出的决议草案的内容。第1条着重指出杜马本身是毫不中用的。提出这个看法是必要的,因为直到现在农民的广大阶层和一般的小资产阶级仍然对杜马极其天真地寄予厚望。我们的首要职责就是揭穿自由派为了他们自私的阶级目的而支持的这一天真的幻想。

第1条第2部分提到议会道路的不中用,提到要说明群众公开斗争的不可避免。这一部分阐明了我们对于摆脱目前状况的办法的积极看法。我们一定要强调这一点,并且明确地重申我们的革命口号,因为甚至在社会民主党内部,也常常有人在这个问题上表现动摇。应该让大家都知道,社会民主党仍然坚持自己原来的革命道路。

第2条专门阐明杜马内的直接"立法"工作与鼓动、批评、宣传、组织这两方面之间的关系。工人政党对于杜马内工作和杜马外工作的关系的看法与自由派资产阶级截然不同。两种观点的这一根本区别必须着重指出。一方面是资产阶级政客,他们陶醉于背着人民玩弄议会把戏。另一方面是有组织的无产阶级的一支队伍,他们被派到敌人的阵营,密切**配合**无产阶级的**整个**斗争来进行工作。对于我们来说,只有一个统一而不可分割的工人运动,即无产阶级的阶级斗争。我们必须使阶级斗争的一切个别的局部的形式,包括议会的形式,完全服从于这一斗争。我们认为,无产阶级在杜马外的斗争起着决定的作用。如果只说我们重视群众的经济利益和经济需要等等,那是很不够的。这一类说法(像旧的孟什维克的决议案所说的那样)意思含混,任何一个自由派都可以同意。任何一个自由派都可以泛泛地谈论人民的经济需要。但是没有一个自由派会使杜马的活动服从于**阶级斗争**,而正是这个观点,我们社会民主党人应该十分明确地说出来。事实上,使我们区别于形形色色的资产阶级民主派的恰恰就是这个原则。

人们(特别是崩得分子,据说他们是调和派)有时指出,必须倒过来说,即社会民主党在杜马外的斗争应配合社会民主党杜马党团的工作。我可以肯定地说:这种说法是错误的,它只能散播极其有害的议会幻想。局部必须配合整体,而不是相反。杜马可能暂时成为整个阶级斗争的场所之一,但前提必须是这一整体不被忽视,阶级斗争的革命任务不被抹杀。

我们的决议案的第3条是针对自由派的杜马政策而写的。这一政策的口号是"保全杜马",它只是替自由派与黑帮的勾结打掩护。必须把这一点向人民公开指出来和说清楚。自由派的口号一贯地败坏群众的政治觉悟和阶级意识。我们的职责是无情地揭露自由派施放的这种烟幕。撕下自由派的假面具,指出他们口头上标榜民主而实际上与黑帮一起投票,——这样做可以使余下的民主派脱离出卖自由的资产阶级。

我们在确定自己的杜马政策的时候应该遵循什么原则呢?我们的决议案没有任何为冲突而制造冲突的想法,它从正面说明了社会民主党所理解的"适时行动"的含义,即必须顾及杜马外面由于客观条件而发展起来的革命危机。

最后一条是针对声名狼藉的"责任内阁"而写的。自由派资产阶级提出这一口号不是偶然的而是必然的,这是要利用沉寂时刻来削弱群众的革命意识以达到自己的目的。这一口号在第一届和第二届杜马中都得到了孟什维克的支持,而普列汉诺夫在第二届杜马时期在孟什维克的报纸上公然写道:社会民主党应该使这个要求**"成为自己的"**要求。由此可见,这一口号在我国革命历史上曾起过一定的作用。工人政党必须确定自己对待这一口号的态度。不能拿现在自由派没有提出这一口号作为根据,因为自由派是出于机会主义的考虑暂时取消这一口号的,而实质上他们想同沙皇政府勾结的欲望是更加强烈了。"杜马组阁"的口号最明显地反映出自由派要进行勾结的这种内在的倾向。

我们不否认而且也不能否认:杜马组阁可能成为革命的一个阶段,客观情况可能迫使我们利用杜马组织的内阁。问题不在这里。社会民主党利用改良,是把它作为无产阶级的革命的阶级斗争的副产品看待的,可是号召人民去进行局部的、不经过革命斗争就无法实现的改良,就不是我们的事情了。社会民主党应该指出,即使从纯粹民主主义的观点着眼,这种口号也是非常不彻底的。社会民主党应该向无产阶级说明无产阶级**取得胜利的**条件,而不应该因为胜利可能不彻底、因为可能遭到局部失败就事先限制自己的政策——而实现(能否实现还不得而知)"杜马组阁"的条件正是这样的。

自由派尽可以拿民主去兑换几文钱,尽可以为了实现庸俗的、渺小的、可怜的幻想——幻想得到一点可怜的施舍而抛开整体。社会民主党应该唤醒人民,使他们认识到完整的民主任务,并且引导无产阶级去实现已经明确认识到的革命目的。我们应该启发工人群众的觉悟,增强他们的斗志,而不要缓和矛盾,模糊斗争任务,麻痹群众的意识。(鼓掌)

17

关于代表大会名称问题的发言¹⁶⁹

(5 月 19 日〔6 月 1 日〕)

我感到惊奇,孟什维克竟然害怕把这次代表大会叫做第五次代表大会。难道我们的历史对谁来说是个秘密吗?

18

在辩论对中央委员当选人
进行复选问题时发表的意见[170]

（5 月 19 日〔6 月 1 日〕）

（1）

应该进行复选。李伯尔不对。他的全部论断都是一种可笑的诡辩。即使要进行抽签，可是谁来决定呢？是我们！我们是参加代表大会最后一次会议的代表。协商解决是不行的。因为这是代表大会，不是各个派别组织的会议。你们说，我们受权解决的只是技术性的和形式上的问题，而我们刚才就通过了关于国债的政治性决议[171]。

（2）

有人想用夺取权力这种可怕的字眼吓唬你们。但是我们正是受权在这次会议上挑选中央委员会候选人的。（场内哗然）同志们，安静些，你们的叫喊无论如何压不倒我！有人责备我们说，我们想利用那一票。我认为，这样做是可以的，也是应当的。我们在这里解决的是政治问题，原则问题。用碰运气的办法即抽签的办法解决这个问题就等于是进行赌博。决不能让党冒一年赌博的风险。我预先警告你们，如果——在票数相等的情况下——我们党用抽签的办法解决这一问题，那么责任由你们负。因此，这次会议应该进行复选。

载于1909年巴黎出版的《俄国社会民主工党伦敦代表大会（1907年召开的）。会议记录全文汇编》一书

译自《列宁全集》俄文第5版第15卷第309—365页

关于无产阶级在
资产阶级民主革命现阶段的任务[172]

(1907 年 5 月 24 日〔6 月 6 日〕)

鉴于：

(1)在俄国目前经历着慢性经济危机的基础上,由于政府变本加厉地实行反动政策,无产阶级与资产阶级之间的阶级斗争已大大加剧,农民反对旧制度的斗争正在不断深入和扩大,

(2)革命在去年一年表现为各阶级的觉悟迅速提高,两极政党力量加强,立宪幻想趋于破灭,"中间派"即努力用黑帮地主和专制政府能够接受的让步来阻止革命的自由派政党日益削弱,

(3)无产阶级在资产阶级革命中的阶级利益要求创造条件使反对有产阶级、争取社会主义的斗争能够充分展开,

(4)创造这些条件的唯一方法,就是争取建立民主共和国,建立完全的人民政权和实现无产阶级所必需的最低限度的社会经济要求(八小时工作制以及社会民主党最低纲领中的其他要求),

(5)只有无产阶级才能够把民主革命进行到底,但必须有一个条件,即作为现代社会中唯一彻底革命的阶级的无产阶级要能领导农民群众进行反对地主土地占有制和农奴制国家的无情斗争,

代表大会认为:

(一)无产阶级在目前历史阶段的主要任务,是把俄国的民主

革命进行到底；

（二）任何贬低这个任务的做法，都必然会使工人阶级从领导民主派农民群众的人民革命领袖变为跟着自由派资产阶级跑的、消极的革命参加者；

（三）在全力支持实现这一任务的同时，社会民主党一刻也不应该忘记无产阶级的独立的、社会主义的目的。

载于 1907 年 7 月 7 日《斗争报》第 78 号　　　　　　　　　　　译自《列宁全集》俄文第 5 版第 15 卷第 366—367 页

对资产阶级政党的态度¹⁷³

(1907 年 5 月 19 日和 6 月 2 日
〔6 月 1 日和 15 日〕之间)

　　社会民主党对资产阶级政党的态度问题属于所谓"总的"问题
或"理论性"问题,即同当前党所面临的各项既定实际任务没有直
接联系的问题。孟什维克和崩得分子竭力反对把这类问题列入俄
国社会民主工党伦敦代表大会的议程,而且很遗憾,他们还得到了
超派别的托洛茨基的支持。我们党的机会主义派也像其他国家社
会民主党的机会主义派一样,主张代表大会的议程要"务实",要
"实际"。他们回避"总的、大的"问题。他们忘记了,归根到底,只
有具有大原则性质的政策才是真正实际的政策。他们忘记了,如
果不先解决总的问题就去着手解决局部性问题,那么随时随地都
必然会不自觉地"碰上"这些总的问题。而在每一具体场合不由自
主地碰上这些问题,就必然会使自己的政策陷于动摇不定和不讲
原则的糟糕境地。

　　本来坚持把一系列"总的问题"列入代表大会议程的布尔什维
克,在波兰代表和拉脱维亚代表的帮助下,仅仅争取到使一个问
题,即对资产阶级政党的态度问题列入议程。这个问题不仅是代
表大会的一切原则性问题当中最主要的问题,而且是一切工作当

中最主要的问题。所以这样而且必然会这样，是因为在我们对非无产阶级政党的态度上存在的各种不同看法，是俄国革命中涉及无产阶级实际政策的那些问题上所产生的几乎一切甚至不折不扣的一切根本意见分歧的真正根源。从俄国革命一开始，对于俄国革命的性质和无产阶级在俄国革命中的作用问题，社会民主党中就出现了两种基本观点。谁要是撇开这两种基本观点的差别去分析俄国社会民主工党内各种策略问题上的分歧，谁就会被许多琐事和细节弄得糊里糊涂而一无所获。

一

早在1905年初，在对我国革命和无产阶级在我国革命中的任务的看法问题上，俄国社会民主党内就已经可以清楚地看到有两个派别；而到1905年春，在伦敦召开的俄国社会民主工党布尔什维克第三次代表大会和与此同时在日内瓦召开的孟什维克代表会议上，这两个派别已得到了充分的确切的表现，并获得了一定的组织的正式承认。当时，布尔什维克和孟什维克各自都提出讨论并通过了决议。那些忘记了自己党的甚至派别的历史或企图回避说明各种原则分歧的真正根源的人，现在总是喜欢轻视这些决议。从布尔什维克的观点来看，无产阶级担负着把资产阶级民主革命进行到底和充当这一革命的领袖的积极的任务。无产阶级只有领导民主派小资产阶级群众特别是农民同沙皇专制制度和背叛成性的自由派资产阶级进行斗争，才能做到这一点。还在主要的自由派政党即立宪民主党公开出来活动以前，布尔什维克就得出自由派资产阶级必然叛变的结论①,这是根据害怕无产阶级运动的资产阶级的阶级利益得出的结论。

孟什维克的看法是:在资产阶级革命中革命的动力和革命规模的决定者应该是资产阶级。无产阶级不能领导资产阶级革命,它只应当起极端反对派的作用,而不要企求夺取政权。无产阶级和农民的革命民主专政的思想,孟什维克是坚决反对的。

当时,在1905年5月(正好是两年以前),意见分歧还是纯理论性的、抽象的,因为当时我们党还没有碰到任何直接的实际的任务。因此考察一下这种分歧在后来的实践中**究竟如何**表现是意味深长的,这对那些喜欢从代表大会议程上删去抽象的问题而换上"务实的"、实际的问题的人很有教益。

布尔什维克断言,按照孟什维克的观点行事,实际上就会把革命无产阶级的口号降低为自由主义君主派资产阶级的口号和策略。孟什维克在1905年竭力证明说,只有他们才是在捍卫真正无产阶级的政策,而布尔什维克却使工人运动融化在资产阶级民主运动中。孟什维克在实行无产阶级的独立政策方面曾经有过最真诚的愿望,这从1905年5月孟什维克代表会议通过的一个决议中下面这段非常有教益的话可以看出来。这个决议写道:"社会民主党仍然要反对人民的伪善的朋友;反对一切打着自由派和民主派旗帜而拒绝真正支持无产阶级革命斗争的政党。"尽管孟什维克有这些良好的愿望,但是事实上他们的错误的策略理论却为了迎合自由主义君主派资产阶级而牺牲了无产阶级的独立性。

我们回想一下布尔什维克和孟什维克在革命的这两年中在哪

---

① 布尔什维克说,只有实行无产阶级和农民的革命民主专政,革命才可能获得完全的胜利。

些实际政策问题上发生了分歧。对 1905 年秋的布里根杜马,布尔什维克主张抵制,孟什维克主张参加。对维特杜马也是一样。在第一届杜马(1906 年夏)中,孟什维克的政策是赞成责任内阁的口号;布尔什维克的政策是反对这个口号,主张成立左派的即社会民主党人和劳动派的执行委员会。杜马被解散时(1906 年 7 月),孟什维克提出了"支持杜马作为召集立宪会议的权力机关"的口号,布尔什维克反对这种对革命口号的自由主义歪曲。第二届杜马选举时(1906 年底和 1907 年初),孟什维克主张同立宪民主党结成"技术性联盟"(而普列汉诺夫主张建立以"全权杜马"为纲领的政治联盟)。布尔什维克反对同立宪民主党结成联盟,主张进行独立的选举运动,但可以建立左派联盟。把这两年社会民主党的策略历史上所发生的这些重大事件和上面谈到的那些基本的、原则性的分歧对照一下,你们立刻就可以看出,两年的革命**证明了**布尔什维克所作的基本的理论分析**是正确的**。社会民主党当时必须反对背叛成性的自由派,**必须**同劳动派和民粹派"合击",它通过第二届杜马大多数场合的投票完全确立了这种优势。而孟什维克想揭露一切拒绝支持无产阶级革命斗争的人是人民的伪善朋友的善良愿望,却铺成了同自由派结成**政治**联盟,直到采用他们的口号这样一座地狱。

布尔什维克在 1905 年就曾根据理论分析预言,自由派的背叛和农民的民主本能这个问题是社会民主党在资产阶级革命中策略上的关键问题。**后来**在工人政党的政策问题方面发生的一切实际分歧,都是围绕着这个关键问题产生的。从孟什维克策略的错误原则出发,确实是历史地产生出了依赖自由派的政策。

在 1906 年的斯德哥尔摩统一代表大会召开前夜,布尔什维克和孟什维克发表了两个根本不同的关于资产阶级政党的决议案。布尔什维克的决议案通篇贯穿着自由派背叛成性和必须实行无产阶级和农民的革命民主专政这一基本思想，只不过是用十月时期后的许多事实和事件(十月党和立宪民主党的分裂;农民协会和各种激进的知识分子协会的建立,等等)给这一思想提供新的例证。布尔什维克分析了几大类资产阶级政党的阶级内容,可以说是把具体材料加到了自己原来的抽象公式中。孟什维克则借口各政党的性质不够"稳定"而拒绝在提交斯德哥尔摩代表大会的决议案中对各政党的阶级内容进行分析。实际上,这是逃避回答本质问题。而这种态度的最突出的表现就是,在斯德哥尔摩代表大会上获得胜利的孟什维克自己撤销了自己关于对俄国资产阶级政党的态度的决议案。1905年春,孟什维克在决议中提出要揭露一切拒绝支持无产阶级革命斗争的自由派和民主派是人民的伪善的朋友。1906年春,不是孟什维克,而是布尔什维克在决议案中指出了某个自由派政党即立宪民主党的**伪善**,孟什维克却宁愿使问题悬而不决。1907年春,在伦敦代表大会上,孟什维克更加暴露了自己,完全抛弃了原来的要自由派和民主派支持无产阶级革命斗争的要求。孟什维克的决议案(见1907年《人民杜马报》第12号上的决议草案——这是一个**极重要的文件**)直接而公开地鼓吹无产阶级和一切资产阶级民主派的行动**"配合起来"**,用俄国话来说,即协调一致!!

　　真是每况愈下。1905年,社会党人的愿望很好,理论很糟。1906年,既没有任何理论,也没有任何愿望。1907年,没有任何理论,并且公开执行机会主义的政策。社会民主党的政策和自由派资产阶级的政策"协调一致",这就是孟什维主义的最新杰作。既然同立宪民主党人结成联盟,投票赞成戈洛文,同立宪民主党人举行非正式会议,力图从我们提出的必须实现的要求中取消没收地主土地的要求,以及实行孟什维克的其他宝贵的政策,结果也就只能是这样。

在伦敦代表大会上,孟什维克的对待自由派的政策遭到了最彻底的破产。孟什维克根本没有敢把刊登在《人民杜马报》(第12号)上的自己的第一个决议案提出来。他们收回了这个决议案,甚至在由大会的所有5个派别的15名代表(4个布尔什维克、4个孟什维克、2个波兰代表、2个拉脱维亚代表、3个崩得分子)组成的委员会上也没有把它提出来。使社会党的政策和自由派的政策"配合起来"即协调一致这一口号大概不仅引起了崩得分子的反感,而且甚至引起了许多孟什维克的反感。孟什维克来到委员会上已经"经过了一番修饰":他们重新写了一份决议案,完全取消了"配合起来"的说法,不说"配合起来",而说无产阶级利用其他政党来实现自己的目的,承认无产阶级的政治任务是建立共和制,等等。然而,这完全无济于事。大家都非常清楚,披上这件故意涂抹得五颜六色的华丽外衣,是为了掩盖同一个"配合起来"的政策。从这个决议案中得出的仍然是过去那个实际结论:"在个别的特定的情况下和这些政党〈既和自由派,也和民粹派〉达成协议。"在委员会的15个成员中,赞成以这样的决议案为基础的只有4个人,也就是说,只有孟什维克! 孟什维克的政策遭到了再惨不过的失败。代表大会决定以布尔什维克的决议案作为基础,并在作了一些非本质的修改后整个予以通过,票数是:158—163票对100零几票(有一次是106票),10—20票弃权。但是,在着手分析这一决议案的基本思想和孟什维克所提出的修正意见的意义之前,还要谈一下在委员会讨论这一决议案时一段颇有意思的插曲。

提交委员会的决议草案不是两个，而是三个：布尔什维克的、孟什维克的和波兰代表的。波兰代表和布尔什维克在基本思想上是一致的，但是，波兰代表反对我们决议案的那种对每一类政党进行分析的写法。他们认为这是玩弄辞藻，认为我们的决议案烦琐。他们提出的草案主要是简短地说明无产阶级对待资产阶级政党的政策的两个基本原则：(1)无产阶级为了自己的社会主义任务，必须保持自己的阶级独立性而同其余**一切**政党划清界限，不管这些政党怎样革命，甚至怎样坚决主张共和制；(2)联合各劳动派政党，既反对专制制度，又反对背叛成性的自由派。

毫无疑问，波兰代表决议案中的这两个极重要的思想，很好地抓住了问题的要害。同样毫无疑问的是，给俄国各民族的无产阶级提供一个简单明确的指示而不从"社会学的"角度来分析几类不同的政党，这种构想也是很吸引人的。然而经验表明，如果以波兰代表的决议案为基础，这次代表大会就不能全面地、清楚地、明确地解决问题。为了否定孟什维主义，必须十分详细地从正面说明社会民主党对各种政党的观点，不然就会给含混的解释留下余地。

孟什维克和崩得分子在委员会里立刻抓住了波兰代表的决议案，正是为了利用这个余地。委员会以7票（孟什维克4票、波兰代表2票、崩得分子1票）对7票（布尔什维克4票、拉脱维亚代表2票、崩得分子1票；委员会的15名委员中有1名弃权或缺席）决定以波兰代表的决议草案作为基础。接着，委员会对波兰代表的草案作了一番"修正"，结果把草案改得面目全非。甚至作了这样的修正：允许和自由派达成"技术性"协议。这样一来，波兰代表自然就收回了被孟什维克歪曲了的草案。结果，不仅波兰代表，而且无论是崩得分子还是孟什维克，都不同意把**这样的**草案提交代表大会。委员会的全部工作都白费了，代表大会只好直接表决是否以布尔什维克的草案作为基础。

现在请问，代表大会决定以这一草案作为基础，有什么原则性的意义呢？代表大会究竟因为无产阶级策略的哪些基本点才在这一草案上取得一致，而否定了孟什维克的草案呢？

细心研究一下这两个草案，就可以很容易看出这样两个基本点。第一，布尔什维克的决议案实际上对非无产阶级政党进行了社会主义的批评。第二，这个决议案正确地规定了无产阶级在当前革命中的策略，用十分明确而具体的内容充实了革命"领袖"这一概念，指出可以而且应当同谁"合击"，打谁，以及在什么样的条件下打。

孟什维克决议案的主要错误在于，它没有包括上述两点中的任何一点，由于它没有内容，因而为机会主义敞开了大门，归根到底，也就是为把社会民主党的政策偷换成自由派的政策敞开了大门。实际上，看一看孟什维克对非无产阶级政党的社会主义批评就知道了。这种批评归结起来是这样一条："实现这一〈即我国的〉革命的那些社会经济条件和历史情况，阻碍着资产阶级民主运动的发展，在一极上产生了斗争的不坚定性和想用立宪的和平的方法消灭旧制度的幻想，而在另一极上又产生了小资产阶级的革命主义和土地空想这两种幻想。"

第一，我们所看到的是一个关于政党但又不指明是哪些政党的决议案。第二，我们所看到的这个决议案并没有对资产阶级民主派的不同的两"极"的阶级内容进行分析。第三，在这个决议案里没有确定各阶级对"我国革命"应当采取什么态度，甚至连一点暗示都没有。把这一切缺点综合起来，应当说，在这个决议案中马克思主义**关于阶级斗争的学说不见了**。

不是由于资本主义社会的不同的阶级的根本利益产生不同类型的资产阶级政党，——不是由于阶级利益而在一些人身上产生和平幻想或"调和倾向"，在另一些人身上产生"革命主义"。不是这样。而是某些令人莫解的社会经济条件和历史情况**阻碍着整个资产阶级民主运动的发展**。这就是说，资本家的调和性和庄稼汉的革命主义的产生，并不是由于资产阶级和农民在摆脱了农奴制的资本主义社会中所处的地位，而是由于整个"我国革命"的某些条件和某些情况。决议案的下面一条甚至还说，"这些阻碍革命发展的不良倾向"，"在当前暂时沉寂的时刻"特别清楚地"暴露出来了"。

这不是马克思主义的理论，而是**撇开各个阶级的利益去寻找**不同社会倾向的根源的自由派的理论。这不是社会党的决议，而是左派立宪民主党的决议；指责两极的极端表现，指责立宪民主党的机会主义和民粹派的革命主义，这实际上就是赞扬**介于它们之间的东西**。这使人不由得产生这样一个想法：在我们面前的是不是一些在立宪民主党和社会革命党之间寻求中庸之道的**人民社会党人**？

假如我们的孟什维克不是背离了马克思关于阶级斗争的理论，他们就会明白，资产阶级和农民在反对"旧制度"的斗争中所处的阶级地位不同，因而形成了不同类型的政党：一类是自由派政党，一类是民粹派政党。在俄国革命当中所产生的形形色色各种各样的政党、派别以及政治组织，经常地和必然地（反动政党和无产阶级政党除外）倾向于这两类政党，这是毋庸置疑的和无需证明的。如果我们只限于指出统一的资产阶级民主运动的"两极",那不过是重弹一些陈词滥调。在任何时候任何地方都可以指出有两种"极端表现",有两极。在任何一个稍微广泛一些的社会运动里,必然存在这样的两"极"和比较"中庸"的部分。**这样**来说明资产阶级民主派,就是把马克思主义的原理变成一种不说明任何问题的空话,而不是运用这一原理来分析**俄国各类**政党的**阶级**根源。孟什维克对资产阶级政党并没有进行社会主义的批评,因为把一切非无产阶级的反对党称为资产阶级民主派政党还决不是进行社会主义的批评。如果你们没有指出哪些阶级的利益,哪些在当前占主导地位的利益决定着各政党的本质和这些政党的政策的本质,那么事实上你们就没有运用马克思主义,**事实上**你们就抛弃了阶级斗争理论。"资产阶级民主派"一词就不过是你们用来表示对马克思主义的尊敬的一句抽象的口头禅,因为你们使用这个词的时候,并没有指出某种类型的自由派或民主派代表着资产阶级的一定阶层的某种私利。无怪乎我们的自由派,从民主改革党和立宪民主党起到《同志报》的非党的无题派止,看到孟什维克**这样**运用马克思主义,都兴高采烈地支持所谓民主派中的机会主义和革命主义这两种极端表现会带来危害这种"思想"……因为这不是思想,而是庸俗的陈词滥调。事实上自由派并不害怕"资产阶级民主派"这个**词**!他们害怕的是,在人民面前揭露他们的自由主义的纲领和言论代表着哪些有产阶级的哪些物质利益。关键就在于此,而不在于"资产阶级民主派"这个词。运用阶级斗争学说的,并不是那些经常把"资产阶级民主派"这个词当做护身符的人,而是那些真正指出某个政党的资产阶级性究竟表现在哪里的人。

如果"资产阶级民主派"这一概念只是要求指责机会主义和革

命主义这两种极端表现，那么这一概念就把马克思主义学说降低到庸俗的自由主义空谈的地步。自由派分子并不害怕这样使用这个概念，因为，我们再说一遍，他害怕的不是**词句**，而是行动。要让自由派分子接受使他感到不愉快的、"散发着马克思主义气味"的术语，他是能够同意的。但是，要说他这个立宪民主党人代表着以某种某种方式出卖革命的资产者的利益，这个观点，无论是自由派分子或是《同志报》的具有伯恩施坦主义思想的"知识分子"，都不会接受。正因为孟什维克在运用马克思主义的时候把它降低为不说明任何问题的、没有任何要求的空话，正是因为这样，无题派如普罗柯波维奇、库斯柯娃之流以及立宪民主党人等等，才竭力主张支持孟什维主义。孟什维克的马克思主义是按照资产阶级自由主义这个标准修改过的马克思主义。

因此，在这个问题上，孟什维克立场的第一个主要错误就是，孟什维主义实际上没有对各非无产阶级政党进行社会主义的批评。它实际上离开了马克思阶级斗争学说的立场。伦敦代表大会消除了这种歪曲社会民主党的政策和理论的错误。第二个主要错误是，孟什维主义实际上不承认无产阶级在当前革命中应当采取独立的政策，不给无产阶级规定明确的策略。避开机会主义和革命主义这两种极端表现，——这是从他们的决议案中得出的第一个孟什维主义准则。有时候可以同自由派和民主派达成协议，——这是第二个准则。要使自己的政策同自由派和民主派的政策配合起来（协调一致），——这是《人民杜马报》和孟什维克当时的决议案所提出的第三个准则。你们可以把其中提到第三个准则的地方随便删去多少处，可以添上"无产阶级的政策必须是独立的"这种愿望和要求，添上共和制的要求（像孟什维克在伦敦代表大会上所做的那样),——即或是这样,你们也丝毫不能消除孟什维主义的第二个主要错误。无产阶级政策的独立性并不取决于在适当的地方写上"独立的"字样,也不取决于提到了共和制这一点,它完全取决于**正确地指出实现真正独立的道路**。而孟什维克恰恰没有这样做。

事实上,由于各个阶级和各种社会力量的客观对比,我们现在看到的是两种倾向的斗争:自由派力图阻止革命,无产阶级则力图把革命进行到底。如果无产阶级这时认识不到自由派的这种倾向,认识不到自己的任务是直接同他们进行斗争,不去努力使民主派农民摆脱自由派的影响,那么**事实上无产阶级的政策就不是独立的**。孟什维克正好把这个事实上并不独立的政策合法化了,因为,允许有时候达成协议而不规定协议的**路线**,不规定区别我国革命中两种策略的主要分界线,这种做法正是意味着这一点。"有时候可以达成协议"这一公式实际上是替同立宪民主党结成联盟、替"全权杜马"、替责任内阁打掩护,也就是替那使工人政党实际上依赖自由派的整个政策打掩护。如果工人政党不给自己提出如下的直接任务,即努力把革命进行到底,不仅反对专制制度,而且反对自由派,努力同自由派争夺对民主派农民的影响,——如果不是这样,那么在当前的历史情况下就根本谈不上工人政党的独立的政策。20世纪初欧洲资产阶级革命的历史情况是这样的:社会民主党实行任何其他政策,事实上都是屈从于自由派的政策。

伦敦代表大会通过了布尔什维克提出的关于非无产阶级政党的决议案,这一事实意味着工人政党坚决摒弃一切背离阶级斗争的倾向,意味着大会实际上已经承认对非无产阶级政党的社会主义批评,承认无产阶级在当前革命中的各项独立的革命任务。

　　大会否决了孟什维克对决议案提出的修正意见，这一事实更加有力地说明了上面一点。

二

　　当代表大会决定以布尔什维克关于对资产阶级政党的态度的决议草案作为基础的时候，孟什维克和崩得分子对草案提出了一大堆修正意见。从提交代表大会常务委员会的一些反对意见看，提出的修正意见一共有70多条。我不打算在这里叙述为了制止这种捣乱行为而进行的曲折斗争，尽管这种捣乱行为远远超过了第二次代表大会上有名的22条阿基莫夫的修正意见[174]；我也不打算把大量毫无内容、琐琐碎碎的修正意见——列举出来。我只举出**5条**确实非常重要的、具有原则意义的修正意见。现在把这些修正意见按照代表大会上讨论的顺序介绍一下。

　　我们决议案的论据部分第3条直截了当地指出无产阶级的任务是"在资产阶级民主革命中起领袖作用"。孟什维克提出了一些修正意见：把"领袖"这个词换成"先锋队"、"先进部队"或"主要的动力"。所有这些意见都被否决了。可以重复多少遍，说要保持无产阶级完整的阶级独立性，布尔什维克都不会反对。但是，**不完全**指出无产阶级在革命中的**领袖**作用，就等于为机会主义敞开大门。无产阶级可能成为地主的打了折扣的资产阶级革命的"主要的动力"。如果无产阶级不善于捍卫本阶级的利益，它就可能成为帮助其他阶级取得胜利的主要动力。革命的社会民主党如果不背叛自己，它就不应当以此为限。它应当帮助无产阶级从消极地充当主要动力提高到积极地充当领袖,从为打了折扣的自由而奋斗的从属地位提高到为有利于工人阶级的充分的自由而斗争这种最独立的地位。这可以说是区分社会民主党人在资产阶级革命中的机会主义策略和革命策略的关键所在。前一种策略甘愿让无产阶级充当主要动力,后一种策略则力求使无产阶级充当领袖,而绝不只是充当"动力"。

"先进部队"这种说法也是不完全承认无产阶级的任务是领导其他民主阶级,或者说,至少会使人作这样的解释。

第2条修正意见是,删掉决议案结论部分的第3条(对自由派政党的评述)中指出自由派**欺骗**民主派小资产阶级的地方。孟什维克说,为了马克思主义,删去或修改这一点是必要的,因为唯物主义者不应当用"欺骗"这样的字眼来说明党的社会成分。这种论断的诡辩性太明显了,所以代表大会不会上这样的圈套。为了马克思主义而否认资产阶级政策有欺骗作用,这和为了"经济因素"而否认一切暴力完全一样。只有大卫、福尔马尔之流和其他机会主义骨干才这样理解马克思主义。而否认立宪民主党在当前政策中对俄国农民和小市民的欺骗作用,或者企图把这种作用说得小一些,这也就是替自由派进行粉饰,把事实歪曲得有利于自由派。这是因为立宪民主党对他们的农民选民和小市民选民赤裸裸地进行欺骗是十分确凿的事实。在一个阶级的利益引起了某些理论上的幻想即引起了虚幻的观念的时候(例如,在农民的利益引起了虚幻的想靠剥夺地主土地而获得一切财富的期望的时候),说党欺骗了自己的选民,那是不恰当的。在人民的某些阶层的议会代表把这些阶层的直接利益奉献给剥削它们的人们的时候(例如把农民出卖给地主等等),公开地、大声地指出这些阶层受了它们的议会代表的欺骗,则是必要的。马克思在 1848 年写道,德国资产阶级出卖了农民①。如果我们在 1907 年的俄国不敢指出我们的资产阶级和我们的立宪民主党的这种行为,不能向人民群众证明这一点,那我们就会玷污社会民主党人这一伟大的称号。

第 3 条修正意见是,在决议案结论部分的第 3 条中增加一点:承认可以同立宪民主党达成"技术性协议"。这条意见被代表大会用记名投票否决了。我们当时声明说,如果接受这条修正意见,我们就不得不撤回整个决议案,因为,当修正意见歪曲了决议案的基本思想时,我们是有权这样做的。我们声明说,我们根本没有谈到要专门禁止同立宪民主党达成任何协议。这里不涉及禁止或允许特殊情况,而是在讲总的政治路线。谁要是诚心想执行代表大会的这个决议,他就不会去同立宪民主党达成选举协议,或者同它提出共同的口号,虽然并不排除在杜马中可能出现共同投票的"特殊情况"。而对于那些不诚心执行代表大会决议的人,你要想根据某个说法"抓住"他们总是徒劳的。我们的孟什维克所谓和自由派达成"技术性协议"意味着什么,我们全党在实践中对这一点是太清楚了。

第 4 条修正意见是,应当在决议案的第 4 条中加上一点,说明同民粹派的土地空想主义和革命主义进行斗争的必要性。孟什维克曾数次提出这条意见,并且经常更改其中的个别字句或决议案中插入这条意见的地方。这条修正意见被代表大会整个否决了。毫无疑问,对这条修正意见进行讨论,是有原则意义的。孟什维克在这里又企图以马克思主义作幌子,塞进某种同马克思主义完全

---

① 参看《马克思恩格斯全集》第 1 版第 5 卷第 331 页。——编者注

敌对的东西。毫无疑问,马克思主义既反对民粹派的土地空想,也反对小资产阶级革命主义的手段。孟什维克推论说,既然如此,那就请在这里,在你们的决议案里说明这一点。我们回答他们说,请原谅,亲爱的同志们,这一切我们在这里都已经很好地说明了。不管你们的愿望和认识怎样,你们的补充是一种反对**没收**地主土地的花招。要知道,我们并没有忘记,把没收地主土地说成是"空想主义"和"革命主义"的,不仅有一切自由派,而且还有许多非党的社会民主主义者,诸如普罗柯波维奇、库斯柯娃之流的先生们,以及某些(幸而不多)曾建议社会民主党杜马党团和党中央委员会不要断然坚持没收的党内的社会民主主义者。

决议要写得使人能够看懂。决议应当考虑实际政治中存在的一切政治倾向,而不应当考虑某些社会民主党人的良好愿望(就算他们的愿望往往都是最好的愿望)。我们在自己的决议案里坦率地、明确地指出民粹派的社会主义是"**假社会主义**"。我们把他们的"社会主义"思想径直称做纯粹的"**迷雾**"。社会民主党不可推诿的责任就是同他们掩饰无产者和小业主之间的阶级对立的行为作斗争。这样也就说明了问题,这样也就谴责了民粹主义所包含的真正的空想成分,这样也就谴责了小资产阶级的"超阶级的"革命主义。此外,在我们的决议案里,不单单是指责和否定这些政党,而且指出了它们所包含的积极因素。"反对地主土地占有制和农奴制国家",这就是我们所指出的这种积极因素。谁要是由于反对小市民社会主义的"迷雾"而忘记了这一因素,谁就不是马克思主义者。在当前的革命中,这一现实的因素同民粹派对未来的虚幻的空想比起来要重要得多。目前,由于这一现实的斗争,自由派的政策和无产阶级的政策发生了根本的分歧。自由派的政策认为彻底消灭地主土地占有制和农奴制国家是**空想和空洞的革命主义**，因为摧毁这些东西对资产阶级**是不利的**，是危险的。在现时的实际政策里，对民粹派的空想主义和革命主义的攻击所反映出来的正是资产阶级的这种阶级私利。而无产阶级的政策恰恰相反，它把空想主义、革命主义以至把非阶级的社会主义所具有的"平均制"幻想这种**迷雾**，同坚决与地主和农奴主作斗争这种**现实性东西**区别开来。彻底摧毁地主土地占有制和农奴制国家，对自由派来说是有害的空想，而对我们来说是无产阶级当前最迫切的利益所在。现在我们应当在这个基础上同自由派进行最无情的、非常实际的斗争，使民主派农民摆脱自由派的影响。

我们谈到的孟什维克的这种修正意见，反映了孟什维主义的一种最流行的错误，这就是把资产阶级在当前革命中的反动性（即在同地主和专制制度进行斗争中的反动性）和农民的反动性（这种反动性并不是表现在反对地主和专制制度的斗争中，而是表现在反对资本的斗争中，也就是说，不表现在解决当前的资产阶级革命的任务的时候，而表现在解决将来的社会主义革命的任务的时候）等量齐观。孟什维克的这一根本错误遭到了代表大会的驳斥。但这一错误对实践具有很大影响，因为它掩盖了允许无产阶级跟自由派和农民民主派都同样采取一致行动的政策。

孟什维克的最后一条修正意见即引起普遍注意的修正意见，也是关于第4条即第4条最后一句的。孟什维克提议从中删掉指出要同立宪民主党进行斗争的地方（"……站到社会民主党方面来反对黑帮**和立宪民主党**"）。孟什维克为了使这个为代表大会所绝对不能接受的修正意见变得**在表面上**多少可以被接受，提议用争取将民主革命进行到底的说法来代替那种使他们不愉快的说法。

这是一种独特的手法，他们企图"把苦药丸包上一层糖衣"，企图在最能为布尔什维克接受的**口号**的掩饰下贯彻为布尔什维克所不能接受的**政策**（不去直接同立宪民主党作斗争）。招牌是你们的，而货色是我们的，——这就是孟什维克这些地道的机会主义政客通过自己的提案所道出的本意。

当然孟什维克这种天真的军事诡计立刻就被布尔什维克的那些长板凳上（我们在伦敦教堂里的确是坐在长板凳上，所以这里并不是转义）[175]发出的哄笑声给揭穿了。当一位波兰代表在孟什维克的修正意见遭到失败而提出另一个修正意见，即在决议案里保留指出同**立宪民主党进行斗争**的地方，同时加上承认要努力把革命进行到底这一点的时候，仍然是从那些长板凳上发出了简直是经久不息的哈哈大笑和雷鸣般的讽刺的掌声。当然，代表大会接受了这个修正意见。由于尔·马尔托夫曾经在《回声》（第5集）上说我们主张把革命进行到底是所谓资产阶级共和派的思想并对我们大发雷霆，孟什维克投票赞成波兰代表的提案（"为形势所迫"！）就特别应该得到讽刺的掌声。

孟什维克的不成功的诡计竟非常成功地为我们效劳了，因为，由于这条修正意见，代表大会承认了我们未向大会提出的另一个决议案即关于无产阶级阶级任务的决议案的极其重要的思想。

三

一位著名的孟什维克（好像是马尔丁诺夫）在代表大会上说，不应该把现在对待立宪民主党的态度固定下来，他希望孟什维克不是逃跑,而是秩序井然地退却。现在立宪民主党人是没用处了,就算是这样吧。但是不要把这一点固定下来,因为他们还可能有用处。

这几句话不成功地表述了孟什维克的一个非常重要的思想,这一思想在结束对资产阶级政党的态度问题的分析时是值得谈一谈的。说表述得不成功,是因为给现在这个反革命政策指明了阶级根源的决议案丝毫也不排除还有可能利用一切能够"有用处"的东西。孟什维克那个重要的思想是:如果说现在立宪民主党辜负了孟什维克的信任,那么曾经有一个时候他们并没有辜负孟什维克的信任。

这种思想是错误的。立宪民主党从来都是辜负孟什维克对他们的信任的。只要看看1905年10—12月我国革命最高潮时期,并把这一时期同当前时期即差不多是最低潮的时期对照一下,就足以确信这一点了。无论是在最高潮时期还是在最低潮时期,立宪民主党人都辜负了孟什维克的信任,没有证明孟什维克的策略正确,而是以自己的行为破坏了他们的策略。在高潮时期,孟什维克自己都积极地同自由派进行斗争(请回忆一下《开端报》),而现在,把第二届杜马中历次的投票总和起来,就能再清楚不过地使人看到"左派联盟"的政策正确,而支持立宪民主党的政策不正确。

俄国社会民主党未来的历史学家应当把我国革命的这个最高潮和最低潮之间的时期称做动摇的时期。孟什维克所代表的社会民主党在这个时期朝着自由派一边动摇。一年的争论(1904年底—1905年底)为争论问题作了历史准备,并对这些问题作了概括。一年半的革命(1905年底—1907年上半年)在实际政策方面实地检验了这些争论问题。这次检验用事实表明,支持自由派的政策遭到了彻底失败;这次检验使人们承认无产阶级在资产阶级革命中唯一革命的政策是:联合民主派农民,反对背叛成性的自由派,争取把革命进行到底。

要说伦敦代表大会结束了社会民主党朝着自由派一边动摇的这段时期,那是过了头。不过不管怎样,这是消除动摇的一个重要开端。

————

附言:资产阶级报刊正在加紧利用社会民主党的被迫沉默和伦敦代表大会的"半合法性",像诬蔑死人那样诬蔑布尔什维克。当然,没有日报,我们休想同无党派的《同志报》较量,在该报上,一个过去的社会民主党人阿·布拉姆,还有尤里·佩列亚斯拉夫斯基先生以及诸如此类的人,大跳其康康舞[176]。好在没有记录,可以为所欲为地胡说八道。在阿·布拉姆、佩列亚斯拉夫斯基之流的这些文章里,除了无党派的资产阶级知识分子通常的怨恨之外,没有什么别的东西,所以只要点出这些文章也就足以使他们受到应得的蔑视了。由《交易所小报》[177]转发的同司徒卢威先生的谈话,则是另一回事。这个谈话好像直到现在还没有遭到驳斥。除了蔑视之外,还应该分析一下这个……样品。他倾向十月党人,仇恨左派;这是自由派内在倾向的真正典型的反映。司徒卢威先生承认那些说他使十月党人被选进主席团(杜马的)以及他同十月党人进行了谈判和协商的旧的传闻。他主张同十月党人联合!谢谢您,司徒卢威先生,您真是出色地证实了还在去年秋天《无产者报》(第5号:《俄国政党分类尝试》)就已作出的对十月党人和立宪民主党人的评论![①] 司徒卢威先生觉得资产阶级**知识分子**软弱无

————

① 参看本版全集第14卷第21—27页。——编者注

力,想使自由派的重心靠近**有产阶级**。如果立宪民主党式的自由派同王权不能达成协议,就叫立宪民主党人滚蛋,就让哪怕是十月党人式的"自由派"去同王权达成协议。这是始终一贯的做法。这对我们是有利的,因为这会使情况明朗化和明确起来。新杜马是地主的杜马。新的选举法出色地、非常明确地把可靠的地主、资产阶级权贵同不可靠的农民、城市小市民和工人区别开来。自由派当中产生了新的派别;司徒卢威先生同"左派的冒险政策"开战,反对他们**"利用落后农民群众的愚昧无知的社会本能"**!!("社会本能"——这是文理不通,而由于文理不通,它的荒谬性就更加明显,司徒卢威先生愈是靠近已经离他不远的俄罗斯人民同盟,他所写的东西显然就会愈加文理不通,荒谬性就会愈加明显。)

的确,这不是偶然的。作为知识分子政党的资产阶级自由派是软弱无力的。如果它不同革命的("愚昧无知的社会本能")农民进行斗争,它就会软弱无力。如果它不同财主即同地主、厂主……**十月党人**结成紧密的联盟,它就会软弱无力。的确如此。我们早就向立宪民主党说过:"你所做的快做吧。"[178]谁要是主张同王权达成协议,那就去找十月党人,去找斯托雷平们,去找俄罗斯人民同盟。

谁要是支持人民,那就跟社会民主党走,只有社会民主党不论过去还是现在都在为反对自由派对劳动派的影响而进行无情的斗争。

有些人认为,正是孟什维克的政策能使立宪民主党发生分裂。真是天真的想法!不论过去还是将来,**只有革命的社会民主党的左派联盟的政策**才会使立宪民主党发生分裂。只有这种政策才会加速不可避免的分裂,使资产阶级自由派走向十月党人,使资产阶级民主派走向劳动派。社会民主党今后仍将像过去一样,要促使劳动派在无产阶级的彻底的民主主义和自由主义之间进行选择。

司徒卢威之流的政治家们,勇敢地前进吧!

载于1907年圣彼得堡出版的
文集:《俄国社会民主工党伦敦
代表大会的总结》

译自《列宁全集》俄文第5版
第15卷第368—388页

<h1 style="text-align:center">注　释</h1>

1 《提交俄国社会民主工党第五次代表大会的决议草案》发表于 1907 年
3 月 4 日(17 日)布尔什维克秘密报纸《无产者报》第 14 号,该报编辑部
加的前言说:"彼得堡委员会、莫斯科委员会、莫斯科郊区委员会、中部
工业区区域局和《无产者报》编辑部的代表举行的会议于 1907 年 2 月
15—18 日制定了以下代表大会决议草案,作为就某些最重要的策略问
题进行党内讨论和筹备代表大会之用的材料。"

　　《决议草案》还刊载于 1907 年 2 月 25 日和 27 日(3 月 10 日和 12
日)的布尔什维克合法报纸《新光线报》第 6 号和第 7 号(非全文)以及
1907 年 4 月出版的布尔什维克文集《策略问题》第 2 集。俄国社会民
主工党莫斯科委员会也翻印过《决议草案》(非全文,文字上有若干修
改)。——1。

2 指第一届国家杜马。

　　第一届国家杜马(维特杜马)是根据沙皇政府大臣会议主席谢·
尤·维特制定的条例于 1906 年 4 月 27 日(5 月 10 日)召开的。

　　在 1905 年十月全俄政治罢工的冲击下,沙皇尼古拉二世被迫发表
了 10 月 17 日宣言,宣布召开具有立法职能的国家杜马以代替布里根
咨议性杜马,借以把国家引上君主立宪的发展道路。1905 年 12 月 11
日,沙皇政府公布了《关于修改国家杜马选举条例的命令》,这一命令原
封不动地保留了为选举布里根杜马而制定的以财产资格和阶级不平等
为基础的选举制度,只是在原来的三个选民团——土地占有者(地主)
选民团、城市(资产阶级)选民团、农民选民团之外,新增了工人选民团。
就分得的复选人数额来说,各选民团的权利不是平等的。地主的 1 票
相当于城市资产阶级的 3 票、农民的 15 票、工人的 45 票。工人选民团
的复选人只占国家杜马全部复选人的 4%。选举不是普遍的。全体妇

女、不满 25 岁的青年、游牧民族、军人、学生、小企业（50 人以下的企业）的工人、短工、小手工业者、没有土地的农民都被剥夺了选举权。选举也不是直接的。一般是二级选举制,而为工人规定了三级选举制,为农民规定了四级选举制。

十二月起义失败后,沙皇政府一再限制曾经宣布过的杜马的权力。1906 年 2 月 20 日的诏书给了国务会议以批准或否决国家杜马所通过的法案的权力。1906 年 4 月 23 日(5 月 6 日)又颁布了经尼古拉二世批准的《国家根本法》,将国家政策的最重要问题置于杜马管辖之外。

第一届国家杜马选举于 1906 年 2—3 月举行。布尔什维克宣布抵制,但是没能达到搞垮这次选举的目的。当杜马终究召集起来时,列宁要求利用杜马来进行革命的宣传鼓动并揭露杜马的本质。

第一届国家杜马的代表共 478 人,其中立宪民主党 179 人,自治派 63 人(包括波兰、乌克兰、爱沙尼亚、拉脱维亚、立陶宛等民族的资产阶级集团的成员),十月党 16 人,无党派人士 105 人,劳动派 97 人,社会民主党 18 人。主席是立宪民主党人谢·安·穆罗姆采夫。

第一届国家杜马讨论过人身不可侵犯、废除死刑、信仰和集会自由、公民权利平等等问题,但是中心问题是土地问题。在杜马会议上提出的土地纲领主要有两个:一个是立宪民主党人于 5 月 8 日提出的由 42 名代表签署的法案,它力图保持地主土地占有制,只允许通过"按公平价格"赎买的办法来强制地主转让主要用农民的耕畜和农具耕种的或已出租的土地;另一个是劳动派于 5 月 23 日提出的"104 人法案",它要求建立全民土地资产,把超过劳动土地份额的地主土地及其他私有土地收归国有,按劳动份额平均使用土地。

第一届国家杜马尽管很软弱,它的决议尽管很不彻底,但仍不符合政府的愿望。1906 年 7 月 9 日(22 日),沙皇政府解散了第一届国家杜马。——1。

3　**立宪民主党**(正式名称为人民自由党)是俄国自由主义君主派资产阶级的主要政党,1905 年 10 月成立。中央委员中多数是资产阶级知识分子、地方自治人士和自由派地主。主要活动家有帕·尼·米留可夫、谢·安·穆罗姆采夫、瓦·阿·马克拉柯夫、安·伊·盛加略夫、彼·

伯·司徒卢威、约·弗·盖森等。立宪民主党提出一条与革命道路相对抗的和平的宪政发展道路,主张俄国实行立宪君主制和资产阶级的自由。在土地问题上,主张将国家、皇室、皇族和寺院的土地分给无地和少地的农民;私有土地部分地转让,并且按"公平"价格给予补偿;解决土地问题的土地委员会由同等数量的地主和农民组成,并由官员充当他们之间的调解人。1906 年春,曾同政府进行参加内阁的秘密谈判,后来在国家杜马中自命为"负责任的反对派"。第一次世界大战期间,支持沙皇政府的掠夺政策,曾同十月党等反动政党组成"进步同盟",要求成立责任内阁,即为资产阶级和地主所信任的政府,力图阻止革命并把战争进行到最后胜利。二月革命后,立宪民主党在资产阶级临时政府中居于领导地位,竭力阻挠土地问题、民族问题等基本问题的解决,并奉行继续帝国主义战争的政策。七月事变后,支持科尔尼洛夫叛乱,阴谋建立军事独裁。十月革命胜利后,苏维埃政府于 1917 年 11 月 28 日(12 月 11 日)宣布立宪民主党为"人民公敌的党"。该党随之转入地下,继续进行反革命活动,并参与白卫将军的武装叛乱。国内战争结束后,该党上层分子大多数逃亡国外。1921 年 5 月,该党在巴黎召开代表大会时分裂,作为统一的党不复存在。——1。

4 俄罗斯人民同盟是俄国黑帮组织,于 1905 年 10 月在彼得堡成立。该组织联合城市小资产阶级的代表、地主、部分知识界和宗教界人士、城市无业游民、一部分富农以及某些工人和农民,创始人为亚·伊·杜勃洛文、弗·安·格林格穆特、弗·米·普利什凯维奇等。1905 年 12 月 23 日(1906 年 1 月 5 日),沙皇尼古拉二世接见同盟代表团,接受了同盟成员的称号和徽章。同盟纲领以维护俄国的统一和不可分、保持专制制度、沙皇和人民通过咨议性的国民代表会议取得一致、大国沙文主义、反犹太主义等为基本内容,同时也包含一些蛊惑性的条文,如批评官僚制、保持村社土地所有制、各等级权利平等、国家为工人提供保险等。同盟的中央机构是由 12 人组成的总委员会,设在彼得堡。全国各城市、村镇所设的同盟分部在 1905—1907 年间达 900 个。同盟的主要机关报是《俄国旗帜报》。同盟通过宣传鼓动几次掀起俄国反犹太人大暴行的浪潮,同时也进行个人恐怖活动。它刺杀了第一届国家杜马代

表米·雅·赫尔岑施坦、格·波·约洛斯,并两次对谢·尤·维特行
刺。第二届国家杜马解散后,同盟于1908—1910年分裂为米迦勒天使
长同盟、俄罗斯人民同盟、彼得堡全俄杜勃洛文俄罗斯人民同盟等几个
互相敌对的组织。1917年二月革命后同其他黑帮组织一起被取缔。
——3。

5　君主派是指1905年秋在莫斯科成立的俄国君主党。参加者是一些大
土地占有者、沙皇政府的大臣和高级僧侣,领导人是政论家弗·安·格
林格穆特、大司祭 И.沃斯托尔戈夫、公爵 Д.Н.多尔戈鲁科夫、男爵 Г.
Г.罗森等。该党的机关刊物是《莫斯科新闻》和《俄罗斯通报》杂志。该
党奉行与俄罗斯人民同盟相近的方针,维护沙皇专制制度、等级制度以
及正教和大俄罗斯民族的特权。君主派后来并入1906年成立的贵族
联合会。1911年该党改名为"俄罗斯君主主义同盟"。——3。

6　贵族联合会是农奴主-地主的组织,于1906年5月在各省贵族协会第
一次代表大会上成立,存在到1917年10月。成立该组织的主要目的
是维护君主专制制度,维护大地主土地占有制和贵族特权。贵族联合
会的领导人是阿·亚·鲍勃凌斯基伯爵、Н.Ф.卡萨特金-罗斯托夫斯
基公爵、Д.А.奥尔苏菲耶夫伯爵、弗·米·普利什凯维奇等人。列宁
称贵族联合会为"农奴主联合会"。贵族联合会的许多成员参加了国务
会议和黑帮组织的领导中心。——3。

7　十月十七日同盟即十月党,该党代表和维护大工商业资本家和按资本
主义方式经营的大地主的利益,属于自由派的右翼。该党于1905年
11月成立,名称取自沙皇1905年10月17日宣言。十月党的主要领导
人是大工业家和莫斯科房产主亚·伊·古契柯夫、大地主米·弗·罗
将柯,活动家有彼·亚·葛伊甸、德·尼·希波夫、米·亚·斯塔霍维
奇、尼·阿·霍米亚科夫等。十月党完全拥护沙皇政府的对内对外政
策,支持政府镇压革命的一切行动,主张用调整租地、组织移民、协助农
民退出村社等办法解决土地问题。第一次世界大战期间,号召支持政
府,后来参加了军事工业委员会的活动,曾同立宪民主党等结成"进步
同盟",主张把帝国主义战争进行到最后胜利,并通过温和的改革来阻

止人民革命和维护君主制。二月革命后,该党参加了资产阶级临时政
府。十月革命后,十月党人反对苏维埃政权,在白卫分子政府中担任要
职。——3。

8　工商党是俄国大工商业资本家和金融资本家的政党,1905 年 11 月由
格·亚·克列斯托夫尼科夫、亚·伊·柯诺瓦诺夫、弗·巴·里亚布申
斯基等在莫斯科建立。1906 年 2 月 5—6 日该党举行第一次代表大
会,克列斯托夫尼科夫当选为该党主席。该党拥护 10 月 17 日宣言,要
求建立强有力的政权来镇压革命运动,反对召集立宪会议,反对实行八
小时工作制和罢工自由,主张保留地主土地占有制。在选举第一届国
家杜马时,工商党和十月党人结成联盟。1906 年底,工商党瓦解,多数
成员加入十月党。——3。

9　和平革新党是俄国大资产阶级和地主的君主立宪主义组织,由左派十
月党人彼·亚·葛伊甸、德·尼·希波夫、米·亚·斯塔霍维奇和右派
立宪民主党人尼·尼·李沃夫、叶·尼·特鲁别茨科伊等在第一届国
家杜马中的“和平革新派”基础上组成的,1906 年 7 月成立。该党持介
乎十月党和立宪民主党之间的立场,主要是在策略上与它们有所不同,
而其纲领则十分接近于十月党。和平革新党维护工商业资产阶级和按
资本主义方式经营的地主的利益。在第三届国家杜马中,和平革新党
同民主改革党联合组成“进步派”,该派是 1912 年成立的进步党的核
心。和平革新党的正式机关刊物是《言论报》和《莫斯科周刊》。——3。

10　人民社会党(劳动人民社会党)是 1906 年从俄国社会革命党右翼分裂
出来的小资产阶级政党,领导人有尼·费·安年斯基、韦·亚·米雅柯
金、阿·瓦·彼舍霍诺夫、弗·格·博哥拉兹、谢·雅·叶尔帕季耶夫
斯基、瓦·伊·谢美夫斯基等。人民社会党提出“全部国家政权应归人
民”,即归从无产者到资产阶级知识分子的全体劳动者,主张对地主土
地进行赎买和实行土地国有化,但不触动份地和经营“劳动经济”的私
有土地。在俄国 1905—1907 年革命趋于低潮时,该党赞同立宪民主党
的路线,六三政变后,因没有群众基础,实际上处于瓦解状态。第一次
世界大战期间,持社会沙文主义立场。二月革命后,该党开始恢复组

织。1917年6月,同劳动派合并为劳动人民社会党。这个党代表富农利益,积极支持资产阶级临时政府,十月革命后参加反革命阴谋活动和武装叛乱,1918年后不复存在。——4。

11 劳动团(劳动派)是俄国国家杜马中的农民代表和民粹派知识分子代表组成的小资产阶级民主派集团,1906年4月成立。领导人是阿·费·阿拉季因、斯·瓦·阿尼金等。劳动派要求废除一切等级限制和民族限制,实行自治机关的民主化,用普选制选举国家杜马。劳动派的土地纲领要求建立由官地、皇族土地、皇室土地、寺院土地以及超过劳动土地份额的私有土地组成的全民地产,由农民普选产生的地方土地委员会负责进行土地改革,这反映了全体农民的土地要求,同时它又容许赎买土地,则是符合富裕农民阶层利益的。在国家杜马中,劳动派动摇于立宪民主党和布尔什维克之间。布尔什维克党支持劳动派的符合农民利益的社会经济要求,同时批评它在政治上的不坚定,可是劳动派始终没有成为彻底革命的农民组织。六三政变后,劳动派在地方上停止了活动。第一次世界大战期间,劳动派多数采取沙文主义立场。二月革命后,劳动派积极支持资产阶级临时政府,1917年6月与人民社会党合并为劳动人民社会党。十月革命后,劳动派站在资产阶级反革命势力方面。——4。

12 社会革命党是俄国最大的小资产阶级政党。该党是1901年底—1902年初由南方社会革命党、社会革命人联合会、老民意党人小组、社会主义土地同盟等民粹派团体联合而成的。成立时的领导人有马·安·纳坦松、叶·康·布列什柯-布列什柯夫斯卡娅、尼·谢·鲁萨诺夫、维·米·切尔诺夫、米·拉·郭茨、格·安·格尔舒尼等,正式机关报是《革命俄国报》(1901—1904年)和《俄国革命通报》杂志(1901—1905年)。社会革命党人的理论观点是民粹主义和修正主义思想的折中混合物。他们否认无产阶级和农民之间的阶级差别,抹杀农民内部的矛盾,否认无产阶级在资产阶级民主革命中的领导作用。在土地问题上,社会革命党人主张消灭土地私有制,按照平均使用原则将土地交村社支配,发展各种合作社。在策略方面,社会革命党人采用了社会民主党人进行群众性鼓动的方法,但主要斗争方法还是搞个人恐怖。为了进行恐怖活动,该党建立了事实上脱离该党中央的秘密战斗组织。

在1905—1907年俄国第一次革命中,社会革命党曾在农村开展焚烧地主庄园、夺取地主财产的所谓"土地恐怖"运动,并同其他政党一起参加武装起义和游击战,但也曾同资产阶级的解放社签订协议。在国家杜马中,该党动摇于社会民主党和立宪民主党之间。该党内部的不统一造成了1906年的分裂,其右翼和极左翼分别组成了人民社会党和最高纲领派社会革命党人联合会。在斯托雷平反动时期,社会革命党经历了思想上、组织上的严重危机。在第一次世界大战期间,社会革命党的大多数领导人采取了社会沙文主义的立场。1917年二月革命后,社会革命党中央实行妥协主义和阶级调和的政策,党的领导人亚·费·克伦斯基、尼·德·阿夫克森齐耶夫、切尔诺夫等参加了资产阶级临时政府。七月事变时期该党公开转向资产阶级方面。社会革命党中央的妥协政策造成党的分裂,左翼于1917年12月组成了一个独立政党——左派社会革命党。十月革命后,社会革命党人(右派和中派)公开进行反苏维埃的活动,在国内战争时期进行反对苏维埃政权的武装斗争,对共产党和苏维埃政权的领导人实行个人恐怖。内战结束后,他们在"没有共产党人参加的苏维埃"的口号下组织了一系列叛乱。1922年,社会革命党彻底瓦解。——4。

13　指1906年12月—1907年3月波兰罗兹市无产阶级反对同盟歇业的英勇斗争。这次同盟歇业是罗兹市厂主联合会为夺回工人们在革命斗争中争取到的成果而宣布的。最初,罗兹市有一家工厂发生了工潮。工人们坚决拒绝向厂主说出谁是"破坏秩序"的人,厂主们便威胁说要从每五名工人中开除一人。在工人们不怕恫吓并宣布罢工之后,厂主联合会便关闭了罗兹市七家最大的工厂,接着又关闭了其余的工厂。随后,华沙和维尔诺的纺织厂主们也宣布同盟歇业。罗兹市的厂主还和中部工业区的纺织厂主们进行共同对付工人的谈判,并把部分订货转给了他们。

这场斗争持续了三个月之久,参加的工人达3万人,最后在饥饿的压力和敌人的镇压下被迫停止。华沙、彼得堡、莫斯科等城市的工人曾

进行募捐支持罗兹市工人，并发表了声援罢工者的宣言书。1907 年 3
月 25 日《无产者报》写道："罗兹的同盟歇业不仅有地方意义，它是整个
波兰资产阶级同波兰无产阶级的斗争，因而大大促进了波兰无产阶级
阶级觉悟的提高。"——6。

14 召开非党工人代表大会的主张是帕·波·阿克雪里罗得于 1905 年夏
首次提出的，得到了其他孟什维克的支持。这一主张概括起来说就是
要召开各种工人组织的代表大会，在这个代表大会上建立社会民主党
人、社会革命党人和无政府主义者都参加的合法的"广泛工人政党"。
这实际上意味着取消俄国社会民主工党而代之以非党的组织。召开非
党工人代表大会的主张也得到了社会革命党人、无政府主义者以及立
宪民主党人和黑帮工人组织（祖巴托夫分子等）的赞同。1907 年俄国
社会民主工党第五次（伦敦）代表大会谴责了这种主张（参看《苏联共产
党代表大会、代表会议和中央全会决议汇编》1964 年人民出版社版第 1
分册第 208 页）。与布尔什维克一起反对召开非党工人代表大会的有
波兰和拉脱维亚社会民主党人。列宁对孟什维克召开工人代表大会思
想的批判，见《革命界的小市民习气》、《孟什维主义的危机》、《知识分子
斗士反对知识分子的统治》、《气得晕头转向（关于工人代表大会问题）》
等文（本版全集第 14 卷和本卷）。——7。

15 指敖德萨劳动解放出版社于 1907 年出版的一本名为《劳动解放》的工
人问题论文集。文集的《论工人代表大会问题》一文支持召开工人代表
大会的鼓动。——7。

16 《联合事业》（《Союзное дело》）是一本工会运动和合作社问题文集，1907
年在莫斯科出版。该文集进行工团主义宣传，企图诱使工人阶级脱离
政治斗争，削弱社会民主党在工会里的影响。——7。

17 指俄国社会民主工党第二次代表会议（第一次全国代表会议）通过的
《关于召开工人代表大会鼓动范围问题的决议》（参看《苏联共产党代表
大会、代表会议和中央全会决议汇编》1964 年人民出版社版第 1 分册
第 176 页）。

　　俄国社会民主工党第二次代表会议(第一次全国代表会议)于1906年11月3—7日(16—20日)在芬兰塔墨尔福斯举行。出席会议的有32名有表决权的代表,其中孟什维克11名,崩得7名,布尔什维克6名,波兰王国和立陶宛社会民主党5名,拉脱维亚边疆区社会民主党3名。孟什维克在代表会议上占了多数。中央委员和中央机关报《社会民主党人报》编辑部成员出席会议,有发言权。代表会议的议程是:选举运动;党代表大会;工人代表大会;同黑帮和大暴行作斗争;游击行动。

　　关于第二届国家杜马选举运动问题,代表会议听取了4个报告。列宁和波兰王国和立陶宛社会民主党代表阿·瓦尔斯基的报告维护布尔什维克的策略,反对同立宪民主党结成联盟。尔·马尔托夫和崩得分子拉·阿布拉莫维奇的报告维护孟什维克的策略,主张同立宪民主党结成联盟。经过两天讨论,代表会议以18票(孟什维克和崩得)对14票(布尔什维克、波兰王国和立陶宛社会民主党、拉脱维亚边疆区社会民主党)通过了孟什维克的《关于俄国社会民主工党在选举运动中的策略》决议案。对此,列宁以14名代表的名义作为《特别意见》提出了布尔什维克的选举运动纲领(见本版全集第14卷第98—100页)。列宁还在会上批评了中央委员会提交代表会议批准的孟什维克的选举纲领草案,对它提出了许多修正意见。在布尔什维克的压力下,代表会议通过了关于对选举纲领草案的修正案的决议。代表会议还通过了孟什维克提出的、吸收了列宁修改意见的《关于各地的选举运动的统一的决议》(同上书,第124页)。关于召开党代表大会的问题,列宁坚持必须召开党的紧急代表大会,会议则通过了不迟于1907年3月15日(28日)召开党的例行代表大会的决议。代表会议不顾布尔什维克的要求,没有讨论工人代表大会的问题,而通过了一个《关于召开工人代表大会鼓动范围问题的决议》。议程上的其他问题因时间关系均未讨论。

　　列宁在《论同立宪民主党的联盟》、《同立宪民主党化的社会民主党人的斗争和党的纪律》等文(见本版全集第14卷)中对这次代表会议作了分析和评论。——8。

18　1906年9月,彼得堡各区工人举行会议,讨论工人代表大会的问题。

会议以 74 票赞成,11 票反对通过了一项谴责孟什维克召开工人代表大会的主张的决议。决议指出,鼓吹召开非党工人代表大会"将模糊政党和阶级的区别,使社会民主党人的觉悟降低到无产阶级不够开展的阶层的水平",因而"只能给无产阶级事业带来害处"。这一决议刊登于 1906 年 9 月 8 日《无产者报》第 3 号。

同年 9 月召开了俄国中部地区社会民主党组织第二次例行代表会议。莫斯科、莫斯科郊区委员会、科斯特罗马、伊万诺沃-沃兹涅先斯克、布良斯克、下诺夫哥罗德、特维尔、索尔莫沃、斯摩棱斯克、雅罗斯拉夫尔、奥廖尔、叶列茨、特维尔郊区组织、沃洛格达、坦波夫的代表以及中央委员会和《无产者报》编辑部的代表出席了会议。会议讨论了工人代表大会的问题。《无产者报》编辑部的代表作了报告。会议以多数票通过了一项决议,认为鼓吹召开非党工人代表大会是一种诱使有觉悟的工人离开团结和巩固自己的社会民主党这一任务的有害的煽动。决议也指出,社会民主党决不拒绝在适当时机参加工人代表苏维埃的代表大会以及追求一定实际目的的其他类似的代表大会,而且社会民主党应永远作为统一的有觉悟的整体出现。这一决议刊登于 1906 年 9 月 19 日《无产者报》第 4 号。——8。

19　《无产者报》(《Пролетарий》)是俄国布尔什维克的秘密报纸,于 1906 年 8 月 21 日(9 月 3 日)—1909 年 11 月 28 日(12 月 11 日)出版,共出了 50 号。该报由列宁主编,在不同时期参加编辑部的有亚·亚·波格丹诺夫、约·彼·戈尔登贝格、约·费·杜勃洛文斯基等。该报的头 20 号是在维堡排版送纸型到彼得堡印刷的,为保密起见,报上印的是在莫斯科出版。由于秘密报刊出版困难,从第 21 号起移至国外出版(第 21—40 号在日内瓦、第 41—50 号在巴黎出版)。该报是作为俄国社会民主工党莫斯科委员会和彼得堡委员会的机关报出版的,在头 20 号中有些号还同时作为莫斯科郊区委员会、彼尔姆委员会、库尔斯克委员会和喀山委员会的机关报出版,但它实际上是布尔什维克的中央机关报。该报共发表了 100 多篇列宁的文章和短评。该报第 46 号附刊上发表了 1909 年 6 月在巴黎举行的《无产者报》扩大编辑部会议的文件。斯托雷平反动时期,该报在保存和巩固布尔什维克组织方面起了卓越的作用。根据俄国社会民主工党中央委员会1910年一月全会的决议,该报停刊。——8。

20 这是列宁同《人道报》记者艾·阿韦纳尔的谈话,由阿韦纳尔署名发表于1907年4月4日《人道报》。在《列宁全集》俄文版中,这个谈话是根据《人道报》从法文译成俄文刊印的。阿韦纳尔就同样问题也向孟什维克领袖费·伊·唐恩提出了采访请求。

《人道报》(«L' Humanité»)是法国日报,由让·饶勒斯于1904年创办。该报起初是法国社会党的机关报,在第一次世界大战期间为法国社会党极右翼所掌握,采取了社会沙文主义立场。1918年该报由马·加香领导后,反对法国政府武装干涉苏维埃俄国的帝国主义政策。在法国社会党分裂和法国共产党成立后,从1920年12月起,该报成为法国共产党中央机关报。——10。

21 指俄国社会民主工党第四次(统一)代表大会。

俄国社会民主工党第四次(统一)代表大会于1906年4月10—25日(4月23日—5月8日)在斯德哥尔摩举行。出席这次代表大会的有112名有表决权的代表和22名有发言权的代表。他们代表了俄国社会民主工党的62个组织。参加大会有发言权的还有波兰王国和立陶宛社会民主党、拉脱维亚社会民主工党和崩得的代表各3名,乌克兰社会民主工党、芬兰工人党的代表各1名。此外,还有保加利亚社会民主工党的代表1名。加上特邀代表和来宾,共有157人参加大会。

为了召开这次代表大会,1905年底布尔什维克和孟什维克两派领导机构组成了统一的中央委员会。在两个月的时间里,各地党组织讨论两派分别制定的纲领,并按300名党员产生1名代表的比例进行代表大会代表的选举。由于布尔什维克占优势的工业中心的许多党组织遭到摧残而严重削弱,因此代表大会的组成并未反映党内真正的力量对比。在112张表决票中,布尔什维克拥有46票,孟什维克则拥有62票,而且拥有少数几票的调和派在基本问题上也是附和孟什维克的。

代表大会的议程是:修改土地纲领;目前形势和无产阶级的阶级任务;关于对国家杜马选举结果和对杜马本身的策略问题;武装起义;游

击行动;临时革命政府和革命自治;对工人代表苏维埃的态度;工会;对
农民运动的态度;对各种非社会民主主义的党派和组织的态度;根据党
纲中的民族问题对召开特别的波兰立宪会议的要求的态度;党的组织;
与各民族的社会民主党组织(波兰王国和立陶宛社会民主党、拉脱维亚
社会民主工党、崩得)的统一;工作报告;选举。大会只讨论了修改土地
纲领、对目前形势的估计和无产阶级的阶级任务、对国家杜马的态度、
武装起义、游击行动、与各民族的社会民主党的统一、党的章程等问题。
列宁就土地问题、当前形势问题和对国家杜马的态度问题作了报告,就
武装起义问题以及其他问题发了言,参加了党章起草委员会。

　　大会是在激烈斗争中进行的。在修改土地纲领问题上提出了三种
纲领:列宁的土地国有化纲领,一部分布尔什维克的分配土地纲领和孟
什维克的土地地方公有化纲领。代表大会以多数票批准了孟什维克的
土地地方公有化纲领,但在布尔什维克的压力下对这一纲领作了一些
修改。大会还批准了孟什维克的关于国家杜马的决议案和武装起义的
决议案,大会未经讨论通过了关于工会的决议和关于对农民运动的态
度的决议。代表大会通过了同波兰王国和立陶宛社会民主党以及同拉
脱维亚社会民主工党统一的决定。这两个党作为地区性组织加入俄国
社会民主工党,在该地区各民族无产阶级中进行工作。大会还确定了
同崩得统一的条件。在代表大会批准的新党章中,关于党员资格的第
1条采用了列宁的条文,但在党的中央委员会和中央机关报的相互关
系问题上仍保留了两个中央机关并存的局面。

　　代表大会选出了由7名孟什维克(弗·尼·罗扎诺夫、列·伊·戈
尔德曼、柳·尼·拉德琴柯、列·米·欣丘克、维·尼·克罗赫马尔、Б.
А.巴赫梅季耶夫、帕·尼·科洛科尔尼科夫)和3名布尔什维克(瓦·
阿·杰斯尼茨基、列·波·克拉辛、阿·伊·李可夫)组成的中央委员
会和由5名孟什维克(尔·马尔托夫、亚·马尔丁诺夫、彼·巴·马斯
洛夫、费·伊·唐恩、亚·尼·波特列索夫)组成的中央机关报编辑部。
中央委员中的李可夫后来换成了亚·亚·波格丹诺夫。加入俄国社会
民主工党的各民族社会民主党后来分别派代表参加了中央委员会。

　　列宁在《关于俄国社会民主工党统一代表大会的报告(给彼得堡工

人的信)》这本小册子(见本版全集第 13 卷)中对这次代表大会的工作
作了分析。——10。

22　崩得是立陶宛、波兰和俄罗斯犹太工人总联盟的简称,1897 年 9 月在
维尔诺成立。参加这个组织的主要是俄国西部各省的犹太手工业者。
崩得在成立初期曾进行社会主义宣传,后来在争取废除反犹太特别法
律的斗争过程中滑到了民族主义立场上。在 1898 年俄国社会民主工
党第一次代表大会上,崩得作为只在专门涉及犹太无产阶级问题上独
立的"自治组织",加入了俄国社会民主工党。在 1903 年俄国社会民主
工党第二次代表大会上,崩得分子要求承认崩得是犹太无产阶级的唯
一代表。在代表大会否决了这个要求之后,崩得退出了党。根据 1906
年俄国社会民主工党第四次(统一)代表大会决议,崩得重新加入了党。
从 1901 年起,崩得是俄国工人运动中民族主义和分离主义的代表。它
在党内一贯支持机会主义派别(经济派、孟什维克和取消派),反对布尔
什维克。第一次世界大战期间,崩得分子采取社会沙文主义立场。
1917 年二月革命后,崩得支持资产阶级临时政府。1918—1920 年外
国武装干涉和国内战争时期,崩得的领导人同反革命势力勾结在一起,
而一般的崩得分子则开始转变,主张同苏维埃政权合作。1921 年 3 月
崩得自行解散,部分成员加入俄国共产党(布)。——10。

23　指拉脱维亚边疆区社会民主党的代表。
拉脱维亚边疆区社会民主党原称拉脱维亚社会民主工党,于 1904
年 6 月在该党第一次代表大会上成立。在 1905 年 6 月党的第二次代
表大会上通过了党的纲领并作出了必须同俄国社会民主工党统一的决
议。1905 年该党领导了工人的革命行动并组织群众准备武装起义。
1906 年,在俄国社会民主工党第四次(统一)代表大会上,拉脱维亚社
会民主工党作为一个地区性组织加入了俄国社会民主工党。代表大会
后改名为拉脱维亚边疆区社会民主党。——10。

24　指波兰王国和立陶宛社会民主党的代表。
波兰王国和立陶宛社会民主党成立于 1893 年 7 月,最初称波兰王
国社会民主党,其宗旨是实现社会主义,建立无产阶级政权,最低纲领

是推翻沙皇制度,争取政治和经济解放。1900 年 8 月,该党和立陶宛
工人运动中国际主义派合并,改称波兰王国和立陶宛社会民主党。在
1905—1907 年俄国革命中,波兰王国和立陶宛社会民主党提出与布尔
什维克相近的斗争口号,对自由派资产阶级持不调和的态度。但该党
也犯了一些错误。列宁曾批评该党的一些错误观点,同时也指出它对
波兰革命运动的功绩。

　　1906 年 4 月,在俄国社会民主工党第四次(统一)代表大会上,该
党作为地区性组织加入俄国社会民主工党,保持组织上的独立。由于
党的领导成员扬·梯什卡等人在策略问题上发生动摇,1911 年 12 月
该党分裂成两派:一派拥护在国外的总执行委员会,称为总执委会派;
另一派拥护边疆区执行委员会,称为分裂派(见本版全集第 22 卷《波兰
社会民主党的分裂》一文)。分裂派主要包括华沙和洛兹的党组织,同
布尔什维克密切合作,赞同 1912 年俄国社会民主工党布拉格代表会议
的决议。第一次世界大战期间,波兰王国和立陶宛社会民主党持国际
主义立场,反对支持外国帝国主义者的皮尔苏茨基分子和民族民主党
人。1916 年该党两派合并。该党拥护俄国十月社会主义革命,1918 年
在波兰领导建立了一些工人代表苏维埃。1918 年 12 月,在该党与波
兰社会党"左派"的统一代表大会上,成立了波兰共产党。——10。

25 指孟什维克在俄国社会民主工党彼得堡组织全市和省代表会议上制造
的分裂。

　　俄国社会民主工党彼得堡组织全市和省代表会议于 1907 年 1 月
6 日(19 日)在芬兰泰里约基召开。出席代表会议的有 70 名有表决权
的代表(布尔什维克 42 名,孟什维克 28 名)和一些有发言权的代表(孟
什维克中央委员会和中央机关报的代表 4 名,俄国社会民主工党彼得
堡委员会和布尔什维克的《无产者报》代表各 1 名以及其他代表)。彼
得堡委员会曾决定,代表会议代表的选举必须在党员讨论了是否应当
与立宪民主党人签订协议的问题之后进行。在审查代表资格时发现有
些分区违反了这一决定(这些分区选出的主要是孟什维克)。代表会议
宣布这些人的代表资格无效。代表会议还以多数票否决了中央委员会
代表提出的按现有的选区把代表会议分为两部分(市代表会议和省代

表会议)的提案,因为这个提案是要制造孟什维克在代表会议上的优
势。孟什维克随后退出了代表会议,从而在选举前夕分裂了彼得堡党
组织。

留下来的代表决定继续开会。在代表会议上列宁作了关于在杜马
选举中的选举协议问题的报告。代表会议讨论了这个报告,确认布尔
什维克在俄国社会民主工党第二次代表会议(第一次全国代表会议)上
提出的《特别意见》(见本版全集第14卷第98—100页)是正确的。代
表会议拒绝同立宪民主党人结成联盟,通过了向社会革命党和劳动派
建议在选举期间签订协议的决议,条件是他们要拒绝同立宪民主党的
任何联合。

列宁在《社会民主党和杜马选举》、《"你会听到蠢人的评判……"
(社会民主党政论家札记)》这两本小册子和《彼得堡工人政党的选举运
动》、《彼得堡社会民主党的选举运动》、《31个孟什维克的抗议书》等文
(见本版全集第14卷)中对彼得堡代表会议的工作作了详细的阐述。
——11。

26　指1906年12月底(1907年1月初)在彼得堡举行的关于选举协议问题
的情况通报会议。立宪民主党、社会革命党、人民社会党、劳动派和社
会民主党都派代表出席了会议。俄国社会民主工党中央委员会的代
表是孟什维克费·伊·唐恩。俄国社会民主工党彼得堡委员会为了
了解资产阶级政党关于选举协议的建议,也派了两名代表出席会议。
——11。

27　《言语报》(《Речь》)是俄国立宪民主党的中央机关报(日报),1906年2
月23日(3月8日)起在彼得堡出版,实际编辑是帕·尼·米留可夫和
约·弗·盖森。积极参加该报工作的有马·莫·维纳维尔、帕·德·
多尔戈鲁科夫、彼·伯·司徒卢威等。1917年二月革命后,该报积极
支持资产阶级临时政府的对内对外政策,反对布尔什维克。1917年10
月26日(11月8日)被查封。后曾改用《我们的言语报》、《自由言语
报》、《时代报》、《新言语报》和《我们时代报》等名称继续出版,1918年8
月最终被查封。——11。

28　《同志报》(《Товарищ》)是俄国资产阶级报纸(日报),1906年3月15日(28日)—1907年12月30日(1908年1月12日)在彼得堡出版。该报打着"无党派"的招牌,实际上是左派立宪民主党人的机关报。参加该报工作的有谢·尼·普罗柯波维奇和叶·德·库斯柯娃。孟什维克也为该报撰稿。从1908年1月起《我们时代报》代替了《同志报》。——11。

29　米勒兰派社会党人是法国社会党中的米勒兰主义即主张社会党人参加资产阶级政府的机会主义策略的拥护者。法国社会党人亚·埃·米勒兰于1899年参加了瓦尔德克-卢梭的资产阶级政府并支持其反人民的政策,米勒兰主义即由此得名。1900年9月23—27日在巴黎举行的第二国际第五次代表大会讨论了米勒兰主义问题。大会通过了卡·考茨基提出的调和主义决议。这个决议虽谴责社会党人参加资产阶级政府,但却认为在"非常"情况下可以这样做。法国社会党人和其他国家的社会党人就利用这项附带条件为他们在第一次世界大战期间参加帝国主义资产阶级政府的行为辩护。列宁认为米勒兰主义是一种修正主义和叛卖行为,社会改良主义者参加资产阶级政府必定会充当资本家的傀儡,成为这个政府欺骗群众的工具。——11。

30　《国家报》(《Страна》)是俄国民主改革党的机关报(日报),1906年2月19日(3月4日)—1907年在彼得堡出版。——11。

31　民主改革党是俄国自由派资产阶级政党,由立宪民主党内一批认为该党纲领过"左"的分子在1906年1月第一届国家杜马选举时建立。该党领导人是马·马·柯瓦列夫斯基、米·马·斯塔秀列维奇、伊·伊·伊万纽科夫、弗·德·库兹明-卡拉瓦耶夫和康·康·阿尔先耶夫。1906年1月18日,该党公布了自己的纲领,其内容主要是:坚持走和平革新俄国的道路,同时保持世袭的立宪君主制;主张俄国统一(只有波兰和芬兰可以实行自治);保留大小土地占有制,允许通过赎买转让超过最高限额的土地。该党出版的刊物有《国家报》和《欧洲通报》杂志。1907年底,该党并入和平革新党。——12。

32 《新时报》(《Новое Время》)是俄国报纸,1868—1917 年在彼得堡出版。
出版人多次更换,政治方向也随之改变。1872—1873 年采取进步自由
主义的方针。1876—1912 年由反动出版家阿·谢·苏沃林掌握,成为
俄国最没有原则的报纸。1905 年起是黑帮报纸。1917 年二月革命后,
完全支持资产阶级临时政府的反革命政策,攻击布尔什维克。1917 年
10 月 26 日(11 月 8 日)被查封。——12。

33 指社会革命党人、劳动派、人民社会党人和孟什维克的代表同立宪民主
党人举行的代表会议。这次会议于 1907 年 1 月 18 日(31 日)在彼得堡
举行。会议没有就杜马席位的分配问题达成协议,孟什维克要求将六
个杜马席位中的三个给小资产阶级联盟,而立宪民主党人只答应给两
个。列宁对这次会议的评价,见《步步下降》和《彼得堡的选举和 31 个
孟什维克的伪善面目》两文(本版全集第 14 卷)。——13。

34 第二届杜马(第二届国家杜马)于 1907 年 2 月 20 日(3 月 5 日)召开,共
有代表 518 人。主席是立宪民主党人费·亚·戈洛文。尽管当时俄国
革命处于低潮时期,而且杜马选举是间接的、不平等的,但由于各政党
间的界限比第一届杜马时期更为明显,群众的阶级觉悟较前提高,以及
布尔什维克参加了选举,所以第二届杜马中左派力量有所加强。按政
治集团来分,第二届杜马的组成是:右派即君主派和十月党 54 名,立宪
民主党和靠近它的党派 99 名,各民族代表 76 名,无党派人士 50 名,哥
萨克集团 17 名,人民社会党 16 名,社会革命党 37 名,劳动派 104 名,
社会民主党 65 名。
　　同第一届杜马一样,第二届杜马的中心议题是土地问题。右派和
十月党人捍卫 1906 年 11 月 9 日斯托雷平关于土地改革的法令。立宪
民主党人大大删削了自己的土地法案,把强制转让土地的成分降到最
低限度。劳动派在土地问题上仍然采取第一届杜马中采取的立场。
孟什维克占多数的社会民主党党团提出了土地地方公有化法案,布尔
什维克则捍卫全部土地国有化纲领。除土地问题外,第二届杜马还讨
论了预算、对饥民和失业工人的救济、大赦等问题。在第二届杜马中,
布尔什维克执行与劳动派建立"左派联盟"的策略,孟什维克则执行支

持立宪民主党人的机会主义策略。

1907年6月3日(16日)沙皇政府发动政变,解散了第二届杜马;同时颁布了保证地主和大资产阶级能在国家杜马中占绝对多数的新选举法。这一政变标志着俄国历史上斯托雷平反动时期的开始。——17。

35 战地法庭是沙皇政府为镇压革命运动而设立的非常法庭。沙皇俄国大臣会议于1906年8月19日(9月1日)制定了战地法庭条例。该条例规定,在宣布戒严或处于非常警卫状态的地方设立战地法庭。设立战地法庭之权属于总督、在实施非常警卫时被授予全部行政权力的"长官"或其他有同等权力的人员,由他们确定设立战地法庭的地点,并向警备司令、驻军司令或港口司令提出相应的要求。战地法庭由主席1人(将校级军官)和成员4人(陆军或海军军官)组成。开庭时禁止旁听,被告人不得委托他人辩护,也不得上诉。战地法庭的判决一般是死刑,宣判后立即生效,并且必须在一昼夜内执行。——17。

36 参议院的说明是指俄国执政参议院在第二届杜马选举前颁布的对1905年12月11日(24日)国家杜马选举法的解释。通过这些解释,参议院在这个选举法的规定之外,又剥夺了数万名工人、农民的选举权。列宁称这种解释是"斯托雷平对'宪法实质'的绝妙的说明"(见本版全集第14卷第195页)。——19。

37 《第二届杜马和无产阶级的任务》一文最初以号召书的形式发表于1907年2月23日彼得堡布尔什维克组织的秘密报纸《工人报》第2号,无标题。现在的标题是《列宁全集》俄文版编者加的。

《工人报》(《Рабочий》)是根据俄国社会民主工党彼得堡委员会的决定而出版的群众性通俗报纸,1907年2月13日(26日)创刊。列宁和叶·米·雅罗斯拉夫斯基等参加了该报的工作。该报共出了3号。1907年6月初因印刷所被警察捣毁而停刊。——21。

38 1905年1月9日是沙皇大规模枪杀彼得堡和平请愿工人的日子,史称"流血星期日"。1905年1月3日(16日),彼得堡普梯洛夫工厂爆发了罢工,1月7日(20日)罢工发展成全市总罢工。与俄国保安机关有联系的格·阿·加邦神父怀着挑衅的目的,建议工人列队前往冬宫向沙皇呈递请愿书。在讨论请愿书的工人集会上,布尔什维克进行解释工作,指出无产阶级只有进行革命斗争才能争得自己的权利。但工人对沙皇的信仰还很牢固,因此和平请愿未能被阻止。在这种情况下,布尔什维克通过了参加游行示威的决议。沙皇政府从外地调集4万名士兵和警察加强彼得堡的卫戍部队,并于1月8日(21日)批准了驱散请愿队伍的计划。1月9日(22日),14万工人手执圣像和沙皇像向宫廷广场进发。根据彼得堡总督弗拉基米尔·亚历山德罗维奇大公的命令,军队对手无寸铁的工人和他们的妻子儿女开枪,结果有1000多人被打死,2000多人受伤。沙皇的暴行引起了工人的极大愤怒,当天,彼得堡街头就出现了街垒,工人同军警发生了武装冲突。1月9日成了1905—1907年俄国第一次革命的起点。——22。

39　指1905年发生的十月全俄政治罢工。

　　十月全俄政治罢工是俄国第一次革命的最重要阶段之一。1905年10月6日(19日),在一些铁路线的布尔什维克组织的代表决定共同举行罢工后,俄国社会民主工党莫斯科委员会号召莫斯科铁路枢纽各线从10月7日(20日)正午起实行总罢工,全俄铁路工会中央常务局支持这一罢工。到10月17日(30日),铁路罢工已发展成为全俄总罢工,参加罢工的人数达200万以上。在各大城市,工厂、交通运输部门、发电厂、邮电系统、机关、商店、学校都停止了工作。十月罢工的口号是:推翻专制制度、积极抵制布里根杜马、召集立宪会议和建立民主共和国。十月罢工扫除了布里根杜马,迫使沙皇于10月17日(30日)颁布了允诺给予"公民自由"和召开"立宪"杜马的宣言。罢工显示了无产阶级运动的力量和声势,推动了农村和军队中革命斗争的展开。在十月罢工中,彼得堡及其他一些城市出现了工人代表苏维埃。十月罢工持续了十多天,是十二月武装起义的序幕。关于十月罢工,参看列宁《全俄政治罢工》一文(本版全集第12卷)。——22。

40　指1905年12月莫斯科武装起义。1905年12月5日(18日),布尔什维克莫斯科市代表会议表达工人的意志,决定宣布总罢工并随即开始武装斗争。次日,布尔什维克领导的莫斯科苏维埃全体会议通过了同样的决议。12月7日(20日),政治总罢工开始。在最初两天有15万人参加罢工。12月10日(23日)罢工转为武装起义。起义的中心是普列斯尼亚区、莫斯科河南岸区、罗戈日-西蒙诺沃区和喀山铁路区。武装斗争持续了9天,莫斯科工人奋不顾身地进行战斗。但由于起义者缺乏武装斗争的经验、武器不足、同军队的联系不够、打防御战而没有打进攻战以及起义一开始布尔什维克莫斯科委员会的领导人员维·列·尚采尔、米·伊·瓦西里耶夫-尤任等就遭逮捕等原因,莫斯科起义最终在沙皇政府从其他城市调来军队进行镇压之后遭到失败。为了保存革命力量和准备下一步的斗争,党的莫斯科委员会和苏维埃决定从1905年12月19日(1906年1月1日)起停止武装抵抗。1905年12月—1906年1月,继莫斯科之后,下诺夫哥罗德、顿河畔罗斯托夫、新罗西斯克、顿巴斯、叶卡捷琳诺斯拉夫、彼尔姆(莫托维利哈)、乌法、克拉斯诺亚尔斯克、赤塔等城市都发生了起义,外高加索、波兰、波罗的海沿岸地区、芬兰也举行了大规模的武装起义。但这些零星分散的起义都遭到了沙皇政府的残酷镇压。十二月武装起义是俄国1905—1907年革命的最高点。关于十二月武装起义,参看列宁《莫斯科起义的教训》一文(本版全集第13卷)。——22。

41 《关于斯托雷平的宣言》是列宁为国家杜马社会民主党党团拟的答复政府宣言的声明草案。这一政府宣言是大臣会议主席彼·阿·斯托雷平在1907年3月6日(19日)第二届国家杜马第5次会议上宣读的。

社会民主党党团第10次会议通过了如何回答政府宣言的决议。关于这件事,1907年2月27日布尔什维克《新光线报》第7号作了如下报道:"2月26日会议讨论了社会民主党党团就斯托雷平的宣言表态的问题。会议决定在斯托雷平发表宣言之后采取独立的行动而不预先决定采取什么方式。如党团的建议未被通过,则支持革命政党和反对派政党的一般民主建议。"

列宁起草的这个声明草案在1907年2月28日(3月13日)社会民主党杜马党团会议上进行了讨论,被党团中的孟什维克多数否决。在

答复斯托雷平的宣言时,社会民主党杜马党团领袖孟什维克伊·格·
策列铁里宣读了党团中孟什维克多数通过的声明。这个声明是按半自
由派的调子写成的,甚至比第一届国家杜马的社会民主党党团的声明
还后退了一步。声明闭口不谈无产阶级的社会主义目标,没有包括召
开立宪会议的要求,并且用"解决土地问题"这种连农奴主也能接受的
提法来代替没收全部地主土地的要求。——26。

42　《俄国生活报》(《Русская Жизнь》)是俄国的一家日报,于1907年1月1
日(14日)—3月2日(15日)在彼得堡出版。该报最初是左派立宪民
主党的报纸。从2月14日(27日)第38号起,该报转入孟什维克手中,
撰稿人有帕·波·阿克雪里罗得、费·伊·唐恩、维·伊·查苏利奇、
尔·马尔托夫、格·瓦·普列汉诺夫等。该报于3月2日(15日)被查
封,共出了52号。接替该报出版的是《人民杜马报》。——29。

43　民族民主党人是波兰地主和资产阶级的民族主义政党民族民主党的成
员。该党成立于1897年,领导人是罗·德莫夫斯基、济·巴利茨基、
弗·格拉布斯基等。该党提出"阶级和谐"、"民族利益"的口号,力图使
人民群众屈服于它的影响,并把人民群众拖进其反动政策的轨道。在
1905—1907年俄国第一次革命期间,该党争取波兰王国自治,支持沙
皇政府,反对革命。该党在波兰不择手段地打击革命无产阶级,直到告
密、实行同盟歇业和进行暗杀。俄国社会民主工党第五次代表大会曾
通过一个专门决议,强调必须揭露民族民主党人的反革命黑帮面目。
在第一次世界大战时期,该党无条件支持协约国,期望波兰王国同德、
奥两国占领的波兰领土合并,在俄罗斯帝国的范围内实现自治。1919
年该党参加了波兰联合政府,主张波兰同西方列强结盟,反对苏维埃俄
国。——29。

44　指1907年2月12—15日(25—28日)在芬兰塔墨尔福斯召开的社会
革命党第二次(紧急)代表大会。这次代表大会讨论了社会革命党在国
家杜马活动期间的总策略、组织问题、对各民族社会革命党的态度、对
最高纲领派社会革命党人联合会和立宪民主党的态度、社会革命党参
加斯图加特国际社会党代表大会等问题。大会认为社会革命党在国

家杜马中应作为单独的党团或派别出面活动,社会革命党的代表应与极左派集团达成长期协议,而在一般政治问题上应与整个杜马中的反对派即也与立宪民主党达成长期协议。由于参加了杜马,代表大会认为该党有必要暂时减少恐怖活动。代表大会还通过了该党章程。——36。

45　《现代言语报》(《Современная Речь》)是俄国资产阶级自由派报纸(日报),1907年1月21日(2月3日)—5月20日(6月2日)在彼得堡出版。该报支持立宪民主党人。它的编辑兼出版者是 M.戈罗杰茨基。

　　1907年2月22日《现代言语报》第28号"党的生活"栏登载了关于社会民主党在国家杜马中的策略的决议的一部分,但有不少遗漏和错误。——36。

46　这里说的是立宪民主党人和沙皇专制政府的秘密谈判。谈判内情是在1911年彼·阿·斯托雷平遇刺身死以后暴露出来的。它证实了挂着"人民自由"招牌的立宪民主党其实是自由主义君主派资产阶级政党。

　　谢·尤·维特同"社会活动家们"的谈判是在1905年10月17日宣言颁布后立即开始的。参加谈判的"社会活动家"有亚·伊·古契柯夫、叶·尼·特鲁别茨科伊公爵、米·亚·斯塔霍维奇、德·尼·希波夫和谢·德·乌鲁索夫公爵,其中特鲁别茨科伊公爵和斯塔霍维奇是立宪民主党人。谈判的主题是"社会活动家"入阁问题。这次谈判之所以没有成功,是因为立宪民主党人害怕他们入了阁在人民革命的巨大冲击下会站不住脚。

　　在第一届国家杜马解散前夕,政府通过斯托雷平和德·费·特列波夫将军建议立宪民主党的首领帕·尼·米留可夫主持"责任内阁"。这次谈判仍旧没有成功,因为沙皇政府以解散杜马为立宪民主党人入阁的条件,而这却意味着立宪民主党人要失去曾把他们选进杜马的小资产阶级群众的支持。第一届国家杜马解散之后,政府又一次向这些"社会活动家"伸出手来,希望借助于他们彻底镇压革命。1月15日(28日)米留可夫晋谒了斯托雷平。但是专制政府在确信资产阶级已经不起任何作用之后便停止了谈判。

　　列宁对立宪民主党和专制政府的谈判的评论,见《斯托雷平与革命》、《对立宪民主党和大臣们谈判的揭露开始了》等文(本版全集第20卷和第21卷)。——38。

47　阿基里斯之踵意为致命弱点,出典于希腊神话。阿基里斯是希腊英雄珀琉斯和海洋女神西蒂斯所生的儿子。他的母亲为了使他和神一样永生不死,在他出生后曾捏着他的脚后跟把他放进冥河的圣水里浸过。他的脚后跟因为没有沾上圣水就成了他唯一可能受到伤害的部位。后来阿基里斯果然被暗箭射中脚后跟而死。——39。

48　《新光线报》(《Новый Луч》)是布尔什维克的合法的政治文学报纸(日报),由列宁编辑,1907年2月20—27日(3月5—12日)在彼得堡出版。该报几乎每一号都载有列宁的文章。

　　参加该报工作的有:瓦·瓦·沃罗夫斯基、马·高尔基、阿·瓦·卢那察尔斯基、马·尼·利亚多夫、米·斯·奥里明斯基、米·尼·波克罗夫斯基、伊·伊·斯克沃尔佐夫-斯捷潘诺夫、亚·格·施利希特尔等。该报出版第7号后被沙皇政府查封,出版者被起诉。——41。

49　这里说的是格·瓦·普列汉诺夫发表在1907年2月23日(3月8日)《俄国生活报》第46号上的《关于新杜马(献给我们的社会民主党的代表们)》一文。

　　1906年5月,立宪民主党占多数的第一届国家杜马通过决议,表示不信任哥列梅金内阁,要求以得到国家杜马信任的内阁来代替它。孟什维克中央委员会向各个党组织分发了一份决议,建议支持杜马关于成立杜马内阁即立宪民主党的内阁的要求。列宁领导的彼得堡委员会以及其他一些组织坚决反对中央委员会这一决议。列宁在《关于杜马组阁的口号》、《让工人来决定》、《谁赞成同立宪民主党结成联盟?》等文(见本版全集第13卷)中剖析了孟什维克中央委员会的口号,指出它的实质就是支持资产阶级背着人民同专制政府搞交易。

　　1906年11月24日(12月7日),普列汉诺夫在《同志报》第122号上发表了《给〈同志报〉一个读者的公开答复》一文,公然提出"全权杜马"可以是左派和极左派政党的共同政纲。列宁对普列汉诺夫此举的批评见《新的参议院说明》一文(本版全集第 14 卷)。——44。

50　指《第一文集》中格·阿列克辛斯基的《在新杜马召开前》一文。该文
　　　说:"自由派资产阶级的制度不能实现革命的基本要求。这些要求中最
　　　重大的项目是自由派制度难以胜任的:资产阶级永远不敢坚持和执行
　　　这样一些措施,譬如将全部土地无偿地交给农民、废除间接税、拒绝偿
　　　还债务、取消常备军等等。因此,如果自由派在革命的过程中无意中得
　　　到政权,那么革命将不会得到满足,其结局只能是自由主义在政治上的
　　　破产。"

　　　　《第一文集》是布尔什维克的一本文集,收载总结第一届杜马和分
　　　析第二届杜马前途的文章,由新杜马出版社于 1907 年出版。——46。

51　布里根杜马即沙皇政府宣布要在 1906 年 1 月中旬前召开的咨议性国
　　　家杜马。1905 年 8 月 6 日(19 日)沙皇颁布了有关建立国家杜马的诏
　　　书,与此同时,还颁布了《关于建立国家杜马的法令》和《国家杜马选举
　　　条例》。这些文件是受沙皇之托由内务大臣亚·格·布里根任主席的
　　　特别委员会起草的,所以这个拟建立的国家杜马被人们称做布里根杜
　　　马。根据这些文件的规定,在杜马选举中,只有地主、资本家和农民户
　　　主有选举权。居民的大多数——工人、贫苦农民、雇农、民主主义知识
　　　分子被剥夺了选举权。妇女、军人、学生、未满 25 岁的人和许多被压迫
　　　民族都被排除在选举之外。杜马只能作为沙皇属下的咨议性机构讨论
　　　某些问题,无权通过任何法律。布尔什维克号召工人和农民抵制布里
　　　根杜马。孟什维克则认为可以参加杜马选举并主张同自由派资产阶
　　　级合作。1905 年十月全俄政治罢工迫使沙皇颁布 10 月 17 日宣言,
　　　保证召开立法杜马。这样,布里根杜马没有召开就被革命风暴扫除
　　　了。——48。

52　新《火星报》是指第 52 号以后的《火星报》。1903 年 10 月 19 日(11 月 1
　　　日)列宁退出《火星报》编辑部以后,该报第 52 号由格·瓦·普列汉诺
　　　夫一人编辑。1903 年 11 月 13 日(26 日)普列汉诺夫把原来的编辑全
　　　部增补进编辑部以后,该报由普列汉诺夫、尔·马尔托夫、帕·波·阿
　　　克雪里罗得、维·伊·查苏利奇和亚·尼·波特列索夫编辑。1905 年

5月该报第100号以后,普列汉诺夫退出了编辑部。1905年10月,该报停刊,最后一号是第112号。关于《火星报》,见注137。——49。

53　《新力报》(«Новые Силы»)是劳动派的日报,1907年2月16日(3月1日)起在彼得堡出版,共出了9号,2月27日(3月12日)被查封。

　　　1907年2月23日(3月8日)《新力报》第7号发表了列宁在这里提到的文章,标题是《布尔什维克和"小资产阶级"》,无署名。——50。

54　四原则选举制是包括有四项要求的民主选举制的简称,这四项要求是:普遍的、平等的、直接的和无记名投票的选举权。——50。

55　指《同志报》编辑部在第二届国家杜马选举中与谁结成联盟的问题上发生的分裂。编辑部中一部分人赞成支持左派联盟,另一部分人则赞成同立宪民主党人结盟,这部分人在彼得堡复选人选举前暂时被解除了编辑部的工作。1907年2月2日(15日)该报报道了这件事。——54。

56　玛丽亚·阿列克谢夫娜会说些什么这句话出自俄国作家亚·谢·格里鲍耶陀夫的喜剧《智慧的痛苦》。玛丽亚·阿列克谢夫娜是一位有势力的公爵夫人,喜欢说长道短,搬弄是非。全剧结尾,剧中主要反面人物法穆索夫在其女儿的恋爱纠纷苦恼,生怕家丑外扬,影响自己的名誉地位时,道出了下面一句台词:"唉,我的天! 公爵夫人玛丽亚·阿列克谢夫娜不知道又要说些什么啦!"——54。

57　《答尔·马尔托夫》这篇短评载于1907年2月27日《新光线报》第7号"报刊评论"栏,是对1907年2月25日(3月10日)《俄国生活报》第48号上尔·马尔托夫的小品文《无以复加》的回答。——55。

58　套中人是俄国作家安·巴·契诃夫的同名小说的主人公别利科夫的绰号。此人对一切变动担惊害怕,忧心忡忡,一天到晚总想用一个套子把自己严严实实地包起来。后被喻为因循守旧、害怕变革的典型。——58。

59　莫尔恰林式的道德意为阿谀逢迎,奴颜婢膝。莫尔恰林是俄国作家亚·谢·格里鲍耶陀夫的喜剧《智慧的痛苦》中的主人公,他热衷于功名利禄,一心依附权贵,为了得到赏识和提拔,在上司面前总是唯唯诺诺,寡言少语。他夸耀自己有两种长处:"温和和谨慎"。——59。

60 《立宪民主党和劳动派》一文刊载于 1907 年 3 月 1 日布尔什维克合法报纸《工人评论报》第 1 号。该报在彼得堡出版,只出了一号就被沙皇政府查禁了。——61。

61 农民协会(全俄农民协会)是俄国 1905 年革命中产生的群众性的革命民主主义政治组织,于 1905 年 7 月 31 日—8 月 1 日(8 月 13—14 日)在莫斯科举行了成立大会。据 1905 年 10—12 月的统计,协会在欧俄有 470 个乡级和村级组织,会员约 20 万人。根据该协会成立大会和 1905 年 11 月 6—10 日(19—23 日)举行的第二次代表大会通过的决议,协会的纲领性要求是:实现政治自由和在普选基础上立即召开立宪会议,支持抵制第一届国家杜马,废除土地私有制,由农民选出的委员会将土地分配给自力耕作的农民使用,同意对一部分私有土地给以补偿。农民协会曾与彼得堡工人代表苏维埃合作,它的地方组织在农民起义地区起了革命委员会的作用。农民协会从一开始就遭到警察镇压,1907 年初被解散。——62。

62 阿姆斯特丹的决议是指 1904 年 8 月 14—20 日在阿姆斯特丹举行的第二国际第六次代表大会通过的《社会党策略的国际准则》这个决议。决议禁止社会党人参加资产阶级政府,谴责掩盖现存的阶级矛盾从而促成同资产阶级政党接近的任何尝试。——62。

63 第一届国家杜马代表、统计学家尼·安·鲍罗廷著有《从数字看国家杜马》一书。据该书资料,第一届国家杜马立宪民主党代表中有 92 人是贵族,其中有 5 000—10 000 俄亩土地者 3 人,有 2 000—5 000 俄亩土地者 8 人,有 1 000—2 000 俄亩土地者 8 人,有 500—1 000 俄亩土地者 30 人。——63。

64 1905 年 12 月 11 日的选举法是指沙皇政府在莫斯科武装起义高潮中

作为对工人的某种让步而颁布的国家杜马选举法。与 1905 年 8 月 6
日颁布的关于"咨议性"布里根杜马的条例不同,该法规定成立"立法"
杜马。除原定的土地占有者(地主)选民团、城市(资产阶级)选民团和
农民选民团外,增添了工人选民团,并在维持城市选民团复选人总数不
变的情况下稍许扩大了城市选民的组成。按照这个选举法,选举不是
普遍的,有大量男性工人(200 多万)、无地农民、游牧民族、军人、不满
25 岁的青年以及妇女没有选举权。选举也不是平等的,土地占有者选
民团每 2 000 名选民摊到 1 名复选人,城市选民团每 7 000 名选民摊到
1 名复选人,农民选民团每 3 万名选民摊到 1 名复选人,工人选民团每
9 万名选民才摊到 1 名复选人。这就是说地主的 1 票等于城市资产阶
级的 3 票,农民的 15 票,工人的 45 票。工人选民团产生的复选人只占
国家杜马复选人总数的 4%。在工人选民团中,50 人以上的企业的工
人才允许参加选举。选举也不是直接的,而是多级的,地主和资产阶级
是二级选举,工人是三级选举,农民则是四级选举。选举事实上也不是
无记名投票的。——67。

65　指由沙皇政府大臣会议主席彼·阿·斯托雷平主持拟定、沙皇政府于
1906 年 11 月颁布的土地法令,包括 1906 年 11 月 9 日(22 日)《关于农
民土地占有和土地使用现行法令的几项补充决定》(这个法令由国家杜
马和国务会议通过后称为 1910 年 6 月 14 日法令)和 1906 年 11 月 15
日(28 日)《关于农民土地银行以份地作抵押发放贷款的法令》。根据
这两个法令,农民可以退出村社,把自己的份地变成私产,也可以卖掉
份地。村社必须为退社农民在一个地方划出建立独立田庄或独立农庄
的土地。独立田庄主或独立农庄主可以从农民土地银行取得优惠贷款
来购买土地。沙皇政府制定这些土地法令的目的是,在保留地主土地
私有制和强制破坏村社的条件下,建立富农这一沙皇专制制度在农村
的支柱。

　　斯托雷平的土地政策通过最痛苦的普鲁士道路,在保留农奴主-地
主的政权、财产和特权的条件下,加速了农业的资本主义演进,加剧了
对农民基本群众的强行剥夺,加速了农村资产阶级的发展。

　　列宁称 1906 年斯托雷平土地法令是继 1861 年改革以后俄国从农

奴主专制制度变为资产阶级君主制的第二步。尽管沙皇政府鼓励农民退出村社,但在欧俄部分,九年中(1907—1915年)总共只有250万农户退出村社。首先使用退出村社的权利的是农村资产阶级,因为这能使他们加强自己的经济。也有一部分贫苦农民退出了村社,其目的是为了出卖份地,彻底割断同农村的联系。穷苦的小农户仍旧像以前一样贫穷和落后。

斯托雷平的土地政策并没有消除全体农民和地主之间的矛盾,只是导致了农民群众的进一步破产,加剧了富农和贫苦农民之间的阶级矛盾。——68。

66 1907年3月7日(20日),第二届国家杜马讨论了救济饥民问题。社会民主党党团在社会革命党人、人民社会党人和一部分劳动派的支持下,建议设立杜马粮食工作委员会,以仔细审查政府在1905—1907年救济饥民的活动,并调查政府的花费。社会民主党党团还建议,不仅通过查账而且通过到地方上检查来进行这种审查。立宪民主党人费·伊·罗季切夫反对社会民主党党团的建议,而主张委员会只在彼得堡,"在法律允许的范围内"审查内阁的总结报告,理由是要谨慎,要"珍惜杜马的威信",不应"煽动"人民。罗季切夫的发言得到沙皇政府的充分赞许。彼·阿·斯托雷平声明说,"政府完完全全地同意"罗季切夫的建议。——70。

67 《杜马选举和俄国社会民主党的策略》一文写于1907年2月21日(3月6日)—3月初期间,最初发表于1907年3月27日《新时代》杂志第26期,署名阿·李尼奇。在俄国,此文最早从德文译成格鲁吉亚文发表于1907年4月7日和8日的布尔什维克报纸《时报》第24号和第25号。俄译文最初发表于1922年《列宁全集》俄文第1版第8卷。——77。

68 指1905年10月17日(30日)沙皇尼古拉二世迫于革命运动高涨的形势而颁布的《关于完善国家制度的宣言》。宣言是由被任命为大臣会议主席的谢·尤·维特起草的,其主要内容是许诺"赐予"居民以"公民自由的坚实基础",即人身不可侵犯和信仰、言论、集会、结社等自由;"视可能"吸收被剥夺选举权的阶层的居民(主要是工人和城市知识分子)

参加国家杜马选举；承认国家杜马是立法机关，任何法律不经它的同意不能生效。宣言颁布后，沙皇政府又相应采取以下措施：实行最高执行权力集中化；将德·费·特列波夫免职，由彼·尼·杜尔诺沃代替亚·格·布里根为内务大臣；宣布大赦政治犯；废除对报刊的预先检查；制定新的选举法。在把革命运动镇压下去以后，沙皇政府很快就背弃了自己在宣言中宣布的诺言。——78。

69 激进社会党（全称激进和激进社会共和党）是法国最老的资产阶级政党，于1901年6月成立，作为派别则于1869年形成。该党宗旨是一方面保卫议会制共和国免受教权派和保皇派反动势力的威胁，另一方面通过政治改革和社会改革来防止社会主义革命。第一次世界大战以前，它基本代表中小资产阶级的利益。在第一次和第二次世界大战之间，党内大资产阶级的影响加强了。党的领袖曾多次出任法国政府总理。——78。

70 104人法案即劳动派1906年5月23日（6月5日）在俄国第一届国家杜马第13次会议上提出的有104位杜马代表签名的土地法案。法案提出的土地立法的目标是：建立一种全部土地及地下矿藏和水流属于全体人民、农业用地只给自食其力的耕种者使用的制度。法案要求建立全民地产。全部官地和皇室土地、皇族土地、寺院土地、教会土地都应归入全民地产，占有面积超过当地规定劳动土地份额的地主土地及其他私有土地也强制转归全民地产，对私有土地的转让给予某种补偿。法案规定，份地和小块私有土地暂时保留在其所有者手里，将来也逐步转为全民财产。土地改革由经过普遍、直接、平等和无记名投票选举产生的地方委员会实施。这个法案虽然不彻底，并带有空想性质，但却是争取把备受盘剥的农民中的一部分殷实户变成自由农场主的纲领。列宁指出，104人法案"充满了小私有者的恐惧，害怕进行过分急剧的变革，害怕吸引太广泛太贫困的人民群众参加运动"（见本版全集第14卷第285页）。——81。

71 《不应当怎样写决议》一文是为《策略问题》文集写的，载于这个文集的第2集。《策略问题》文集是布尔什维克为筹备俄国社会民主工党第五次代表大会而编的文集,由新杜马出版社于 1907 年 4 月出版,共两集。
除这篇文章外,文集还载有列宁的《气得晕头转向》和《孟什维克的策略
纲领》两文(见本卷第 243—256、221—236 页)。——87。

72　国务会议是俄罗斯帝国的最高咨议机关,于 1810 年设立,1917 年二月
　　革命后废除。国务会议审议各部大臣提出的法案,然后由沙皇批准;它
　　本身不具有立法提案权。国务会议的主席和成员由沙皇从高级官员中
　　任命,在沙皇亲自出席国务会议时,则由沙皇担任主席。国家杜马成立
　　以后,国务会议获得了除改变国家根本法律以外的立法提案权。国务
　　会议成员半数改由正教、各省地方自治会议、各省和各州贵族组织、科
　　学院院士和大学教授、工商业主组织、芬兰议会分别选举产生。国务会
　　议讨论业经国家杜马审议的法案,然后由沙皇批准。——92。

73　《社会主义月刊》(《Sozialistische Monatshefte》)是德国机会主义者的主
　　要刊物,也是国际修正主义者的刊物之一,1897—1933 年在柏林出版。
　　编辑和出版者为右翼社会民主党人约·布洛赫。撰稿人有爱·伯恩施
　　坦、康·施米特、弗·赫茨、爱·大卫、沃·海涅、麦·席佩耳等。第一
　　次世界大战期间,该刊持社会沙文主义立场。——103。

74　《俄罗斯新闻》(《Русские Ведомости》)是俄国报纸,1863—1918 年在莫
　　斯科出版。它反映自由派地主和资产阶级的观点,主张在俄国实行君
　　主立宪,撰稿人是一些自由派教授。19 世纪 70 年代中期成为俄国影
　　响最大的报纸之一。80—90 年代刊登民主主义作家和民粹主义者的
　　文章。1898 年和 1901 年曾经停刊。从 1905 年起成为右翼立宪民主
　　党人的机关报。1917 年二月革命后支持资产阶级临时政府。十月革
　　命后被查封。——105。

75　俄国社会民主工党"爱沙尼亚边疆区联盟"二月代表会议于 1907 年 2
　　月下半月在芬兰泰里约基举行。代表会议是根据俄国社会民主工党雷
　　瓦尔(塔林)组织的倡议召开的,彼得堡的爱沙尼亚区组织对代表会议
　　的组织工作给予很大帮助。参加代表会议的有 18 名有表决权的代表
　　(11 名是雷瓦尔的工人代表、4 名是纳尔瓦的工人代表、3 名是爱沙尼

亚农村组织的代表)。出席代表会议的还有 1 名里加工人代表、2 名彼得堡工人代表,他们仅在用爱沙尼亚文出版书籍和进行宣传鼓动问题上有表决权。在代表会议召开前,爱沙尼亚边疆区社会民主党组织大部分被讨伐队破坏,因此里夫兰北部(佩尔诺夫、瓦尔克、多尔帕特、韦罗)和一个农村组织的代表未能参加代表会议。

在代表会议上成立了俄国社会民主工党爱沙尼亚联合组织,并制定了它的章程,选出了由 5 人组成的爱沙尼亚联合组织中央委员会、编辑部和 3 人组成的检查委员会。代表会议通过了关于土地问题、关于对待国家杜马的态度、关于工会、关于军事组织与战斗队以及关于对待其他政党的态度等决议,还讨论了关于出版和传播党的书刊的问题。

尽管俄国社会民主工党孟什维克中央委员会的代表彼·巴·马斯洛夫(马·)和伊·伊·阿克雪里罗得(阿·)出席代表会议并讲了话,代表会议还是通过了符合布尔什维克观点的决议。代表会议决议刊登于由俄国社会民主工党彼得堡爱沙尼亚小组创办的俄国社会民主工党"爱沙尼亚边疆区联盟"执行委员会机关报、爱沙尼亚文布尔什维克报纸《工人报》第 1 号(1907 年 4 月初出版)和 1907 年 3 月 25 日《无产者报》第 15 号。——107。

76 这是列宁为《无产者报》第 15 号发表《爱沙尼亚社会民主党人代表会议》这份材料加的编者按语。——109。

77 波兰代表联盟是俄国国家杜马中波兰代表的联合组织。在第一届和第二届国家杜马中,这个联合组织的领导核心是波兰地主资产阶级政党——民族民主党的党员。波兰代表联盟在杜马策略的一切主要问题上都支持十月党。——113。

78 优美地躬背哈腰这一诗句出自俄国诗人尼·阿·涅克拉索夫的讽刺诗《摇篮曲》。这首诗通过一个官僚的太太在摇篮旁哼摇篮曲催儿子入睡的形式,对俄国官僚进行了辛辣的嘲讽。列宁借用上述诗句讽刺自由派官吏仪表堂堂而灵魂卑污。——118。

79 《在第二届国家杜马中关于土地问题的发言稿》是列宁为第二届国家杜

马代表、社会民主党党团成员格·阿·阿列克辛斯基拟的。

　　国家杜马关于土地问题的辩论从1907年3月19日(4月1日)开始,到5月26日(6月8日)结束。阿列克辛斯基在1907年4月5日(18日)第22次会议上发言,但他只部分地使用了列宁拟的发言稿。

　　列宁在《社会民主党在1905—1907年俄国第一次革命中的土地纲领》一书第5章《各阶级、各政党在第二届杜马讨论土地问题时的表现》(见本版全集第16卷)中对第二届杜马关于土地问题的辩论作了详细的分析。——120。

80　省地主委员会即贵族委员会,是指1857—1858年在俄国欧洲部分各省(除阿尔汉格尔斯克省以外)成立的省委员会,其任务是制定解除农民的农奴制依附关系的方案。这些委员会成员都是从贵族中选出来的,故有贵族委员会之称。这些委员会在寻求进行"农民改革"的方式方法时,主要考虑如何使贵族得到最大限度的好处。

　　调停官是沙皇政府在1861年农民改革时期设置的一种官职,由省当局从该省贵族地主中推荐人选,呈请参议院任命。调停官负责审理和解决在实行改革法令中地主和农民之间发生的冲突,实际上负有保护地主利益的使命。调停官的主要职责是审查、批准和实施所谓"规约"(即具体规定农民份地的面积和位置以及农民的义务的文书),并对农民自治机关实行监督。调停官审批农民自治机关的选举结果,有权撤销农民乡会的决定和处罚农民。——125。

81　指俄国1861年废除农奴制的改革。这次改革是由于沙皇政府在军事上遭到失败、财政困难和反对农奴制的农民起义不断高涨而被迫实行的。沙皇亚历山大二世于1861年2月19日(3月3日)签署了废除农奴制的宣言,颁布了改革的法令。这次改革共"解放了"2 250万地主农民,但是地主土地占有制仍然保存下来。在改革中,农民的土地被宣布为地主的财产,农民只能得到法定数额的份地,并要支付赎金。赎金主要部分由政府以债券形式付给地主,再由农民在49年内偿还政府。根据粗略统计,在改革后,贵族拥有土地7 150万俄亩,农民则只有3 370万俄亩。改革中地主把农民土地割去了$\frac{1}{5}$,甚至$\frac{2}{5}$。

　　在改革中,旧的徭役制经济只是受到破坏,并没有消灭。农民份地中最好的土地以及森林、池塘、牧场等都留在地主手里,使农民难以独立经营。在签订赎买契约以前,农民还对地主负有暂时义务。农民为了赎买土地交纳的赎金,大大超过了地价。仅前地主农民交给政府的赎金就有19亿卢布,而转归农民的土地按市场价格仅值5亿多卢布。这就造成了农民经济的破产,使得大多数农民还像以前一样,受着地主的剥削和奴役。但是,这次改革仍为俄国资本主义经济的发展创造了有利的条件。——126。

82　《罗斯法典》是11—12世纪古罗斯第一部成文法律和大公法令汇编,发现于1738年。《法典》是研究古罗斯社会经济关系和阶级关系的极有价值的资料。《法典》中有许多维护封建所有制和保护封建主生命的条款,这表明在古罗斯农奴化的农民同剥削者之间存在着剧烈的阶级斗争。——126。

83　列宁这里说的计算在手稿中没有发现。——133。

84　从本丢推给彼拉多意思是推来推去,不解决问题。本丢·彼拉多是罗马帝国驻犹太行省的总督。据《新约全书·路加福音》说,犹太教的当权者判处耶稣死刑,要求彼拉多批准。彼拉多在审问中得知耶稣是加利利人,就命令把他送往加利利的统治者希律那里。希律经过审讯,也无法对耶稣定罪,又把他送回到彼拉多那里。据说"从本丢推给彼拉多"是由"本丢推给希律,希律又推给彼拉多"这句话演化而成的。——138。

85　《前进报》(《Вперед》)是布尔什维克的合法日报,1906年5月26日(6月8日)在彼得堡开始出版,以代替被政府查封的《浪潮报》。列宁领导了该报的工作。积极参加编辑工作的有米·斯·奥里明斯基、瓦·瓦·沃罗夫斯基和阿·瓦·卢那察尔斯基。该报刊登了列宁的15篇文章。报纸不止一次遭到迫害,所出版的17号中有10号被没收。1906年6月14日(27日),该报被彼得堡高等法院勒令停止出版。布尔什维克随即出版《回声报》,以代替《前进报》。——145。

86 列宁引用的是尼·加·车尔尼雪夫斯基的长篇小说《序幕》中的话。小说主人公沃尔根反驳所谓进步派和地主党之间有巨大差别的意见说："不对，不是大得很，而是小得很。如果农民不付赎金而获得土地，那区别就大得很。拿走某人的东西或是把东西留给他，这是有区别的；但是要他花钱来买这个东西，那就是一样了。地主党的计划不同于进步派的计划的地方，只在于它简单些。因此，它甚至好些。手续简便些，农民的负担也一定轻些。农民中谁有钱，谁就买土地。谁没有钱，也就用不着强迫他买土地。这只会使他们破产。赎也就是买。"——147。

87 巴拉莱金是俄国作家米·叶·萨尔蒂科夫-谢德林的讽刺作品《温和谨慎的人们》和《现代牧歌》中的人物，一个包揽词讼、颠倒黑白的律师，自由主义空谈家、冒险家和撒谎家。巴拉莱金这个名字后来成为空谈、撒谎、投机取巧、出卖原则的代名词。——155。

88 杜鹃恭维公鸡意思是互相捧场，出典于俄国作家伊·安·克雷洛夫的寓言《杜鹃和公鸡》。寓言说，公鸡和杜鹃互相吹捧对方的歌喉如何美妙。杜鹃为什么厚着脸皮夸奖公鸡，就因为公鸡夸奖了它。——161。

89 《人民杜马报》(《Народная Дума》)是俄国孟什维克的报纸(日报)，1907年3月7日(20日)—4月4日(17日)代替被查封的《俄国生活报》在彼得堡出版，共出了21号。——165。

90 为了显示自己了不起一语出自俄国作家伊·谢·屠格涅夫的长篇小说《父与子》。小说主人公——俄国19世纪60年代的民主主义知识分子巴扎罗夫痛恨贵族的风尚和习俗。他戳穿了贵族富媚阿金佐娃夫人的虚伪做作，指出她对她根本瞧不起的贵族姨妈——一个地位很高的贵族老处女——礼数周到，殷勤备至，只是要抬高自己的身价，"为了显示自己了不起"。——165。

91 本来要进这间屋子，结果却跑进了那间屋子这句话出自俄国作家亚·谢·格里鲍耶陀夫的喜剧《智慧的痛苦》第1幕第4场，意为主观上要做某一件事，结果却做了另外一件事。——167。

92　经济派是 19 世纪末—20 世纪初俄国社会民主党内的机会主义派别，是国际机会主义的俄国变种。其代表人物是康·米·塔赫塔廖夫、谢·尼·普罗柯波维奇、叶·德·库斯柯娃、波·尼·克里切夫斯基、亚·萨·皮凯尔（亚·马尔丁诺夫）、弗·彼·马赫诺韦茨（阿基莫夫）等，经济派的主要报刊是《工人思想报》（1897—1902 年）和《工人事业》杂志（1899—1902 年）。

经济派主张工人阶级只进行争取提高工资、改善劳动条件等等的经济斗争，认为政治斗争是自由派资产阶级的事情。他们否认工人阶级政党的领导作用，崇拜工人运动的自发性，否定向工人运动灌输社会主义意识的必要性，维护分散的和手工业的小组活动方式，反对建立集中的工人阶级政党。经济主义有诱使工人阶级离开革命道路而沦为资产阶级政治附庸的危险。

列宁对经济派进行了始终不渝的斗争。他在《俄国社会民主党人抗议书》（见本版全集第 4 卷）中尖锐地批判了经济派的纲领。列宁的《火星报》在同经济主义的斗争中发挥了重大作用。列宁的《怎么办？》一书（见本版全集第 6 卷），从思想上彻底地粉碎了经济主义。——167。

93　无题派是指 1906 年在彼得堡出版的《无题》周刊的组织者和参加者——谢·尼·普罗柯波维奇、叶·德·库斯柯娃、瓦·雅·鲍古查尔斯基、维·韦·波尔土加洛夫、瓦·瓦·希日尼亚科夫等人。无题派是一批原先信奉合法马克思主义和经济主义、后来参加了解放社的俄国资产阶级自由派知识分子，他们公开宣布自己是西欧"批判社会主义"的拥护者，支持孟什维克和立宪民主党人。列宁称无题派为孟什维克化的立宪民主党人或立宪民主党人化的孟什维克。无题派在《无题》周刊停刊后集结在左派立宪民主党的《同志报》周围。——167。

94　《劳动人民报》（《Трудовой Народ》）是劳动派和全俄农民协会会员的机关报（日报），于 1907 年 3 月 15 日（28 日）—4 月 4 日（17 日）在彼得堡出版，共出了 18 号。该报编辑是第二届国家杜马代表 B.A.别拉耶夫。参加该报工作的有第二届国家杜马劳动派代表米·叶·别列津、安·

安·布拉特和全俄农民协会会员 A.E.基姆里亚科夫、E.И.索罗金等。
——169。

95 投票赞成戈洛文是指劳动派、人民社会党人和社会革命党人在选举国家杜马主席时投票赞成立宪民主党候选人费·亚·戈洛文一事。1907年2月19日(3月4日),在立宪民主党人帕·德·多尔戈鲁科夫公爵住所的集会上,就此事进行了串通,社会民主党杜马党团中的孟什维克也出席了这次会议(见本卷第29—32页)。2月20日(3月5日)在国家杜马选举主席时,戈洛文以356票对右翼代表的102票当选。

"沉默策略"是指立宪民主党对于彼·阿·斯托雷平1907年3月6日(19日)宣读的政府宣言的策略。在立宪民主党人召集的所有反对派的联席会议上,立宪民主党人鼓吹要从"保全杜马"出发而用沉默来回答政府宣言,说什么对政府宣言致答词必然导致杜马被解散,因此应当以转入议程上的问题来回答政府宣言。赞同立宪民主党人的社会革命党人、劳动派、农民协会、穆斯林议会集团、人民社会党人、波兰代表联盟也提出了同样的建议。后来社会民主党人对斯托雷平宣言表了态(见注41),杜马中极右翼的代表——弗·阿·鲍勃凌斯基、弗·米·普利什凯维奇、普拉东主教、П.Н.克鲁平斯基、瓦·维·舒利金等也对斯托雷平宣言作了答复。

同意把预算提交委员会讨论实际上意味着通过预算。这是立宪民主党人在杜马讨论预算问题时提出的建议。劳动派对此投票赞成(见本卷第155—160页)。——172。

96 地方官是沙皇俄国农村中管理行政和司法的公职人员,其职权是监督农民社会管理机关的活动和农民案件的初审。按照1889年7月12日的法令,地方官由省长从拥有不动产的世袭贵族中任命,并由内务大臣批准。实行地方官制度是亚历山大三世政府的措施之一,目的在于加强领地贵族在废除农奴制后的农村中的作用。——172。

97 《公共事业报》(《Общественное Дело》)是人民社会党的机关报(日报),1907年4月1—8日(14—21日)在彼得堡出版,共出了7号。参加该报的有人民社会党领导人尼·费·安年斯基、韦·亚·米雅柯金、阿·

瓦·彼舍霍诺夫和第二届国家杜马代表格·伊·巴斯金、B.B.卡拉切
夫斯基-沃尔克等。——174。

98 犹杜什卡是对犹大的蔑称,是俄国作家米·叶·萨尔蒂科夫-谢德林的
长篇小说《戈洛夫廖夫老爷们》中的主要人物波尔菲里·弗拉基米罗维
奇·戈洛夫廖夫的绰号。谢德林笔下的犹杜什卡是贪婪、无耻、伪善、
阴险、残暴等各种丑恶品质的象征。——179。

99 指《党内消息》杂志。

　　《党内消息》杂志(《Партийные Известия》)是社会革命党的机关
刊物,1906年10月22日(11月4日)—1907年5月24日(6月6日)
在彼得堡出版,共出了10期。

　　该杂志第6期在《关于社会革命党第二次(紧急)代表大会的通
知》中正式公布了这次代表大会的决议。——181。

100 《敬礼》杂志(《Привет》)是孟什维克的周刊,1907年3月在彼得堡出
版,共出了两期。尔·马尔托夫、亚·马尔丁诺夫、亚·尼·波特列索
夫等曾为该杂志撰稿。

　　《回声》即《回声》文集(《Отголоски》)是孟什维克的刊物,1907年在
彼得堡出版。文集中刊载有尔·马尔托夫、德·柯尔佐夫、叶·查尔斯
基、费·伊·唐恩等人的文章。——186。

101 《我们的回声报》(《Наше Эхо》)是布尔什维克的合法报纸(日报),1907
年3月25日—4月10日(4月7日—23日)接替于1907年2月27日
(3月12日)被查封的《新光线报》在彼得堡出版。该报由列宁编辑,几
乎每一号都有列宁的文章。参加报纸工作的有瓦·瓦·沃罗夫斯基、
米·斯·奥里明斯基等人。该报共出了14号。1907年4月9日(22
日),彼得堡市长根据非常警卫条例下令禁止该报出版。最后一号即第
14号是在发布禁令后出版的。——187。

102 《开端报》(《Начало》)是俄国孟什维克的合法报纸(日报),1905年11
月13日(26日)—12月2日(15日)在彼得堡出版,共出了16号。该

报由达·马·赫尔岑施坦和C.H.萨尔蒂科夫担任编辑兼出版者。参
加该报工作的有尔·马尔托夫、亚·尼·波特列索夫、帕·波·阿克雪
里罗得、费·伊·唐恩、列·格·捷依奇、尼·伊·约尔丹斯基等。
——189。

103 指法国反革命资产阶级1848年6月对巴黎起义工人的镇压和1871年
5月对巴黎公社的镇压。——191。

104 《新时代》杂志(《Die Neue Zeit》)是德国社会民主党的理论刊物,
1883—1923年在斯图加特出版。1890年10月前为月刊,后改为周刊。
1917年10月以前编辑为卡·考茨基,以后为亨·库诺。1885—1895
年间,杂志发表过马克思和恩格斯的一些文章。恩格斯经常关心编辑
部的工作,帮助它端正办刊方向。为杂志撰过稿的还有威·李卜克内
西、保·拉法格、格·瓦·普列汉诺夫、罗·卢森堡、弗·梅林等国际工
人运动活动家。《新时代》杂志在介绍马克思主义基本理论、宣传俄国
1905—1907年革命等方面做了有益的工作。随着考茨基转到机会主
义立场,1910年以后,《新时代》杂志成了中派分子的刊物。第一次世
界大战期间,杂志持中派立场,实际上支持社会沙文主义者。——196。

105 弗·梅林的《与左尔格通信集》一文没有收进本书的这一版。——196。

106 《现代生活》杂志(《Современная Жизнь》)是俄国孟什维克的刊物,1906
年4月—1907年3月在莫斯科出版。为杂志撰稿的除格·瓦·普列
汉诺夫外还有尔·马尔托夫、帕·波·阿克雪里罗得等人。——197。

107 《评论》即《评论》文集(《Отклики》)是孟什维克的刊物,1906—1907年
在彼得堡出版,共出了3辑。第1辑以《评论》为书名,另外两辑以《〈评
论〉出版社刊》为书名。为文集撰稿的有尔·马尔托夫、费·唐恩、德·
柯尔佐夫等。——197。

108 英国社会民主联盟是英国的社会主义组织,于1884年8月在民主联盟
的基础上成立。参加联盟的除改良主义者(亨·迈·海德门等)和无政
府主义者外,还有一批革命的社会民主党人即马克思主义的拥护者

（哈·奎尔奇、汤·曼、爱·艾威林、爱琳娜·马克思等），他们构成了英国社会主义运动的左翼。恩格斯曾尖锐地批评社会民主联盟有教条主义和宗派主义倾向，脱离英国群众性的工人运动并且忽视这一运动的特点。1884年秋联盟发生分裂，联盟的左翼在1884年12月成立了独立的组织——社会主义同盟。1907年，社会民主联盟改称英国社会民主党。1911年，该党与独立工党中的左派一起组成了英国社会党。1920年，社会党的大部分党员参加了创立英国共产党的工作。——198。

109 劳动骑士即高尚的劳动骑士团，是美国的群众性工人组织，在美国工人运动的发展中起过重要作用。该团是缝衣工人尤·斯蒂芬斯等人于1869年在费城建立的，起初是一个秘密团体。该团最早试图把美国工人阶级在全国范围内组织起来，它联合不分民族的各工种工人，主要是非熟练工人，另外也吸收了一些非无产阶级的和小资产阶级的分子。该团的纲领带有浓厚的拉萨尔主义色彩，曾提出以建立合作社组织、推行合作的工业体系来代替工资制度，并要求实行土地改革。该团于1878年转入公开活动，以后逐步成为美国最有影响的工人组织。1874年仅有成员1万人，1886年已有成员70万人以上。在此期间，该团组织过几次成功的罢工。1886年以后，该团领导人走上否定阶级斗争的道路，其影响急剧降低，1893年成员减少到7万人。19世纪末，该团实际上已不存在。——199。

110 拉萨尔派是全德工人联合会的成员，德国小资产阶级社会主义者斐·拉萨尔的拥护者，主要代表人物是约·巴·冯·施韦泽、威·哈森克莱维尔、威·哈赛尔曼等。全德工人联合会在1863年于莱比锡召开的全德工人代表大会上成立；拉萨尔是它的第一任主席，他为联合会制定了纲领和策略基础。拉萨尔派反对暴力革命，认为只要进行议会斗争，争取普选权，就可以把普鲁士君主国家变为"自由的人民国家"；主张在国家帮助下建立生产合作社，把资本主义和平地改造为社会主义；支持俾斯麦所奉行的在普鲁士领导下"自上而下"统一德国的政策。马克思和恩格斯曾多次尖锐地批判拉萨尔派的理论、策略和组织原则，指出它是德国工人运动中的机会主义派别。1875年,拉萨尔派同爱森纳赫派合并成立了德国社会主义工人党。——201。

111 《未来》杂志(《Die Zukunft》)是德国社会民主党人创办的刊物,1877年10月—1878年11月在柏林出版。该杂志的出版者是卡·赫希柏格,撰稿人是卡·施拉姆和爱·伯恩施坦。马克思和恩格斯曾对杂志的改良主义倾向提出尖锐批评。——201。

112 非常法(反社会党人非常法)即《反社会民主党企图危害治安法》,是德国俾斯麦政府从1878年10月21日起实行的镇压工人运动的反动法令。这个法令规定取缔德国社会民主党和一切进步工人组织,查封工人刊物,没收社会主义书报,并可不经法律手续把革命者逮捕和驱逐出境。在反社会党人非常法实施期间,有1 000多种书刊被查禁,300多个工人组织被解散,2 000多人被监禁和驱逐。在工人运动的压力下,反社会党人非常法于1890年10月1日被废除。——202。

113 《社会民主党人报》(《Der Sozialdemokrat》)是反社会党人法施行期间德国社会民主党的中央机关报(周报)。主要领导人是威·李卜克内西。1879年9月—1888年9月在苏黎世出版,1888年10月—1890年9月在伦敦出版。1879年9月—1880年1月格·亨·福尔马尔任编辑,1881—1890年爱·伯恩施坦任编辑。该报虽然在初期存在一些缺点和错误,但在恩格斯持续不断的指导和帮助下,坚持了革命策略,在聚集和组织德国社会民主党的力量方面起了卓越作用。恩格斯曾称赞它是德国党的旗帜。反社会党人法废除后,《社会民主党人报》停刊。——203。

114 《年鉴》即《社会科学和社会政治年鉴》(《Jahrbuch für Sozialwissenschaft und Sozial-politik》),是社会改良派的杂志,1879—1881年由卡·赫希柏格(用笔名路·李希特尔)在苏黎世出版。共出了3卷。这里谈到的文章题为《德国社会主义运动的回顾。评论箴言》,刊登于《年鉴》第1年卷第1册。——204。

115　伯恩施坦派是国际工人运动中的修正主义派别,产生于 19 世纪末 20
世纪初。爱·伯恩施坦的《社会主义的前提和社会民主党的任务》
(1899 年)一书是对伯恩施坦派思想体系的全面阐述。伯恩施坦派在
哲学上否定辩证唯物主义和历史唯物主义,用庸俗进化论和诡辩论代
替革命的辩证法;在政治经济学上修改马克思主义的剩余价值学说,竭
力掩盖帝国主义的矛盾,否认资本主义制度的经济危机和政治危机;在
政治上鼓吹阶级合作和资本主义和平长入社会主义,传播改良主义和
机会主义思想,反对马克思主义的阶级斗争学说,特别是无产阶级革命
和无产阶级专政的学说。伯恩施坦派得到德国社会民主党右翼和第二
国际其他一些政党的支持。在俄国,追随伯恩施坦派的有合法马克思
主义者、经济派等。——204。

116　1884 年底,德国首相奥·俾斯麦为推行殖民掠夺政策,要求帝国国会
批准发给轮船公司补助金,以便开辟通往亚洲东部、澳洲和非洲的定期
航线。以奥·倍倍尔和威·李卜克内西为首的社会民主党党团左翼反
对发放航运补助金,而以伊·奥尔、约·亨·威·狄茨等为首的党团的
右翼多数,在帝国国会就这个问题正式辩论以前,就主张向轮船公司发
放补助金。1885 年 3 月,在帝国国会讨论这个问题时,社会民主党党
团右翼投票赞成开辟通往亚洲东部和澳洲的航线,同时以政府接受它
的一些要求,包括新的船只在德国造船厂建造,作为它同意俾斯麦提案
的条件。只是在帝国国会否决了这一要求后,整个党团才投票反对政
府的提案。党团多数的行为引起了《社会民主党人报》和一些社会民主
党组织的强烈反对。争论极为激烈,几乎造成党的分裂。恩格斯尖锐
地批评了社会民主党党团右翼的机会主义立场(参看《马克思恩格斯全
集》第 1 版第 36 卷第 258—259、259—260、265、289、291、314—315、
321 页)。——204。

117　两个国际社会民主党代表大会是指 1889 年 7 月 14—20 日在巴黎召开
的第二国际第一次代表大会和法国可能派与英国社会民主联盟同时在
那里召开的代表大会。
　　　第二国际第一次代表大会是根据法国社会党人的倡议,在其他许

多国家的社会党人支持下召开的。以法国可能派和英国社会民主联盟为首的机会主义分子企图把筹备和召开代表大会的工作抓到自己手里，从而使自己成为国际工人运动的领袖。恩格斯坚决反对他们的这种企图，并积极地参加了代表大会的筹备工作。恩格斯在揭露机会主义者的阴谋时，尖锐地批评了德国社会民主党领袖们对待可能派的调和主义态度，同时也批评了法国社会党人在策略上的错误。这次代表大会讨论的主要问题是国际工人立法问题。在就该问题通过的决议中指出，工人们不仅要进行经济斗争，还要进行政治斗争，他们必须建立无产阶级的社会主义政党，把党的工作和工会的工作结合起来。代表大会还通过了八小时工作制和每年庆祝五一国际劳动节的决议。代表大会没有通过建立第二国际的正式决议，但实际上是第二国际的成立代表大会。

可能派及其拥护者召开的代表大会实际上没有取得什么成果。——205。

118 可能派（布鲁斯派）是19世纪80年代至20世纪初法国社会主义运动中以保·布鲁斯等人为首的机会主义派别。该派起初是法国工人党中改良主义的一翼，1882年法国工人党分裂后称为社会主义革命工人党，1883年改称法国劳动社会联盟。该派否定无产阶级的革命纲领和革命策略，模糊工人运动的社会主义目的，主张把工人阶级的活动限制在资本主义制度下"可能"办到的范围内，因此有"可能派"之称。1902年，可能派同其他一些改良主义派别一起组成了以让·饶勒斯为首的法国社会党。—205。

119 费边派是1884年成立的英国改良主义组织费边社的成员，多为资产阶级知识分子，代表人物有悉·韦伯、比·韦伯、拉·麦克唐纳、肖伯纳、赫·威尔斯等。费边·马克西姆是古罗马统帅，以在第二次布匿战争（公元前218—前201年）中采取回避决战的缓进待机策略著称。费边社即以此人名字命名。费边派虽然认为社会主义是经济发展的必然结果，但只承认演进的发展道路。他们反对马克思主义的阶级斗争和无产阶级革命学说，鼓吹通过细微的改良来逐渐改造社会，宣扬所谓"地

方公有社会主义"(又译"市政社会主义")。1900 年费边社加入工党
(当时称劳工代表委员会),但仍保留自己的组织。在工党中,它一直起
制定纲领原则和策略原则的思想中心的作用。第一次世界大战期间,
费边派采取社会沙文主义立场。关于费边派,参看列宁《社会民主党在
1905—1907 年俄国第一次革命中的土地纲领》第 4 章第 7 节和《英国
的和平主义和英国的不爱理论》(本版全集第 16 卷和第 26 卷)。
——207。

120　德卡泽维尔工人罢工是指法国阿韦龙省德卡泽维尔市 2 000 名矿工的
自发罢工,从 1886 年 1 月开始到 6 月结束,持续了 5 个月。罢工是由
于劳动条件不堪忍受和阿韦龙矿业公司的资本家残酷剥削工人引起
的。罢工开始时,工人打死了拒绝听取工人要求的矿长瓦特兰。政府
把军队开进德卡泽维尔,这在法国引起了更大的风潮。在巴黎和各省
举行了许多抗议集会。茹·盖得和保·拉法格在巴黎的集会上发言抗
议政府和企业主的行为。社会党报纸《人民呼声报》和《强硬派报》开展
了支持罢工者的签名运动。在法国众议院讨论德卡泽维尔罢工问题
时,资产阶级议员,其中包括激进派,支持政府镇压罢工工人。原来参
加激进派的工人议员因此脱离了激进派,在众议院中组成了独立的工
人党团。恩格斯密切地注视着法国这一事态的发展,认为"法国无产阶
级在议院中的这第一次勇敢的独立行动"具有重要意义(参看《马克思
恩格斯全集》第 1 版第 36 卷第 438 页)。——211。

121　本文的最后部分,从"1889 年,英国开始了……"这句话起,曾载于 1907
年 4 月 8 日布尔什维克报纸《我们的回声报》第 13 号。——212。

122　指 1877—1878 年的俄土战争。俄国在这次战争中取得了胜利。战后,
原在奥斯曼帝国统治下的罗马尼亚、塞尔维亚和门的内哥罗正式独立,
保加利亚获得自治。土耳其把巴统、卡尔斯和阿尔达汉割让给俄国,把
塞浦路斯岛割让给英国。奥匈帝国暂时占领波斯尼亚和黑塞哥维那。
土耳其并向俄国赔款 8 亿法郎。——213。

123　指 1872 年由格·亚·洛帕廷和尼·弗·丹尼尔逊合译的第一个《资本

论》俄译本的出版。这也是《资本论》第一次被译成外文。随着《资本论》的出版,70年代在《祖国纪事》、《欧洲通报》等俄国合法杂志上展开了关于《资本论》的广泛辩论。俄国著名的政论家和学者都参加了这场辩论。70年代的革命青年秘密小组和秘密报刊也对《资本论》表现了极大的兴趣。——214。

124　民意党人是民意党的成员。民意党是俄国土地和自由社分裂后产生的革命民粹派组织,于1879年8月建立。主要领导人是安·伊·热里雅鲍夫、亚·德·米哈伊洛夫、米·费·弗罗连柯、尼·亚·莫罗佐夫、维·尼·菲格涅尔、亚·亚·克维亚特科夫斯基、索·李·佩罗夫斯卡娅等。该党主张推翻专制制度,在其纲领中提出了广泛的民主改革的要求,如召开立宪会议,实现普选权,设置常设人民代表机关,实行言论、信仰、出版、集会等自由和广泛的村社自治,给人民以土地,给被压迫民族以自决权,用人民武装代替常备军等。但是民意党人把民主革命的任务和社会主义革命的任务混为一谈,认为在俄国可以超越资本主义,经过农民革命走向社会主义,并且认为俄国主要革命力量不是工人阶级而是农民。民意党人从积极的"英雄"和消极的"群氓"的错误理论出发,采取个人恐怖方式,把暗杀沙皇政府的个别代表人物作为推翻沙皇专制制度的主要手段。他们在1881年3月1日(13日)刺杀了沙皇亚历山大二世。由于理论上、策略上和斗争方法上的错误,在沙皇政府的严重摧残下,民意党在1881年以后就瓦解了。

　　土地平分派指1879年土地和自由社分裂后成立的土地平分社的成员。他们坚持原土地和自由社的纲领和策略,即全部土地归"农村劳动等级"并加以"平均"分配、村社完全自治、发动农民起义来反对沙皇政府等等。主要代表人物有格·瓦·普列汉诺夫、米·罗·波波夫、帕·波·阿克雪里罗得、列·格·捷依奇、雅·瓦·斯特凡诺维奇、维·伊·查苏利奇、奥·瓦·阿普捷克曼、瓦·尼·伊格纳托夫、阿·彼·布拉诺夫等。土地平分派出版了《土地平分》杂志和《种子报》。土地平分社的一部分成员后来转向马克思主义,另一部分成员则加入了民意党。到1881年底,土地平分社作为组织不再存在。——214。

125　恩格斯在 1885 年 4 月 23 日给维·伊·查苏利奇的信中谈到了格·瓦·普列汉诺夫的《我们的意见分歧》一书和俄国将发生的革命的性质（参看《马克思恩格斯全集》第 1 版第 36 卷第 300—305 页）。这封信第一次发表于 1925 年出版的《劳动解放社》文集第 3 集。——214。

126　最近的几次谋刺是指 1887 年 3 月以列宁的哥哥亚·伊·乌里扬诺夫为首的一批民意党人在彼得堡谋刺沙皇亚历山大三世的事件以及当时流传甚广的关于在加契纳将发生新的谋刺事件的传闻。——214。

127　恩格斯写的《德国维护帝国宪法的运动》中的一章题为《为共和国捐躯！》（参看《马克思恩格斯全集》第 1 版第 7 卷）。——215。

128　出自俄国作家米·叶·萨尔蒂科夫-谢德林的寓言故事《风干鲤鱼》。作者借用一条干鱼刻画了一个怯懦、虚伪的自由派的形象。——218。

129　纳尔苏修斯是古希腊神话中的一个孤芳自赏的美少年。后来人们常用纳尔苏修斯来比喻高傲自大的人。——220。

130　《社会民主党人报》（«Социал-Демократ»）是俄国社会民主工党中央委员会的秘密机关报，1906 年 9 月 17 日（30 日）—11 月 18 日（12 月 1 日）在彼得堡出版，共出了 7 号。该报由俄国社会民主工党第四次（统一）代表大会选出的清一色的孟什维克编辑部（费·伊·唐恩、尔·马尔托夫、亚·马尔丁诺夫、彼·巴·马斯洛夫、亚·尼·波特列索夫）编辑，实际上是孟什维克的派别机关报。——222。

131　《农民代表消息报》（«Известия Крестьянских Депутатов»）是俄国第一届国家杜马中的劳动派的机关报（日报）。1906 年 5 月 17—31 日（5 月 30 日—6 月 13 日）在彼得堡出版，共出了 11 号。该报编辑是国家杜马代表 С.И.邦达列夫，参加报纸工作的还有劳动派杜马代表 И.Е.索洛姆科、П.Ф.采洛乌索夫、伊·瓦·日尔金等。——228。

132　《拉林和赫鲁斯塔廖夫》一文发表于 1907 年 4 月 15 日（28 日）布尔什维克的合法周报《劳动报》第 1 号。这张报纸只出了这一号就被彼得堡市长查禁了。——237。

133　《人民报》(《Народная Газета》)是孟什维克报纸(日报),1907年4月在彼得堡出版,共出了两号。——237。

134　指1902年11月在顿河畔罗斯托夫发生的罢工。1902年11月2日(15日),该市铁路工厂锅炉车间工人为抗议厂方克扣工资开始罢工。11月4日(17日),俄国社会民主工党顿河区委员会发出传单,号召全体铁路工厂工人参加罢工,并提出实行九小时工作制、提高工资、取消罚款、开除最令人痛恨的工长等要求。11月6—7日(19—20日)罢工扩展到全市,并发展成为政治罢工。工人们在市外的一个小山谷里连续举行群众大会。11月11日(24日),警察和哥萨克袭击了集会的罢工工人,死6人,伤17人。罢工工人群众大会仍继续开了两个星期。罢工坚持到11月26日(12月9日)被迫停止,同一天俄国社会民主工党顿河区委员会印发了传单《告全俄公民》。这次罢工震动了全俄国,在西欧各国也引起了反响。——245。

135　指1903年夏天外高加索和乌克兰的政治总罢工。这次罢工由巴库开始。7月1日(14日),比比—埃巴特石油公司和巴库公司的机械厂工人率先罢工。到7月6日(19日)罢工发展成总罢工。工人向企业主提出实行八小时工作制、允许因参加政治活动而被开除的工人上工、开除工人所憎恨的管理人员和工长、提高工资、废除加班和计件工资制等要求。工人们表现得很有组织,十分坚定,甚至在企业主答应作出部分让步时也没有停止罢工。企业主依靠军队镇压了罢工。7月9日(22日),工人们被迫复工。

　梯弗利斯的印刷工人、屠宰工人和面包工人在得到巴库罢工的消息后,于7月12日(25日)开始罢工。根据俄国社会民主工党梯弗利斯委员会的号召,7月14日(27日)所有的工厂工人和手工业工人都停止了工作。俄国社会民主工党梯弗利斯委员会同各工厂的工人代表协商后制定了罢工工人的共同要求。军队开进了梯弗利斯,工人与哥萨克发生了冲突。到7月21日(8月3日),政府使用军队摧毁了罢工。

　7月17日(30日),巴统所有工厂的工人停止了工作。铁路工人和港口装卸工人也加入了罢工的行列。这次罢工持续到 7 月 23 日（8 月 5 日）。在游行示威时工人同警察、哥萨克发生了冲突。

外高加索的总罢工在乌克兰几个大城市得到了响应。7 月 4 日（17 日）敖德萨大火车站和铁路工厂工人开始罢工，以抗议锅炉车间的一名工人被非法开除。当地的港口、采石场、水泥厂、软木厂、麻纺厂和其他一些工厂企业的工人很快都加入了罢工的行列。城市运输、发电厂、煤气厂、面包房和商业企业的工人也都停止了工作。这次罢工一直持续到 7 月 23 日（8 月 5 日）。

伊丽莎白格勒、刻赤、基辅、叶卡捷琳诺斯拉夫、尼古拉耶夫等城市的工人也举行了罢工，来声援巴库、梯弗利斯、敖德萨以及其他城市的罢工工人。

发生在俄国南部的这场政治罢工是在各地俄国社会民主工党委员会领导下进行的，参加罢工的工人达 20 多万。这场罢工对提高俄国工人的阶级意识起了重大的作用，是 1905—1907 年俄国第一次革命的前兆。——245。

136　司徒卢威主义即合法马克思主义，是 19 世纪 90 年代出现在俄国自由派知识分子中的一种思想政治流派，主要代表人物是彼·伯·司徒卢威。司徒卢威主义利用马克思经济学说中能为资产阶级所接受的个别论点为俄国资本主义的发展作论证。在批判小生产的维护者民粹派的同时，司徒卢威赞美资本主义，号召人们"承认自己的不文明并向资本主义学习"，而抹杀资本主义的阶级矛盾。司徒卢威主义者起初是社会民主党的暂时同路人，后来彻底转向资产阶级自由主义。到 1900 年《火星报》出版时，司徒卢威主义作为思想流派已不再存在。——254。

137　旧火星派是指旧《火星报》的工作人员和拥护者。

《火星报》(《Искра》)是第一个全俄马克思主义的秘密报纸，由列宁创办。创刊号于 1900 年 12 月在莱比锡出版，以后各号的出版地点是慕尼黑、伦敦（1902 年 7 月起）和日内瓦（1903 年春起）。参加《火星报》编辑部的有：列宁、格·瓦·普列汉诺夫、尔·马尔托夫、亚·尼·波特列索夫、帕·波·阿克雪里罗得和维·伊·查苏利奇。编辑部的秘书起初是因·格·斯米多维奇,1901年4月起由娜·康·克鲁普斯卡娅担任。列宁实际上是《火星报》的主编和领导者。他在《火星报》上发表了许多文章,阐述有关党的建设和俄国无产阶级的阶级斗争的基本问题,并评论国际生活中的重大事件。

《火星报》在国外出版后,秘密运往俄国翻印和传播。《火星报》成了团结党的力量、聚集和培养党的干部的中心。在俄国许多城市成立了俄国社会民主工党列宁火星派的小组和委员会。1902年1月在萨马拉举行了火星派代表大会,建立了《火星报》俄国组织常设局。

《火星报》在建立俄国马克思主义政党方面起了重大的作用。在列宁的倡议和亲自参加下,《火星报》编辑部制定了党纲草案,筹备了俄国社会民主工党第二次代表大会。这次代表大会宣布《火星报》为党的中央机关报。

根据俄国社会民主工党第二次代表大会的决议,《火星报》编辑部改由列宁、普列汉诺夫、马尔托夫三人组成。但是马尔托夫坚持保留原来的六人编辑部,拒绝参加新的编辑部,因此《火星报》第46—51号是由列宁和普列汉诺夫二人编辑的。后来普列汉诺夫转到了孟什维主义的立场上,要求把原来的编辑都吸收进编辑部,列宁不同意这样做,于1903年10月19日(11月1日)退出了编辑部。因此,从第52号起,《火星报》变成了孟什维克的机关报。人们将第52号以前的《火星报》称为旧《火星报》,而把孟什维克的《火星报》称为新《火星报》。——254。

138　《信条》是经济派于1899年写的一个文件。它极其鲜明地反映了经济派的观点。《信条》的作者叶·德·库斯柯娃当时是国外俄国社会民主党人联合会成员。

列宁在西伯利亚流放地收到他姐姐安·伊·乌里扬诺娃-叶利扎罗娃从彼得堡寄来的《信条》之后,于1899年8月在米努辛斯克专区叶尔马科夫斯克村召集被流放的马克思主义者开会讨论了经济派的这个文件和他起草的《俄国社会民主党人抗议书》(见本版全集第4卷)。与会者17人一致通过并签署了这个《抗议书》,所以也称17人抗议书。

《抗议书》引用了《信条》的全文。——254。

139　在1907年1月德国帝国国会选举中,社会民主党失去了36个席位,从
79席减少到43席。这种情况之所以发生,是因为德国首相伯·毕洛
在支持德国积极的殖民政策的口号下,成功地团结了保守党人、民族自
由党人和"自由思想派",来反对社会民主党和中间派。——257。

140　《新莱茵报》(«Neue Rheinische Zeitung»)是德国和欧洲革命民主派中
无产阶级一翼的日报,1848年6月1日—1849年5月19日在科隆出
版。马克思任该报的主编,编辑部成员恩格斯、恩·德朗克、斐·沃尔
弗、威·沃尔弗、格·维尔特、斐·弗莱里格拉特、亨·毕尔格尔斯等都
是共产主义者同盟的盟员。报纸编辑部作为无产阶级革命运动的领导
核心,实际履行了共产主义者同盟中央委员会的职责。该报揭露反动
的封建君主派和资产阶级反革命势力,主张彻底解决资产阶级民主革
命的任务和用民主共和国的形式统一德国。该报创刊不久,就遭到反
动报纸的围攻和政府的迫害,1848年9—10月间曾一度停刊。1849年
5月,普鲁士政府借口马克思没有普鲁士国籍而把他驱逐出境,并对其
他编辑进行迫害,该报于5月19日被迫停刊。——261。

141　《前进报》(«Vorwärts»)是德国社会民主党的中央机关报(日报),1876
年10月在莱比锡创刊,编辑是威·李卜克内西和威·哈森克莱维尔。
1878年10月反社会党人非常法颁布后被查禁。1890年10月反社会
党人非常法废除后,德国社会民主党哈雷代表大会决定把1884年在柏
林创办的《柏林人民报》改名为《前进报》(全称是《前进。柏林人民
报》),从1891年1月起作为中央机关报在柏林出版,由李卜克内西任
主编。恩格斯曾为《前进报》撰稿,同机会主义的各种表现进行斗争。
1895年恩格斯逝世以后,《前进报》逐渐转入党的右翼手中。它支持
过俄国的经济派和孟什维克。第一次世界大战期间持社会沙文主义
立场。俄国十月革命以后,进行反对苏维埃的宣传。1933年停刊。
——263。

142　《就彼得堡的分裂以及因此设立党的法庭问题向俄国社会民主工党第

五次代表大会的报告》于 1907 年 4 月由维堡无产者报印刷厂印成小册子,并注明"只供俄国社会民主工党代表大会代表阅读"。小册子的开头和末尾两部分是 1907 年 4 月写的。《列宁在党的法庭上的辩护词(亦即对中央委员会孟什维克委员的起诉书)》是 2 月写的,并在 1907 年 3 月底党的法庭第一次开庭时宣读过。——265。

143 234 个彼得堡布尔什维克会议通过的决议如下:

"在各区工作的彼得堡组织的 234 个布尔什维克参加的布尔什维克会议,听取了 X 同志关于彼得堡一批孟什维克在第二届国家杜马选举期间的所作所为以及关于根据孟什维克中央委员会的提议设立的党的法庭的报告,得出如下结论:

1. 彼得堡社会民主党组织在选举运动期间的分裂,完全由这批孟什维克同志负责。

2. 一批孟什维克在分裂以前和以后同立宪民主党的谈判,实质上是不能容许的杜马席位交易,是违背彼得堡社会民主主义无产阶级意志进行的交易。

3. 尤其不能容许的是唐恩同志的行动方式,他在分裂的整个过程中以及与立宪民主党人的谈判中起了极其积极的作用,而且任何一个党组织也没有授权他进行这些谈判。

4. 这批孟什维克在他们同立宪民主党破裂之后、尤其是在彼得堡左翼政党签订协议之后的行为,诸如对这一协议提出威胁性的抗议,在彼得堡的许多地区号召选举人不支持这一协议,妨碍提出左派候选人名单等等,都是直接破坏无产阶级和全党的事业而有利于立宪民主党的。

因此会议表示希望,在孟什维克退出后留下的彼得堡社会民主党代表会议中的布尔什维克派,能参加根据中央委员会提议组成的党的法庭,对一批孟什维克和唐恩同志在政治上不能容许的行为提出反诉。

会议建议所有工作人员要针对中央委员会掀起的反对尼·列宁个人的运动,立即将社会民主党彼得堡选举活动的全过程以及一批孟什维克在其中所起的作用向彼得堡无产阶级广泛传达。"(见 1907 年 2 月 11 日《无产者报》第 13 号)

　　1907年2月召开的彼得堡(市区和郊区)组织代表会议批准了234
个彼得堡布尔什维克会议的决议,并对决议补充了第5点:"代表会议
支持尼·列宁小册子(《圣彼得堡的选举和31个孟什维克的伪善面
目》)提出的实际指控,因此认为自己有权作为一方出庭。代表会议对
唐恩同志和31个孟什维克提出反诉,并委托列宁所委托的同一些法官
作为自己在法庭上的代表。"(见1907年3月4日《无产者报》第14号)
　　彼得堡各区委员会和郊区委员会的会议也通过了类似的决议。
——265。

144 列宁当时住在芬兰库奥卡拉的"瓦萨"别墅。——272。

145 1907年2月11日《无产者报》第13号上的科夫诺通讯报道了科夫诺市
选举运动的详细情况。在选举中,崩得分子与争取派占多数的犹太人
选举委员会达成了协议。由于这一得到俄国社会民主工党孟什维克中
央委员会支持的协议,6名资产阶级复选人和1名黑帮分子当选。
　　争取派即争取俄国犹太人充分权利协会的成员。该协会是根据一
批犹太资产阶级知识分子的倡议于1905年3月在维尔纳成立的。协
会的纲领提出了联合所有俄国犹太人为争取充分权利而积极斗争的任
务。协会加入了协会联合会,参加了1905年5月举行的协会联合会的
第一次代表大会。在国家杜马选举问题上,协会采取了和协会联合会
不同的立场,主张参加杜马选举运动,在杜马中坚持要求解决犹太人的
问题。1907年5月协会停止活动。——275。

146 指1907年3月25日(4月7日)在芬兰泰里约基召开的俄国社会民主
工党彼得堡组织代表会议。会议有133名代表(92名布尔什维克,41
名孟什维克)出席,其中工人代表在100名以上。选举会议代表的工作
持续了一个多月,并且是在中央委员会特别委员会的监督下进行的。
彼得堡组织的绝大部分党员都参加了这一选举。列宁主持了代表会
议,并就彼得堡组织改组问题和彼得堡委员会的组织工作问题发了言。
　　代表会议讨论了俄国社会民主工党彼得堡组织的改组问题、彼得
堡组织在第二届国家杜马社会民主党党团内的代表权问题、社会民主
党人不得参加资产阶级报刊工作问题以及五一节和社会民主党的策略

问题。代表会议以压倒多数的票通过了布尔什维克制定的改组方案。这一方案的基本点是：代表会议被承认为地方组织的常设的、定期召集的立法机构。彼得堡委员会作为代表会议的执行机构由代表会议选出，并在其指示范围内进行工作。新选出的彼得堡委员会由19人组成。代表会议选举列宁代表彼得堡组织同第二届杜马社会民主党党团联系。代表会议严厉谴责了社会民主党人以任何方式参加资产阶级报刊的行为。

代表会议结束了彼得堡组织1907年1月会议以来的分裂状态。

代表会议的第2次会议于1907年4月8日(21日)仍在泰里约基召开。这次会议决定举行一天的总罢工和召开群众大会来庆祝五一节，并决定组织彼得堡和彼得堡省初选人委员会。代表会议还讨论了关于出席党的第五次代表大会代表的选举问题和第二届杜马代表格·阿·阿列克辛斯基的报告，并就组织问题通过了一系列决议。

列宁在讨论阿列克辛斯基的报告时发了言，并建议彼得堡代表团向第五次代表大会提出关于邀请战斗队代表出席大会的问题。——283。

147 指俄国社会民主工党彼得堡委员会为了解决对待国家杜马的态度问题于1906年2月11日(24日)召开的党的彼得堡市代表会议。列宁领导了这次会议。出席会议的有65名有表决权的代表。代表会议代表的选举是在各党组织讨论和表决布尔什维克和孟什维克的策略纲领以后进行的，每30名有表决权的党员选出1名代表。在选举中布尔什维克获得了大多数。孟什维克要求宣布俄国社会民主工党郊区组织的(几乎全部是布尔什维克的)票为无效。在讨论郊区组织问题时，列宁作了发言和插话。代表会议确认了郊区组织的代表资格。会议随后听取了彼得堡委员会的工作报告并通过了列宁提出的决议案，认为代表会议的代表资格是合法的，代表会议是有效的，其决定是必须执行的。接着列宁作了关于对国家杜马的态度的报告(代表会议秘书记录中缺此报告)。在报告结尾，列宁宣读了对国家杜马采取积极抵制策略的决议案。孟什维克的决议案由尔·马尔托夫宣读。代表会议以36票对29票表示赞成积极抵制的策略。但是对积极抵制策略作了详细说明的决议案未来得及通过。

　　为了讨论和最后批准关于积极抵制策略的决议案,彼得堡市代表会议于 1906 年 2 月底—3 月初再次召开。出席会议的有 62 名代表。代表会议讨论了列宁的、马尔托夫的以及孟什维克额外提出的奥赫塔区的决议案。经过长时间的激烈争论,列宁的决议案以 35 票赞成、24 票反对、1 票弃权被基本通过。为了对代表会议关于国家杜马的决议作最后修订,代表会议选出了一个委员会。孟什维克拒绝参加该委员会,并退出了代表会议。——285。

148　指俄国社会民主工党彼得堡组织区际代表会议。

　　俄国社会民主工党彼得堡组织区际代表会议是根据彼得堡委员会 1906 年 5 月 24 日(6 月 6 日)的决定,为制定彼得堡无产阶级对待国家杜马的策略而召开的。代表会议于 1906 年 6 月 11—12 日(24—25 日)举行,最初在彼得堡,后来从保密考虑迁至芬兰泰里约基。

　　在代表会议代表选举前,各个党组织围绕两种策略纲领——中央委员会关于支持立宪民主党杜马内阁的孟什维克的决议案和彼得堡委员会《关于对国家杜马的态度》、《关于杜马组阁问题》这两个布尔什维克的决议案(两个决议案都是列宁写的,见本版全集第 13 卷第 170—171、204—205 页)——开展了争论。争论结果,1 760 票赞成布尔什维克的决议案,952 票赞成孟什维克的决议案。

　　出席这次代表会议的有约 80 名代表,代表 4 000 名党员。伊·伊·拉米什维里作为社会民主党杜马党团代表出席了会议。列宁被选为代表会议主席并领导会议工作。他在会上代表彼得堡委员会作了关于党对国家杜马的策略的报告。代表孟什维克作报告的是费·伊·唐恩。会议以多数票通过决议,赞同彼得堡委员会的策略。代表会议接着讨论党的统一问题。列宁就这个问题作了报告。会议通过的决议指出,俄国社会民主工党第四次代表大会选出的中央委员会只反映党内少数派的意见。决议要求召开新的党代表大会。代表会议还通过了关于在彼得堡党组织和社会民主党杜马党团之间建立牢固联系的决议。——285。

149 　这里指的是俄国社会民主工党军事组织和战斗组织第一次代表会议的
记录。

俄国社会民主工党军事组织和战斗组织第一次代表会议于1906
年11月16—22日(11月29日—12月5日)在芬兰塔墨尔福斯举行。
会议是根据彼得堡和莫斯科组织以及中央委员会中的布尔什维克委员
的倡议召开的。列宁赞同召开这次代表会议并参加了会议的筹备。他
在给代表会议代表们的信中提醒他们不要作出背离布尔什维克原则路线
的轻率决定。在代表会议上宣读了列宁的这封信。

出席代表会议的有19名有表决权的代表和9名有发言权的代表,
代表着11个军事组织和8个战斗组织。中央委员会技术组、南方技术
组的代表和芬兰社会民主党的革命派也出席了代表会议。

代表会议讨论了下列问题:组织局的报告;代表们的报告;以往的
武装起义尝试;对形势的估计;武装起义的性质;军事组织和战斗组织
的任务;军事组织工作的性质;对其他党派的和非党的军事组织和战斗
组织的态度;为组织武装起义而建立军事战斗中心;军事战斗组织与一
般无产阶级组织的关系;提交党代表大会的报告;在代表大会上的代表
权的原则;中央机关报和书刊;对中央委员会召开的军事组织代表会议
的态度;选举。

代表会议通过了关于目前形势、关于党在武装起义中的作用(这项
决议由出席代表会议的党员通过)、关于军事组织的任务、关于战斗组
织的任务、关于对其他政党的和非党的这类组织的态度、关于军事组织
和战斗组织在武装起义中的作用、关于在军官中的工作、关于剥夺、关
于对中央委员会召开的代表会议的态度、关于提交代表大会的报告、关
于在代表大会上的代表权的原则、关于军事和战斗组织临时常务局、关
于报刊和出版机构、关于地方和区域的书刊、关于建立全俄军事战斗组
织、关于中央委员会代表缺席问题等决议。为召开全俄军事代表会议,
代表会议选举了"临时常务局",这一机构总共存在了两个月。

代表会议的决议发表于1906年12月7日《无产者报》第9号,代
表会议记录于1907年在彼得堡出版。

这里提到的中央委员会召开的军事组织代表会议(正式名称是"在

军队中进行工作的俄国社会民主工党组织第一次代表会议")是1906
年10月在芬兰泰里约基举行的,目的是阻挠布尔什维克筹备的军事组
织和战斗组织代表会议。参加该会议的有8个军事组织。布尔什维克
占多数的一些大的军事组织没有参加。会议通过了一些带有机会主义
性质的决议。——297。

150 列宁曾在《政治危机和机会主义策略的破产》一文(见本版全集第13
卷)中对孟什维克中央委员会致各级党组织的第四封信进行过详细的
分析和批判。——303。

151 《日志》即《社会民主党人日志》(《Дневник Социал-Демократа》)是格·
瓦·普列汉诺夫创办的不定期刊物,1905年3月—1912年4月在日内
瓦出版,共出了16期。1916年在彼得格勒复刊,仅出了一期。在第
1—8期(1905—1906年)中,普列汉诺夫宣扬极右的孟什维克机会主
义观点,拥护社会民主党和自由派资产阶级联盟,反对无产阶级和农民
联盟,谴责十二月武装起义。在第9—16期(1909—1912年)中,普列
汉诺夫反对主张取消秘密党组织的孟什维克取消派,但在基本的策略
问题上仍站在孟什维克立场上。1916年该杂志出版的第1期里则明
显地表达了普列汉诺夫的社会沙文主义观点。——303。

152 这是有关俄国社会民主工党第五次(伦敦)代表大会的一组文献。
俄国社会民主工党第五次(伦敦)代表大会于1907年4月30日—
5月19日(5月13日—6月1日)举行。代表大会原来打算在哥本哈
根或马尔默(瑞典)、布鲁塞尔召开。由于沙皇政府施加压力,丹麦、瑞
典、比利时都禁止在其国土上召开俄国社会民主工党代表大会。因此
已汇集在哥本哈根的大会代表只得转移到马尔默,又从那里动身前往
伦敦。
俄国社会民主工党第四次(统一)代表大会上选出的中央委员会推
行机会主义政策,受到工业中心大多数最大的党组织的谴责。1906年
8月,俄国社会民主工党彼得堡委员会通过了关于必须立即召开党的
紧急代表大会的决议。至9月底,这一决议得到了俄国社会民主工党
莫斯科委员会和俄国大多数党组织以及波兰王国和立陶宛社会民主党

和拉脱维亚边疆区社会民主党中央委员会的支持。1906年9月底,赞成召开代表大会的一些党组织通过了《告俄国社会民主工党书》,要求立即召开党的紧急代表大会。1906年11月举行的俄国社会民主工党第二次代表大会(第一次全国代表会议)作出了不迟于1907年3月15日(28日)召开党的例行代表大会的决定。代表大会的筹备工作是在布尔什维克和孟什维克的激烈斗争中进行的,他们各自都提出了自己的纲领(布尔什维克的纲领即《提交俄国社会民主工党第五次代表大会的决议草案》,见本卷第1—9页)。

出席第五次(伦敦)代表大会的代表有342名,代表约15万名党员,其中有表决权的代表303名,有发言权的代表39名。在有表决权的代表中,有布尔什维克89名,孟什维克88名,崩得代表55名,波兰王国和立陶宛社会民主党代表45名,拉脱维亚边疆区社会民主党代表26名。大工业中心的代表多数是布尔什维克。列宁作为卡马河上游地区(乌拉尔)组织的代表参加了代表大会并被选入了主席团。马·高尔基作为有发言权的代表参加了代表大会。

代表大会议程的讨论几乎占用了四次会议。布尔什维克和孟什维克、崩得分子就是否把主要的具有原则性的理论和政治问题列入代表大会议程展开辩论。布尔什维克在波兰和拉脱维亚社会民主党人的支持下,使一个最重要的具有总原则性质的问题即对资产阶级政党的态度问题列入了议程。大会通过的全部议程是:中央委员会的工作报告;杜马党团的工作报告和杜马党团组织;对资产阶级政党的态度;国家杜马;"工人代表大会"和非党工人组织;工会和党;游击行动;失业、经济危机和同盟歇业;组织问题;斯图加特国际代表大会(五一节,军国主义);军队中的工作;其他。由于时间和经费的关系,关于国家杜马、关于工会和党、关于游击行动的问题及组织问题只讨论了以各派名义在代表大会上提出的提案和决议案。关于失业、关于经济危机和同盟歇业、关于斯图加特国际代表大会等问题没有来得及讨论。

布尔什维克在代表大会上得到了波兰王国和立陶宛社会民主党及拉脱维亚边疆区社会民主党的代表的支持。布尔什维克用革命的纲领团结了他们,因而在代表大会上获得了多数。在一切基本问题上,代表大会都通过了布尔什维克的决议案。布尔什维克的策略被确定为全党的统一的策略。关于对资产阶级政党态度的问题通过了列宁起草的决议。这一决议对所有非无产阶级政党都作了布尔什维主义的评价,并规定了革命社会民主党对它们的策略。代表大会通过的关于国家杜马的决议,规定了社会民主党在杜马中的各项任务,指出社会民主党在杜马内的活动应该服从杜马外的活动,应该首先把杜马作为揭露专制制度和资产阶级妥协政策以及宣传党的革命纲领的讲坛。代表大会就"工人代表大会"问题通过的决议是以列宁为代表大会写的决议草案《关于非党工人组织和无产阶级中的无政府工团主义思潮》为基础写成的。在关于工会的决议中,代表大会批驳了工会"中立"的理论,认为必须做到党对工会实行思想上和政治上的领导。代表大会通过了新的党章。按照修改过的党章,在代表大会上只选举中央委员会,中央机关报编辑部由中央委员会任命并在中央委员会监督下工作。党章规定定期召开党的会议来讨论党内生活中最重要的问题。

代表大会选出了由布尔什维克5人(约·彼·戈尔登贝格、尼·亚·罗日柯夫、约·费·杜勃洛文斯基、伊·阿·泰奥多罗维奇、维·巴·诺根)、孟什维克4人(亚·马尔丁诺夫、诺·尼·饶尔丹尼亚、尼基福尔、约·安·伊苏夫)、波兰社会民主党2人(阿·瓦尔斯基、费·埃·捷尔任斯基)和拉脱维亚社会民主党1人(卡·尤·克·达尼舍夫斯基)组成的中央委员会(另外3名中央委员由崩得和拉脱维亚边疆区社会民主党在代表大会后选派)。代表大会还批准24名候补中央委员,其中有列宁。鉴于新的中央委员会成分不一,中央的领导不可靠,在代表大会结束时,布尔什维克在自己的会议上成立了以列宁为首的布尔什维克中央,《无产者报》编辑部也加入布尔什维克中央。——307。

153 这是列宁在代表大会第3次会议上的发言。会议通过了头两项议程(即中央委员会的工作报告,杜马党团的工作报告和杜马党团组织)后,接着讨论是否把具有理论性的原则问题(即布尔什维克提出的代表大会议程草案第3、4、5项——关于经济斗争的尖锐化和当前形势、关于无产阶级在目前时期的阶级任务、关于对资产阶级政党的态度这三个问题)列入议程。崩得分子 Б. H. 格罗谢尔(泽利策尔)建议取消对这些问题的讨论。执行主席、崩得分子弗·达·麦迭姆(维尼兹基)建议不讨论这个问题,而就中止辩论进行表决。列宁就是针对这种情况发言的。

代表大会第4次会议继续就是否把具有理论性的问题列入议程的问题进行辩论。在5月2日(15日)代表大会第5次会议上,关于对资产阶级政党的态度的问题被列入了议程。——307。

154 俄国社会民主工党第三次代表大会于1905年4月12—27日(4月25日—5月10日)在伦敦举行。这次代表大会是布尔什维克筹备的,是在列宁领导下进行的。孟什维克拒绝参加代表大会,而在日内瓦召开了他们的代表会议。

出席代表大会的有38名代表,其中有表决权的代表24名,有发言权的代表14名。出席大会的有表决权的代表分别代表21个俄国社会民主工党的地方委员会、中央委员会和党总委员会(参加党总委员会的中央委员会代表)。列宁作为敖德萨委员会的代表出席代表大会,当选为代表大会主席。

代表大会审议了正在俄国展开的革命的根本问题,确定了无产阶级及其政党的任务。代表大会讨论了下列问题:组织委员会的报告;武装起义;在革命前夕对政府政策的态度;关于临时革命政府;对农民运动的态度;党章;对俄国社会民主工党分裂出去的部分的态度;对各民族社会民主党组织的态度;对自由派的态度;同社会革命党人的实际协议;宣传和鼓动;中央委员会的和各地方委员会代表的工作报告等。列宁就大会讨论的所有主要问题拟了决议草案,在大会上作了关于社会民主党参加临时革命政府的报告和关于支持农民运动的决议的报告,并就武装起义、在革命前夕对政府政策的态度、社会民主党组织内工人和知识分子的关系、党章、关于中央委员会活动的报告等问题作了发言。

代表大会制定了党在资产阶级民主革命中的战略计划,这就是:要孤立资产阶级,使无产阶级同农民结成联盟,成为革命的领袖和领导者,为争取革命胜利——推翻专制制度、建立民主共和国、消灭农奴制

的一切残余——而斗争。从这一战略计划出发,代表大会规定了党的
策略路线。大会提出组织武装起义作为党的主要的和刻不容缓的任
务。大会指出,在人民武装起义取得胜利后,必须建立临时革命政府来
镇压反革命分子的反抗,实现俄国社会民主工党的最低纲领,为向社会
主义革命过渡准备条件。

代表大会重新审查了党章,通过了列宁提出的关于党员资格的党
章第 1 条条文,取消了党内两个中央机关(中央委员会和中央机关报)
的制度,建立了党的统一的领导中心——中央委员会,明确规定了中央
委员会的权力和它同地方委员会的关系。

代表大会谴责了孟什维克的行为和他们在组织问题和策略问题上
的机会主义。鉴于《火星报》已落入孟什维克之手并执行机会主义路
线,俄国社会民主工党第三次代表大会委托中央委员会创办新的中央
机关报——《无产者报》。代表大会选出了以列宁为首的中央委员会,
参加中央委员会的还有亚·亚·波格丹诺夫、列·波·克拉辛、德·
西·波斯托洛夫斯基和阿·伊·李可夫。

俄国社会民主工党第三次代表大会是第一次布尔什维克代表大
会,它用争取民主革命胜利的战斗纲领武装了党和工人阶级。列宁在
《第三次代表大会》一文(见本版全集第 10 卷)中论述了这次代表大会
的工作及其意义。——308。

155　孟什维克日内瓦代表会议与俄国社会民主工党第三次代表大会同时于
1905 年 4 月举行。由于参加的人数很少(只有 9 个委员会的代表出
席),孟什维克宣布自己的这次会议为党的工作者代表会议。代表会议
就武装起义、农民中的工作、夺取政权和参加临时政府、对其他革命党
派和反对派的态度等问题通过了决议。列宁在《倒退的第三步》、《社会
民主党在民主革命中的两种策略》、《〈工人论党内分裂〉一书序言》等著
作(见本版全集第 10 卷和第 11 卷)中揭露了日内瓦代表会议决议的机
会主义性质,并对这些决议作了非常有力的批判。——308。

156　代表大会通过的议事规程第 4 点规定:记名表决只在不少于 20 名代表
要求的情况下举行;记名表决用投票方式进行。有人向大会主席团建

议用唱名方式而不用投票方式进行记名表决。大会主席团以 3 票对 2
票的多数赞成这一意见。但是由于有分歧,问题被提到代表大会上
讨论。结果代表大会多数(144 票)赞成仍用投票方式进行记名表决。
——311。

157 七月罢工是指根据俄国社会民主工党彼得堡委员会 1906 年 7 月 21 日
(8 月 3 日)的决议为支持斯维亚堡和喀琅施塔得士兵和水兵的武装起
义而举行的罢工。

关于 1906 年的七月罢工,可参看《暴风雨之前》和《政治危机和机
会主义策略的破产》两文(见本版全集第 13 卷)。——316。

158 这里说的是第二届国家杜马中反对派的会议。参加这种会议的除民粹
派外还有立宪民主党人。布尔什维克对这种会议持否定态度。当听说
民族民主党人也出席会议时,布尔什维克曾建议党团通过一项决议,声
明"社会民主党人不知道民族民主党的代表出席会议,这个党不惜用黑
帮手段同无产阶级进行斗争"。而伊·格·策列铁里在代表大会上的
发言中却引用奥·倍倍尔的话,并且说:"人们仅仅以有一个在道义方
面使我们不满意的党出席会议为由而建议我们退出这种会议。对此我
们没有同意。"(见《俄国社会民主工党第五次(伦敦)代表大会。记录》
1963 年俄文版第 194 页)——321。

159 这是列宁在代表大会第 20 次会议批准关于第二届国家杜马社会民主
党党团报告的决议时发表的声明。

代表大会委托一个十人委员会(每个派别派两名代表参加)来起草
这个决议。委员会接到了四个草案:布尔什维克的草案、孟什维克的草
案、波兰社会民主党的草案和崩得的草案。委员会没有采纳其中任何
一个草案,也没有审查任何一个草案的全文,而讨论了以下问题:(1)决
议中是否应当包括对党团的政策性指示,(2)是否要列举党团的全部错
误,(3)对党团的信任问题。讨论后,委员会起草了自己的决议草案,但
没有获得委员会内多数的赞同。因此 5 月 10 日(23 日)代表大会第 19
次会议还是讨论上面那些问题。布尔什维克提出的在决议中应包括对
党团的指示的建议被否决,因为拉脱维亚社会民主党投票反对。第二

天,在代表大会第20次会议上,拉脱维亚社会民主党代表泰·彼·卡
尔宁(维尔涅尔)提议将关于杜马党团的决议推迟到讨论关于资产阶级
政党和国家杜马的问题以后再来讨论,理由是一部分拉脱维亚代表在
第19次会议上之所以反对在决议中包括对党团的指示,是因为在讨论
关于资产阶级政党和国家杜马的问题之前,他们对这些指示是不明
确的。

代表大会主席团把这个问题提交代表大会,并认为卡尔宁的建议
不会撤销前次会议通过的关于指示的决议。列宁支持拉脱维亚社会民
主党人。孟什维克和崩得代表不仅反对卡尔宁的建议,也反对提出这
一问题。经过代表大会第21次会议记名表决,卡尔宁的建议以149票
赞成、144票反对、3票弃权被通过。——326。

160　列宁在《社会民主党在民主革命中的两种策略》一书第12节(见本版全
集第11卷)中详细分析了高加索孟什维克的决议。——327。

161　*云端圣母*一语是格·瓦·普列汉诺夫在5月12日(25日)代表大会第
23次会议上讽刺罗·卢森堡的话,当时她支持布尔什维克。普列汉诺
夫说:"李伯尔同志问罗莎·卢森堡同志,她坐在什么样的椅子上。真
是天真的问题!罗莎·卢森堡同志什么样的椅子也不坐。她像拉斐尔
画中的圣母那样站在快乐幻想的云端。"(见《俄国社会民主工党第五次
代表大会。记录》1963年俄文版第422页)——342。

162　指波兰社会民主党代表团提出的关于对资产阶级政党的态度的决议草
案(见《俄国社会民主工党第五次(伦敦)代表大会。记录》1963年俄文
版第645页)。这个草案是在该代表团关于杜马党团报告的决议草案
的基础上修改而成的,列宁对此提了许多意见。(见本版全集第59卷
第258—260页)——346。

163　李伯尔的修正意见是代表大会上孟什维克和崩得机会主义分子对已被
通过作为基础的布尔什维克关于对资产阶级政党的态度的决议案进行
攻击的第一炮。李伯尔建议删去这个理论性决议案的第一部分:"现时
社会民主党面临的一项特别迫切的任务,就是要确定各个非无产阶级

政党的阶级内容,估计各阶级现时的相互关系,据此确定自己对其他政党的态度。"李伯尔的修正意见被代表大会否决。关于对这一决议的各项修正意见参看本卷第378—383页。——350。

164 列·达·托洛茨基的第一条修正意见是:建议删去决议案第3条中下述词句:"这些政党(即自由主义君主派资产阶级各政党。——编者注)的社会基础是经济上比较进步的资产阶级阶层,特别是资产阶级知识分子,而一部分城乡小资产阶级还跟着这些政党走(纯粹是由于习惯和直接受自由派的欺骗)"。代表大会否决了托洛茨基的修正意见。

托洛茨基的第二条修正意见是:建议把决议案第5条中的"同时反对反动势力和背叛成性的自由派资产阶级"改为"既反对反动势力,又反对自由派资产阶级的背叛政策"。这条修正意见为代表大会通过。——351。

165 尔·马尔托夫的修正意见是:建议在决议案第3条里用附注形式增添允许同资产阶级政党达成技术性协议的字句。在列宁发言后,代表们以记名投票否决了这一修正意见。——353。

166 尔·马尔托夫的这个修正意见是:建议在决议案第4条里不要讲民粹主义的假社会主义的性质,而要讲民粹派革命主义的"冒险性"和"空想性"。在列宁发言之后,这一修正意见被代表大会否决。——354。

167 亚·马尔丁诺夫的第一条修正意见是:建议删去关于对资产阶级政党的态度的决议案第4条中的一句话:"这些政党(指民粹派政党。——编者注)用迷雾般的社会主义思想来粉饰它们的实质上是资产阶级民主性的任务",而添上:"这些政党把革命的民主的企求同反动的社会和政治倾向及资本主义时代以前的农民和小市民所特有的偏见结合起来"。这条修正意见被代表大会否决。

马尔丁诺夫的第二条修正意见是:把决议案第4条中的"从而迫使它们站到社会民主党方面来反对黑帮和立宪民主党人"改为"从而迫使它们参加反对农奴制国家的无情斗争"。这一条修正意见也被代表大会否决。——355。

168　关于国家杜马问题,代表大会没有听取报告而讨论了布尔什维克和孟
什维克分别提出的两个决议草案。列宁代表起草委员会在代表大会第
33 次会议上作报告,维护布尔什维克的决议草案。在表决以哪个决议
草案为基础时,布尔什维克决议草案得 144 票,孟什维克决议草案得
131 票。布尔什维克决议草案被通过。经过在第 34 次会议上逐条讨
论,整个决议以 157 票赞成、110 票反对、11 票弃权被通过。——357。

169　列宁的这个发言是回答费·伊·唐恩的。唐恩反对布尔什维克关于把
这次代表大会定名为"第五次代表大会"的建议,说他不愿意在代表大
会名称中把派别纠纷固定下来。而实际上,孟什维克和崩得分子一直
对党的第三次(布尔什维克的)代表大会采取不理会的态度。代表大会
最后通过了崩得分子列·格·沙皮罗(M. 沙宁)的建议,把代表大会定
名为"俄国社会民主工党伦敦代表大会"。——361。

170　代表大会决定中央委员会由 15 人组成,其中 12 人在代表大会上选出,
其余 3 人由各民族组织在大会后选派。在代表大会第 35 次会议上进
行了选举。鉴于代表大会会场必须腾出,代表大会决定在社会主义俱
乐部继续开第 35 次会议,以计算选票和解决其他的技术性问题,但只
能每四名代表推选一人参加,因此继续出席会议的共有 75 人,其中有
22 名布尔什维克、21 名孟什维克、14 名崩得分子、11 名波兰代表和 7
名拉脱维亚代表。中央委员选举计票结果是:9 人获得多数票,另外 5
人得票数相等。因此必须从这 5 人中选举 3 人。布尔什维克建议进行
复选,孟什维克则提议在这 5 人中抽签。会议通过了布尔什维克的建
议。关于候补中央委员的问题,代表大会通过了列宁参加拟定的布尔
什维克的建议,内容如下:

　　"候补中央委员由五派分别提名,名额为该派中央委员人数的
两倍。

　　候补中央委员须经代表大会批准。

　　某个中央委员出缺时即由本派的候补委员递补,而无须中央委员
会作出关于候补委员补缺的专门决定。"——362。

171　这个决议是针对拟议中的英俄贷款协定而作出的。决议指出,西方国

家给予俄国政府道义上和财政上的支持,实际成了俄国政府在镇压俄国各族人民方面的同盟者。决议呼吁英国民主派对英国政府施加压力,阻止它对俄国解放运动犯下这一罪行。——362。

172 1907年5月24日(6月6日),列宁在拉脱维亚边疆区社会民主党第二次代表大会上作了关于无产阶级在资产阶级民主革命现阶段的任务的报告,并在报告结束时宣读了这里收载的决议草案。

决议草案未经讨论即列入代表大会的记录,并发表于1907年7月7日该党中央机关报《斗争报》第78号。代表大会记录没有保存下来。《列宁全集》俄文第5版第15卷所刊载的决议草案是根据《斗争报》从拉脱维亚文译出的。

拉脱维亚边疆区社会民主党第二次代表大会是在俄国社会民主工党第五次(伦敦)代表大会结束后随即于1907年5月21—25日(6月3—7日)在伦敦召开的。到代表大会召开时,该党共有13 000名有组织的党员。出席会议的有26名有表决权的代表和10名有发言权的代表。会议的议程是:中央委员会、监察委员会和各地方组织的报告;危机、同盟歇业和失业;无产阶级在资产阶级革命现阶段的任务;关于军队中的鼓动工作;关于工会;关于宣传鼓动工作;组织问题等等。土地问题没有列入议程,这反映了拉脱维亚社会民主党的错误立场。

在代表大会上,革命的社会民主党人与机会主义者之间展开了尖锐的斗争。革命的社会民主党人同追随他们的调和派分子一起形成了代表大会的多数。代表大会对1906—1907年间拉脱维亚边疆区社会民主党内在资产阶级民主革命策略问题上以及在拉脱维亚社会民主工党同俄国社会民主工党统一问题上的斗争作了总结。代表大会通过的关于工会问题、失业问题、民主组织和军事组织问题等决议反映了布尔什维克的观点。代表大会选出了基本由革命的社会民主党人组成的新中央委员会。——364。

173 《对资产阶级政党的态度》一文发表于1907年在彼得堡出版的布尔什维克的文集《俄国社会民主工党伦敦代表大会的总结》。收入这一文集的还有德·伊·列先科、尼·亚·罗日柯夫、诺沃谢洛夫、格·叶·季诺维也夫和马·尼·利亚多夫的文章。——366。

174　指经济派分子阿基莫夫(弗·彼·马赫诺韦茨)在讨论《火星报》制定的党纲草案时提交第二次代表大会委员会的修正意见(见《俄国社会民主工党第二次代表大会。记录》1959 年俄文版第 258 页)。——378。

175　俄国社会民主工党第五次代表大会是在伦敦南盖特路兄弟会教堂举行的。俄语 скамья 本义是长板凳,转义是议席。——383。

176　康康舞是 19 世纪 30 年代出现在法国巴黎的大众舞会上的一种轻快低俗的舞蹈,后来流行于咖啡馆舞台。20 世纪初该舞曲的明快节奏被搬上了某些歌剧。——385。

177　《交易所小报》(《Биржевка》)即《交易所新闻》(《Биржевые Ведомости》),是俄国资产阶级温和自由派报纸,1880 年在彼得堡创刊。起初每周出两次,后来出四次,从 1885 年起改为日报,1902 年 11 月起每天出两次。这个报纸的特点是看风使舵,趋炎附势,没有原则。1905 年该报成为立宪民主党人的报纸,曾改用《自由人民报》和《人民自由报》的名称。从 1906 年起,它表面上是无党派的报纸,实际上继续代表资产阶级利益。1917 年二月革命后,攻击布尔什维克党和列宁。1917 年 10 月底因进行反苏维埃宣传被查封。——385。

178　这里是借用圣经里的一个故事:耶稣已经知道犹大要出卖他,就蘸了一点饼给他吃。犹大吃了以后,魔鬼撒旦入了犹大的心,耶稣便对他说:你所做的快做吧!(见《新约全书·约翰福音》第 13 章)——386。

人 名 索 引

A

阿·——见阿克雪里罗得,伊达·伊萨科夫娜。

阿布拉莫维奇,拉法伊尔(**雷因,拉法伊尔·阿布拉莫维奇**)(Абрамович,
Рафаил (Рейн, Рафаил Абрамович) 1880—1963)——俄国孟什维克,崩得
领袖之一。斯托雷平反动时期和新的革命高涨年代是取消派分子,曾参加
托洛茨基于 1912 年 8 月在维也纳召开的反布尔什维克的代表会议,会上
结成"八月联盟"。第一次世界大战期间是中派分子。1917 年回国后加入
孟什维克国际主义派右翼。十月革命后反对苏维埃政权,主张成立有孟什
维克和社会革命党人参加的联合政府,反对签订布列斯特和约。1920 年
流亡柏林,同尔·马尔托夫一起创办和编辑孟什维克的《社会主义通报》杂
志。1923 年参与组织社会主义工人国际,任国际执行委员会常务局成员。
30 年代移居美国,为犹太右翼社会党人的报纸《前进报》撰稿。——
313、326。

阿尔汉格尔斯基——见马斯连尼科夫,亚历山大·尼古拉耶维奇。

阿赫梅特·察·——见察利科夫,阿赫梅特·塔姆布拉托维奇。

阿克雪里罗得,帕维尔·波里索维奇(Аксельрод, Павел Борисович 1850—
1928)——俄国孟什维克领袖之一。19 世纪 70 年代是民粹派分子。1883
年参与创建劳动解放社。1900 年起是《火星报》和《曙光》杂志编辑部成
员。这一时期在宣传马克思主义的同时,也在一系列著作中把资产阶级民
主制和西欧社会民主党议会活动理想化。1903 年在俄国社会民主工党第
二次代表大会上是《火星报》编辑部有发言权的代表,属火星派少数派,会
后是孟什维主义的思想家。1905 年提出召开广泛的工人代表大会的取消
主义观点。1906 年在党的第四次(统一)代表大会上代表孟什维克作了关

于国家杜马问题的报告,宣扬无产阶级同资产阶级实行政治合作的机会主义思想。斯托雷平反动时期和新的革命高涨年代是取消派的思想领袖,参加孟什维克取消派《社会民主党人呼声报》编辑部。1912年加入"八月联盟"。第一次世界大战期间表面上是中派,实际持社会沙文主义立场;曾参加齐美尔瓦尔德代表会议和昆塔尔代表会议,属于右翼。1917年二月革命后任彼得格勒苏维埃执行委员会委员,支持资产阶级临时政府。十月革命后侨居国外,反对苏维埃政权,鼓吹武装干涉苏维埃俄国。——7、222、237、242、245、250、251、253、254。

阿克雪里罗得,伊达·伊萨科夫娜(阿·)(Аксельрод, Ида Исааковна (А.) 1872—1917)——俄国社会民主党人,火星派分子,文学批评家和哲学家。开始参加革命时为民意党人。1893年起侨居国外,加入劳动解放社,后为俄国革命社会民主党人国外同盟成员。俄国社会民主工党第二次代表大会后加入布尔什维克,后转向孟什维克。斯托雷平反动时期加入孟什维克护党派,第一次世界大战期间是护国派分子。曾为《复兴》、《现代生活》等社会民主党杂志撰稿。十月革命前夕回国,不久死于彼得格勒。——107、109。

阿列克辛斯基,格里戈里·阿列克谢耶维奇(阿列—斯基,格·)(Алексинский, Григорий Алексеевич (Ал—ский, Г.) 1879—1967)——俄国社会民主党人,后蜕化为反革命分子。1905—1907年革命期间是布尔什维克。第二届国家杜马彼得堡工人代表,社会民主党党团成员,参加了杜马的失业工人救济委员会、粮食委员会和土地委员会,并就斯托雷平在杜马中宣读的政府宣言,就预算、土地等问题发了言。作为社会民主党杜马党团代表参加了党的第五次(伦敦)代表大会的工作。斯托雷平反动时期是召回派分子、派别性的卡普里党校(意大利)的讲课人和"前进"集团的组织者之一。第一次世界大战期间是社会沙文主义者,曾为多个资产阶级报纸撰稿。1917年加入孟什维克统一派,持反革命立场;七月事变期间伙同特务机关伪造文件诬陷列宁和布尔什维克。1918年逃往国外,投入反动营垒。——145、156、183。

阿列—斯基,格·——见阿列克辛斯基,格里戈里·阿列克谢耶维奇。

阿龙斯,马丁·莱奥(Arons, Martin Leo 1860—1919)——德国物理学家,加

入社会民主党后追随右翼。1884年起在斯特拉斯堡大学任教,1890年起为柏林大学讲师。1899年因参加社会民主党被解聘。曾连续几年担任社会民主党国会议员。资助过德国机会主义者的杂志《社会主义月刊》,并为《新时代》杂志撰稿。——187。

阿纳尼因,叶夫根尼·A.(查尔斯基,叶·)(Ананьин, Евгений А.(Чарский, Е.) 生于1884年)——俄国社会民主党人,孟什维克。曾参加《评论》文集、《回声》文集和《我们的曙光》杂志等孟什维克刊物的工作。十月革命后移居国外。——248。

阿韦纳尔,艾蒂安(Avenard, Étienne 生于1873年)——法国社会党中央机关报《人道报》记者(1907)。——324。

艾尔——见卢津,伊万·伊万诺维奇。

奥尔,伊格纳茨(Auer, Ignaz 1846—1907)——德国社会民主党人;职业是鞍匠。1874年起任德国社会民主工党(爱森纳赫派)书记,1875年该党同拉萨尔派合并后任德国社会主义工人党书记。1877—1878年编辑社会民主党的《柏林自由新闻报》。多次当选为德意志帝国国会议员。后来转向改良主义,成为德国社会民主党机会主义派领袖之一。——205。

奥尔洛夫斯基,普·——见沃罗夫斯基,瓦茨拉夫·瓦茨拉沃维奇。

B

巴枯宁,阿列克谢·伊里奇(Бакунин, Алексей Ильич 生于1874年)——俄国立宪民主党人,地主;职业是医生。无政府主义理论家米·亚·巴枯宁的侄子。第二届国家杜马特维尔省代表。十月革命后侨居国外。——172。

巴枯宁,米哈伊尔·亚历山德罗维奇(Бакунин, Михаил Александрович 1814—1876)——俄国无政府主义和民粹主义创始人和理论家之一。1840年起侨居国外,曾参加德国1848—1849年革命。1849年因参与领导德累斯顿起义被判死刑,后改为终身监禁。1851年被引渡给沙皇政府,囚禁期间向沙皇写了《忏悔书》。1861年从西伯利亚流放地逃往伦敦。1868年参加第一国际活动后,在国际内部组织秘密团体——社会主义民主同盟,妄图夺取总委员会的领导权。鼓吹无政府主义,宣称个人"绝对自由"

是整个人类发展的最高目的,国家是产生一切不平等的根源;否定包括无产阶级专政在内的一切国家;不理解无产阶级的历史作用,公开反对建立工人阶级的独立政党,主张工人放弃政治斗争。由于进行分裂国际的阴谋活动,1872 年在海牙代表大会上被开除出第一国际。——214。

巴斯金,格里戈里·伊万诺维奇(Баскин, Григорий Иванович 1866 — 1940)——俄国统计学家,政论家,劳动人民社会党党员。1890 年起在维亚特卡、弗拉基米尔、彼尔姆省地方自治机关做统计工作。1905—1906 年编辑《彼尔姆边疆区报》。第二届国家杜马彼尔姆省代表,在杜马中参加预算委员会和土地委员会,就土地问题发了言。1910 年起任萨马拉地方自治局统计处处长。十月革命后在萨马拉省统计局工作。——120、144。

白恩士,约翰·埃利奥特(Burns, John Eliot 1858—1943)——英国工人运动活动家,改良主义者;职业是机械师。19 世纪 80 年代是工联领导人之一,参加过多次罢工,领导了 1889 年伦敦码头工人大罢工。曾是英国社会民主联盟盟员,但不久退出该组织。1889 年进入伦敦郡参议会。1892 年被选入议会,在议会中不顾工人阶级的利益,主张同资本家合作。1905—1914 年任地方自治事务大臣,1914 年任商业大臣。1914 年 8 月因不同意政府关于参加第一次世界大战的决定而辞职。后脱离政治活动。——212。

白拉克,威廉(Bracke, Wilhelm 1842—1880)——德国工人运动活动家,图书出版人和经销人。1865 年起是全德工人联合会会员。1869 年参与创建德国社会民主工党(爱森纳赫派)。1871 年创办出版社,是党的书刊的主要出版人和发行人之一。1877—1879 年是社会民主党国会党团成员。曾进行反对拉萨尔派的斗争,反对党内的无政府主义分子和机会主义分子,但不够彻底。——203。

鲍罗廷,尼古拉·安德列耶维奇(Бородин, Николай Андреевич 1861 — 1937)——俄国统计学家,乌拉尔州的考察者。1894 年起为《俄罗斯新闻》撰稿,1901—1904 年在彼得堡编辑和发行《哥萨克部队通报》(1903 年 8 月起改名为《地方评论和哥萨克部队通报》)。曾在农业和国家产业部供职。第一届国家杜马乌拉尔州代表,在杜马中加入立宪民主党。著有《从数字看国家杜马》(1906)一书。第一次世界大战期间曾参加各种资产阶级组

织(城市联合会、俄美亲善协会等)的工作。十月革命后是乌拉尔哥萨克反
革命部队驻高尔察克"政府"的代表。——63。

贝克尔,约翰·菲力浦(Becker,Johann Philipp 1809—1886)——德国工人运
　　动和国际工人运动活动家,马克思和恩格斯的朋友和战友。青年时代是制
　　刷工。19世纪30年代起参加革命运动。在1849年巴登-普法尔茨起义
　　时指挥民团。1848—1849年革命失败后从民主共和主义者转变为马克思
　　和恩格斯的拥护者。60年代是第一国际活动家,参与组建国际在瑞士的
　　德国人支部,《先驱》杂志的编辑。——196、215。

倍倍尔,奥古斯特(Bebel,August 1840—1913)——德国工人运动和国际工
　　人运动活动家,德国社会民主党和第二国际的创建人和领袖之一,马克思
　　和恩格斯的朋友和战友;旋工出身。19世纪60年代前半期开始参加政治
　　活动,1867年当选为德国工人协会联合会主席,1868年该联合会加入第一
　　国际。1869年与威·李卜克内西共同创建了德国社会民主工党(爱森纳
　　赫派),该党于1875年与拉萨尔派合并为德国社会主义工人党,后又改名
　　为德国社会民主党。多次当选国会议员,利用国会讲坛揭露帝国政府反动
　　的内外政策。1870—1871年普法战争期间持国际主义立场,在国会中投
　　票反对军事拨款,支持巴黎公社,为此曾被捕和被控叛国,断断续续在狱中
　　度过近六年时间。在反社会党人非常法施行时期,领导了党的地下活动和
　　议会活动。90年代和20世纪初同党内的改良主义和修正主义进行斗争,
　　反对伯恩施坦及其拥护者对马克思主义理论的歪曲和庸俗化。是出色的
　　政论家和演说家,对德国和欧洲工人运动的发展有很大影响。马克思和恩
　　格斯高度评价了他的活动。——202、203、205、206、211、213、320—321。

比格洛夫,穆罕默德·阿克拉姆·穆罕默德让诺维奇(Биглов, Мухаммед
　　Акрам Мухаммеджанович 生于1871年)——俄国地主,立宪民主党人。
　　第二届国家杜马乌法省代表,杜马预算委员会委员。曾任乌法省别列别伊
　　县地方官和地方自治局主席。十月革命后反对苏维埃政权。——172。

彼得罗夫,格里戈里·斯皮里多诺维奇(Петров, Григорий Спиридонович
　　1868—1925)——俄国神父,立宪民主党人,演说家。19世纪90年代是政
　　论家,1899年起是自由派资产阶级报纸《俄罗斯言论报》撰稿人。写有一
　　些神学方面的小册子。第二届国家杜马彼得堡市代表;杜马解散后被剥夺

神父教职并逐出首都。1921 年移居国外。——14。

彼舍霍诺夫，阿列克谢·瓦西里耶维奇（Пешехонов，Алексей Васильевич
1867—1933）——俄国社会活动家和政论家。19 世纪 90 年代为自由主义
民粹派分子。《俄国财富》杂志撰稿人，1904 年起为该杂志编委；曾为自由
派资产阶级的《解放》杂志和社会革命党的《革命俄国报》撰稿。1903—
1905 年为解放社成员。小资产阶级政党"人民社会党"的组织者（1906）和
领袖之一，该党同劳动派合并后（1917 年 6 月），参加劳动人民社会党中央
委员会。1917 年二月革命后任彼得格勒工兵代表苏维埃执行委员会委
员，同年 5—8 月任临时政府粮食部长，后任预备议会副主席。十月革命
后反对苏维埃政权，参加了反革命组织"俄罗斯复兴会"。1922 年被驱逐
出境，成为白俄流亡分子。——279。

俾斯麦，奥托·爱德华·莱奥波德（Bismarck，Otto Eduard Leopold 1815—
1898）——普鲁士和德国国务活动家和外交家。普鲁士容克的代表。曾
任驻彼得堡大使（1859—1862）和驻巴黎大使（1862），普鲁士首相（1862—
1872、1873—1890），北德意志联邦首相（1867—1871）和德意志帝国首相
（1871—1890）。1870 年发动普法战争，1871 年支持法国资产阶级镇压巴
黎公社。主张在普鲁士领导下"自上而下"统一德国。曾采取一系列内政
措施，捍卫容克和大资产阶级的联盟。1878 年颁布反社会党人非常法。
由于内外政策遭受挫折，于 1890 年 3 月去职。——215。

别列津，米哈伊尔·叶戈罗维奇（Березин，Михаил Егорович 1864—
1933）——俄国劳动派分子，统计学家。19 世纪 80 年代末在喀山开始革
命工作。1892 年因在手工业者中进行宣传而被捕，在警察监视下逐往伊
万诺沃-沃兹涅先斯克。1897 年在敖德萨再次被捕并流放维亚特卡省。
1903 年起任萨拉托夫省地方自治局保险统计处主任。1905 年在萨拉托夫
参加召开农民协会地区代表大会和建立劳动团的工作。第二届国家杜马
萨拉托夫市代表，杜马副主席，杜马一些委员会的委员。1918 年起任合作
保险协会理事会理事、劳动人民委员部统计顾问。后为俄罗斯联邦国家保
险局顾问。——232。

波别多诺斯采夫，康斯坦丁·彼得罗维奇（Победоносцев，Константин Петр-
ович 1827—1907）——俄国国务活动家。1860—1865 年任莫斯科大学法

学教授。1868年起为参议员,1872年起为国务会议成员,1880—1905年任俄国正教会最高管理机构——正教院总监。给亚历山大三世和尼古拉二世讲授过法律知识。一贯敌视革命运动,反对资产阶级改革,维护极权专制制度,排斥西欧文化,是1881年4月29日巩固专制制度宣言的起草人。80年代末势力减弱,沙皇1905年10月17日宣言颁布后引退。——102。

波波夫,И.В.(Попов, И. В. 1885—1961)——1904年加入俄国社会民主工党,工人。俄国第一次革命的积极参加者。俄国社会民主工党第五次(伦敦)代表大会彼得堡组织的代表。1908—1916年侨居国外。十月革命后从事苏维埃的领导工作。——346。

波尔土加洛夫,维克多·韦尼阿米诺维奇(马洛韦尔,费·)(Португалов, Виктор Вениаминович(Маловер, Ф.)生于1874年)——俄国立宪民主党政论家,曾为《萨拉托夫小报》、《同志报》和《斯摩棱斯克通报》撰稿。十月革命后移居国外,加入波·维·萨文柯夫的反革命侨民组织,参加白俄流亡分子的报刊工作。——217、218、220。

波格丹诺夫,尼古拉·尼古拉耶维奇(Богданов, Николай Николаевич 生于1875年)——俄国地主,立宪民主党人,第二届国家杜马梁赞省代表。梁赞省拉年堡县地方自治局成员,省地方自治局成员(1905年起),名誉治安法官。在杜马中是国民教育委员会委员。——172。

波格丹诺夫(马林诺夫斯基),亚历山大·亚历山德罗维奇(马克西莫夫,恩·)(Богданов(Малиновский), Александр Александрович(Максимов, Н.)1873—1928)——俄国社会民主党人,哲学家,社会学家,经济学家;职业是医生。19世纪90年代参加社会民主主义小组。1903年成为布尔什维克。在党的第三、第四和第五次代表大会上被选入中央委员会。曾参加布尔什维克机关报《前进报》和《无产者报》编辑部,是布尔什维克《新生活报》的编辑。在对待布尔什维克参加第三届国家杜马的问题上持抵制派立场。1908年是反对布尔什维克在合法组织里工作的最高纲领派的领袖。斯托雷平反动时期和新的革命高涨年代背离布尔什维主义,领导召回派,是"前进"集团的领袖。在哲学上宣扬经验一元论。1909年6月因进行派别活动被开除出党。第一次世界大战期间持国际主义立场。十月革命后

是共产主义科学院院士,在莫斯科大学讲授经济学。1918 年是无产阶级
文化派的思想家。1921 年起从事老年医学和血液学的研究。1926 年起任
由他创建的输血研究所所长。主要著作有《经济学简明教程》(1897)、《经
验一元论》(第 1—3 卷,1904—1906)、《生动经验的哲学》(1913)、《关于社
会意识的科学》(1914)、《普遍的组织起来的科学(组织形态学)》(1913—
1922)。——279。

波特列索夫,亚历山大·尼古拉耶维奇(斯塔罗韦尔)(Потресов, Александр
Николаевич (Старовер)1869—1934)——俄国孟什维克领袖之一。19 世
纪 90 年代初参加马克思主义小组。1896 年加入彼得堡工人阶级解放斗
争协会,后被捕,1898 年流放维亚特卡省。1900 年出国,参与创办《火星
报》和《曙光》杂志。在俄国社会民主工党第二次代表大会上是《火星》编
辑部有发言权的代表,属火星派少数派,会后是孟什维克刊物的主要撰稿
人和领导人。斯托雷平反动时期和新的革命高涨年代是取消派思想家,在
《复兴》杂志和《我们的曙光》杂志中起领导作用。第一次世界大战期间是
社会沙文主义者。1917 年在反布尔什维克的资产阶级《日报》中起领导作
用。十月革命后侨居国外,为克伦斯基的《白日》周刊撰稿,攻击苏维埃政
权。——221。

波谢,弗拉基米尔·亚历山德罗维奇(Поссе, Владимир Александрович
1864—1940)——俄国新闻工作者和自由派资产阶级社会活动家。合法
马克思主义者的《新言论》杂志和《生活》杂志编辑。《生活》杂志被沙皇政
府查封后,1902 年在国外继续出版该杂志。1906—1907 年主张在俄国建
立独立于社会民主党的工人合作社组织。1909—1917 年出版和编辑《大
众生活》杂志。十月革命后从事写作。1922 年起为《全俄中央执行委员会
消息报》撰稿。写有一系列有关历史、文学等问题的著作。——166。

伯恩施坦,爱德华(Bernstein, Eduard 1850—1932)——德国社会民主党和第
二国际右翼领袖之一,修正主义的代表人物。1872 年加入社会民主党,曾
是欧·杜林的信徒。1879 年和卡·赫希柏格、卡·施拉姆在苏黎世发表
《德国社会主义运动的回顾》一文,指责党的革命策略,主张放弃革命斗争,
适应俾斯麦制度,受到马克思和恩格斯的严厉批评。1881—1890 年任党
的中央机关报《社会民主党人报》编辑。从 90 年代中期起完全同马克思主

义决裂。1896—1898 年以《社会主义问题》为题在《新时代》杂志上发表一组文章,1899 年发表《社会主义的前提和社会民主党的任务》一书,从经济、政治和哲学方面对马克思主义的理论和策略作了全面的修正。1902 年起为国会议员。第一次世界大战期间持中派立场。1917 年参加德国独立社会民主党,1919 年公开转到右派方面。1918 年十一月革命失败后出任艾伯特—谢德曼政府的财政部长助理。——103、202、203、205、207。

博古斯拉夫斯基,彼得·理查多维奇(Богуславский, Петр Ричардович 生于 1854 年)——俄国地主,立宪民主党人,第二届国家杜马哈尔科夫省代表。哈尔科夫县地方官,后为县地方自治局成员、县和省的地方自治机关议员。1917 年为立宪民主党哈尔科夫区域委员会委员。——172。

布尔加柯夫,谢尔盖·尼古拉耶维奇(Булгаков, Сергей Николаевич 1871—1944)——俄国经济学家、哲学家和神学家。19 世纪 90 年代是合法马克思主义者,后来成了“马克思的批评家”。修正马克思关于土地问题的学说,企图证明小农经济稳固并优于资本主义大经济,用土地肥力递减规律来解释人民群众的贫困化;还试图把马克思主义同康德的批判认识论结合起来。后来转向宗教哲学和基督教。1901—1906 年和 1906—1918 年先后在基辅大学和莫斯科大学任政治经济学教授。1905—1907 年革命失败后追随立宪民主党,为《路标》文集撰稿。1918 年起是正教司祭。1923 年侨居国外。1925 年起在巴黎的俄国神学院任教授。主要著作有《论资本主义生产条件下的市场》(1897)、《资本主义和农业》(1900)、《经济哲学》(1912)等。——184。

布拉姆,阿·——见克雷连柯,尼古拉·瓦西里耶维奇。

布鲁斯,保尔·路易·玛丽(Brousse, Paul-Louis-Marie 1844—1912)——法国社会党人,社会改良主义思想家。1871 年巴黎公社的参加者。公社失败后侨居西班牙,后到瑞士。侨居期间结识了米·亚·巴枯宁,追随无政府主义派。1880 年回到法国,参与创建法国工人党,在党内反对马克思主义派,成为可能派的思想家和领袖之一。曾任巴黎市政委员会委员。90 年代起在法国工人运动中不再起任何作用。——206。

C

策列铁里,伊拉克利·格奥尔吉耶维奇(Церетели, Ираклий Георгиевич

1881—1959)——俄国孟什维克领袖之一。1902 年参加社会民主主义运
动。第二届国家杜马代表,在杜马中领导社会民主党党团,参加土地委员
会,就斯托雷平在杜马中宣读的政府宣言以及土地等问题发了言。作为社
会民主党杜马党团的代表参加了俄国社会民主工党第五次(伦敦)代表大
会的工作。斯托雷平反动时期和新的革命高涨年代是取消派分子。第一
次世界大战期间是中派分子。1917 年二月革命后任彼得勒苏维埃执行
委员会委员、第一届中央执行委员会主席团委员,护国派分子。1917 年
5—7 月任临时政府邮电部长,七月事变后任内务部长,极力反对布尔什维
克争取政权的斗争。十月革命后领导立宪会议中的反苏维埃联盟;是格鲁
吉亚孟什维克反革命政府首脑之一。1921 年格鲁吉亚建立苏维埃政权后
流亡法国。1923 年是社会主义工人国际的组织者之一。1940 年移居美
国。——114、120、124、125、132、135、136、140、144、184、185、319、320。

策伊特林,列夫·索洛蒙诺维奇(索洛敏,列·)(Цейтлин, Лев Соломонович
(Соломин, Л.) 生于 1877 年)——1898 年起是俄国维捷布斯克社会民主
主义工人小组的宣传员。1901 年起在莫斯科工作,与南方工人社有联系。
1902 年 11 月莫斯科委员会遭破坏后,从事重建莫斯科党组织的工作,加
入《火星报》组织。在俄国社会民主工党第二次代表大会上是莫斯科委员
会的代表,持中派立场,会后成为孟什维克,在敖德萨、莫斯科、维捷布斯克
工作。1907 年起不再积极参加政治活动。1917 年二月革命后领导莫斯科
苏维埃编辑出版局。十月革命后从事编辑出版工作。——249。

查尔斯基,叶·——见阿纳尼因,叶夫根尼·A.。

查苏利奇,维拉·伊万诺夫娜(Засулич, Вера Ивановна 1849—1919)——俄
国民粹主义运动和社会民主主义运动活动家。1868 年在彼得堡参加革命
小组。1878 年 1 月 24 日开枪打伤下令鞭打在押革命学生的彼得堡市长
费·费·特列波夫。1879 年加入土地平分社。1880 年侨居国外,逐步同
民粹主义决裂,转到马克思主义立场。1883 年参与创建劳动解放社。
80—90 年代翻译了马克思的《哲学的贫困》和恩格斯的《社会主义从空想
到科学的发展》,写了《国际工人协会史纲要》等著作;为劳动解放社的出版
物以及《新言论》和《科学评论》等杂志撰稿,发表过一系列文艺批评文章。
1900 年起是《火星报》和《曙光》杂志编辑部成员。在俄国社会民主工党第

二次代表大会上是《火星报》编辑部有发言权的代表,属火星派少数派,会后成为孟什维克领袖之一,参加孟什维克的《火星报》编辑部。1905 年回国。斯托雷平反动时期和新的革命高涨年代是取消派分子。第一次世界大战期间是社会沙文主义者。1917 年是孟什维克统一派分子。对十月革命持否定态度。——214。

察利科夫,阿赫梅特·塔姆布拉托维奇(阿赫梅特·察·)(Цаликов, Ахмет Тамбулатович(Ахмет Ц.)1882—1928)——俄国社会民主党人,孟什维克。支持召开"工人代表大会"的取消主义思想,参加了 1907 年由莫斯科的孟什维克出版的关于"工人代表大会"的文集的编撰工作。曾为《我们的事业》周刊(1906)、《复兴》杂志(1908—1909)等孟什维克刊物撰稿。国内战争和外国武装干涉时期在高加索进行反革命活动。1921 年格鲁吉亚建立苏维埃政权后逃亡国外。——249、250、251、253。

车尔尼雪夫斯基,尼古拉·加甫里洛维奇(Чернышевский, Николай Гаврилович 1828—1889)——俄国革命民主主义者和空想社会主义者,作家,文学评论家,经济学家,哲学家;俄国社会民主主义先驱之一,俄国 19 世纪 60 年代革命运动的领袖。1853 年开始为《祖国纪事》和《同时代人》等杂志撰稿,1856—1862 年是《同时代人》杂志的领导人之一,发扬别林斯基的民主主义批判传统,宣传农民革命思想,是土地和自由社的思想鼓舞者。因揭露 1861 年农民改革的骗局,号召人民起义,于 1862 年被沙皇政府逮捕,入狱两年,后被送到西伯利亚服苦役。1883 年解除流放,1889 年被允许回家乡居住。著述很多,涉及哲学、经济学、教育学、美学、伦理学等领域。在哲学上批判了贝克莱、康德、黑格尔等人的唯心主义观点,力图以唯物主义精神改造黑格尔的辩证法。对资本主义作了深刻的批判,认为社会主义是由整个人类发展进程所决定的,但作为空想社会主义者,又认为俄国有可能通过农民村社过渡到社会主义。所著长篇小说《怎么办?》(1863)和《序幕》(约 1867—1869)表达了社会主义理想,产生了巨大的革命影响。——147。

D

大卫,爱德华(David, Eduard 1863—1930)——德国社会民主党右翼领袖之一,经济学家;德国机会主义者的主要刊物《社会主义月刊》创办人之一。1893年加入社会民主党。公开修正马克思主义关于土地问题的学说,否认资本主义经济规律在农业中的作用。1903年出版《社会主义和农业》一书,宣扬小农经济稳固,维护所谓土地肥力递减规律。1903—1918年和1920—1930年为国会议员,社会民主党国会党团领袖之一。第一次世界大战期间是社会沙文主义者;在《世界大战中的社会民主党》(1915)一书中为德国社会民主党右翼在第一次世界大战中的机会主义立场辩护。1919年2月任魏玛共和国国民议会第一任议长。1919—1920年任内务部长,1922—1927年任中央政府驻黑森的代表。——257、379。

狄慈根,约瑟夫(Dietzgen, Joseph 1828—1888)——德国社会民主党人,哲学家,制革工人。曾参加1848年革命,革命失败后流亡国外。漂泊美国和欧洲20年,一面做工,一面从事哲学研究。1869年回到德国,结识了前来德国访友的马克思,积极参加德国社会民主党的工作。1884年再度去美国,曾主编北美社会主义工人党机关报《社会主义者报》。在哲学上独立地得出了辩证唯物主义的结论,尖锐地批判了哲学唯心主义和庸俗唯物主义,捍卫了认识论中的唯物主义反映论,同时也夸大人类知识的相对性,把物质和意识混为一谈。主要著作有《人脑活动的实质》(1869)、《一个社会主义者在认识论领域中的漫游》(1887)、《哲学的成果》(1887)等。1919年在斯图加特出版了《狄慈根全集》(共三卷)。——196。

杜巴索夫,费多尔·瓦西里耶维奇(Дубасов, Федор Васильевич 1845—1912)——沙俄海军上将(1906),副官长,沙皇反动势力的魁首之一。1897—1899年任太平洋分舰队司令。1905年领导镇压切尔尼戈夫省、波尔塔瓦省和库尔斯克省的农民运动。1905年11月—1906年7月任莫斯科总督,是镇压莫斯科十二月武装起义的策划者。1906年起为国务会议成员。1907年起为国防会议成员。——72。

杜林,欧根·卡尔(Dühring, Eugen Karl 1833—1921)——德国哲学家和经济学家。毕业于柏林大学,当过见习法官,1863—1877年为柏林大学非公聘讲师。70年代起以"社会主义改革家"自居,反对马克思主义,企图创立新的理论体系。在哲学上把唯心主义、庸俗唯物主义和实证论混合在一起;在政治经济学方面反对马克思的劳动价值学说和剩余价值学说;在社会主义理论方面以资产阶级改良主义精神阐述自己的社会主义体系,反对科学社会主义。他的思想得到部分德国社会民主党人的支持。恩格斯在《反杜林论》一书中系统地批判了他的观点。主要著作有《国民经济学和社会主义批判史》(1871)、《国民经济学和社会经济学教程》(1873)、《哲学教程》(1875)等。——201。

杜西——见马克思-艾威林,爱琳娜。

多尔戈鲁科夫,帕维尔·德米特里耶维奇(Долгоруков, Павел Дмитриевич 1866—1930)——俄国公爵,大地主,立宪民主党人。1893—1906年为莫斯科省的县贵族代表。立宪民主党创建人之一,1905—1911年任该党中央委员会主席,后为副主席;第二届国家杜马立宪民主党党团主席。曾为《俄罗斯新闻》撰稿。十月革命后是反对苏维埃政权活动的积极参加者。因进行反革命活动被判刑。——29、172。

E

恩格斯,弗里德里希(Engels, Friedrich 1820—1895)——科学共产主义创始人之一,世界无产阶级的领袖和导师,马克思的亲密战友。——44、75、103、192、196—215、261。

F

菲勒克,路易(Viereck, Louis 1851—1921)——德国社会民主党人,机会主义者。在反社会党人非常法施行期间是党的右翼领袖之一。1884—1887年为帝国国会议员,在国会中推行机会主义政策。1886年移居美国,脱离工人运动。第一次世界大战期间在美国报界发表亲德文章,积极为德意志帝国效劳。——203、204、211。

费多罗维奇(Федорович)——俄国工程师。——279。

弗里多林,弗拉基米尔·尤利耶维奇(瓦林)(Фридолин, Владимир Юльевич (Варин) 1879—1942)——1904年加入俄国社会民主工党,曾在萨马拉、乌法、彼得堡等地做党的工作。1905年是俄国社会民主工党第三次代表大会乌拉尔联合会有发言权的代表。1906年是党的彼得堡委员会布尔什维克军事组织成员;曾参加俄国社会民主工党军事和战斗组织第一次代表会议的工作,并在会上作为组织局的报告人发言。斯托雷平反动时期脱离政治活动。1910—1917 年侨居国外。第一次世界大战期间曾为托洛茨基派的《我们的言论报》撰稿。1918 年起在彼得格勒从事科研教学工作。——305。

福尔马尔,格奥尔格·亨利希(Vollmar,Georg Heinrich 1850—1922)——德国社会民主党机会主义派领袖之一,新闻工作者。早年是激进的民主主义者。1876 年加入社会民主党,1879—1880 年任党的中央机关报《社会民主党人报》编辑。1881 年起多次当选帝国国会议员和巴伐利亚邦议会议员。反社会党人非常法废除后,很快转为右倾,提出一系列改良主义主张,建议把党的活动局限在争取改良的斗争上,主张同资产阶级合作,同政府妥协,反对阶级斗争尖锐化,鼓吹"国家社会主义"的优越性,号召社会民主党同自由派联合;在制定党的土地纲领时,维护小土地占有者的利益。第一次世界大战期间是社会沙文主义者。晚年不再从事政治活动。——203、208、379。

G

戈洛文,费多尔·亚历山德罗维奇(Головин, Федор Александрович 1868—1937)——俄国地方自治运动活动家,立宪民主党人。1898—1907 年先后任莫斯科省地方自治局委员和自治局主席。1904—1905 年地方自治人士代表大会的参加者。立宪民主党创建人之一,该党中央委员。第二届国家杜马主席,第三届国家杜马代表。曾在一家大型铁路租让企业入股。第一次世界大战期间积极参加全俄地方自治机关和城市联合会军需供应总委员会的活动。1917 年 3 月任临时政府驻宫廷事务部委员。十月革命后在苏维埃机关工作。——47、56、172、177、230、295、321、335、343、344、371。

H

海德门,亨利·迈尔斯(Hyndman,Henry Mayers 1842—1921)——英国社会党人。1881 年创建民主联盟(1884 年改组为社会民主联盟),担任领导职务,直至 1892 年。曾同法国可能派一起夺取 1889 年巴黎国际工人代表大会的领导权,但未能得逞。1900—1910 年是社会党国际局成员。1911

年参与创建英国社会党,领导该党机会主义派。第一次世界大战期间是
社会沙文主义者。1916年英国社会党代表大会谴责他的社会沙文主义
立场后,退出社会党。敌视俄国十月革命,赞成武装干涉苏维埃俄国。
——206。

赫尔岑施坦,米哈伊尔·雅柯夫列维奇(Герценштейн, Михаил Яковлевич
1859—1906)——俄国经济学家,莫斯科农学院教授,第一届国家杜马代
表,立宪民主党领袖之一,该党土地问题理论家。第一届国家杜马解散后,
在芬兰被黑帮分子杀害。——78。

赫鲁斯塔廖夫-诺萨尔,格奥尔吉·斯捷潘诺维奇(佩列亚斯拉夫斯基,尤里)
(Хрусталев-Носарь, Георгий Степанович(Переяславский, Юрий)1877—
1918)——俄国政治活动家,律师助理。1906年加入俄国社会民主工党,
孟什维克。1905年10月作为无党派人士当选为孟什维克控制的彼得堡
工人代表苏维埃主席。1906年因彼得堡苏维埃案受审,流放西伯利亚,
1907年逃往国外。俄国社会民主工党第五次(伦敦)代表大会代表。支持
关于召开所谓"非党工人代表大会"和建立"广泛的无党派的工人党"的思
想。斯托雷平反动时期和新的革命高涨年代是取消派分子,为孟什维克的
《社会民主党人呼声报》撰稿。1909年退党。第一次世界大战期间回国。
十月革命后在乌克兰积极从事反革命活动,支持帕·彼·斯科罗帕茨基和
西·瓦·佩特留拉。1918年被枪决。——237、238、239、240、241、
242、385。

赫希柏格,卡尔(Höchberg, Karl 1853—1885)——德国著作家,社会改良主
义者。1876年加入社会民主党,曾出版《未来》(1877—1878)、《社会科学
和社会政治年鉴》(1879—1881)和《政治经济研究》(1879—1882)等杂志。
反社会党人非常法通过后,在《社会科学和社会政治年鉴》上发表了同施拉
姆和伯恩施坦合写的《德国社会主义运动的回顾》一文,指责党的革命策
略,号召工人阶级同资产阶级结盟并依附于资产阶级,认为"工人阶级没有
能力依靠自己的双手获得解放"。这些机会主义观点受到马克思和恩格斯
的严厉批评。——201、202、203、204。

黑辛纳,莉迪娅·瓦西里耶夫娜(舍格洛, В. А.)(Хейсина, Лидия Васильевна
(Щегло, В. А.)生于1878年)——俄国社会民主党人,1896年参加革命运

动。1906 年支持召开"工人代表大会"的取消主义思想,并著有小册子《关于工人代表大会》。1917 年正式加入孟什维克党。十月革命后在合作社部门工作。——7。

J

基泽韦捷尔,亚历山大·亚历山德罗维奇（Кизеветтер, Александр Александрович 1866—1933）——俄国历史学家和政论家,立宪民主党活动家。1904 年参加解放社,1906 年当选为立宪民主党中央委员。1909—1911 年任莫斯科大学教授。曾参加立宪民主党人为进入第一届和第二届国家杜马而进行的竞选斗争,是第二届国家杜马代表。曾为《俄罗斯新闻》撰稿,参加《俄国思想》杂志编委会,为该杂志编辑之一。在历史和政论著作中否定 1905—1907 年革命。十月革命后反对苏维埃政权,1922 年被驱逐出境,后任布拉格大学俄国史教授。在国外参加白俄流亡分子的报刊工作。——184。

季明——见克拉辛,列昂尼德·波里索维奇。

季明,Д. Л.（Зимин, Д. Л. 生于 1867 年）——俄国社会革命党人,农民出身。曾在喀山省任国民学校教师,后为辛比尔斯克初等学校校长。第二届国家杜马辛比尔斯克省代表,参加杜马的预算委员会,代表社会革命党党团就土地问题发了言。1917 年在社会革命党第八次代表会议上当选为中央委员。1919 年是白卫志愿军的委员会委员和办公厅主任。——120。

贾帕里泽,阿尔奇尔·列瓦诺维奇（Джапаридзе, Арчил Леванович 1875—1908）——俄国社会民主党人,孟什维克,新闻工作者。1905—1906 年任高加索社会民主党组织梯弗利斯委员会和区域委员会委员。作为有发言权的代表参加了俄国社会民主工党第五次（伦敦）代表大会的工作。第二届国家杜马梯弗利斯省代表。因社会民主党杜马党团案被判处五年苦役。——183。

杰拉罗夫,德米特里·伊万诺维奇（Деларов, Дмитрий Иванович 生于 1864年）——俄国第二届国家杜马维亚特卡省代表,人民社会党党员,农学家。维亚特卡省互贷协会的组织者。在杜马中参加财政委员会和土地委员会。十月革命后在沃洛格达牛奶业研究所工作。——184。

杰斯尼茨基,瓦西里·阿列克谢耶维奇(斯特罗耶夫)（Десницкий, Василий
　　Алексеевич(Строев) 1878—1958)——俄国社会民主党人。1897年参加社
　　会民主主义运动,俄国社会民主工党第二次代表大会后是布尔什维克。曾
　　在下诺夫哥罗德、莫斯科、乌拉尔和俄国南方做党的工作,代表下诺夫哥罗
　　德委员会出席了党的第三次代表大会。在党的第四次(统一)代表大会上
　　代表布尔什维克当选为中央委员。作为中央委员会的代表参加了党的第
　　五次(伦敦)代表大会的工作。1909年脱离布尔什维克。1917年是半孟什
　　维克的《新生活报》的创办人之一。1918年3月以前是全俄中央执行委员
　　会委员(代表孟什维克国际主义派)。1919年起在彼得格勒从事科研和教
　　学工作。——279。

K

卡尔宁,泰奥多尔·彼得罗维奇(维尔涅尔)（Калнинь, Теодор Петрович
　　(Вернер) 1871—1938)——俄国工人,布尔什维克。1900年参加秘密的社
　　会民主主义小组,担任从国外向俄国运送秘密书刊的工作。1904年起主
　　持拉脱维亚社会民主工党中央委员会在里加的秘密印刷所。1905—1907
　　年革命的积极参加者,拉脱维亚社会民主工党里加委员会委员。拉脱维亚
　　社会民主工党第一次代表大会(1904)以及拉脱维亚边疆区社会民主党第
　　一次(1906)和第二次(1907)代表大会的代表。作为拉脱维亚边疆区社会
　　民主党有发言权的代表参加了俄国社会民主工党第五次(伦敦)代表大会
　　的工作。1908年因秘密印刷所案受审,服满四年苦役后流放西伯利亚。
　　十月革命后在伊尔库茨克合作社工作,1920年起在拉脱维亚共产党中央
　　委员会国外局工作,后担任苏维埃的领导工作。——326。
卡拉瓦耶夫,亚历山大·李沃维奇（Караваев, Александр Львович 1855—
　　1908)——俄国地方自治局医生,民粹主义者,俄国农民协会的著名活动
　　家。第二届国家杜马叶卡捷琳诺斯拉夫市代表,在杜马中领导劳动派党
　　团,任土地委员会委员;曾就土地和粮食问题发过言。著有一些关于农民
　　问题的小册子:《国家杜马中的党和农民》、《政府关于土地的诺言和农民代
　　表的要求》、《新土地法》。第三届国家杜马选举前夕,在叶卡捷琳诺斯拉夫
　　被黑帮分子杀害。——115、120、141、143。

卡雷舍夫,尼古拉·亚历山德罗维奇（Карышев, Николай Александрович 1855—1905)——俄国经济学家和统计学家,地方自治运动活动家。1891年起先后在尤里耶夫(塔尔图)大学和莫斯科农学院任教授。写有许多经济学和统计学方面的著作,其中收集了大量统计资料。1892年发表的博士论文《农民的非份地租地》编为《根据地方自治局的统计资料所作的俄国经济调查总结》第2卷。曾为《俄罗斯新闻》、《俄国财富》杂志等撰稿。主要研究俄国农民经济问题,赞同自由主义民粹派的观点,维护村社土地占有制、手工业劳动组合以及其他合作社。——129。

卡普斯京,米哈伊尔·雅柯夫列维奇（Капустин, Михаил Яковлевич 1847—1920)——俄国十月党人;职业是医生。19世纪70年代在科斯特罗马省地方自治局当医生,后在陆军医院、军医学院、华沙大学工作。1887年起任喀山大学教授。第二届国家杜马喀山市代表,在杜马中就预算案、地方司法制度、土地问题及其他问题发了言。后为第三届国家杜马喀山省代表并被选为杜马副主席。——232。

凯利-威士涅威茨基,弗洛伦斯（Kelley-Wischnewetzky, Florence 1859—1932)——美国社会主义者,后转到改良主义立场。曾将恩格斯的《英国工人阶级状况》一书译成英文;主要研究工人立法和社会政治问题。1892年以前为波兰流亡者拉·威士涅威茨基的妻子。当过工厂视察员,曾参加美国合作社运动。——198。

考茨基,卡尔（Kautsky, Karl 1854—1938)——德国社会民主党和第二国际的领袖和主要理论家之一。1875年加入奥地利社会民主党,1877年加入德国社会民主党。1881年与马克思和恩格斯相识后,在他们的影响下逐渐转向马克思主义。从19世纪80年代到20世纪初写过一些宣传和解释马克思主义的著作:《卡尔·马克思的经济学说》(1887)、《土地问题》(1899)等。但在这个时期已表现出向机会主义方面摇摆,在批判伯恩施坦时作了很多让步。1883—1917年任德国社会民主理论刊物《新时代》杂志主编。曾参与起草1891年德国社会民主党纲领(爱尔福特纲领)。1910年以后逐渐转到机会主义立场,成为中派领袖。第一次世界大战前夕提出超帝国主义论,大战期间打着中派旗号支持帝国主义战争。1917年参与建立德国独立社会民主党,1922年拥护该党右翼与德国社会民主党合并。

1918年后发表《无产阶级专政》等书,攻击俄国十月革命,反对无产阶级专政。——69、341。

柯尔佐夫,德·(金兹堡,波里斯· 阿布拉莫维奇)(Кольцов,Д.(Гинзбург,Борис Абрамович)1863—1920)——俄国社会民主党人,孟什维克。19世纪80年代前半期参加民意党人运动,80年代末转向社会民主主义。1893年初侨居瑞士,接近劳动解放社。1895—1898年任国外俄国社会民主党人联合会书记。1900年联合会分裂后,退出该组织。曾参加第二国际伦敦代表大会(1896)和巴黎代表大会(1900)的工作。作为有发言权的代表出席了俄国社会民主工党第二次代表大会,属火星派少数派;会后成为孟什维克骨干分子,为孟什维克报刊《社会民主党人报》、《开端报》等撰稿。1905—1907年革命期间在彼得堡参加工会运动,1908年起在巴库工作。斯托雷平反动时期和新的革命高涨年代持取消派立场。第一次世界大战期间是社会沙文主义者。1917年二月革命后任彼得格勒工兵代表苏维埃劳动委员。敌视十月革命。1918—1919年在合作社组织中工作。——61、63、64、73、87、90。

柯罗连科,弗拉基米尔·加拉克季昂诺维奇(Короленко,Владимир Галактионович 1853—1921)——俄国作家,政论家和社会活动家。青年时代倾向民粹主义思想,后来由于对生活的认真观察,和民粹派的观点有了分歧。多次被捕和流放。1896年起参加编辑《俄国财富》杂志,1904年起主持该杂志的工作,但在许多问题上和杂志其他领导人意见不同。1900年当选科学院名誉院士。他的作品描写了从事奴役性劳动的人们的艰苦生活,揭露了俄国封建农奴制度的残余。其中最著名的有:《马卡尔的梦》(1883)、《盲音乐家》(1886)、《巴甫洛沃随笔》(1890)以及自传体小说《我的同时代人的故事》(四卷本,1922年出版)等。——127。

柯罗连科,谢尔盖·亚历山德罗维奇(Короленко,Сергей Александрович)——俄国统计学家,经济学家。曾在国家产业部工作,后为国家监察长所属专员。1889—1892年受国家产业部的委托,撰著《从欧俄工农业统计经济概述看地主农场中的自由雇佣劳动和工人的流动》一书。20世纪初曾为黑帮报纸《新时报》撰稿。——127。

柯瓦列夫斯基,马克西姆·马克西莫维奇(Ковалевский,Максим Максимович

1851—1916）——俄国历史学家、法学家和社会学家，资产阶级自由派政
治活动家。1878—1887 年任莫斯科大学法律系教授。1887 年出国。1901
年和叶·瓦·罗伯蒂一起在巴黎创办俄国社会科学高等学校。1905 年回
国。1906 年创建立宪君主主义的民主改革党，同年被选入第一届国家杜
马，次年被选入国务会议。1906—1907 年出版民主改革党的机关报《国家
报》，1909 年收买《欧洲通报》杂志社的产权并任杂志编辑。在他的学术研
究中，比较重要的是论述公社和氏族关系方面的著作。主要著作有《公社
土地占有制，它的瓦解原因、过程和后果》、《家庭及所有制的起源和发展概
论》、《现代民主制的起源》、《社会学》等。——14、58。

科科什金，费多尔·费多罗维奇（Кокошкин，Федор Федорович 1871—1918）——
俄国法学家和政论家，立宪民主党创建人和领袖之一，该党中央委员。第
一届国家杜马莫斯科省代表。1907 年起是《俄罗斯新闻》、《法学》杂志和
《俄国思想》杂志等自由派报刊撰稿人。1917 年二月革命后在临时政府中
任部长。十月革命后反对苏维埃政权。——148。

科洛科尔尼科夫，К.А.（Колокольников，К.А.）——俄国社会革命党人，神父。
第二届国家杜马彼尔姆省代表，地方管理和地方自治委员会委员，就土地
问题发了言。因坚持自己的政治信念而遭到教会上司的迫害，进入杜马后
被剥夺了担任神职的权利。——120、144。

科特利亚列夫斯基，谢尔盖·安德列耶维奇（Котляревский，Сергей Андреевич
1873—1940）——俄国教授，政论家，立宪民主党创建人之一，该党中央委
员。第一届国家杜马萨拉托夫省代表。1917 年二月革命后在临时政府宗
教事务部门担任领导职务。十月革命后参加过多种反革命组织。1920 年
因"战术中心"案受审，被判处五年缓期监禁。后在莫斯科大学工作，是苏
联法学研究所成员。——148。

克拉辛，列昂尼德·波里索维奇（季明）（Красин，Леонид Борисович（Зимин）
1870—1926）——1890 年参加俄国社会民主主义运动，是布鲁斯涅夫小组
成员。1895 年被捕，流放伊尔库茨克三年。流放期满后进入哈尔科夫工
艺学院学习，1900 年毕业。1900—1904 年在巴库当工程师，与弗·扎·
克茨霍韦利一起建立《火星报》秘密印刷所。俄国社会民主工党第二次代
表大会后加入布尔什维克党，被增补进中央委员会；在中央委员会里一度

对孟什维克采取调和主义态度,帮助把三名孟什维克代表增补进中央委员会,但不久即同孟什维克决裂。俄国社会民主工党第三次代表大会的参加者,在会上当选为中央委员。1905年是布尔什维克第一份合法报纸《新生活报》的创办人之一。1905—1907年革命期间参加彼得堡工人代表苏维埃,领导党中央战斗技术组。在党的第四次(统一)代表大会上代表布尔什维克作了关于武装起义问题的报告,并再次当选为中央委员,在第五次(伦敦)代表大会上当选为候补中央委员。1908年侨居国外。一度参加反布尔什维克的"前进"集团,后脱离政治活动,在国内外当工程师。十月革命后是红军供给工作的组织者之一,任红军供给非常委员会主席、最高国民经济委员会主席团委员、工商业人民委员、交通人民委员。1919年起从事外交工作。1920年起任对外贸易人民委员,1920—1923年兼任驻英国全权代表和商务代表,参加了热那亚国际会议和海牙国际会议。1924年任驻法国全权代表,1925年起任驻英国全权代表。在党的第十三次和第十四次代表大会上当选为中央委员。——279。

克雷连柯,尼古拉·瓦西里耶维奇(布拉姆,阿·)(Крыленко, Николай Васильевич (Брам, А.) 1885—1938)——1904年加入俄国社会民主工党。1905—1906年是彼得堡学生运动领袖之一,在彼得堡布尔什维克组织中工作。1907年脱党。1911年又回到布尔什维克组织中工作,先后为《明星报》和《真理报》撰稿。1913年12月被捕。第一次世界大战期间,1914—1915年侨居国外,后在军队服役。1917年二月革命后在《士兵真理报》工作,同年6月参加俄国社会民主工党(布)前线和后方军事组织全国代表会议,被选入党中央委员会全俄军事组织局。积极参加十月革命,是彼得格勒军事革命委员会委员。十月革命后参加第一届人民委员会,任陆海军事务委员会委员,1917年11月被任命为最高总司令。1918年3月起在司法部门工作。1922—1931年任全俄中央执行委员会最高革命法庭庭长、俄罗斯联邦副司法人民委员、检察长。1931年起任俄罗斯联邦司法人民委员,1936年起任苏联司法人民委员。1927—1934年为党中央监察委员会委员。全俄中央执行委员会主席团委员。——385。

克列孟梭,若尔日(Clemenceau, Georges 1841—1929)——法国国务活动家。第二帝国时期属左翼共和派。1871年巴黎公社时期任巴黎第十八区区长,力求使公社战士与凡尔赛分子和解。1876 年起为众议员,80 年代初成为激进派领袖,1902 年起为参议员。1906 年 3—10 月任内务部长,1906年 10 月—1909 年 7 月任总理。维护大资产阶级利益,镇压工人运动和民主运动。第一次世界大战期间是沙文主义者。1917—1920 年再度任总理,在国内建立军事专制制度,积极策划和鼓吹经济封锁和武装干涉苏维埃俄国。1919—1920 年主持巴黎和会,参与炮制凡尔赛和约。1920 年竞选总统失败后退出政界。——31、72、160。

克鲁舍万,帕维尔·亚历山德罗维奇(Крушеван, Павел Александрович 1860—1909)——俄国政论家,黑帮报纸《比萨拉比亚人报》的出版人和反犹太主义报纸《友人报》的编辑,1903 年基什尼奥夫反犹大暴行的策划者,黑帮组织"俄罗斯人民同盟"的领导人之一,第二届国家杜马基什尼奥夫市代表。——44、45、179。

库格曼,路德维希(Kugelmann, Ludwig 1828—1902)——德国社会民主主义者,医生,马克思和恩格斯的朋友。曾参加德国 1848—1849 年革命。1865年起为第一国际会员,是国际洛桑代表大会(1867)和海牙代表大会(1872)的代表。曾协助马克思出版和传播《资本论》。1862—1874 年间经常和马克思通信,反映德国情况。马克思给库格曼的信 1902 年第一次发表于德国《新时代》杂志,1907 年被译成俄文出版,并附有列宁的序言。——197。

库斯柯娃,叶卡捷琳娜·德米特里耶夫娜(Кускова, Екатерина Дмитриевна 1869—1958)——俄国社会活动家和政论家,经济派代表人物。19 世纪 90年代中期在国外接触马克思主义,与劳动解放社关系密切,但在伯恩施坦主义影响下,很快走上修正马克思主义的道路。1899 年所写的经济派的纲领性文件《信条》,受到以列宁为首的一批俄国马克思主义者的严厉批判。1905—1907 年革命前夕加入自由派的解放社。1906 年参与出版半立宪民主党、半孟什维克的《无题》周刊,为左派立宪民主党人的《同志报》撰稿。呼吁工人放弃革命斗争,力图使工人运动服从自由派资产阶级的政治领导。十月革命后反对苏维埃政权。1921 年进入全俄赈济饥民委员会,同委员会中其他反苏维埃成员,利用该组织进行反革命活动。1922 年被驱逐出境。——166、376、381。

库特列尔,尼古拉·尼古拉耶维奇(Кутлер, Николай Николаевич 1859—

1924)——俄国立宪民主党领袖之一。曾任财政部定额税务司司长，1905—1906年任土地规划和农业管理总署署长。第二届和第三届国家杜马代表，立宪民主党土地纲领草案的起草人之一。1917年二月革命后与银行界和工业界保持密切联系，代表俄国南部企业主的利益参加了工商业部下属的各个委员会。十月革命后在财政人民委员部和国家银行管理委员会工作。——111、115、117—118、119、120、135、136、137、138、139、140、141、143、144、149、150、159。

库兹明-卡拉瓦耶夫，弗拉基米尔·德米特里耶维奇（Кузьмин-Караваев, Владимир Дмитриевич 1859—1927)——俄国军法官，将军，立宪民主党右翼领袖之一。第一届和第二届国家杜马代表。在镇压1905—1907年革命中起了重要作用。第一次世界大战期间是地方自治运动活动家和军事工业委员会委员。十月革命后极力反对苏维埃政权。外国武装干涉和国内战争时期是白卫分子，尤登尼奇的政治会议成员。1920年起为白俄流亡分子。——183。

L

拉法格，保尔（Lafargue, Paul 1842—1911)——法国工人运动和国际工人运动活动家，法国工人党和第二国际创建人之一，马克思主义的理论家和宣传家；马克思的女儿劳拉的丈夫。1865年初加入第一国际巴黎支部，1866年2月当选为国际总委员会委员。在马克思和恩格斯直接教诲下逐渐接受科学社会主义。巴黎公社时期曾组织波尔多工人声援公社的斗争，并前往巴黎会见公社领导人。公社失败后流亡西班牙，在反对巴枯宁主义者的斗争中起了重要作用。1872年10月迁居伦敦，为创建法国独立的工人政党做了大量工作。1880年和盖得一起在马克思和恩格斯指导下起草了法国工人党纲领，任工人党机关报《平等报》编辑。1882年回到巴黎，和盖得一起领导工人党，同可能派进行了坚决的斗争。1889年积极参加创建第二国际的活动。1891年当选为众议员。19世纪末20世纪初反对伯恩施坦修正主义，谴责米勒兰加入资产阶级内阁的行为。1905年统一的法国社会党成立后为党的领袖之一。——208。

拉拉扬茨，伊萨克·克里斯托福罗维奇（伊扎罗夫）（Лалаянц, Исаак Христофо-

系。1863年5月参与创建全德工人联合会,并当选为联合会主席。在联合会中推行拉萨尔主义,把德国工人运动引上了机会主义道路。宣传超阶级的国家观点,主张通过争取普选权和建立由国家资助的工人生产合作社来解放工人。曾同俾斯麦勾结并支持在普鲁士领导下"自上而下"统一德国的政策。在哲学上是唯心主义者和折中主义者。——201。

莱特伊仁,加甫里尔·达维多维奇(林多夫,加·)(Лейтейзен, Гавриил Давидович (Линдов, Г.)1874—1919)——俄国社会民主党人,火星派分子。19世纪90年代开始革命活动,后侨居国外,加入劳动解放社,后又参加国外俄国社会民主党人联合会。曾为《火星报》和《曙光》杂志撰稿。1903年俄国社会民主工党第二次代表大会后是布尔什维克,为《前进报》、《无产者报》等布尔什维克报刊撰稿。1907年在党的第五次(伦敦)代表大会上当选为中央委员。同年底被捕,后到图拉行医,同时在工人中进行革命工作。斯托雷平反动时期和新的革命高涨年代参加党中央委员会俄国局的工作。1917年二月革命后一度持孟什维克国际主义者立场,追随新生活派。1918年初回到布尔什维克党内。同年8月起为东方面军第4集团军革命军事委员会委员。1919年1月20日在前线被白卫分子杀害。——240。

李伯尔(**戈尔德曼**),米哈伊尔·伊萨科维奇(Либер(Гольдман), Михаил Исаакович 1880—1937)——崩得和孟什维克领袖之一。1898年起为社会民主党人,1902年起为崩得中央委员。1903年率领崩得代表团出席俄国社会民主工党第二次代表大会,在会上采取极右的反火星派立场,会后成为孟什维克。1907年在党的第五次(伦敦)代表大会上代表崩得被选入中央委员会,是崩得驻中央委员会国外局的代表。斯托雷平反动时期是取消派分子,1912年是"八月联盟"的骨干分子,第一次世界大战期间是社会沙文主义者。1917年二月革命后任彼得格勒工兵代表苏维埃执行委员会委员和第一届中央执行委员会主席团委员,采取孟什维克立场,支持资产阶级联合内阁,敌视十月革命。后脱离政治活动,从事经济工作。——341、342、346、350、362。

李卜克内西,威廉(Liebknecht, Wilhelm 1826—1900)——德国工人运动和国际工人运动活动家,德国社会民主党的创建人和领袖之一,马克思和恩格斯的朋友和战友。积极参加德国1848年革命,革命失败后流亡国外,在

国外结识马克思和恩格斯,接受了科学共产主义思想。1850 年加入共产
主义者同盟。1862 年回国。第一国际成立后,成为国际的革命思想的热
心宣传者和国际的德国支部的组织者之一。1868 年起任《民主周报》编
辑。1869 年与倍倍尔共同创建了德国社会民主工党(爱森纳赫派),任党
的中央机关报《人民国家报》编辑。1875 年积极促成爱森纳赫派和拉萨尔
派的合并。在反社会党人非常法施行期间与倍倍尔一起领导党的地下工
作和斗争。1890 年起任党的中央机关报《前进报》主编,直至逝世。
1867—1870 为北德意志联邦国会议员,1874 年起多次被选为德意志帝
国国会议员,利用议会讲坛揭露普鲁士容克反动的内外政策。因革命活动
屡遭监禁。是第二国际的组织者之一。——202、203、205、206、211。

利德瓦尔,埃里克·莱昂纳德(Lidvall, Erik Leonard)——大投机商和骗子,
瑞典国民。1906 年曾向坦波夫、奔萨等饥荒省份供应粮食。由于报上揭
露了俄国副内务大臣弗·约·古尔柯从国家资金中拨给他一笔巨款并参
与其投机活动,以致舆论大哗,沙皇政府被迫将古尔柯提交参议院审讯,但
案件后来被暗中压了下去。——179。

列宁,弗拉基米尔·伊里奇(乌里扬诺夫,弗拉基米尔·伊里奇;列宁,尼·)
(Ленин, Владимир Ильич (Ульянов, Владимир Ильич, Ленин, Н.)
1870—1924)——13、14、51、71、72、106、107、108、176、178、181、186、187、
197、214、224、243、263、265、266、267、268、269、270、271、272、273、274、
275、276、277、278、279、280、281、286、287、288、291、324、325、329、330、
337、339、340、344、346、348、349、358、361、373、382。

林多夫,加·——见莱特伊仁,加甫里尔·达维多维奇。

卢津,伊万·伊万诺维奇(艾尔)(Лузин, Иван Иванович (Эль) 1869—
1914)——俄国社会民主党人,孟什维克。支持召开"工人代表大会"的取
消主义思想,是 1907 年莫斯科孟什维克出版的关于"工人代表大会"的文
集的作者之一。后为在彼得堡发行的孟什维克取消派《工人保险》杂志撰
稿。——7、165、166、249、250、253。

卢森堡,罗莎(Luxemburg, Rosa 1871—1919)——德国、波兰和国际工人运
动活动家,德国社会民主党和第二国际左翼领袖和理论家之一,德国共产
党创建人之一。生于波兰。19 世纪 80 年代后半期开始革命活动,1893 年

参与创建和领导波兰王国社会民主党,为党的领袖之一。1898年移居德国,积极参加德国社会民主党的活动,反对伯恩施坦主义和米勒兰主义。曾参加俄国第一次革命(在华沙)。1907年参加俄国社会民主工党第五次(伦敦)代表大会,在会上支持布尔什维克。在斯托雷平反动时期和新的革命高涨年代对取消派采取调和主义态度,1912年波兰王国和立陶宛社会民主党分裂后,曾谴责最接近布尔什维克的所谓分裂派。第一次世界大战期间持国际主义立场,是建立国际派(后改称斯巴达克派和斯巴达克联盟)的发起人之一。参加领导了德国1918年十一月革命,同年底参与领导德国共产党成立大会,作了党纲报告。1919年1月柏林工人斗争被镇压后,于15日被捕,当天惨遭杀害。主要著作有《社会改良还是革命》(1899)、《俄国社会民主党的组织问题》(1904)、《资本积累》(1913)等。——342。

路特希尔德家族(Rothschild)——金融世家,在欧洲许多国家设有银行。——156。

罗季切夫,费多尔·伊兹迈洛维奇(Родичев,Федор Измаилович 1853—1932)——俄国地主,地方自治运动活动家,立宪民主党领袖之一,该党中央委员。1904—1905年地方自治人士代表大会的参加者。第一届至第四届国家杜马代表。1917年二月革命后任临时政府芬兰事务委员。十月革命后为白俄流亡分子。——70、172、183。

罗日柯夫,尼古拉·亚历山德罗维奇(尼·罗·)(Рожков,Николай Алек-сандрович(Н.Р.)1868—1927)——俄国历史学家和政治活动家。19世纪90年代接近合法马克思主义者。1905年加入俄国社会民主工党,布尔什维克。1907当选为中央委员,进入中央委员会俄国局。1905—1907年革命失败后成为取消派的思想领袖之一,为《我们的曙光》杂志撰稿,编辑孟什维克取消派的《新西伯利亚报》。1917年二月革命后在临时政府担任了几个月的邮电部副部长。同年8月加入孟什维克党,当选为该党中央委员。敌视十月革命,在外国武装干涉和国内战争时期反对苏维埃政权。20年代初因与孟什维克的反苏维埃活动有关而两次被捕。1922年同孟什维克决裂。后来在一些高等院校和科研机关工作。写有俄国史方面的著作。——175。

M

马·——见马斯洛夫，彼得·巴甫洛维奇。

马尔丁诺夫，亚历山大（**皮凯尔，亚历山大·萨莫伊洛维奇**）（Мартынов，Александр（Пиккер，Александр Самойлович）1865—1935）——俄国经济派领袖之一，孟什维克著名活动家，后为共产党员。19世纪80年代初参加民意党人小组，1886年被捕，流放东西伯利亚十年；流放期间成为社会民主党人。1900年侨居国外，参加经济派的《工人事业》杂志编辑部，反对列宁的《火星报》。在俄国社会民主工党第二次代表大会上是国外俄国社会民主党人联合会的代表，反火星派分子，会后成为孟什维克。1907年作为叶卡捷琳诺斯拉夫组织的代表参加了党的第五次（伦敦）代表大会的工作，在代表大会上当选为中央委员。斯托雷平反动时期和新的革命高涨年代是取消派分子，参加取消派的机关报《社会民主党人呼声报》编辑部。第一次世界大战期间持中派立场。1917年二月革命后为孟什维克国际主义者。十月革命后脱离孟什维克。1918—1922年在乌克兰当教员。1923年加入俄共（布），在马克思恩格斯研究院工作。1924年起任《共产国际》杂志编委。——73、87、221、344、355、356、383。

马尔托夫，尔·（**策杰尔包姆，尤利·奥西波维奇**）（Мартов，Л.（Цедербаум，Юлий Осипович）1873—1923）——俄国孟什维克领袖之一。1895年参与组织彼得堡工人阶级解放斗争协会。1896年被捕并流放图鲁汉斯克三年。1900年参与创办《火星报》，为该报编辑部成员。在俄国社会民主工党第二次代表大会上是《火星报》组织的代表，领导机会主义少数派，反对列宁的建党原则；从那时起成为孟什维克中央机关的领导成员和孟什维克报刊的编辑。曾参加党的第五次（伦敦）代表大会的工作。斯托雷平反动时期和新的革命高涨年代是取消派分子，编辑《社会民主党人呼声报》，参与组织"八月联盟"。第一次世界大战期间是中派分子，参加齐美尔瓦尔德代表会议和昆塔尔代表会议。曾参加孟什维克组织委员会国外书记处，为书记处编辑机关刊物。1917年二月革命后领导孟什维克国际主义派。十月革命后反对镇压反革命和解散立宪会议。1919年当选为全俄中央执行委员会委员，1919—1920年为莫斯科苏维埃代表。1920年9月侨居德国。

参与组织第二半国际,在柏林创办和编辑孟什维克杂志《社会主义通报》。
——55、69、73、87、99、221、305、315、316、324、353、354、383。

马克思,卡尔(Marx,Karl 1818—1883)——科学共产主义的创始人,世界无产阶级的领袖和导师。——69、171、192、196—215、258、261—262、338、342、374、376、380。

马克思-艾威林,爱琳娜(杜西)(Marx-Aveling, Eleanor（Tussy）1855—1898)——英国工人运动和国际工人运动活动家;马克思的小女儿。英国社会主义同盟(1884)和英国独立工党(1893)的创建人之一。马克思逝世后,在恩格斯的直接领导下积极参加非熟练工人的群众运动,是1889年伦敦码头工人大罢工的组织者之一。第二国际多次代表大会代表。积极为英国和德国的社会主义报刊撰稿,整理和发表了马克思的著作《工资、价格和利润》以及马克思关于东方问题的一系列文章,著有关于马克思和恩格斯的回忆录。——212。

马克西莫夫,恩·——见波格丹诺夫,亚历山大·亚历山德罗维奇。

马洛韦尔,费·——见波尔土加洛夫,维克多·韦尼阿米诺维奇。

马斯连尼科夫,亚历山大·尼古拉耶维奇(阿尔汉格尔斯基)(Масленников, Александр Николаевич（Архангельский）1871—1951)——俄国社会民主党人,孟什维克。1893年参加社会民主主义运动,1895年加入莫斯科社会民主主义组织。被捕后于1897年流放阿尔汉格尔斯克省三年。1905—1907年革命期间支持召开"工人代表大会"的取消主义思想,1907年莫斯科孟什维克出版的关于"工人代表大会"的文集中刊登了他的两篇文章。1920年起不再参加政治活动,当工程师。1930年起是一些高等院校的研究员和教员。——249。

马斯洛夫,彼得·巴甫洛维奇(马·)(Маслов, Петр Павлович（М.）1867—1946)——俄国经济学家,社会民主党人。写有一些土地问题著作,修正马克思主义政治经济学原理。曾为《生活》、《开端》和《科学评论》等杂志撰稿。俄国社会民主工党第二次代表大会后是孟什维克;曾提出孟什维克的土地地方公有化纲领。在俄国社会民主工党第四次(统一)代表大会上代表孟什维克作了关于土地问题的报告,被选入中央机关报编辑部。斯托雷平反动时期和新的革命高涨年代是取消派分子。第一次世界大战期间是

社会沙文主义者。十月革命后脱离政治活动,从事教学和科研工作,研究
社会主义政治经济学问题。1929 年起为苏联科学院院士。——107、109。

曼,汤姆(Mann,Tom 1856—1941)——英国工人运动活动家。1885 年加入
英国社会民主联盟。80 年代末积极参加新工联运动,领导过多次罢工,
1889 年伦敦码头工人大罢工期间主持罢工委员会。1893 年参与创建独立
工党,属该党左翼。1901—1910 年住在澳大利亚和新西兰,参加了这些国
家的工人运动。第一次世界大战期间持国际主义立场;1916 年加入英国
社会党。俄国十月革命后是"不准干涉苏俄!"运动的领导人之一。1920
年是英国共产党的创建人之一。为争取国际工人运动的统一、反对帝国主
义和法西斯主义进行积极的斗争。——212。

曼宁,亨利·爱德华(Manning,Henry Edward 1808—1892)——英国教士,
1851 年改信天主教,英国天主教会的首脑,1868 年起为威斯敏斯特大主
教,1875 年起为红衣主教;以竭诚维护教皇的参政权而闻名。——212。

梅林,弗兰茨(Mehring,Franz 1846—1919)——德国工人运动活动家,德国
社会民主党左翼领袖和理论家之一,历史学家和政论家,德国共产党创建
人之一。19 世纪 60 年代末起是资产阶级民主主义政论家,1877—1882 年
持资产阶级自由主义立场,后向左转化,逐渐接受马克思主义。曾任民主
主义报纸《人民报》主编。1891 年加入德国社会民主党,担任党的理论刊
物《新时代》杂志撰稿人和编辑,1902—1907 年任《莱比锡人民报》主编,反
对第二国际的机会主义和修正主义,批判考茨基主义。第一次世界大战爆
发后坚决谴责帝国主义战争和社会沙文主义者的背叛政策;是国际派(后
改称斯巴达克派和斯巴达克联盟)的组织者和领导人之一。1918 年参加
建立德国共产党的准备工作。欢迎俄国十月革命,撰文驳斥对十月革命的
攻击;维护苏维埃政权。在研究德国中世纪史、德国社会民主党史和马克
思主义史方面作出重大贡献,在整理出版马克思、恩格斯和拉萨尔的遗著
方面也做了大量工作。主要著作有《莱辛传奇》(1893)、《德国社会民主党
史》(1897—1898)、《马克思传》等。——196、201、202、204、206、257—
264。

美列尔-扎科梅尔斯基,亚历山大·尼古拉耶维奇(Меллер-Закомельский,
Александр Николаевич 生于 1844 年)——沙俄将军,男爵。1863 年参与

镇压波兰解放起义。1905年血腥镇压塞瓦斯托波尔水兵起义。1906年同帕·卡·连年坎普夫一道指挥讨伐队镇压西伯利亚铁路工人的革命运动。1906年10月被任命为波罗的海沿岸地区总督,残酷镇压拉脱维亚和爱沙尼亚的工农革命运动。1909—1917年为国务会议成员。十月革命后为白俄流亡分子。——183。

门德尔松家族(Mendelssohn)——德国金融资本家族。——156。

蒙森,泰奥多尔(Mommsen,Theodor 1817—1903)——德国历史学家,古罗马史和罗马法律史方面的专家。1858年起主持柏林大学的罗马史讲座。曾任普鲁士邦议会议员,1881—1884年任德意志帝国国会议员。参加过自由派资产阶级的各种党派。——47。

米拉波,奥诺雷·加布里埃尔(Mirabeau,Honoré-Gabriel 1749—1791)——18世纪末法国资产阶级革命的活动家,大资产阶级和资产阶级化贵族利益的代表,伯爵。享有盛名的天才演说家。主张建立君主立宪制度。1790年4月同宫廷秘密勾结,领取王室津贴。次年卒于巴黎。——183、260。

米留可夫,帕维尔·尼古拉耶维奇(Милюков,Павел Николаевич 1859—1943)——俄国立宪民主党领袖,俄国自由派资产阶级思想家,历史学家和政论家。1886年起任莫斯科大学讲师。90年代前半期开始政治活动,1902年起为资产阶级自由派的《解放》杂志撰稿。1905年10月参与创建立宪民主党,后任该党中央委员会主席和中央机关报《言语报》编辑。第三届和第四届国家杜马代表。第一次世界大战期间为沙皇政府的掠夺政策辩护。1917年二月革命后任第一届临时政府外交部长,推行把战争进行到"最后胜利"的帝国主义政策;同年8月积极参与策划科尔尼洛夫叛乱。十月革命后同白卫分子和武装干涉者合作。1920年起为白俄流亡分子,在巴黎出版《最新消息报》。著有《俄国文化史概要》、《第二次俄国革命史》及《回忆录》等。——12、13、15、38、72、98、189、279、281、324。

米罗夫,弗·——见伊科夫,弗拉基米尔·康斯坦丁诺维奇。

缅施科夫,米哈伊尔·奥西波维奇(Меньшиков,Михаил Осипович 1859—1919)——俄国政论家,黑帮报纸《新时报》撰稿人。十月革命后反对苏维埃政权,1919年被枪决。——159。

莫斯特,约翰·约瑟夫(Most,Johann Joseph 1846—1906)——德国社会民主

党人,新闻工作者,后为无政府主义者;职业是装订工人。19 世纪 60 年代
参加工人运动,1871 年起为德国社会民主工党和社会民主党党员。
1874—1878 年为帝国国会议员。在理论上拥护杜林,在政治上信奉"用行
动做宣传"的无政府主义思想,认为可以立刻进行无产阶级革命。1878 年
反社会党人非常法颁布后流亡伦敦,1879 年出版无政府主义的《自由》周
报,号召工人进行个人恐怖活动,认为这是最有效的革命斗争手段。1880
年被开除出社会民主党,1882 年起侨居美国,继续出版《自由》周报和进行
无政府主义宣传。晚年脱离工人运动。——202。

N

纳波柯夫,弗拉基米尔·德米特里耶维奇(Набоков, Владимир Дмитриевич
1869—1922)——俄国立宪民主党创建人和领袖之一,法学家和政论家。
1901 年起编辑自由派资产阶级的法学刊物《法学》和《法律学报》杂志。曾
参加 1904—1905 年地方自治人士代表大会,并加入解放社。立宪民主党
的《人民自由党通报》杂志和《言语报》编辑兼出版人。第一届国家杜马代
表。1917 年二月革命后任临时政府办公厅主任。十月革命后反对苏维埃
政权,参加了白卫分子成立的所谓克里木边疆区政府,任司法部长。1920
年起流亡柏林,参与出版右派立宪民主党人的《舵轮报》。——279、324。
纳利夫金,弗拉基米尔·彼得罗维奇(Наливкин, Владимир Петрович
1852—约 1918)——俄国社会活动家,作家。曾任土耳其斯坦边疆区一些
国民学校的校长、费尔干纳州军事总督助理。第二届国家杜马塔什干市代
表,在杜马中加入社会民主党(孟什维克),是质询委员会以及地方管理和
地方自治委员会委员。1917 年是临时政府驻土耳其斯坦的委员;极力反
对布尔什维克。写有浩罕汗国史方面的著作。——187。
尼·罗·——见罗日柯夫,尼古拉·亚历山德罗维奇。
涅哥列夫——见约尔丹斯基,尼古拉·伊万诺维奇。

P

帕尔乌斯(**格尔方德,亚历山大·李沃维奇**)(Парвус(Гельфанд, Александр
Львович) 1869—1924)——生于俄国,19 世纪 80 年代移居国外。90 年代

末起在德国社会民主党内工作,属该党左翼;曾任《萨克森工人报》编辑。写有一些世界经济问题的著作。20世纪初参加俄国社会民主工党的工作,为《火星报》撰稿。俄国社会民主工党第二次代表大会后支持孟什维克的组织路线。1905年回到俄国,曾担任彼得堡工人代表苏维埃执行委员会委员,为孟什维克的《开端报》撰稿;同托洛茨基一起提出"不断革命论",主张参加布里根杜马,坚持同立宪民主党人搞交易。斯托雷平反动时期脱离俄国社会民主工党,后移居德国。第一次世界大战期间是社会沙文主义者和德国帝国主义的代理人。1915年起在柏林出版《钟声》杂志。1918年脱离政治活动。——49。

佩尔加缅特,奥西普·雅柯夫列维奇(Пергамент, Осип Яковлевич 1868—1909)——俄国立宪民主党人,著名律师。1905年起任敖德萨专区律师公会主席。曾参加审理彼·彼·施米特中尉案等政治审判案。第二届和第三届国家杜马敖德萨市代表。——184。

佩列列申,А. В.(Перелешин, А. В. 1856—1910)——俄国地主,立宪民主党人。1891年起为地方自治机关议员,后为科斯特罗马省地方自治局成员、县贵族代表。1904—1905年地方自治人士代表大会的参加者。1906年为国务会议成员。第二届国家杜马科斯特罗马省代表,在杜马中参加财政委员会、地方管理和地方自治委员会以及国民教育委员会。——172。

佩列列申,Д. А.(Перелешин, Д. А.1862—1935)——俄国地主,曾加入民意党,后为立宪民主党人。1884年被捕,1886年流放西西伯利亚,为期三年。从流放地返回后,当选为沃罗涅日县地方自治机关议员,1896年为省地方自治机关议员,1897—1903年为省地方自治局成员。第二届国家杜马沃罗涅日省代表,在杜马中任总务委员会主席、预算委员会和粮食委员会委员。1916年起在全俄地方自治机关联合会工作。十月革命后在合作社系统工作。——172。

佩列亚斯拉夫斯基,尤里——见赫鲁斯塔廖夫-诺萨尔,格奥尔吉·斯捷潘诺维奇。

普列汉诺夫,格奥尔吉·瓦连廷诺维奇(Плеханов, Георгий Валентинович 1856—1918)——俄国早期的马克思主义理论家,后来成为孟什维克和第二国际机会主义领袖之一。19世纪70年代参加民粹主义运动,是土地和自由社成员及土地平分社领导人之一。1880 年侨居瑞士,逐步同民粹主义决裂。1883 年在日内瓦创建俄国第一个马克思主义团体——劳动解放社。翻译和介绍了马克思和恩格斯的许多著作,对马克思主义在俄国的传播起了重要作用;写过不少优秀的马克思主义著作,批判民粹主义、合法马克思主义、经济主义、伯恩施坦主义、马赫主义。20 世纪初是《火星报》和《曙光》杂志编辑部成员。曾参与制定俄国社会民主工党纲领草案和参加党的第二次代表大会的筹备工作。在代表大会上是劳动解放社的代表,属火星派多数派,参加了大会常务委员会,会后逐渐转向孟什维克。1905—1907 年革命时期反对列宁的民主革命的策略,后来在孟什维克和布尔什维克之间摇摆。在俄国社会民主工党第四次(统一)代表大会上作了关于土地问题的报告,维护马斯洛夫的孟什维克方案;在国家杜马问题上坚持极右立场,呼吁支持立宪民主党人的杜马。斯托雷平反动时期和新的革命高涨年代反对取消主义,领导孟什维克护党派。第一次世界大战期间持社会沙文主义立场。1917 年二月革命后支持资产阶级临时政府。对十月革命持否定态度,但拒绝支持反革命。最重要的理论著作有《社会主义与政治斗争》(1883)、《我们的意见分歧》(1885)、《论一元论历史观之发展》(1895)、《唯物主义史论丛》(1896)、《论个人在历史上的作用》(1898)、《没有地址的信》(1899—1900),等等。——38、44—49、52、68、71、72、97、100、101、103、197、214、254、261、263、303、310、314、317、319、342、343、360、369。

普罗柯波维奇,谢尔盖·尼古拉耶维奇(Прокопович, Сергей Николаевич 1871—1955)——俄国经济学家和政论家。曾参加国外俄国社会民主党人联合会,是经济派的著名代表人物,伯恩施坦主义在俄国最早的传播者之一。1904 年加入资产阶级自由派的解放社,为该社骨干分子。1905 年为立宪民主党中央委员。1906 年参与出版半立宪民主党、半孟什维克的《无题》周刊,为左派立宪民主党人的《同志报》积极撰稿。1917 年 8 月任临时政府工商业部长,9—10 月任粮食部长。1921 年在全俄赈济饥民委员会工作,同反革命地下活动有联系。1922 年被驱逐出境。——130、133、166、321、376、381。

Q

乔治,亨利(George, Henry 1839—1897)——美国经济学家和社会活动家。
19 世纪 70 年代起致力于土地改革运动。认为人民贫困的根本原因是人
民被剥夺了土地;否认劳动和资本之间的对抗,认为资本产生利润是自然
规律;主张由资产阶级国家实行全部土地国有化,然后把土地租给个人。
主要著作有《进步和贫困》(1879)、《土地问题》(1881)等。——198、199。

切尔诺科夫,米哈伊尔·瓦西里耶维奇(Челноков, Михаил Васильевич 生于
1863 年)——俄国大企业家和房产主,立宪民主党创建人之一。1891—
1894 年任莫斯科县地方自治局主席。曾任地方自治机关议员和市议员、
省地方自治局成员,参加过地方自治和城市自治活动家代表大会。第二届
和第三届国家杜马莫斯科省代表,第四届国家杜马莫斯科市代表。
1914—1917 年任莫斯科市市长、城市联合会全权代表、全俄地方自治机关
联合会主席。是把战争进行到"最后胜利"的狂热支持者。十月革命后在
南方从事反革命活动,后逃亡国外。——172。

切尔诺斯维托夫,基里尔·基里洛维奇(Черносвитов, Кирилл Кириллович
1866—1919)——俄国地主,立宪民主党人。第一届、第二届和第三届国
家杜马弗拉基米尔省代表,第四届国家杜马雅罗斯拉夫尔省代表。曾任地
方法院副检察官和法官、立宪民主党弗拉基米尔县委员会主席,参加过地
方自治和城市自治活动家代表大会,为《俄罗斯新闻》撰稿。在第二届杜马
中参加质询委员会和地方法院委员会。1919 年因从事反革命活动被枪
决。——172。

切列万宁,涅·(利普金,费多尔·安德列耶维奇)(Череванин, Н.(Липкин,
Федор Андреевич) 1868—1938)——俄国政论家,"马克思的批评家",后为
孟什维克领袖之一,取消派分子。俄国社会民主工党第四次(统一)代表大
会和第五次(伦敦)代表大会的参加者,取消派报刊撰稿人,16 个孟什维克
关于取消党的"公开信"的起草人之一。1912 年反布尔什维克的八月代表
会议后是孟什维克领导中心——组委会成员。第一次世界大战期间是社
会沙文主义者。1917 年是孟什维克中央机关报《工人报》编辑之一和孟什
维克中央委员会委员。敌视十月革命。——321。

秦平,亨利·海德(Champion, Henry Hyde 1859—1928)——英国社会改良
　主义者,年轻时当过军官。1882 年为抗议格莱斯顿政府发动侵略埃及的
　战争而退伍。曾加入社会民主联盟,1887 年因在选举中与保守党人勾结
　被开除出联盟。曾编辑出版《工人选民》周报。1893 年起流亡澳大利亚,
　在那里积极参加工人运动。——212。

R

饶尔丹尼亚,诺伊·尼古拉耶维奇(Жордания, Ной Николаевич 1869—
　1953)——俄国社会民主党人。19 世纪 90 年代开始政治活动,加入格鲁
　吉亚第一个社会民主主义团体"麦撒墨达西社",领导该社的机会主义派。
　1903 年在俄国社会民主工党第二次代表大会上是有发言权的代表,属火
　星派少数派,会后为高加索孟什维克的领袖。1905 年编辑孟什维克的《社
　会民主党人报》(格鲁吉亚文),反对布尔什维克在资产阶级民主革命中的
　策略。第一届国家杜马代表,社会民主党党团领袖。1907—1912 年为俄
　国社会民主工党中央委员(代表孟什维克)。斯托雷平反动时期和新的革
　命高涨年代形式上参加孟什维克护党派,实际上支持取消派。1914 年为
　托洛茨基的《斗争》杂志撰稿。第一次世界大战期间是社会沙文主义者。
　1917 年二月革命后任梯弗利斯工人代表苏维埃主席。1918—1921 年是
　格鲁吉亚孟什维克政府主席。1921 年格鲁吉亚建立苏维埃政权后成为白
　俄流亡分子。——97。

饶勒斯,让(Jaurès, Jean 1859—1914)——法国社会主义运动和国际社会主
　义运动活动家,法国社会党领袖,历史学家和哲学家。1885 年起多次当选
　议员。原属资产阶级共和派,19 世纪 90 年代初开始转向社会主义。1898
　年同亚·米勒兰等人组成法国独立社会党人联盟。1899 年竭力为米勒兰
　参加资产阶级政府的行为辩护。1901 年起为社会党国际局成员。1902 年
　与可能派、阿列曼派等组成改良主义的法国社会党。1903 年当选为议会
　副议长。1904 年创办《人道报》,主编该报直到逝世。1905 年法国社会党
　同盖得领导的法兰西社会党合并后,成为统一的法国社会党的主要领导
　人。在理论和实践问题上往往持改良主义立场,但始终不渝地捍卫民主主
　义,反对殖民主义和军国主义。由于呼吁反对临近的帝国主义战争,于

1914年7月31日被法国沙文主义者刺杀。写有法国大革命史等方面的著作。——156。

S

萨尔蒂科夫-谢德林，米哈伊尔·叶夫格拉福维奇（谢德林，尼·）（Салтыков-Щедрин, Михаил Евграфович (Щедрин, Н.) 1826—1889）——俄国讽刺作家，革命民主主义者。1848年因发表抨击沙皇制度的小说被捕，流放七年。1856年初返回彼得堡，用笔名"尼·谢德林"发表了《外省散记》。1863—1864年为《同时代人》杂志撰写政论文章，1868年起任《祖国纪事》杂志编辑，1878年起任主编。60—80年代创作了《一个城市的历史》、《戈洛夫廖夫老爷们》等长篇小说，批判了俄国的专制农奴制，刻画了地主、沙皇官僚和自由派的丑恶形象。——179。

萨拉兹金，阿尔卡季·谢尔盖耶维奇（Салазкин, Аркадий Сергеевич 生于1870年）——俄国大商人和大地主，立宪民主党人，第二届和第四届国家杜马梁赞省代表。1910年起任下诺夫哥罗德集市和交易所委员会主席。第一次世界大战期间是农业部负责在下诺夫哥罗德省采购军粮的特派员。十月革命后在南方进行反革命活动。——172。

萨韦利耶夫，亚历山大·亚历山德罗维奇（Савельев, Александр Александрович 1848—1916）——俄国地主，立宪民主党人。1878年起为《俄罗斯新闻》撰稿。1890年起任下诺夫哥罗德县地方自治局主席，1900—1908年任下诺夫哥罗德省地方自治局主席；1903—1907年编辑《下诺夫哥罗德地方自治报》。第一届、第二届和第三届国家杜马下诺夫哥罗德代表。在第二届和第三届国家杜马中参加粮食委员会及地方管理和地方自治委员会。——172。

萨韦利耶夫，伊万·费奥克季斯托维奇（Савельев, Иван Феоктистович 生于1874年）——俄国《俄罗斯新闻》印刷厂的排字工人。1906年作为莫斯科的工人代表被选进第一届国家杜马，在杜马中参加社会民主党。杜马解散后因在维堡宣言上签名被判处三个月监禁。1912年被判处行政流放西伯利亚，后改为驱逐出境，在国外住了一年半。1920—1930年在最高国民经济委员会工作。——145。

发后鼓吹俄国的帝国主义侵略扩张政策。十月革命后敌视苏维埃政权,是邓尼金和弗兰格尔反革命政府成员,后逃往国外。——56、159、189、232、234、322、334、385—386、387。

斯米尔诺夫,亚历山大·瓦西里耶维奇(Смирнов, Александр Васильевич 生于 1873 年)——俄国地方自治机关统计工作者,曾为立宪民主党人。1899—1906 年在雅罗斯拉夫尔省和弗拉基米尔省地方自治机关统计局工作,后在立宪民主党的《言语报》编辑部工作到 1908 年。曾为《俄罗斯新闻》、《我们的生活报》、《俄国思想》杂志等报刊撰稿。1908 年去美国;回国后在坦波夫市做律师工作。写有一些统计学方面的著作。——19、84、317。

斯塔霍维奇,亚历山大·亚历山德罗维奇(Стахович, Александр Александрович 1858—1915)——俄国地主,立宪民主党人。1895—1904 年是奥廖尔省叶列茨县贵族代表。1904—1905 年地方自治人士代表大会的参加者,解放社的创建人之一。曾为《俄罗斯新闻》、《俄国思想》杂志等立宪民主党报刊撰稿;出版过《叶列茨报》。第二届国家杜马奥廖尔省代表,在杜马中参加预算委员会、粮食委员会和国民教育委员会。——172。

斯塔罗韦尔——见波特列索夫,亚历山大·尼古拉耶维奇。

斯特列尔佐夫,罗曼·叶菲莫维奇(Стрельцов, Роман Ефимович 生于 1875 年)——俄国著作家和政论家。1900—1914 年侨居国外,大部分时间住在德国,曾为《社会主义月刊》、《莱比锡人民报》、《前进报》等外国社会民主党报刊撰稿,并为在俄国出版的左派立宪民主党人的《同志报》撰稿。回国后在彼得格勒市自治机关的一些委员会中工作。十月革命后在莫斯科和雅罗斯拉夫尔的经济部门工作。——263、264。

斯特罗耶夫——见杰斯尼茨基,瓦西里·阿列克谢耶维奇。

斯托雷平,彼得·阿尔卡季耶维奇(Столыпин, Петр Аркадьевич 1862—1911)——俄国国务活动家,大地主。1884 年起在内务部任职。1902 年任格罗德诺省省长。1903—1906 年任萨拉托夫省省长,因镇压该省农民运动受到尼古拉二世的嘉奖。1906—1911 年任大臣会议主席兼内务大臣。1907 年发动"六三政变",解散第二届国家杜马,颁布新选举法以保证地主、资产阶级在杜马中占统治地位,残酷镇压革命运动,大规模实施死刑,开始了"斯托雷平反动时期"。实行旨在摧毁村社和培植富农的土地改革。1911年被社会革命党人Д.Г.博格罗夫刺死。——13、20、26、27、29、38、39、44、70、72、74、89、98、101、111、113、156、162、163、189、228、229、260、281、320、352、386。

斯托雷平,亚历山大·阿尔卡季耶维奇(Столыпин, Александр Аркадьевич 生于1863年)——俄国黑帮政论家,《新时报》撰稿人,十月党人,国务活动家彼·阿·斯托雷平的弟弟。十月革命后移居国外。——12、184。

斯维亚托波尔克-米尔斯基,德米特里·尼古拉耶维奇(Святополк-Мирский, Дмитрий Николаевич 生于1874年)——俄国公爵,大地主,第二届和第四届国家杜马比萨拉比亚省代表。在第二届杜马中任质询委员会委员,在辩论土地问题时的发言受到左派代表的严厉驳斥。十月革命后移居国外。——120、123、124、126、127、128、131、132、134、135、136。

索洛敏,列·——见策伊特林,列夫·索洛蒙诺维奇。

T

塔塔里诺夫,费多尔·瓦西里耶维奇(Татаринов, Федор Васильевич 生于1860年)——俄国地主,立宪民主党人,第一届和第二届国家杜马奥廖尔市代表。曾任奥廖尔县地方自治局主席和省地方自治局成员。在第二届国家杜马中参加土地委员会、地方管理和地方自治委员会,任预算委员会秘书,就土地等问题发过言。十月革命后在南方搞反革命活动。——172。

唐恩(古尔维奇),费多尔·伊里奇(Дан(Гурвич), Федор Ильич 1871—1947)——俄国孟什维克领袖之一;职业是医生。1894年参加社会民主主义运动,加入彼得堡工人阶级解放斗争协会。1896年8月被捕,监禁两年左右,1898年流放维亚特卡省,为期三年。1901年夏逃往国外,加入《火星报》柏林协助小组。1902年作为《火星报》代办员参加了俄国社会民主工党第二次代表大会的筹备会议,会后再次被捕,流放东西伯利亚。1903年9月逃往国外,成为孟什维克。俄国社会民主工党第四次(统一)代表大会和第五次(伦敦)代表大会及一系列代表会议的参加者。斯托雷平反动时期和新的革命高涨年代在国外领导取消派,编辑取消派的《社会民主党人呼声报》。第一次世界大战期间是社会沙文主义者。1917年二月革命后任彼得格勒苏维埃执行委员会委员和第一届中央执行委员会主席团委员，支持资产阶级临时政府。十月革命后反对苏维埃政权，1922 年被驱逐出境，在柏林领导孟什维克进行反革命活动。1923 年参与组织社会主义工人国际。1923 年被取消苏联国籍。——11、73、87、221、265、267、268、269、276、277、279、280、282、324、348。

特赖奇克，亨利希（Treitschke, Heinrich 1834—1896）——德国历史学家和政论家，普鲁士主义、沙文主义和种族主义的思想家和宣传者。1866—1889 年任《普鲁士年鉴》杂志编辑。1871—1888 年是德意志帝国国会议员，积极支持俾斯麦的内外政策，拥护 1878 年颁布的反社会党人非常法。1886 年起为普鲁士国家历史编纂官。1895 年当选为柏林科学院院士。主要著作是《19 世纪德国史》（五卷本）。对德国帝国主义思想体系的形成起了重要作用。——234。

特列波夫，德米特里·费多罗维奇（Трепов, Дмитрий Федорович 1855—1906）——沙俄少将（1900）。毕业于贵族子弟军官学校，曾在禁卫军供职。1896—1905 年任莫斯科警察总监，支持祖巴托夫的"警察社会主义"思想。1905 年 1 月 11 日起任彼得堡总督，4 月起任副内务大臣兼独立宪兵团司令，10 月起先后任彼得戈夫宫和冬宫警卫长。1905 年 10 月全国政治大罢工期间发布了臭名昭著的"不放空枪，不惜子弹"的命令，是武装镇压 1905—1907 年革命的策划者。——72。

提赫文斯基，费多尔·瓦西里耶维奇（Тихвинский, Федор Васильевич 生于 1862 年）——俄国神父，全俄农民协会会员，第二届国家杜马维亚特卡省代表。曾参与出版《劳动人民报》（1907）。在杜马中就土地问题发过言，并以农民协会和劳动团的名义要求废除死刑；参加质询委员会。杜马解散后被剥夺神父教职。——120、133、151、152。

图奇科夫，尼古拉·尼古拉耶维奇（Тучков, Николай Николаевич 生于 1869 年）——俄国地主，立宪民主党人，后为十月党人。1893 年起任县地方官，1896—1899 年任雅罗斯拉夫尔省乌格利奇县地方自治局主席，1899 年起是该县贵族代表。第二届和第四届国家杜马雅罗斯拉夫尔省代表。——172。

托洛茨基（**勃朗施坦**），列夫·达维多维奇（Троцкий（Бронштейн），Лев Дави-

дович 1879—1940）——1897 年参加俄国社会民主主义运动。在俄国社
会民主工党第二次代表大会上是西伯利亚联合会的代表，属火星派少数
派。1905 年同亚·帕尔乌斯一起提出和鼓吹"不断革命论"。斯托雷平反
动时期和新的革命高涨年代，打着"非派别性"的幌子，实际上采取取消派
立场。1912 年组织"八月联盟"。第一次世界大战期间持中派立场。1917
年二月革命后参加区联派，在党的第六次代表大会上随区联派集体加入布
尔什维克党，当选为中央委员。参加十月武装起义的领导工作。十月革命
后任外交人民委员，1918 年初反对签订布列斯特和约，同年 3 月改任共和
国革命军事委员会主席、陆海军人民委员等职。参与组建红军。1919 年
起为党中央政治局委员。1920 年起历任共产国际执行委员会候补委员、
委员。1920—1921 年挑起关于工会问题的争论。1923 年起进行派别活
动。1925 年初被解除革命军事委员会主席和陆海军人民委员职务。1926
年与季诺维也夫结成"托季联盟"。1927 年被开除出党，1929 年被驱逐出
境，1932 年被取消苏联国籍。在国外组织第四国际。死于墨西哥。——
49、241、255、322—323、341、351、352、366。

W

瓦林——见弗里多林，弗拉基米尔·尤利耶维奇。

瓦西里契柯夫，波里斯·亚历山德罗维奇（Васильчиков, Борис Александрович 生于 1863 年）——俄国公爵，大地主，国务会议成员。1884—1890
年是诺夫哥罗德省的县贵族代表，1890 年起是省贵族代表，1900 年起任普
斯科夫省省长。1906—1908 年在斯托雷平政府中任农业大臣，积极推行
斯托雷平的土地政策。十月革命后反对苏维埃政权。——111、112、120、
132、135、149—150。

威士涅威茨基夫人——见凯利-威士涅威茨基，弗洛伦斯。

维尔涅尔——见卡尔宁，泰奥多尔·彼得罗维奇。

维诺格拉多夫，帕维尔·加甫里洛维奇（Виноградов, Павел Гаврилович
1854—1925）——俄国历史学家，彼得堡科学院院士（1914 年起）。1884 年
起任莫斯科大学教授。1902 年到英国，1903 年起任牛津大学教授。在政
治观点上倾向立宪民主党人。从自由派资产阶级立场出发来看待

1905—1907年革命,这种立场反映在他发表于1905年8月5日《俄罗斯新闻》上的《政治书信》中。1908年回到莫斯科大学。敌视十月革命和苏维埃政权。十月革命后转入英国国籍。大部分著作研究英国中世纪史,著有《英国中世纪社会史研究》(1887)、《英国中世纪的领地》(1911)等。——333。

维特,谢尔盖·尤利耶维奇(Витте,Сергей Юльевич 1849—1915)——俄国国务活动家。1892年2—8月任交通大臣,1892—1903年任财政大臣,1903年8月起任大臣委员会主席,1905年10月—1906年4月任大臣会议主席。在财政、关税政策、铁路建设、工厂立法和鼓励外国投资等方面采取了一系列措施,促进了俄国资本主义的发展。同时力图通过对自由派资产阶级稍作让步和对人民群众进行镇压的手段来维护沙皇专制制度。1905—1907年革命期间派军队对西伯利亚、波罗的海沿岸地区、波兰以及莫斯科的武装起义进行了镇压。——189、303、322。

沃罗夫斯基,瓦茨拉夫·瓦茨拉沃维奇(奥尔洛夫斯基,普·)(Воровский,Вацлав Вацлавович(Орловский,П.) 1871—1923)——1890年在大学生小组中开始革命活动,1894—1897年是莫斯科工人协会领导人之一。1902年侨居国外,成为列宁《火星报》撰稿人。俄国社会民主工党第二次代表大会后是布尔什维克。1904年初受列宁委派,在敖德萨建立俄国社会民主工党中央委员会南方局;8月底出国,赞同22个布尔什维克的宣言。1905年同列宁、米·斯·奥里明斯基、阿·瓦·卢那察尔斯基一起参加《前进报》和《无产者报》编辑部,是俄国社会民主工党第三次代表大会代表。1905年底起在彼得堡的布尔什维克组织和布尔什维克的《新生活报》编辑部工作。1906年是党的第四次(统一)代表大会代表。1907—1912年领导敖德萨的布尔什维克组织。因积极从事革命活动被捕和流放。1915年去斯德哥尔摩,1917年根据列宁提议进入党中央委员会国外局。十月革命后从事外交工作:1917—1919年任俄罗斯联邦驻斯堪的纳维亚国家的全权代表,1921—1923年任驻意大利全权代表。曾出席热那亚国际会议和洛桑国际会议。在洛桑被白卫分子杀害。——30。

沃洛茨科伊,尼古拉·米哈伊洛维奇(Волоцкой,Николай Михайлович 生于1875年)——俄国地主,立宪民主党人。1899年起是国务办公厅的十二级文官。曾任沃洛格达省格里亚佐韦茨县的贵族代表,省地方自治机关议员。第二届国家杜马沃洛格达省代表,参加杜马地方管理和地方自治委员会。——172。

乌里扬诺夫,弗·伊·——见列宁,弗拉基米尔·伊里奇。

X

希尔奎特,莫里斯(Hillquit, Morris 1869—1933)——美国社会党创建人之一;职业是律师。起初追随马克思主义,后来倒向改良主义和机会主义。出生在里加,1886年移居美国,1888年加入美国社会主义工人党。该党分裂后,1901年参与创建美国社会党。1904年起为社会党国际局成员;曾参加第二国际代表大会的工作。第一次世界大战期间是中派分子。敌视俄国十月革命,反对共产主义运动。——196。

希尔施,麦克斯(Hirsch, Max 1832—1905)——德国经济学家和政论家,资产阶级进步党活动家。1859年开办了一家出版社。1868年访问英国后,同弗·敦克尔一起创建了几个改良主义的工会(所谓希尔施—敦克尔工会)。1869—1893年为国会议员。在著作中宣扬劳资"和谐"思想,反对无产阶级的革命策略,维护改良主义。——202。

席佩耳,麦克斯(Schippel, Max 1859—1928)——德国经济学家和政论家,1886年起为社会民主党人。1887—1890年编辑《柏林人民论坛报》,1897年起参与领导德国机会主义者的杂志《社会主义月刊》。1890—1905年担任国会议员期间,为德国帝国主义的扩张政策辩护。第一次世界大战期间是社会沙文主义者。1923—1928年任德累斯顿工学院教授。——205。

谢德林,尼·——见萨尔蒂科夫-谢德林,米哈伊尔·叶夫格拉福维奇。

辛格尔,保尔(Singer, Paul 1844—1911)——德国社会民主党领袖之一,第二国际中马克思主义派的著名活动家。1878年加入德国社会民主党。1887年起任德国社会民主党执行委员会委员,1890年起任执行委员会主席。1884—1911年是帝国国会议员,1885年起为社会民主党团主席。1900年起是社会党国际局成员,属于左翼,始终不渝地同机会主义进行斗争。列宁称他是为无产阶级事业而斗争的不妥协的战士。——187、257。

Y

雅罗斯拉夫斯基,叶梅利扬·米哈伊洛维奇(**古别尔曼,米奈·伊兹拉伊列维奇;伊利扬**)(Ярославский, Емельян Михайлович(Губельман, Миней Израилевич, Ильян) 1878—1943)——1898年加入俄国社会民主工党,是外贝加尔铁路工人中第一个社会民主主义小组的组织者。曾积极参加1905—1907年革命,在特维尔、下诺夫哥罗德、基辅、敖德萨、图拉、雅罗斯拉夫尔和莫斯科担任党的负责工作。俄国社会民主工党第一次代表会议、第四次(统一)代表大会、军事和战斗组织第一次代表会议、第五次(伦敦)代表大会的代表。1907年被捕,后流放东西伯利亚。1917年5月任雅库特工兵代表苏维埃主席,7月起在俄国社会民主工党(布)莫斯科委员会所属军事组织中工作,代表莫斯科军事组织出席党的第六次代表大会。十月革命期间任莫斯科党的军事革命总部成员、莫斯科军事革命委员会委员。1919年起先后任党的彼尔姆省委员会主席、中央委员会西伯利亚局成员。1921年任党中央委员会书记,1923—1934年任党中央监察委员会书记。1921—1923年和1939年起为党中央委员,1923—1934年为中央监察委员会委员,1934—1939年为联共(布)中央党的监察委员会委员。曾任苏联中央执行委员会委员、《真理报》和《布尔什维克》杂志编委,是著名的历史学家和政论家。1939年起为苏联科学院院士。写有俄国共产党党史和革命运动史方面的著作。——305。

扬松,尤利·爱德华多维奇(Янсон,Юлий Эдуардович 1835—1893)——俄国经济学家和统计学家,彼得堡大学教授。曾任内务部统计委员会委员、彼得堡省统计委员会副主席、地理学会和自由经济学会会员、俄国人民保健协会统计学和流行病学部主席、彼得堡科学院通讯院士。参加过粮食贸易的调查工作和俄国手工工业调查委员会的工作。创立了彼得堡市政管理委员会统计处,领导了1881年和1890年彼得堡人口调查。写有《论李嘉图地租学说的意义》(1864)、《关于农民份地和付款统计调查的试验》(1877)、《俄国与西欧各国的比较统计学》(1878—1880)等著作。——126。

耶克,古斯塔夫(Jaeckh,Gustav 1866—1907)——德国新闻工作者,社会民主党人。1901年起任德国社会民主党左翼机关报《莱比锡人民报》编辑；曾为《新时代》杂志撰稿。《国际》一书的作者，该书俄译本曾多次再版。——196。

叶尔莫洛夫，阿列克谢·谢尔盖耶维奇（Ермолов，Алексей Сергеевич 1846—1917）——俄国沙皇政府官员。高等学校毕业后一直在国家产业部和财政部任职。1886—1888年是自由经济学会副会长。写有一些农业问题的著作。1892年出版《歉收和人民的灾难》一书，为沙皇政府的农业政策辩护。1892年任副财政大臣，1893年主持国家产业部，1894—1905年任农业和国家产业大臣，后为国务会议成员。——115。

叶夫洛吉（**格奥尔吉耶夫斯基，瓦西里**）（Евлогий（Георгиевский，Василий）生于1868年）——俄国君主派分子，黑帮组织"俄罗斯人民同盟"的领导人之一。1902年起为卢布林省主教。第二届和第三届国家杜马卢布林省和谢德尔采省正教居民的代表。1914年起为沃伦省大主教。十月革命后是流亡国外的君主派首领之一。——151。

伊科夫，弗拉基米尔·康斯坦丁诺维奇（米罗夫，弗·）（Иков，Владимир Константинович（Миров，В.）生于1882年）——俄国社会民主党人，孟什维克。作为维尔纳省斯莫尔贡组织的代表参加了俄国社会民主工党第五次（伦敦）代表大会的工作。支持召开"工人代表大会"的取消主义思想。曾为《复兴》杂志、《社会民主党人呼声报》及孟什维克取消派的其他报刊撰稿。第一次世界大战期间是护国派分子。十月革命后在合作社系统工作。1931年因"俄国社会民主工党联合常务局"案被判罪。——7。

伊孔尼科夫，亚历山大·弗拉基米罗维奇（Иконников，Александр Владимирович 生于1868年）——俄国地主，立宪民主党人。1895年起为下诺夫哥罗德省马卡里耶夫县地方自治局成员，1901—1908年为该自治局主席；省地方自治机关议员。第二届和第三届国家杜马下诺夫哥罗德省代表，参加了第二届杜马的地方管理和地方自治委员会，第三届杜马的国民教育委员会、预算委员会和财政委员会。——172。

伊利扬——见雅罗斯拉夫斯基，叶梅利扬·米哈伊洛维奇。

伊万诺夫斯基——见施涅尔松，И.А.。

伊扎罗夫——见拉拉扬茨，伊萨克·克里斯托福罗维奇。

伊兹哥耶夫（兰德），亚历山大·索洛蒙诺维奇（Изгоев（Ланде），Александр Соломонович 1872—1935）——俄国政论家，立宪民主党思想家。早年是合法马克思主义者，一度成为社会民主党人，1905年转向立宪民主党。曾为立宪民主党的《言语报》、《南方札记》和《俄国思想》杂志撰稿，参加过《路标》文集的工作。十月革命后为颓废派知识分子的《文学通报》杂志撰稿。因进行反革命政论活动，于1922年被驱逐出境。——57。

约尔丹斯基，尼古拉·米哈伊洛维奇（Иорданский，Николай Михайлович 生于1870年）——俄国立宪民主党人，第二届国家杜马弗拉基米尔省代表。1897年起在科夫罗夫市当法院侦查员。曾任县和省的议员以及弗拉基米尔市杜马议员。解放社成员，立宪民主党中央委员会委员和书记。1907年起为《俄罗斯新闻》撰稿，1912年起为该报出版社成员。——172。

约尔丹斯基，尼古拉·伊万诺维奇（涅哥列夫）（Иорданский，Николай Иванович（Негорев）1876—1928）——1899年参加俄国社会民主主义运动。1903年俄国社会民主工党第二次代表大会后是孟什维克。1904年为孟什维克《火星报》撰稿人，1905年进入彼得堡苏维埃执行委员会。1906年是党的第四次（统一）代表大会有发言权的代表、俄国社会民主工党统一的中央委员会（孟什维克的）代表。斯托雷平反动时期接近孟什维克护党派。第一次世界大战期间支持战争。1917年二月革命后是临时政府派驻西南方面军多个集团军的委员。1921年加入俄共（布）。1922年在外交人民委员部和国家出版社工作，1923—1924年任驻意大利全权代表。1924年起从事写作。——73、87。

Z

左尔格，弗里德里希·阿道夫（Sorge，Friedrich Adolph 1828—1906）——美国工人运动和国际工人运动活动家，马克思和恩格斯的学生和战友。生于德国，参加过德国1848—1849年革命。革命失败后先后流亡瑞士、比利时和英国，1852年移居美国。在美国积极宣传马克思主义，是纽约共产主义俱乐部（1857年创立）和美国其他一些工人组织和社会主义组织的领导人之一。第一国际成立后，积极参加国际的活动，是第一国际美国各支部的组织者。1872年第一国际总委员会从伦敦迁至纽约后，担任总委员会总书记,直到 1874 年。1876 年参加北美社会主义工人党的创建工作,领导了党内马克思主义者对拉萨尔派的斗争。与马克思和恩格斯长期保持通信联系。90 年代从事美国工人运动史的研究和写作,著有《美国工人运动》一书以及一系列有关美国工人运动史的文章,主要发表在德国社会民主党理论刊物《新时代》杂志上。晚年整理出版了他与马克思和恩格斯等人的书信集。1907 年书信集俄译本出版,并附有列宁的序言。列宁称左尔格为第一国际的老战士。——196、197、199、202、203、204。

文 献 索 引

〔阿列克辛斯基，格·阿·〕《立宪民主党人出卖农民》（〔Алексинский，Г.А.〕
　　Кадеты предают крестьян.—«Вперед»，Спб.，1906，№1，26 мая，стр. 1.
　　Подпись：Г.Ал—ский）——145。

　—《在新杜马召开前》（Перед новой Думой.—В кн.：Сборник первый.Спб.，
　　«Новая Дума»，1907，стр.3—31.Перед загл.ст.авт.：Петр Ал.）——46。

〔埃克-穆欣〕布多夫尼奇〔《对布尔什维克关于对资产阶级政党的态度的决议
　　案第4条的修正意见（在俄国社会民主工党第五次（伦敦）代表大会上提
　　出）》〕（〔Экк-Мухин〕Будовничий.〔Поправка к пункту 4-му резолюции
　　большевиков об отношении к буржуазным партиям，внесенная на V
　　（Лондонском）съезде РСДРП〕.—В кн.：Лондонский съезд Российской
　　соц.-демокр. раб. партии（состоявшийся в 1907 г.）. Полный текст
　　протоколов.Изд.ЦК.Paris，1909，стр.361.（РСДРП））——383。

艾尔——见卢津，伊·伊·。

〔安德列耶维奇，А.〕《俄国全体工人代表大会》（〔Андреевич，А.〕Общерабочий
　　съезд в Росии.—В кн.：Союзное дело. №1. Сб. по вопросам профессио-
　　нального движения и кооперации. М.，тип. Бутаева，1907，стр. 12—16）
　　——7—8。

奥尔洛夫斯基，普·——见沃罗夫斯基，瓦·瓦·。

鲍罗廷，尼·安·《从数字看国家杜马》（Бородин，Н.А. Государственная дума
　　в цифрах.Спб.，изд. т-ва«Общественной Пользы».1906.72 стр.）——63。

贝克尔，约·菲·〔《给弗·阿·左尔格的信》》（1871 年 7 月 21 日）〕（Беккер，
　　И.Ф.〔Письмо Ф. А. Зорге. 21 июля 1871 г.〕.—В кн.：Письма И. Ф.
　　Беккера，И.Дицгена，Ф.Энгельса，К.Маркса и др.к Ф.А.Зорге и др.Пер.с
　　нем.Политикуса. С письмами и биографией Ф. А. Зорге Евг. Дицгена. С

предисл. Н. Ленина. С портр. Ф. А. Зорге. Спб., Дауге, 1907, стр. 27 — 29)
—— 215。

[波尔土加洛夫，维·]《杜马和社会人士》([Португалов, В.] Дума и обще-
ство. — «Товарищ», Спб., 1907, №237, 8 (21) апредя, стр. 2. Подпись: Ф.
Маловер) — 217—220。

[波格丹诺夫，亚·亚·]《党在 1906—1907 年间有没有中央委员会?》([Богданов,
А. А.] Имела ли партия Центр. Ком. в 1906 — 7 году? Б. м., 1907. 18 стр.
(Только для членов партийного съезда РСДРП)) —— 279—280。

伯恩施坦，爱·《社会主义的前提和社会民主党的任务》(Bernstein, E. Die
Voraussetzungen des Sozialismus und die Aufgaben der Sozialdemokr-
atie. Stuttgart, Dietz, 1899. X, 188 S.) —— 103。

布拉姆，阿· —— 见克雷连柯，尼·瓦·。

查尔斯基，叶·《尤·拉林和工人代表大会》(Чарский, Е. Ю. Ларин и рабочий
съезд. — В кн.: Издательство «Отголоски». Сб. V. Спб., тип. Вейсбрута,
1907, стр. 35—49) —— 248—249。

[车尔尼，В.]勃罗希斯[《对布尔什维克关于对资产阶级政党的态度的决议案
第 2 条的修正意见(在俄国社会民主工党第五次(伦敦)代表大会上提
出)》]([Черный, В.] Брохис. [Поправка ко 2-му пункту резолюции
большевиков об отношении к буржуазным партиям, внесенная на V
(Лондонском) съезде РСДРП]. — В кн.: Лондонский съезд Российской
соц.-демокр. раб. партии (состоявшийся в 1907 г.). Полный текст прото-
колов. Изд. ЦК. Paris, 1909, стр. 350. (РСДРП)) —— 3、4。

车尔尼雪夫斯基，尼·加·《没有地址的信》(Чернышевский, Н. Г. Письма
без адреса) —— 147。

—《序幕》(Пролог) —— 147。

恩格斯，弗·《德国的社会主义》(Энгельс, Ф. Социализм в Германии. Около 24
октября и конец декабря 1891 г.) —— 44。

—《德国维护帝国宪法的运动》(Германская кампания за имперскую консти-
туцию. Конец августа 1849 — февраль 1850 г.) —— 215。

—《反杜林论》(Анти-Дюринг. Переворот в науке, произведенный господином

Ф. Келли-Вишневецкой. 27 января 1887 г.].—Там же, стр. 276 — 277)
——198。

—[《给弗·凯利-威士涅威茨基夫人的信》(1888 年 5 月 2 日)]([Письмо
Ф. Келли-Вишневецкой. 2 мая 1888 г.].—Там же, стр. 326 — 327)——205。

—《给维·伊·查苏利奇的信》(1885 年 4 月 23 日)(Письмо В. И. Засулич.
23 апреля 1885 г.)——214。

—《[卡·马克思〈1848 年至 1850 年的法兰西阶级斗争〉一书]导言》
(Введение[к работе К. Маркса «Классовая борьба во Франции с 1848 по
1850 г.»]. 6 марта 1895 г.)——44。

—《未来的意大利革命和社会党》(Будущая итальянская революция и
социалистическая партия. (Письмо Турати). 26 января 1894 г.) ——
75、103。

格里鲍耶陀夫,亚·谢·《智慧的痛苦》(Грибоедов, А. С. Горе от ума)
——167。

[赫鲁斯塔廖夫-诺萨尔,格·斯·]《关于工人代表大会》([Хрусталев-
Носарь, Г. С.] О рабочем съезде.—«Народная Газета», Спб., 1907, №1, 10
(23)апреля, стр. 3 — 4. Подпись: Г. Хрусталев)—— 237、238 — 241。

—《来自泰晤士河畔》(С берегов Темзы.—«Товарищ», Спб., 1907, №260, 8
(21)мая, стр. 1 — 2. Подпись: Юрий Переяславский)——385。

卡拉瓦耶夫,亚·李·[《给编辑部的信》(1907 年 3 月 20 日)](Караваев, А.
Л. [Письмо в редакцию. 20 марта 1907 г.].—«Товарищ», Спб., 1907,
№221, 21 марта(3 апреля), стр. 6, в отд.: Письма в редакцию)——141。

卡雷舍夫,尼·亚·《农民的非份地租地》(Карышев, Н. А. Крестьянские
вненадельные аренды. Дерпт, 1892. XIX, 402, LXV стр. (В изд.: Итоги
экономического исследования России по данным земской статистики. Т.
II))——129。

考茨基,卡·《俄国革命的动力和前途》(Kautsky, K. Triebkräfte und Aus-
sichten der russischen Revolution.—«Die Neue Zeit», Stuttgart, 1906 —
1907, Jg. 25, Bd. 1, N 9, S. 284 — 290; N 10, S. 324 — 333)——341。

—《社会革命》(第 1 编:社会改良和社会革命)(Die soziale Revolution. I. Sozialreform und soziale Revolution. Berlin, Expedition der Buchhandlung «Vorwärts», 1902. 56 S.)——69。

柯尔佐夫，德·《布尔什维克的策略》(Кольцов, Д. Большевистская тактика.—«Привет», [Спб.], 1907, №2, 28 марта, стр. 6—8)——186。

——《立宪民主党和资产阶级民主派》(Кадеты и буржуазная демократия.—«Русская Жизнь», Спб., 1907, №49, 27 февраля (12 марта), стр. 1)——61—62、63、64、90。

柯罗连科，谢·亚·《从欧俄工农业统计经济概述看地主农场中的自由雇佣劳动和工人的流动》(Короленко, С. А. Вольнонаемный труд в хозяйствах владельческих и передвижение рабочих в связи со статистико-экономическим обзором Европейской России в сельскохозяйственном и промышленном отношениях. Спб., 1892. 864 стр.; 17 л. карт. (Деп. земледелия и сельской пром-сти. С.-х. и стат. сведения по материалам, полученным от хозяев. Вып. V))——127。

[克雷连柯，尼·瓦·]《无产阶级阶级斗争和伦敦代表大会》([Крыленко, Н. В.] Классовая борьба пролетариата и Лондонский съезд.—«Товарищ», Спб., 1907, №280, 31 мая (13 июня), стр. 2. Подпись: А. Брам)——385。

库斯柯娃，叶·德·《这将如何告终？》(Кускова, Е. Д. Чем это кончится? —«Товарищ», Спб., 1907, №161, 10(23) января, стр. 1)——11、280。

拉林，尤·《广泛的工人党和工人代表大会》(Ларин, Ю. Широкая рабочая партия и рабочий съезд. М., «Новый Мир», 1906. 95 стр.——198、237—238、239、240、242、250、253。

[莱特伊仁，加·达·]《工人代表大会》([Лейтейзен, Г. Д.] Рабочий съезд.—В кн.: Вопросы тактики. Сб. I. Спб., «Новая Дума», 1907, стр. 73—121. Подпись: Г. Линдов)——240。

[李伯尔，米·伊·《对代表大会通过的布尔什维克关于对资产阶级政党的态度的决议案的修正意见》(在俄国社会民主工党第五次(伦敦)代表大会上提出)] ([Либер, М. И. Поправка к принятой съездом резолюции большевиков об отношении к буржуазным партиям, внесенная на V (Лондонском) съезде РСДРП].—В кн.: Лондонский съезд Российской

соц.-демокр. раб. партии (состоявшийся в 1907 г.). Полный текст
протоколов. Изд. ЦК. Paris, 1909, стр. 345. (РСДРП)) ——350。

李沃夫,Л.《关于康·彼·波别多诺斯采夫》(Львов, Л. О К. П. Победо-
носцеве. —«Товарищ», Спб., 1907, №214, 13 (26) марта, стр. 4) ——102。

[列宁,弗·伊·]《彼得堡的选举和31个孟什维克的伪善面目》([Ленин, В.
И.] Выборы в Петербурге и лицемерие 31 меньшевика. Спб., «Новая
Дума», 1907. 15 стр. Перед загл. авт.: Н. Ленин) ——12—14、265、267—
278、281。

—《第二届杜马和第二次革命浪潮》(Вторая Дума и вторая волна револю-
ции. Петербург, 7 февраля 1907 г. —«Пролетарий», [Выборг], 1907,
№13, 11 февраля, стр. 1. На газ. место изд.: М.) ——44—45。

—[《第二届国家杜马的开幕》] ([Открытие второй Государственной
думы]. —«Новый Луч», Спб., 1907, №1, 20 февраля, стр. 1. Загл.: Спб. 20
февраля 1907 г.) ——51。

—《杜马和俄国自由派》——见列宁,弗·伊·圣彼得堡, 4 月 10 日。

—《杜马即将解散和策略问题》(Близкий разгон Думы и вопросы тактики.
Петербург, 27 февр. 1907 г. —«Пролетарий», [Выборг], 1907, №14, 4
марта, стр. 1. На газ. место изд.: М.) ——110。

—《对资产阶级政党的态度》(Отношение к буржуазным партиям. [Проект
резолюции к IV (Объединительному) съезду РСДРП]. —«Партийные
Известия», [Спб.], 1906, №2, 20 марта, стр. 7—8. Под общ. загл.: Проект
резолюций. К Объединительному съезду Российской социал-демократи-
ческой рабочей партии) ——62、225、330、370。

—《多数派关于国家杜马的决议》(Резолюция большинства о Государственной
думе. —«Волна», Спб., 1906, №12, 9 мая, стр. 3, в отд.: Из жизни поли-
тических партий) ——358。

—《俄国社会民主工党在选举运动时期的策略》——见[列宁,弗·伊·]
《公民列宁对记者发表的谈话》。

—《俄国政党分类尝试》(Опыт классификации русских политических партий. —
«Пролетарий», [Выборг], 1906, №5, 30 сентября, стр. 5—6. На газ. место

изд.：М.)——385。

—[《反对马尔托夫提出的对布尔什维克关于对资产阶级政党的态度的决议案第 3 条的修正意见(1907 年 5 月 16 日(29 日)在俄国社会民主工党第五次(伦敦)代表大会上》]([Возражения против поправок Мартова к пункту 3-му резолюции большевиков об отношении к буржуазным партиям 16(29) мая 1907 г. на V (Лондонском) съезде РСДРП].—В кн.：Лондонский съезд Российской соц.-демокр. раб. партии (состоявшийся в 1907 г.). Полный текст протоколов. Изд. ЦК. Paris, 1909, стр. 357.(РСДРП))——380。

—《革命的社会民主党的纲领》(Платформа революционной социал.-демократии.—«Пролетарий»,[Выборг],1907,№14,4 марта,стр. 2—3. На газ. место изд.：М.)——70。

—《公民列宁对记者发表的谈话》([Lenin, V. I.]Une interview du citoyen Lénine.—La tactique suivie pendant la campagne é lectorale.—Majoritaires et minoritaires.(Par lettre de notre correspondant particulier).—«L' Humanité», Paris, 1907, N 1082, 4 avril, P. 2. Sous le titre général: En Russie. Dans le parti social-demokrate)——324。

—[《关于对资产阶级政党的态度》(提交俄国社会民主工党第五次代表大会的决议草案)](载于 1907 年 2 月 27 日《新光线报》第 7 号)([Об отношении к буржуазным партиям. Проект резолюции к V съезду РСДРП].—«Новый Луч», Спб., 1907, №7, 27 февраля, стр. 3, в отд.：Из жизни партии)——90。

—[《关于对资产阶级政党的态度》(提交俄国社会民主工党第五次代表大会的决议草案)](载于 1907 年 3 月 4 日《无产者报》第 14 号)([Об отношении к буржуазным партиям. Проект резолюции к V съезду РСДРП].—«Пролетарий», [Выборг], 1907, №14, 4 марта, стр. 3. Под общ. загл.：Проекты резолюций к Пятому съезду РСДРП. На газ. место изд.：М.)——36、62、186、225、226、330、337。

—[《关于对资产阶级政党的态度的报告(5 月 12 日(25 日)在俄国社会民主工党第五次(伦敦)代表大会上)》]([Доклад об отношении к буржуаз-

ным партиям 12(25) мая на V(Лондонском) съезде РСДРП].—В кн.:
Лондонский съезд Российской соц.-демокр. раб. партии(состоявшийся в
1907 г.). Полный текст протоколов. Изд. ЦК. Paris, 1909, стр. 271 — 278.
(РСДРП))——341。

—［《关于非党工人组织和无产阶级中的无政府工团主义思潮》(提交俄国
社会民主工党第五次代表大会的决议草案)]([О беспартийных рабочих
организациях в связи с анархо-синдикалистическим течением в пролета-
риате. Проект резолюции к V съезду РСДРП].—«Пролетарий», [Выборг],
1907, №14, 4 марта, стр. 4. Под общ. загл.: Проекты резолюций к Пятому
съезду РСДРП. На газ. место изд.: М.)—— 36、222 — 223、239 —
240、253。

—［《关于民主革命的现阶段》(提交俄国社会民主工党第五次代表大会的
决议草案)]([О современном моменте демократической революции.
Проект резолюции к V съезду РСДРП].—«Пролетарий», [Выборг],
1907, №14, 4 марта, стр. 3. Под общ. загл.: Проекты резолюций к Пятому
съезду РСДРП. На газ. место изд.: М.)—— 36、68、69、71、73、74 —
75、100。

—［《关于群众的经济贫困的加剧和经济斗争的尖锐化》(提交俄国社会民
主工党第五次代表大会的决议草案)]([Об обострении массовой эконо-
мической нужды и экономической борьбы. Проект резолюции к V съезду
РСДРП].—«Пролетарий», [Выборг], 1907, №14, 4 марта, стр. 4. Под
общ. загл.: Проекты резолюций к Пятому съезду РСДРП. На газ. место
изд.: М.)—— 36。

—［《关于社会民主党在国家杜马中的策略》(提交俄国社会民主工党第五
次代表大会的决议草案)]([О тактике с.-д. в Государственной думе.
Проект резолюции к V съезду РСДРП].—«Пролетарий», [Выборг],
1907, №14, 4 марта, стр. 3 — 4. Под общ. загл.: Проекты резолюций к
Пятому съезду РСДРП. На газ. место изд.: М.)—— 36、264、357。

—《论同立宪民主党的联盟》(О блоках с кадетами. —«Пролетарий», [Вы-
борг], 1906, №8, 23 ноября, стр. 2 — 5)——279。

—《孟什维主义的危机》(Кризис меньшевизма. —«Пролетарий», [Выборг],
1906, №9, 7 декабря, стр. 2 — 7. На газ. место изд. : М.)——250—251。

—《民主革命的目前形势》(Современный момент демократической револю-
ции. [Проект резолюции к IV (Объединительному) съезду РСДРП]. —
«Партийные Известия», [Спб.], 1906, №2, 20 марта, стр. 5 — 6. Под общ.
загл. : Проект резолюций. К Объединительному съезду Российской
социал-демократической рабочей партии)——67。

—《"你会听到蠢人的评判……"》(«Услышишь суд глупца···» (Из заметок
с.-д. публициста). Спб., «Новая Дума», 1907. 24 стр.)——269、276。

—《贫血的杜马或贫血的小资产阶级》(Анемичная Дума или анемичная
мелкая буржуазия. —«Наше Эхо», Спб., 1907, №8, 3 апреля, стр. 1)
——178。

—《普列汉诺夫和瓦西里耶夫》(Плеханов и Васильев. —«Пролетарий»,
[Выборг], 1907, №11, 7 января, стр. 5 — 6. На газ. место изд. : М.)——38。

—《气得晕头转向》(Сердитая растерянность. (К вопросу о рабочем съезде). —В
кн. : Вопросы тактики. Сб. II. Спб., «Новая Дума», 1907, стр. 29 — 41.
Подпись: Н. Ленин)——168。

—《31 个孟什维克的抗议书》(Протест 31-го меньшевика. —«Пролетарий»,
[Выборг], 1907, №12, 25 января, стр. 4. На газ. место изд. : М.)——286。

—《社会民主党和杜马选举》(Социал-Демократия и выборы в Думу. Спб.,
«Новая Дума», 1907. 29 стр.)——268、276。

—《社会民主党在民主革命中的两种策略》(Две тактики социал-демократии в
демократической революции. Изд. ЦК РСДРП. Женева, тип. партии, 1905.
VIII, 108 стр. (РСДРП). Перед загл. авт. : Н. Ленин)——71、225。

—圣彼得堡, 4 月 10 日。(С.-Петербург, 10 апреля. —«Наше Эхо», Спб.,
1907, №14, 10 апреля, стр. 1)——294。

—[《提交俄国社会民主工党第五次代表大会的关于社会民主党在国家杜
马中的策略的决议草案》]([Проект резолюции к V съезду РСДРП о
тактике с.-д. в Государственной думе]. —«Современная Речь», Спб.,
1907, №28, 22 февраля, стр. 3, в отд. : Партийная жизнь)——36。

—《提交俄国社会民主工党第五次代表大会的决议草案》(Проекты резолюций
к Пятому съезду РСДРП.—«Пролетарий»,［Выборг］, 1907, №14, 4
марта, стр. 3—4. На газ. место изд.: М.)——36、62、63、65、68、69、71、73、
74、100、186、222—223、225、226、239—240、253、264、330、337、357。

—［《提交俄国社会民主工党统一代表大会的策略纲领(提交俄国社会民主
工党统一代表大会的决议草案)》］(［Тактическая платформа к Объедини-
тельному съезду РСДРП. Проект резолюций к Объединительному съезду
РСДРП].—«Партийные Известия»,［Спб.］, 1906, №2, 20 марта, стр. 5—
9)——62、67、225、330、370。

—《同立宪民主党化的社会民主党人的斗争和党的纪律》(Борьба с кадет-
ствующими с.-д. и партийная дисциплина.—«Пролетарий»,［Выборг］,
1906, №8, 23 ноября, стр. 3. На газ. место изд.: М.)——279。

—《土地问题和革命力量》(Аграрный вопрос и силы революции.—«Наше
Эхо», Спб., 1907, №7, 1 апреля, стр. 1)——187。

—《小资产阶级的策略》(Мелкобуржуазная тактика.—«Новый Луч»,
Спб., 1907, №4, 23 февраля, стр. 3)——181。

—《以波兰社会民主党、拉脱维亚边疆区社会民主党、圣彼得堡、莫斯科、中
部工业地区和伏尔加河流域的代表名义向［俄国社会民主工党全国］代
表会议提出的特别意见》(Особое мнение, внесенное на［Всероссийскую］
конференцию［РСДРП］от имени делегатов соц.-дем. Польши, Латышс-
кого края, С.-П［етербу］рга, Москвы, Центр［ально］-промышленной
области и Поволжья.—«Пролетарий»,［Выборг］, 1906, №8, 23 ноября,
стр. 2. Под общ. загл.: Всероссийская конференция РСДРП. (Корреспон-
денция «Пролетария»). На газ. место изд.: М.)——10。

—《有重要意义的第一步》(Первый важный шаг. СПБ. 21 февраля 1907
г.—«Новый Луч», Спб., 1907, №2, 21 февраля, стр. 1)——41、42、55、72。

—《知识分子斗士反对知识分子的统治》(Интеллигентские воители против
господства интеллигенции.—«Наше Эхо», Спб., 1907, №5, 30 марта, стр.
2)——243。

林多夫,加·——见莱特伊仁,加·达·。

［卢津，伊·伊·］艾尔《全俄工人代表大会》（［Лузин, И. И.］Эль. Всероссий-
ский рабочий съезд.—В кн.: О всероссийском рабочем съезде. Сб. статей.
М., 1907, стр. 49—88. (К очередному съезду РСДРП))——165。

—《在工人代表大会问题上的两派》（Два течения в вопросе о рабочем
съезде.—В кн.: Всероссийский рабочий съезд. Сб. статей. М.,
«Организация», 1907, стр. 5—19)——249、250。

［卢里叶，Г.И.］希尔施《在俄国社会民主工党第五次(伦敦)代表大会上讨论
波兰代表关于资产阶级政党的决议草案时提出的修正意见》（［Лурье, Г.
И.］Гирш.［Поправка, внесенная при обсуждении польского проекта резолюции
о буржуазных партиях на V (Лондонском)съезде РСДРП].—В кн.: Лонд-
онский съезд Российской соц.-демокр. раб. партии (состоявшийся в 1907
г.). Полный текст протоколов. Изд. ЦК. Paris, 1909, стр. 340. (РСДРП))
——372。

［罗日柯夫，尼·亚·］《"保全杜马"!》（［Рожков, Н. А.］«Берегите Думу»! —
«Новый Луч», Спб., 1907, №2, 21 февраля, стр. 1—2. Подпись: Н. Р.)
——175—176。

马尔丁诺夫，亚·［《对关于对资产阶级政党的态度的决议案的第1条修正意
见(在俄国社会民主工党第五次(伦敦)代表大会上提出)》］（Мартынов,
А.［Первая поправка к резолюции об отношении к буржуазным партиям,
внесенная на V (Лондонском) съезде РСДРП].—В кн.: Лондонский
съезд Российской соц.-демокр. раб. партии. (состоявшийся в 1907 г.).
Полный текст протоколов. Изд. ЦК. Paris, 1909, стр. 360. (РСДРП))
——355。

—《对关于对资产阶级政党的态度的决议案的第3条修正意见(在俄国社
会民主工党第五次(伦敦)代表大会上提出)》］（［Третья поправка к
резолюции об отношении к буржуазным партиям, внесенная на V
(Лондонском)съезде РСДРП].—Там же, стр. 360)——355—356。

马尔托夫，尔·［《对布尔什维克关于对资产阶级政党的态度的决议案第3条
提出的第1条修正意见(在俄国社会民主工党第五次(伦敦)代表大会上
提出)》］（Мартов, Л.［Первая поправка к пункту 3-му резолюции

большевиков об отношении к буржуазным партиям, внесенная на V (Лондонском) съезде РСДРП].—В кн.: Лондонский съезд Российской соц.-демокр. раб. партии. (состоявшийся в 1907 г.). Полный текст протоколов. Изд. ЦК. Paris, 1909, стр. 346. (РСДРП))——378。

—[《对布尔什维克关于对资产阶级政党的态度的决议案第 3 条提出的第 4 条修正意见(在俄国社会民主工党第五次(伦敦)代表大会上提出)》] ([Четвертая поправка к пункту 3-му резолюции облышевиков об отношении к буржуазным партиям, внесенная на V(Лондонском) съезде РСДРП].—В кн.: Лондонский съезд Российской соц.-демокр. раб. партии(состоявшийся в 1907 г.). Полный текст протоколов. Изд. ЦК. Paris, 1909, стр. 357. (РСДРП))——353、380。

—[《对布尔什维克关于对资产阶级政党的态度的决议案第 4 条的修正意见(在俄国社会民主工党第五次(伦敦)代表大会上提出》]([Поправка к пункту 4-му резолюции облышевиков об отношении к буржуазным партиям, внесенная на V (Лондонском) съезде РСДРП].—В кн.: Лондонский съезд Российской соц.-демокр. раб. партии(состоявшийся в 1907 г.). Полный текст протоколов. Изд. ЦК. Paris, 1909, стр. 361. (РСДРП))——353—354、380—381、382。

—《社会民主党反对无产阶级的阶级运动》(Социал-демократия против классового движения пролетариата.—«Привет», [Спб.], 1907, №2, 28 марта, стр. 10—15)——186。

—《无以复加》(Дальше некуда.—«Русская Жизнь», Спб., 1907, №48, 25 февраля(10 марта), стр. 2—3)——55。

—《在第四次代表大会召开前》(Перед четвертым съездом.—В кн.: Издательство«Оттолоски». Сб. V. Спб., тип. Вейсбрута, 1907, стр. 3—26)——383。

马克思, 卡·《废除封建义务的法案》(Маркс, К. Законопроект об отмене феодальных повинностей. 29 июля 1848 г.)——69、262、380。

—《哥达纲领批判》(Критика Готской программы. Замечания к программе германской рабочей партии. 5 мая 1875 г.)——193、210。

—[《给弗·阿·左尔格的信》(1877 年 9 月 27 日)]([Письмо Ф. А. Зорге. 27

январь 1848 г.)——62、197。

马洛韦尔,费·——见波尔土加洛夫,维·。

梅林,弗·《德国社会民主党史》(四卷本)(Меринг, Ф. История германской социал-демократии. Пер. со 2-го нем. изд. М. Е. Ландау. М.—[Спб.], Гранат, 1906—1907.4 т.)

> 第1卷(Т.1.До революции 1848 г.[Спб.],1906.397 стр.)——196。

> 第2卷(Т.2.До прусского конституционного конфликта (1862 г.). 1906.387 стр.)——196。

> 第3卷(Т.3.До франко-прусской войны.1906.416 стр.)——196。

> 第4卷(Т.4. До выборов 1903 года. 1907. 400 стр.) —— 196、 202、204。

——《德国自由派和俄国杜马》([Mehring, F.] Deutscher Liberalismus und russische Duma.—«Die Neue Zeit», Stuttgart, 1906—1907, Jg.25, Bd.1, N 23, S.761—764)——257—264。

——《与左尔格通信集》(Der Sorgesche Briefwechsel.—«Die Neue Zeit», Stuttgart, 1906—1907, Jg.25, Bd.1, N 1, S.10—19; N 2, S.50—57)—— 196、201、206。

[梅奇,弗·]《[评]〈我们的事业〉杂志第1期》([Меч, В. Рецензия:]«Наше Дело» (№1).—«Современная Жизнь», [М.], 1906, сентябрь—октябрь, стр. 254 — 255, в отд.: Критика и библиография. Под общ. загл.: Периодическая печать.Среди журналов.Подпись: В. М.)——334。

缅施科夫,米·《政权受围攻》(Меньшиков, М. Осада власти. II.—«Новое Время», Спб., 1907, №11130, 8 (21) марта, стр.2—3)——125。

尼·罗·——见罗日柯夫,尼·亚·。

涅克拉索夫,尼·阿·《摇篮曲》(Некрасов, Н. А. Колыбельная песня. (Подра-жание Лермонтову))——118。

帕尔涅夫[费多罗夫,М.Д.][《对布尔什维克关于对资产阶级政党的态度的决议案第4条的修正意见(在俄国社会民主工党第五次(伦敦)代表大会上提出)》](Парнев[Федоров, М. Д.][Поправка к пункту 4-му резолюции большевиков об отношении к буржуазным партиям, внесенная на V

（Лондонском）съезде РСДРП].—В кн.：Лондонский съезд Российской соц.-демокр. раб. партии（состоявшийся в 1907 г.）. Полный текст протоколов. Изд. ЦК. Paris, 1909, стр. 362.（РСДРП））——380、382。

帕尔乌斯《社会民主党和国家杜马》（Парвус. Социал-демократия и Государственная дума.—«Искра»,［Женева］, 1905, №110, 10 сентября, стр. 1 — 2）——48。

佩列亚斯拉夫斯基，尤·——见赫鲁斯塔廖夫-诺萨尔，格·斯·。

［普列汉诺夫，格·瓦·］《关于党的非常代表大会》（载于1906年9月《社会民主党人日志》第8期抽印本）（［Плеханов, Г. В.］О чрезвычайном партийном съезде.（Открытое письмо к товарищам）.—Отдельный оттиск из №8 «Дневника Социал-Демократа», Женева, сентябрь 1906, стр. 1 — 6.（РСДРП））——314。

——《关于党的非常代表大会》（载于1906年9月17日《社会民主党人报》第1号）（О чрезвычайном партийном съезде.（Открытое письмо к товарищам）.—«Социал-Демократ», Спб., 1906, №1, 17 сентября, стр. 6）——222、314。

——《关于新杜马》（По поводу новой Думы.（Посвящается нашим социал-демократическим депутатам）.—«Русская Жизнь», Спб., 1907, №46, 23 февраля（8 марта）, стр. 2 — 3）——44、45 — 49、68、72、97、99、100、103、359 — 360。

——《关于选举协议问题。给〈同志报〉一个读者的公开答复》（К вопросу об избирательных соглашениях. Гласный ответ одному из читателей «Товарища».—«Товарищ», Спб., 1906, №122, 24 ноября（7 декабря）, стр. 2）——44、101、306、317、342、343、369、377。

——《关于一封信》（По поводу одного письма.—«Дневник Социал-Демократа»,［Женева］, 1906, №7, август, стр. 6 — 15）——303 — 304。

——《我们的意见分歧》（Наши разногласия. Женева, тип. группы «Освобождение труда», 1884. XXIV, 322 стр.（Б-ка современного социализма. Вып. III）. На обл. год. изд.：1885）——214。

——《政论家札记》（Заметки публициста.—«Современная Жизнь»,［М.］, 1906,

ноябрь, стр. 179 — 205; декабрь, стр. 152 — 172. Подписи: Г. Бельтов и Г.
П.) —— 197。

普罗柯波维奇,谢·尼·《从数字看土地问题》(Прокопович, С. Н. Аграрный
вопрос в цифрах. Спб., тип. «Общественная Польза», 1907. 126 стр.) ——
130、133。

契诃夫,安·巴·《套中人》(Чехов, А. П. Человек в футляре) —— 58、159。

萨尔蒂科夫-谢德林,米·叶·《戈洛夫廖夫老爷们》(Салтыков-Щедрин, М.
Е. Господа Головлевы) —— 179、180。

　—《现代牧歌》(Современная идиллия) —— 155。

司徒卢威,彼·伯·《两个罢工委员会》(Струве, П. Б. Два забастовочных
комитета. — «Полярная Звезда», Спб., 1905, №3, 30 декабря, стр. 223 —
228) —— 334。

斯米尔诺夫,亚·瓦·《第二届国家杜马的成分》(Смирнов, А. В. Состав 2-й
Госуд [арственной] думы. — «Речь», Спб., 1907, №43, 21 февраля (6
марта). Бесплатное приложение к № 43 газеты «Речь». Государственная
дума, стр. 2 — 3. Подпись: А. С.) —— 77 — 79、85 — 86。

　—《关于城市的选举》(О выборах в городах. — «Речь», Спб., 1907, №37, 14
(27) февраля, стр. 5, в отд.: Выборы в провинции) —— 19、83、84、231、
233、317。

斯特列尔佐夫,罗·《第二届俄国议会》(Streltzow, R. Das zweite russische
Parlament. — «Sozialistische Monatshefte», Berlin, 1907, Bd. 1, Hft. 4,
April, S. 291 — 296) —— 263。

[斯托雷平,亚·阿·]《虚伪的决定》([Столыпин, А. А.] Ложное решение. —
«Новое Время», Спб., 1907, №11068, 4 (17) января, стр. 3) —— 12 — 13。

　—《札记》(Заметки. — «Новое Время», Спб., 1907, №11157, 4 (17) апреля,
стр. 3. Подпись: А. Ст—н) —— 184。

[唐恩,费·伊·]丹尼洛夫[《对布尔什维克关于对资产阶级政党的态度的决
议案第 3 条的修正意见(在俄国社会民主工党第五次(伦敦)代表大会上
提出)》]([Дан, Ф. И.] Данилов. [Поправка к пункту 3-му резолюции
большевиков об отношении к буржуазным партиям, внесенная на V

（Лондонском）съезде РСДРП].—В кн.: Лондонский съезд Российской соц.-демокр. раб. партии（состоявшийся в 1907 г.）. Полный текст протоколов. Изд. ЦК. Paris, 1909, стр. 346.（РСДРП））——378—379。

—《对布尔什维克关于对资产阶级政党的态度的决议案第 4 条的修正意见（在俄国社会民主工党第五次（伦敦）代表大会上提出）》（[Поправка к пункту 4-му резолюции большевиков об отношении к буржуазным партиям, внесенная на V（Лондонском）съезде РСДРП].—Там же, стр. 361）——382—383。

屠格涅夫，伊·谢·《父与子》（Тургенев, И. С. Отцы и дети）——165、248。

托尔斯泰，列·尼·《教育的果实》（Толстой, Л. Н. Плоды просвещения）——125。

[托洛茨基，列·达·]《保卫党》（1907 年圣彼得堡版）（[Троцкий, Л. Д.] В защиту партии. Спб., Глаголев, 1907. XXIV, 148 стр.）——241、255、341。

—《保卫党》（载于[托洛茨基，列·达·]托洛茨基, Н.《保卫党》一书）（В защиту партии.—В кн.: [Троцкий, Л. Д.] Троцкий, Н. В защиту партии. Спб., Глаголев, 1907, стр. 75—121）——241。

—[《对布尔什维克关于对资产阶级政党的态度的决议案第 3 条的修正意见（在俄国社会民主工党第五次（伦敦）代表大会上提出）》]（[Поправка к пункту 3-му резолюции большевиков об отношении к буржуазным партиям, внесенная на V（Лондонском）съезде РСДРП].—Там же, стр. 351.（РСДРП））——379。

—[《对代表大会通过的布尔什维克关于对资产阶级政党的态度的决议案的修正意见（在俄国社会民主工党第五次（伦敦）代表大会上提出）》]（[Поправка к принятой съездом резолюции большевиков об отношении к буржуазным партиям, внесенная на V（Лондонском）съезде РСДРП].—В кн.: Лондонский съезд Российской соц.-демокр. раб. партии（состоявшийся в 1907 г.）. Полный текст протоколов. Изд. ЦК. Paris, 1909, стр. 362.（РСДРП））——351—352。

—《给帕·波·阿克雪里罗得的信》（1906 年 9 月 12 日（25 日））（Письмо П. Б. Аксельроду. 12（25）сентября 1906 г.—В кн.: [Троцкий, Л. Д.]

Троцкий, Н. В защиту партии. Спб., Глаголев, 1907, стр. 38 — 49, в ст.: Рабочий съезд) —— 255。

维诺格拉多夫, 帕·加·《政治书信》(Виноградов, П. Г. Политические письма. — «Русские Ведомости», М., 1905, №210, 5 августа, стр. 3) —— 333。

[沃罗夫斯基, 瓦·瓦·]《主席的选举》([Воровский, В. В.] Выборы председателя. — «Новый Луч», Спб., 1907, №1, 20 февраля, стр. 2 — 3. Подпись: П. Орловский) —— 29、30。

希尔奎特, 莫·《美国社会主义史》(Хилквит, М. История социализма в Соединенных Штатах. Пер. с послед. английского изд. Д. Вайса. Под ред. Е. Смирнова. Спб., «Вольная Типография», 1907. 288 стр.) —— 196。

扬松, 尤·爱·《关于农民份地和付款统计调查的试验》(Янсон, Ю. Э. Опыт статистического исследования о крестьянских наделах и платежах. Спб., Стасюлевич, 1877. VIII, 160, 26 стр.) —— 126。

耶克, 恩·《国际》(Иекк, Г. Интернационал. Со вступ. статьей К. Каутского. С нем. пер. Б. Смирнова и А. Ратнер, под ред. А. Санина. Спб., «Знание», 1906. XX, 366 стр. (Дешевая б-ка т-ва «Знание», №275)) —— 196。

伊兹哥耶夫, 亚·索·《悲观主义》(Изгоев, А. С. Пессимизм. — «Речь», Спб., 1907, №48, 27 февраля (12 марта), стр. 1 — 2) —— 57。

————

О·Б·《[书评:]〈约·菲·贝克尔、约·狄慈根、弗·恩格斯、卡·马克思等致弗·阿·左尔格等书信选集〉》(О. Б. [Рецензия на книгу:] Briefe und Auszüge aus Briefen, von Ioh. Phil. Becker, Ios. Dietzgen, Friedrich Engels, Karl Marx u. A. an F. A. Sorge und Andere. Stuttgart, 1906 Verlag von I. H. W. Dietz Nachfolger. — «Современная Жизнь», [М.]., 1906, ноябрь, стр. 244 — 251) —— 197。

*　　*　　*

《阿姆斯特丹国际社会党代表大会》(1904 年 8 月 14 — 20 日)(Internationaler Sozialistenkongreß zu Amsterdam. 14. bis 20. August 1904. Berlin, Expedition der Buchhandlung «Vorwärts», 1904. 78 S.) —— 62。

《阿姆斯特丹决议》——见《阿姆斯特丹国际社会党代表大会》。

《报刊》(载于 1907 年 4 月 1 日(14 日)《公共事业报》第 1 号)(Печать.—«Общест-
венное Дело», Спб., 1907, №1, 1(14) апреля, стр. 2—3)——174、175。

《报刊评论》(Обзор печати.—«Новый Луч», Спб., 1907, №1, 20 февраля, стр.
2)——29。

《北极星》杂志(圣彼得堡)(«Полярная Звезда», Спб., 1905, №3, 30 декабря,
стр. 223—228)——333。

《彼得堡布尔什维克会议决议》(Резолюция петербургского большевистского
собрания.—«Пролетарий», [Выборг], 1907, №13, 11 февраля, стр. 4—5.
На газ. место изд. : М.)——265。

[《彼得堡社会民主党组织改组方案》(一批孟什维克拟定)]([Проект реорга-
низации петербургской с.-д. организации, выработанный группой
меньшевиков].—«Русская жизнь», Спб., 1907, №51, 1(14) марта, стр. 2, в
отд. : В партиях)——283、284。

《彼得堡委员会公布的如下俄国社会民主工党彼得堡组织改组方案》(Петербург-
ским комитетом опубликован следующий проект плана реорганизации
петербургской организации РСДРП.—«Пролетарий», [Выборг], 1907,
№15, 25 марта, стр. 8. На газ. место изд. : М.)——283。

[《波罗的海沿岸地区总督亚·尼·美列尔-扎科梅尔斯基的电报(1907 年 4
月 3 日(16 日))》]([Телеграмма прибалтийского генерал-губернатора А.
Н. Меллер-Закомельского. 3 (16) апреля 1907 г.].—«Народная Дума»,
Спб., 1907, №21, 4 (17) апреля, стр. 3. Под общ. загл. : Стенографический
отчет. Заседание [Государственной думы] 3 апреля [1907 г.], в отд. :
Государственная дума)——183。

《布尔什维克和"小资产阶级"》(Большевики и «мелкая буржуазия».—«Новые
Силы», Спб., 1907, №7, 23 февраля (8 марта), стр. 1)——50、52、53。

《布尔什维克在斯德哥尔摩代表大会上提出的关于对国家杜马态度的决议草
案》——见列宁,弗·伊·《多数派提出的关于国家杜马的决议》。

《策略纲领(由马尔托夫、唐恩、斯塔罗维尔、马尔丁诺夫等人在一批孟什维克实际
工作者参加下拟定,准备提交本次代表大会)》(Тактическая платформа к

предстоящему съезду, выработанная Мартовым, Даном, Старовером, Мартыновым и др. при участии группы меньшевиков практиков. Политическое положение и задачи партии. [Листовка]. Б. м., [1907]. 4 стр.)——165、221 — 222、223 — 226、227 — 228、231、232 — 236、305、334 — 335、337。

《策略问题》文集(第1辑)(Вопросы тактики. Сб. I. Спб., «Новая Дума», 1907. 144 стр.)——240。

《策略问题》文集(第2辑)(Вопросы тактики. Сб. II. Спб., «Новая Дума», 1907. 79 стр.)——168。

"党的生活"(Из жизни партий. — «Товарищ», Спб., 1907, №177, 28 января(10 февраля), стр. 4)——265、267 — 268、270、271、272、276。

《党内消息》杂志[圣彼得堡](«Партийные Известия», [Спб.], 1906, №2, 20 марта, стр. 5 — 9, 9 — 11.——62、67、225、309、330、369 — 370。

——1907.——181。

——1907, №6, 8 марта, стр. 1 — 3.——181。

《德国社会主义运动的回顾》(Rückblicke auf die sozialistische Bewegung in Deutschland. Kritische Aphorismen von *.*.*. — «Jahrbuch für Sozialwissenschaft und Sozialpolitik», Zürich, 1879, 1. Hälfte, S. 75 — 96)——204。

《帝国法令公报》(柏林)(«Reichs-Gesetzblatt», Berlin, 1878, N 34, S. 351 — 358)——202、203、204。

《第二届杜马》(Die zweite Reichsduma. — «Vorwärts», Berlin, 1907, N 55, 6. März, S. 1)——263。

《第二届国家杜马代表》(Члены 2-ой Государственной думы. Спб., «Пушкинская Скоропечатня», 1907. XII, 124 стр.)——172、187。

《第一届国家杜马104人土地法案》——见《土地法基本条例草案(由104个国家杜马代表提出)》。

《第一文集》(Сборник первый. Спб., «Новая Дума», 1907. 145 стр.)——46。

《杜马的一天》(Думский день. — «Речь», Спб., 1907, №66, 20 марта(2 апреля). Бесплатное приложение к газ. «Речь» и «Реформа». Государственная дума, стр. 1)——112。

《杜马土地委员会的选举》》(Выборы думской земельной комиссии.—«Трудовой Народ»,Спб.,1907,№14,30 марта,стр.1.Под общ.загл.:С.-Петербург, 30 марта)——169、172。

《杜马主席的演说》》(Речь председателя Думы.—«Русская Жизнь», Спб., 1907,№45,22 февраля(7 марта),стр.1.Под общ.загл.:Политическое обозрение)——344。

《俄国革命的长处和弱点》》(Сила и слабость русской революции.—«Народная Дума»,Спб.,1907,№21,4(17)апреля,стр.1.Под общ.загл.:С.-Петербург,4 апреля)——186—187、188—189、194—195。

[《俄国社会民主工党"爱沙尼亚边疆区联盟"代表会议通过的决议》》]([Резолюции, принятые на конференции «Союза Эстонского края» РСДРП].— «Пролетарий»,[Выборг],1906,№15,25 марта,стр.5—6.Под общ.загл.: Конференция эстонских социал-демократов.(Письмо в редакцию)) ——107。

[《俄国社会民主工党彼得堡代表会议31个代表关于出席代表会议的组织的代表名额不合乎规定的声明(在1907年1月6日(19日)代表会议上提出)》]([Заявление 31 члена Петербургской конференции РСДРП о неправильном представительстве организации на конференции,внесенное на заседании конференции 6(19)января 1907 г.].—В листовке:Почему мы были вынуждены оставить конференцию?(Заявление 31 члена конференции,внесенное в ЦК).[Спб.,1907],стр.4—5)——285、286。

[《俄国社会民主工党彼得堡代表会议31个代表关于拒绝参加讨论和表决把代表会议分为两个会议问题的声明(在1907年1月6日(19日)代表会议上提出)》]([Заявление 31 члена Петербургской конференции РСДРП об отказе участвовать в обсуждении вопроса о разделении конференции на две секции и в голосованиях,внесенное на заседании конференции 6(19) января 1907 г.].—Там же,стр.5)——285。

[《俄国社会民主工党彼得堡委员会关于对"工人代表大会"的态度的决议》]([Резолюция Петербургского комитета РСДРП об отношении к «рабочему съезду».Сентябрь 1906 г.].—«Пролетарий»,[Выборг],1906,

No 3, 8 сентября, стр. 5, в отд. : Из партии. На газ. место изд. : М .)——8。

《俄国社会民主工党第二次（例行）代表大会》（记录全文）（Второй очередной
　　съезд Росс. соц.-дем. рабочей партии. Полный текст протоколов. Изд. ЦК.
　　Женева, тип. партии, [1904]. 397, II стр. (РСДРП))——378。

《[俄国社会民主工党第三次代表大会通过的]主要决议》（Главнейшие резолюции,
　　[принятые на Третьем съезде Российской соц.-дем. рабочей партии]. — В
　　кн. : Третий очередной съезд Росс. соц.-дем. рабочей партии. Полный текст
　　протоколов. Изд. ЦК. Женева, тип. партии, 1905, стр. XVI—XXVII.
　　(РСДРП))——367。

《俄国社会民主工党第三次（例行）代表大会》（记录全文）（Третий очередной
　　съезд Росс. соц.-дем. рабочей партии. Полный текст протоколов. Изд. ЦК.
　　Женева, тип. партии, 1905. XXIX, 401 стр. (РСДРП))——308、367。

《[俄国社会民主工党第四次（统一）]代表大会的决定和决议》（Постановления и
　　резолюции[IV (Объединительного)] съезда [РСДРП]. — В кн. : Протоколы
　　Объединительного съезда РСДРП, состоявшегося в Стокгольме в 1906 г.
　　М., тип. Иванова, 1907, стр. 413 — 420)——33、41、42、43。

《[俄国社会民主工党第四次（统一）代表大会]议程》（Порядок дня[IV (Объеди-
　　нительного) съезда РСДРП]. — В кн. : Протоколы Объединительного
　　съезда РСДРП, состоявшегося в Стокгольме в 1906 г. М., тип. Иванова,
　　1907, стр. 3)——67。

[《俄国社会民主工党第五次代表大会议程草案（1907 年 1 月 31 日（2 月 13
　　日）俄国社会民主工党中央委员会拟定)》]（[Проект порядка дня V
　　съезда РСДРП, выработанный ЦК РСДРП 31 января(13 февраля)1907
　　г.]. —«Товарищ», Спб., 1907, No 181, 2 (15) февраля, стр. 5, в отд. : Из
　　жизни партий)——65 — 66、70。

[《俄国社会民主工党第五次（伦敦）代表大会议程》]（[Порядок дня V (Лон-
　　донского) съезда РСДРП]. — В кн. : Лондонский съезд Российской соц.-
　　демокр. раб. партии (состоявшийся в 1907 г.). Полный текст протоколов.
　　Изд. ЦК. Paris, 1909, стр. 62. (РСДРП))——340、366。

《俄国社会民主工党军事代表会议主要决议》[1906 年 10 月]（Главнейшие

резолюции военной конференции РСДРП. [Октябрь 1906 г.].—В
листовке: Краткое извлечение из протоколов 1-ой конференции органи-
заций РСДРП, ведущих работу в войсках. Б. м. , тип. ЦК РСДРП, 1906,
стр. 12 — 13. (РСДРП)) —— 299。

《俄国社会民主工党军事和战斗组织代表会议》(Конференция военных и
боевых организаций РСДРП. (Корреспонденция《Пролетария》).—«Про-
летарий», [Выборг], 1906, №9, 7 декабря, стр. 3 — 5. На газ. место изд. :
М.) —— 299。

《俄国社会民主工党军事和战斗组织第一次代表会议记录》(Протоколы
Первой конференции военных и боевых организаций РСДРП. Спб. , [тип.
«Свет»], 1907. IV, 168 стр.) —— 297、298、299、300、301 — 302、304 —
306、314。

《俄国社会民主工党伦敦代表大会 (1907 年召开)》(记录全文) (Лондонский
съезд Российской соц.-демокр. раб. партии (состоявшийся в 1907 г.).
Полный текст протоколов. Изд. ЦК. Paris, 1909. 486 стр. (РСДРП)) ——
3、4、308、309、312、313、316、319 — 321、322、324、326、340 — 345、346 —
347、348、350、351、353 — 354、355 — 356、357、359、362、366、371 — 384。

[《俄国社会民主工党莫斯科委员会关于对"工人代表大会"的态度的决议》
(1906 年 9 月)]([Резолюция Московского комитета РСДРП об отноше-
нии к«рабочему съезду». Сентябрь 1906 г.].—«Пролетарий», [Выборг],
1906, №4, 19 сентября, стр. 4. Под общ. загл. : 2-я конференция органи-
зации Центрального района. Приложения к отчету о II-й конференции
организаций Центрального района. Приложение №2. О рабочем съезде.
На газ. место изд. : М.) —— 8。

《俄国社会民主工党全国代表会议》(Всероссийская конференция РСДРП.
(Корреспонденция «Пролетария»).—«Пролетарий», [Выборг], 1906,
№8, 23 ноября, стр. 1 — 3. На газ. место изд. : М .) —— 33。

《俄国社会民主工党统一代表大会的决定和决议》[传单] (Постановления и
резолюции Объединительн. съезда Российской социал-демократической
рабочей партии. [Листовка]. [Спб.], тип. Центрального Комитета, [1906].

4 стр.（РСДРП））——63、100、226—227、228—229、347—348。

［《俄国社会民主工党在军队中进行工作的组织第一次代表会议关于拒绝参加军事和战斗组织共同举行的代表会议的决议》（1906 年 10 月）］（［Резолюция 1-ой конференции организаций РСДРП，ведущих работу в войсках，об отказе от участия в общей конференции военных и боевых организаций. Октябрь 1906 г.].—В листовке: Краткое извлечение из протоколов 1-ой конференции организаций РСДРП，ведущих работу в войсках.Б.м.，тип.ЦК РСДРП，1906，стр.4.（РСДРП））——299。

《俄国社会民主工党在军队中进行工作的组织第一次代表会议记录简短摘要》（Краткое извлечение из протоколов 1-ой конференции организаций РСДРП，ведущих работу в войсках.［Листовка］.Б.м.，тип.ЦК РСДРП，1906.13 стр.（РСДРП））——298、299、301、302、303。

［《俄国社会民主工党中央委员会就〈俄国社会民主工党军事和战斗组织第一次代表会议记录〉出版一事所写的一封信》］（［Письмо ЦК РСДРП о выходе из печати«Протоколов Первой конференции военных и боевых организаций РСДРП».—«Народная Дума»，Спб.，1907，№20，3（16）апреля，стр. 4，в отд.：Из партий)——297、298、299、300。

《俄国生活报》（圣彼得堡）（«Русская Жизнь»，Спб.）——344、360。

　—1907，№42，18 февраля（3 марта），стр.1.——29。

　—1907，№45，22 февраля（7 марта），стр.1，2.——41—43、344。

　—1907，№46，23 февраля（8 марта），стр.2—3.——44、45—49、68、72、97、99、100、101、103、360。

　—1907，№47，24 февраля（9 марта），стр.2—3.——73—74、75、87—99、100—101、105—106、108、109、221。

　—1907，№48，25 февраля（10 марта），стр.2—3.——55。

　—1907，№49，27 февраля（12 марта），стр.1，3.——58、61—62、63、64、90。

　—1907，№51，1（14）марта，стр.2.——283、284。

《俄罗斯新闻》（莫斯科）（«Русские Ведомости»，М.）——105—106。

　—1905，№210，5 августа，стр.3.——333。

《反社会民主党企图危害治安法》（1878 年 10 月 21 日）（Gesetz gegen die

gemeingefährlichen Bestrebungen der Sozialdemokratie. Vom 21.Oktober 1878.—«Reichs-Gesetzblatt»,Berlin,1878,N 34,S.351—358)——202、203、204。

《高加索社会民主主义工人组织代表会议》(Конференция кавказских социал-демократических рабочих организаций.[Женева,тип.партии,1905].8 стр. (РСДРП))——327。

《给各党组织的信》[第四封信](Письмо к партийным организациям.[№4]. 14 июля 1906 г.[Листовка].[Спб.,1906].5 стр.(РСДРП).Подпись:ЦК РСДРП)——303、309、316、369。

《给执政参议院的命令[关于农民土地银行以份地作抵押发放贷款]》[1906 年 11 月 15 日（28 日）](Указ правительствующему Сенату[о выдаче крестьянским поземельным банком ссуд под залог надельных земель.15 (28) ноября 1906 г.].—« Правительственный Вестник »,Спб.,1906, №256,18 ноября(1 декабря),стр.1)——68。

《给执政参议院的命令[关于农民退出村社和把份地确定为私人财产]》[1906 年 11 月 9 日（22 日）](Указ правительствующему Сенату[о выходе крестьян из общин и закреплении в собственность надельных участков.9 (22) ноября 1906 г.].—« Правительственный Вестник »,Спб.,1906, №252,12(25)ноября,стр.1)——68。

[《给执政参议院的命令(关于批准关于国家收支表审查程序和未列入收支表的支出项目如何从国库中开支的规定)》(1906 年 3 月 8 日(21 日))] ([Указ правительствующему Сенату об утверждении правил о порядке рассмотрения государственной росписи доходов и расходов,а равно о производстве из казны расходов,росписью не предусмотренных.8 (21) марта 1906 г.].—«Собрание узаконений и распоряжений правительства, издаваемое при правительствующем Сенате»,Спб.,1906,№51,10 марта, ст.335,стр.734—735)——155。

《给执政参议院的命令[关于修改与补充国家杜马的选举条例]》[1905 年 12 月 11 日（24 日）](Указ правительствующему Сенату[об изменениях и дополнениях в положении о выборах в Государственную думу. 11 (24) декабря 1905 г.].—«Правительственный Вестник», Спб., 1905, №268, 13 (26) декабря, стр. 1, в отд.: Действия правительства)——22、59、66、67、162。

《根据业主方面的材料所编的农业统计资料》（第5编）——见柯罗连科,谢·亚·《从欧俄工农业统计经济概述看地主农场中的自由雇佣劳动和工人的流动》。

《工作能拯救杜马吗?》(Спасет ли Думу работа? —«Общественное Дело», Спб., 1907, №1, 1(14) апреля, стр. 1)——174、177。

《公共事业报》(圣彼得堡)(«Общественное Дело», Спб.)——174。

　　—1907, №1, 1(14) апреля, стр. 1, 2——3.——174、175、177。

《关于彼得堡组织代表会议代表选举人情况的数字》(Цифровые данные о составе избирателей на конференцию Петербургской организации.—В листовке: Почему мы были вынуждены оставить конференцию? (Заявление 31 члена конференции, внесенное в ЦК). [Спб., 1907], стр. 7—8)——287、290—291。

《关于传闻》(По поводу слухов. —«Товарищ», Спб., 1907, №213, 11(24) марта, стр. 1)——71、102。

[《关于党的代表大会的问题》(俄国社会民主工党第二次代表会议("第一次全国代表会议")通过的决议)]([По вопросу о партийном съезде. Резолюция, принятая на Второй конференции РСДРП (« Первой Всероссийской »)].—«Пролетарий», [Выборг], 1906, №8, 23 ноября, стр. 3. Под общ. загл.: Всероссийская конференция РСДРП. (Корреспонденция «Пролетария»). На газ. место изд.: М.)——314。

《关于党在武装起义中的作用》[俄国社会民主工党军事和战斗组织第一次代表会议决议](载于《俄国社会民主工党军事和战斗组织第一次代表会议记录》1907年圣彼得堡版第116—117页)(О роли партии в вооруженном восстании. [Резолюция Первой конференции военных и боевых организаций РСДРП].—В кн.: Протоколы Первой конференции военных и боевых организаций РСДРП. Спб., [тип. «Свет»], 1907, стр. 116—117)——304—305。

《关于对国家杜马的态度》[俄国社会民主工党"爱沙尼亚边疆区联盟"代表会议通过的决议](Об отношении к Государственной думе.[Резолюция, принятая на конференции «Союза Эстонского края» РСДРП].—«Пролетарий», [Выборг], 1907, №15, 25 марта, стр. 6. Под общ. загл.: Конференция эстонских социал-демократов.(Письмо в редакцию). На газ. место изд.: М.)——107—108、109。

《关于对国家杜马的态度》[俄国社会民主工党第四次(统一)代表大会通过的决议](Об отношении к Государственной думе.[Резолюция, принятая на IV(Объединительном)съезде РСДРП].—В кн.: Протоколы Объединительного съезда РСДРП, состоявшегося в Стокгольме в 1906 г. М., тип. Иванова,1907,стр.414—416)——10、33、92。

[《关于对国家杜马的态度》(孟什维克在俄国社会民主工党第五次(伦敦)代表大会上提出的决议草案)]([Об отношении к Государственной думе. Проект резолюции меньшевиков, внесенный на V (Лондонском) съезде РСДРП].—В кн.: Лондонский съезд Российской соц.-демокр. раб. партии(состоявшийся в 1907 г.). Полный текст протоколов. Изд. ЦК. Paris,1909,стр.470—471)——357。

《[关于对国家杜马的态度的]决议(俄国社会民主工党中央委员会拟定)》(Резолюция [об отношении к Государственной думе], выработанная Центральным Комитетом РСДРП.—«Вперед»,Спб.,1906,№2,27 мая, стр.2,в отд.: Из жизни политических партий)——97、315。

《关于对国家杜马的态度的决议草案(由唐恩、柯里佐夫、马尔丁诺夫、马尔托夫、涅哥列夫等人在一批实际工作者参加下拟定)》[传单](Проект резолюции об отношении к Государственной думе, выработанный Даном, Кольцовым, Мартыновым, Мартовым, Негоревым и др. при участии группы практиков.[Листовка]. Б. м., февраль 1907.2 стр.)——74、87、165、264、359。

[《关于对国家杜马的态度的决议草案(由唐恩、柯里佐夫、马尔丁诺夫、马尔托夫、涅哥列夫等人在一批实际工作者参加下拟定)》](载于 1907 年 2 月 24 日(3 月 9 日)《俄国生活报》第 47 号)([Проект резолюции об

代表大会上提出的决议草案）〕（〔Об отношении к буржуазным партиям. Проект резолюции меньшевиков, внесенный на V（Лондонском）съезде РСДРП〕.—В кн.: Лондонский съезд Российской соц.-демокр. раб. партии（состоявшийся в 1907 г.）. Полный текст протоколов. Изд. ЦК. Paris, 1909, стр. 465.（РСДРП））——371、372、373—377。

〔《关于对资产阶级政党的态度》（一些孟什维克著作家和实际工作者提交俄国社会民主工党第五次（伦敦）代表大会的决议草案）〕（〔Об отношении к буржуазным партиям. Проект резолюции к V（Лондонскому）съезду РСДРП, выработанный группой меньшевиков-литераторов и практиков〕.—«Народная Дума», Спб., 1907, №12, 24 марта（6 апреля）, стр. 4, в отд.: Из партий）——330—332、333—335、337、348、370—371、376。

《关于对自由派-民主派政党的态度》〔孟什维克向俄国社会民主工党第四次（统一）代表大会提出的决议草案〕（Об отношении к либерально-демократическим партиям.〔Проект резолюции меньшевиков к IV（Объединительному）съезду РСДРП〕.—«Партийные Известия», 〔Спб.〕, 1906, №2, 20 марта, стр. 10. Под общ. загл.: Проект резолюций к предстоящему съезду, выработанный группой «меньшевиков» с участием редакторов «Искры»）——62、309、330—331、370。

〔《关于俄国社会民主工党在选举运动中的策略》（俄国社会民主工党第二次代表会议（"第一次全国代表会议"）通过的决议）〕（〔О тактике РСДРП в избирательной кампании. Резолюция, принятая на Второй конференции РСДРП（«Первой Всероссийской»）〕.—«Пролетарий», 〔Выборг〕, 1906, №8, 23 ноября, стр. 2. Под общ. загл.: Всероссийская конференция РСДРП.（Корреспонденция «Пролетария»）. На газ. место изд.: М.）——10、34、42、66。

〔《关于反对派议会党团会议的报道（1907年2月19日（3月4日））》〕（载于1907年2月20日（3月5日）《同志报》第196号）（〔Сообщение о совещании членов оппозиционных парламентских фракций. 19 февраля（4 марта）1907 г.〕.—«Товарищ», Спб., 1907, №196, 20 февраля（5 марта）, стр. 2, в отд.: Вечерние известия）——30。

[《关于反对派议会党团会议的报道(1907 年 2 月 19 日(3 月 4 日)))》](载于 1907
　　年 2 月 20 日(3 月 5 日)《言语报》第 42 号)([Сообщение о совещании
　　членов оппозиционных парламентских фракций. 19 февраля (4 марта)
　　1907 г.].—«Речь», Спб., 1907, №42, 20 февраля (5 марта), стр. 3, в отд.:
　　Вечерние известия)——30。

《关于革命的时局和无产阶级的任务》[孟什维克向俄国社会民主工党第四次
　　(统一)代表大会提出的决议草案](О современном моменте революции и
　　задачах пролетариата.[Проект резолюции меньшевиков к IV (Объеди-
　　нительному) съезду РСДРП].—«Партийные Известия», [Спб.], 1906,
　　№2, 20 марта, стр. 9. Под общ. загл.: Проект резолюций к предстоящему
　　съезду, выработанный группой «меньшевиков» с участием редакторов
　　«Искры»)——67、309。

[《关于各地的选举运动的统一》》(俄国社会民主工党第二次代表会议("第一次
　　全国代表会议")通过的决议)]([Об единстве избирательной кампании на
　　местах. Резолюция, принятая на Второй конференции РСДРП («Первой
　　Всероссийской»)].—«Пролетарий», [Выборг], 1906, №8, 23 ноября, стр.
　　2. Под общ. загл.: Всероссийская конференция РСДРП. (Корреспонденция
　　«Пролетария»). На газ. место изд.: М.)——10、277、279。

《关于工人代表大会问题》(К вопросу о рабочем съезде.—В кн.: «Освобождение
　　труда». Сб. статей по рабочему вопросу. [Одесса], «Освобождение Труда»,
　　[1907], стр. 13—22. Подпись: Фрид-ъ.)——7。

《关于国家杜马选举》(К выборам в Государств[енную] думу.—«Речь», Спб.,
　　1906, №216, 14 (27) ноября, стр. 3, в отд.: Хроника)——15、84。

《关于国家收支表审查程序和未列入收支表的支出项目如何从国库中开支的
　　规定》(Правила о порядке рассмотрения государственной росписи
　　доходов и расходов, а равно о производстве из казны расходов, росписью
　　не предусмотренных.—«Собрание узаконений и распоряжений правитель-
　　ства, издаваемое при правительствующем Сенате», Спб., 1906, №51, 10
　　марта, ст. 335, стр. 735—737)——155。

《关于国债的决议[俄国社会民主工党第五次(伦敦)代表大会通过]》(Резолю-

ция о займе, [принятая на Ⅴ (Лондонском) съезде РСДРП].—В кн.:
Лондонский съезд Российской соц.-демокр. раб. партии (состоявшийся в
1907 г.). Полный текст протоколов. Изд. ЦК. Paris, 1909, стр. 435, 458.
(РСДРП)——362。

《关于临时政府》[高加索社会民主主义工人组织代表会议决议] (О времен-
ном правительстве. [Резолюция конференции кавказских социал-демокра-
тических рабочих организаций].—В кн.: Конференция кавказских социал-
демократических рабочих организаций. [Женева, тип. партии, 1905], стр.
3. (РСДРП))——327。

[《关于群众性工人组织和工人代表大会的决议草案(由一批孟什维克著作家
和实际工作者拟定,准备提交俄国社会民主工党第五次代表大会)》]
([Проект резолюции о массовых рабочих организациях и о рабочем
съезде, выработанный к Ⅴ съезду РСДРП группой литераторов и
практиков меньшевиков].—«Народная Дума», Спб., 1907, №13, 25
марта (7 апреля), стр. 5—6, в отд.: Из партий)——165—168、243—252。

《关于社会革命党第二次(紧急)代表大会的通知》(Извещение о втором (экстрен-
ном) съезде партии соц.-рев.—«Партийные Известия», [Спб.], 1907,
№6, 8 марта, стр. 1—3)——181。

[《关于社会革命党、劳动团、人民社会党和孟什维克的代表同立宪民主党人
的一次会议的报道》](载于 1907 年 1 月 19 日(2 月 1 日)《同志报》第
169 号) ([Сообщение о совещании представителей с.-р., Трудовой
группы, н.-с. и меньшевиков с кадетами].—«Товарищ», Спб., 1907,
№169, 19 января (1 февраля), стр. 4, в отд.: Вечерние известия)——269。

[《关于社会革命党、劳动团、人民社会党和孟什维克的代表同立宪民主党人
的一次会议的报道》](载于 1907 年 1 月 19 日(2 月 1 日)《言语报》第 15
号) ([Сообщение о совещании представителей с.-р., Трудовой группы, н.-
с. и меньшевиков с кадетами].—«Речь», Спб., 1907, №15, 19 января (1
февраля), стр. 4, в отд.: Из жизни партий)——13、269。

[《关于无产阶级在民主革命现阶段的阶级任务》]([О классовых задачах
пролетариата в современный момент демократической революции. Проект

резолюции к V съезду РСДРП].—«Пролетарий», [Выборг], 1907, №14, 4 марта, стр. 3. Под общ. загл.: Проекты резолюций к Пятому съезду РСДРП. На газ. место изд.: М.)——36、383。

《关于在军官中的工作》[俄国社会民主工党军事代表会议的主要决议](О работе среди офицеров. [Главнейшие резолюции военной конференции РСДРП. Октябрь 1906 г.].—В листовке: Краткое извлечение из протоколов 1-ой конференции организаций РСДРП, ведущих работу в войсках. Б. м., тип. ЦК РСДРП, 1906, стр. 13. (РСДРП))—— 301、302、303。

《关于在军官中的工作》[俄国社会民主工党军事和战斗组织第一次代表会议决议] (О работе среди офицеров. [Резолюция Первой конференции военных и боевых организаций РСДРП].—В кн.: Протоколы Первой конференции военных и боевых организаций РСДРП. Спб., [тип. «Свет»], 1907, стр. 132)—— 301 — 302。

[《关于召开工人代表大会的鼓动范围问题》(俄国社会民主工党第二次代表会议("第一次全国代表会议")通过的决议)] ([К вопросу о пределах агитации за рабочий съезд. Резолюция, принятая на Второй конференции РСДРП(«Первой Всероссийской»)].—«Пролетарий», [Выборг], 1906, №8, 23 ноября, стр. 3. Под общ. загл.: Всероссийская конференция РСДРП. (Корреспонденция «Пролетария»). На газ. место изд.: М.) —— 8。

《国家报》(圣彼得堡)(«Страна», Спб.)—— 11、280。

—1907, №8, 11(24) января, стр. 4.—— 11、280。

《[国家杜马的]速记记录》(第 1 卷)(Стенографические отчеты [Государственной думы]. 1906 год. Сессия первая. Т. I. Заседания 1 — 18(с 27 апреля по 30 мая). Спб., гос. тип., 1906. XXII, 866 стр. (Государственная дума))—— 63 — 64、81、115、116、117、135 — 136、138、144 — 145、151、163、227 — 228、315。

《[国家杜马的]速记记录》(第 2 卷)(Стенографические отчеты [Государственной думы]. 1906 год. Сессия первая. Т. II. Заседания 19 — 38(с 1 июня по 4

июля). Спб., гос. тип., 1906, стр. 867 — 2013. (Государственная дума))
——315。

《［国家杜马］第15次会议》(1906年5月26日)(Заседание пятнадцатое
［Государственной думы］. 26 мая 1906 г.—В кн.: Стенографические
отчеты［Государственной думы］. 1906 год. Сессия первая. Т. I. Заседания
1—18 (с 27 апреля по 30 мая). Спб., гос. тип., 1906, стр. 639 — 686.
(Государственная дума))——144—145、147—148。

《国家杜马新闻》(В Государственной думе. 27 марта.—«Новое Время», Спб.,
1907, № 11150, 28 марта (10 апреля), стр. 3 — 4. Подпись: Вс. Сухадрев)
——162。

《回声出版社刊》文集 (Издательство «Отголоски», Спб.)——186。

《回声出版社刊》文集 (第5辑)(Издательство «Отголоски». Сб. V. Спб., тип.
Вейсбрута, 1907, 80 стр.)——248—249、383。

《回声》文集——见《回声出版社刊》文集。

《火星报》(旧的、列宁的)［莱比锡—慕尼黑—伦敦—日内瓦］(«Искра»
(старая, ленинская), ［Лейпциг—Мюнхен—Лондон—Женева］) — 254、
342—343。

《火星报》(新的、孟什维克的)［日内瓦］(«Искра» (новая, меньшевистская),
［Женева］)——48—49、327。

——1905, №110, 10 сентября, стр. 1 — 2.——48—49。

《集会法草案》(Законопроект о собраниях.—«Речь», Спб., 1906, № 89, 2 (15)
июня. Приложение к № 89 «Речи». Государственная дума, стр. 4)——63。

《交易所新闻》(圣彼得堡)(1907年6月7日(20日)，晚上版)(«Биржевые
Ведомости». Вечерний выпуск, Спб., 1907, № 9934, 7 (20) июня, стр. 3)
——385—386。

《敬礼》杂志［圣彼得堡］(«Привет», ［Спб.］, 1907, № 2, 28 марта, стр. 6 — 8,
10—15)——186。

《军事和战斗组织在武装起义中的作用》［俄国社会民主工党军事和战斗组织
第一次代表会议的决议］(Роль воен［ных］ и боев［ых］ о［рганизац］ий в
воор［уженном］ восстании. ［Резолюция Первой конференции военных и

боевых организаций РСДРП].—«Пролетарий», [Выборг], 1906, №9, 7 декабря, стр. 4. Под общ. загл.: Конференция военных и боевых организаций РСДРП. На газ. место изд.: М.)——300。

《军事组织的任务》[俄国社会民主工党军事和战斗组织第一次代表会议的决议](Задачи воен[ных] организаций. [Резолюция Первой конференции военных и боевых организаций РСДРП].—«Пролетарий», [Выборг], 1906, №9, 7 декабря, стр. 3. Под общ. загл.: Конференция военных и боевых организаций РСДРП. На газ. место изд.: М.)——305。

《卡·马克思、弗·恩格斯和斐·拉萨尔的遗著》(第 2 卷)(Aus dem literarischen Nachlaß von K. Marx, F. Engels und F. Lassalle. Hrsg. von F. Mehring. Bd. II. Gesammelte Schriften von K. Marx und F. Engels. Von Juli 1844 bis November 1847. Stuttgart, Dietz, 1902. VIII, 482 S.)——261—262。

《卡·马克思、弗·恩格斯和斐·拉萨尔的遗著》(第 3 卷)(Aus dem literarischen Nachlaß von K. Marx, F. Engels und F. Lassalle. Hrsg. von F. Mehring. Bd. III. Gesammelte Schriften von K. Marx und F. Engels. Von Mai 1848 bis Oktober 1850. Stuttgart, Dietz, 1902. VI, 491 S.)——261—262。

《开端报》(圣彼得堡)(«Начало», Спб.)——189、384。

—1905, №3, 16(29) ноября, стр. 1.——189、321—322。

[《柯夫诺通讯》]([Корреспонденция из Ковно].—«Пролетарий», [Выборг], 1907, №13, 11 февраля, стр. 8. Под общ. загл.: К материалам избирательной кампании)——275。

《浪潮报》(圣彼得堡)(«Волна», Спб., 1906, №12, 9 мая, стр. 3)——358。

《劳动解放》文集(«Освобождение труда». Сб. статей по рабочему вопросу. [Одесса], «Освобождение труда», [1907]. 128 стр.)——7。

《劳动派的土地法案》——见《土地法基本条例草案(由 104 个国家杜马代表提出)》。

《劳动人民报》(圣彼得堡)(«Трудовой Народ», Спб.)——169。

—1907, №14, 30 марта, стр. 1.——169、172。

［《里加市拥有全权的进步复选人关于企图越狱的里加中心监狱政治犯就要
被送交战地法庭的电报（1907 年 4 月 3 日（16 日））》］（［Телеграмма
уполномоченных прогрессивных выборщиков г. Риги о предании военно-
полевому суду политических заключенных рижской центральной тюрь-
мы，пытавшихся совершить побег. 3（16）апреля 1907 г.].—«Народная
Дума»，Спб.，1907，№21，4（17）апреля，стр. 6. Под общ. загл. : Стенограф-
ический отчет. Заседание［Государственной думы］3 апреля［1907 г.]，в
отд. : Государственная дума）——183。

《立宪民主党的土地法案》——见《土地问题基本条例草案（由 42 个国家杜马
代表提出）》。

《"立宪民主党"和"资产阶级民主派"》（«Кадеты» и «буржуазная демокра-
тия».—«Речь»，Спб.，1907，№74，29 марта（11 апреля），стр. 1. Подпись:
М.）——172。

《立宪民主党里发生动荡》（Брожение среди кадетов.（Мнение П. Б. Струве).—
«Биржевые Ведомости». Вечерний выпуск，Спб.，1907，№9934，7（20）
июня，стр. 3. Подпись: Ergo）——385—386。

《立宪民主党人在进攻》（Кадеты наступают.—«Новый Луч»，Спб.，1907，№3，
22 февраля，стр. 1）——43。

《联合事业》文集（Союзное дело. №1. Сб. по вопросам профессионального движе-
ния и кооперации. М.，тип. Бутаева，1907. 16 стр.）——8。

《论全俄工人代表大会》文集（О всероссийском рабочем съезде. Сб. статей. М.，
1907. 128 стр.（К очередному съезду РСДРП））——165、243、250—251。

《罗斯法典》（«Русская Правда».［Первый письменный свод законов и княже-
ских постановлений в древней Руси XI—XII вв.]）——126。

《"孟什维克"派及〈火星报〉编辑向本次代表大会提出的决议草案》（Проект
резолюций к предстоящему съезду，выработанный группой «меньшевиков»
с участием редакторов «Искры».—«Партийные Известия»，［Спб.]，1906，
№2，20 марта，стр. 9—11）——62、67、309、330、370。

《内阁宣言［彼·阿·斯托雷平在 1907 年 3 月 6 日（19 日）国家杜马会议上宣
读]》（Декларация министерства，［оглашенная П. А. Столыпиным на

заседании Государственной думы 6(19) марта 1907 г.].—«Товарищ»,
Спб.,1907,№209,7(20) марта,стр.3 — 4,в отд.:Государственная дума)
——125。

《农民代表消息报》(圣彼得堡)(«Известия Крестьянских Депутатов»,Спб.)
——228。

—[1907],№8,27 мая,стр.1.——145。

《农民和立宪民主党人》(Крестьяне и кадеты.—«Известия Крестьянских Депу-
татов»,Спб.,[1907],№8,27 мая,стр.1)——145。

《〈评论〉出版社刊》文集(Издательство«Отклики»,Спб.)——197。

《〈评论〉出版社刊》文集(第 2 辑)(Издательство «Отклики». Сб. II. Спб.,
[Электропеч.Левенштейн],1907.76 стр.)——197。

《评论》文集——见《〈评论〉出版社刊》文集。

《前进报》(柏林)(«Vorwärts»,Berlin)——263。

—Berlin,1907,N 55,6.März,S.1.——263。

《前进报》(圣彼得堡)(«Вперед»,Спб.,1906,№1,26 мая,стр.1)——145。

—1906,№2,27 мая,стр.2.——98、315。

《全俄党的工作者第一次代表会议》(Первая общерусская конференция пар-
тийных работников. Отдельное приложение к №100 «Искры». Женева,
тип.партии,1905.31 стр.(РСДРП))——308、367、368、370。

《[全俄党的工作者第一次]代表会议通过的决议》(Резолюции,принятые[первой
общерусской] конференцией [партийных работников].—В кн.: Первая
общерусская конференция партийных работников. Отдельное приложение к
№100«Искры», Женева, тип. партии, 1905, стр. 15 — 30. (РСДРП))——
308、367。

《全俄工人代表大会》文集(Всероссийский рабочий съезд.Сб.статей.М.,«Орга-
низация»,1907.88 стр.)——249、250。

《人道报》(巴黎)(«L'Humanité»,Paris,1907,N 1082,4 avril,p.2)——324。

《人们为什么议论纷纷?》(Из-за чего шум? —«Товарищ»,Спб.,1907,№218,
17(30) марта,стр.2—3)——102。

(人民报》(圣彼得堡)(«Народная Газета»,Спб.,1907,№1,10(23)апреля,стр.

3—4)——237、238—241。

——1907,№2,11(24)апреля,стр.1.——293—294。

《人民杜马报》(圣彼得堡)(«Народная Дума»,Спб.)——190—191。

——1907,№12,24 марта(6 апреля),стр.4.——329、330—332、333—334、
337、348、370—371、376。

——1907,№13,25 марта(7 апреля),стр.5—6.——165—168、243—252。

——1907,№20,3(16)апреля,стр.4.——297、298、299、300—301。

——1907,№21,4(17)апреля,стр.1,2,3—4,6.——182—185、186—187、
188—191、194—195。

《人民自由党》(Партия народной свободы.—«Речь»,Спб.,1907,№48,27 февра-
ля(12 марта),стр.2—3,в отд.:Государственная дума)——57—
58、59。

[《35 名国家杜马代表在讨论地方土地委员会问题时提出的书面声明》]
([Письменное заявление 35 членов Государственной думы,внесенное при
обсуждении вопроса о местных земельных комитетах].—В кн.:Стено-
графические отчеты[Государственной думы].1906 год.Сессия первая.Т.Ⅰ.
Заседания 1—18(с 27 апреля по 30 мая).Спб.,гос. тип.,1906,стр.588—
590.(Государственная дума))——144—145。

《社会党策略的国际准则》[阿姆斯特丹国际社会党代表大会决议](Interna-
tionale Regeln der sozialistischen Taktik.[Die Resolution des Internation-
alen Sozialistenkongresses zu Amsterdam].—In:Internationaler Sozia-
listenkongreß zu Amsterdam. 14. bis 20. August 1904. Berlin, Expedition
der Buchhandlung«Vorwärts»,1904,S.31—32)——62。

《社会革命党第二次(紧急)代表大会的决定》([Постановления второго(экстрен-
ного) съезда партии социалистов-революционеров].—«Товарищ»,Спб.,
1907,№197,21 февраля(6 марта),стр.5,в отд.:Из жизни партий)——
36—40、181。

《社会革命党第二次(紧急)代表大会记录》(Протоколы второго(экстренного)
съезда партии социалистов-революционеров. Спб.,[тип. журн. « Знамя
Труда»],1907.180 стр.)——36。

《社会科学和社会政治年鉴》杂志(苏黎世)(«Jahrbuch für Sozialwissenschaft und Sozialpolitik», Zürich, 1879, 1. Hälfte, S. 75—96)——203。

《社会民主党代表会议和协议》(Социал-демократическая конференция и соглашения.—«Речь», Спб., 1907, №8, 11 (24) января, стр. 1)——11、280。

《社会民主党党团宣言[在3月19日(4月1日)国家杜马会议上宣读]》(Декларация соц[иал]-дем[ократической] фракции, [зачитанная на заседании Государственной думы 19 марта (1 апреля)].—«Товарищ», Спб., 1907, №220, 20 марта (2 апреля), стр. 4, в отд: Государственная дума)——114、135、140、144。

《社会民主党国家杜马党团》(Социал-демократич[еская] фракция Гос[ударственной] думы.—«Русская Жизнь», Спб., 1907, №49, 27 февраля (12 марта), стр. 3)——58。

《社会民主党[国家杜马]党团[关于1907年国家收支表审查程序问题的]决议》(Резолюция с.-д. фракции [Государственной думы по вопросу о порядке рассмотрения росписи государственных доходов и расходов на 1907 г.].—«Товарищ», Спб., 1907, №223, 23 марта (5 апреля), стр. 5)——156—159。

《社会民主党和工人运动》(Социал-демократия и рабочее движение.—В кн.: Издательство«Отклики». Сб. II. Спб., Электропеч. Левенштейн, 1907, стр. 25—28. Подпись: М. П—н.)——197。

《社会民主党内的协调问题》(Вопрос о соглашениях в партии соц[иал]-дем[ократов].—«Страна», Спб., 1907, №8, 11 (24) января, стр. 4)——11—12、280—281。

《社会民主党人报》(圣彼得堡)(«Социал-Демократ», Спб.)——222、314、344。
—1906, №1, 17 сентября, стр. 6.——222、314。
—1906, №6, 3 ноября, стр. 1—2. На газ. дата: 3 октября.——35、344。

《社会民主党人报》(苏黎世—伦敦)(«Der Sozialdemokrat», Zürich—London)——203。

《〈社会民主党人日志〉第8期抽印本》(Отдельный оттиск из №8 «Дневника

Социал-Демократа». Женева, сентябрь 1906, стр. 1 — 6. (РСДРП))
—— 314。

《社会民主党人日志》[日内瓦]（«Дневник Социал-Демократа»,[Женева],
1906, №7, август, стр. 6 — 15)—— 303 — 304。

[《社会民主党人、社会革命党人和无党派人士初选人大会的决议（1907 年 1
月 28 日（2 月 10 日）)»][Резолюция собрания уполномоченных социал-
демократов, эсеров и беспартийных. 28 января（10 февраля) 1907 г.].—
«Товарищ», Спб., 1907, №178, 30 января（12 февраля), стр. 4. Под общ.
загл.: Совещание уполномоченных от рабочих)—— 281。

《社会主义月刊》》（柏林）(«Sozialistische Monatshefte», Berlin)—— 103、263。
—1907, Bd. 1, Hft. 4, April, S. 291 — 296.—— 263。

《甚至在这儿!》》(Даже тут! —«Русская Жизнь», Спб., 1907, №45, 22 февраля
（7 марта), стр. 2)—— 41 — 43。

圣彼得堡, 5 月 25 日。[社论](С.-Петербург, 25 мая.[Передовая].—«Речь»,
Спб., 1906, №82, 25 мая（7 июня), стр. 1)—— 145 — 146。

圣彼得堡, 1 月 14 日。[社论](С.-Петербург, 14-го января.[Передовая].—
«Речь», Спб., 1907, №11, 14(27) января, стр. 1)—— 13、280。

圣彼得堡, 2 月 18 日。[社论](С.-Петербург, 18 февраля.[Передовая].—
«Русская Жизнь», Спб., 1907, №42, 18 февраля（3 марта), стр. 1)—— 29。

圣彼得堡, 2 月 22 日。[社论](С.-Петербург, 22 февраля.[Передовая].—
«Речь», Спб., 1907, №44, 22 февраля（7 марта), стр. 1)—— 38、181。

圣彼得堡, 2 月 27 日。[社论](С.-Петербург, 27 февраля.[Передовая].—
«Речь», Спб., 1907, №48, 27 февраля（12 марта), стр. 1)—— 88。

圣彼得堡, 3 月 13 日。[社论](С.-Петербург, 13 марта.[Передовая].—
«Речь», Спб., 1907, №60, 13(26) марта, стр. 1)—— 71、101 — 102。

圣彼得堡, 3 月 18 日。(С.-Петербург, 18 марта.—«Речь», Спб., 1907, №65,
18(31) марта, стр. 1)—— 111。

圣彼得堡, 3 月 20 日。[社论](С.-Петербург, 20 марта.[Передовая].—
«Речь», Спб., 1907, №66, 20 марта（2 апреля), стр. 1)—— 112。

圣彼得堡, 3 月 24 日。[社论](С.-Петербург, 24-го марта.[Передовая].—

《Товарищ》, Спб., 1907, №224, 24 марта (6 апреля), стр. 1) —— 156
—159。

圣彼得堡,3 月 28 日。[社论](С.-Петербург, 28 марта. [Передовая].—
《Речь》,Спб.,1907,№73,28 марта(10 апреля),стр.1)——161—162。

圣彼得堡,4 月 1 日。[社论](С.-Петербург, 1 апреля. [Передовая].—
《Общественное Дело》,Спб.,1907,№1,1(14)апреля,стр.1)——174。

圣彼得堡,4 月 3 日。[社论](С.-Петербург, 3 апреля.[Передовая].—《Речь》,
Спб.,1907,№78,3(16)апреля,стр.1)——178—181、183。

圣彼得堡,4 月 11 日。[社论](С.-Петербург, 11 апреля. [Передовая].—
《Народная Газета》,Спб.,1907,№2,11(24) апреля,стр. 1)—— 293
—294。

《圣彼得堡社会民主党组织代表会议第三次会议》(Третья сессия конференции
Спб. с.-д. организации.—《Пролетарий》,[Выборг],1907,№14,4 марта,
стр.1—3)——265、273。

《十一月土地法》——见《给执政参议院的命令[关于农民退出村社和把份地确
定为私人财产]》[1906 年 11 月 9 日(22 日)]和《给执政参议院的命令[关
于农民土地银行以份地作抵押发放贷款]》[1906 年 11 月 15 日(28 日)]。

《收成和粮价对俄国国民经济某些方面的影响》(Влияние урожаев и хлебных
цен на некоторые стороны русского народного хозяйства. Под ред. проф.
А. И. Чупрова и А. С. Посникова. Т. I — II. Спб., 1897. 2 т.)——127—128。

《斯托雷平宣言》——见《政府宣言[彼·阿·斯托雷平在 1907 年 3 月 6 日
(19 日)国家杜马会议上宣读]》。

《速记记录([1907 年 3 月 6 日国家杜马]第 5 次会议)》(载于 1907 年 3 月 7
日(20 日)《同志报》第 209 号)(Стенографический отчет. 5-ое заседание
[Государственной думы 6 марта 1907 г.].—《Товарищ》,Спб.,1907,
№209,7(20)марта,стр.3—4,в отд.:Государственная дума)——125。

《速记记录([1907 年]3 月 9 日[国家杜马]会议)》(载于 1907 年 3 月 10 日
(23 日)《同志报》第 211 — 212 号)(Стенографический отчет. Заседание
[Государственной думы] 9 марта [1907 г.].—《Товарищ》,Спб.,1907,
№211—212,10(23)марта,стр.4—5,в отд.:Государственная дума)——

70、74—75。

《速记记录([1907年]3月19日[国家杜马]会议)》(载于1907年3月20日
(4月2日)《同志报》第220号)(Стенографический отчет. Заседание
[Государственной думы] 19 марта [1907 г.].—«Товарищ», Спб., 1907,
№220, 20 марта (2 апреля), стр.3—5, в отд.: Государственная дума)——
111—112、114—119、120—124、126、127、131—144、149—153。

《速记记录([1907年]3月22日[国家杜马]会议)》(载于1907年3月23日
(4月5日)《同志报》第223号)(Стенографический отчет. Заседание
[Государственной думы] 22 марта [1907 г.].—«Товарищ», Спб., 1907,
№223, 23 марта (5 апреля), стр.3—5)——156—159。

《速记记录([1907年]3月23日[国家杜马]会议)》(载于1907年3月24日
(4月6日)《同志报》第224号)(Стенографический отчет. Заседание
[Государственной думы] 23 марта [1907 г.].—«Товарищ», Спб., 1907,
№224, 24 марта (6 апреля), стр.4—5)——156—159。

《速记记录([1907年]3月27日[国家杜马]会议)》(载于1907年3月29日
(4月11日)《同志报》第228号)(Стенографический отчет. Заседание
[Государственной думы] 27 марта [1907 г.].—«Товарищ», Спб., 1907,
№228, 29 марта (11 апреля), стр.4)——161。

《速记记录([1907年]4月3日[国家杜马]会议)》(载于1907年4月4日(17
日)《人民杜马报》第21号)(Стенографический отчет. Заседание
[Государственной думы] 3 апреля [1907 г.].—«Народная Дума», Спб.,
1907, №21, 4(17) апреля, стр.3—4, 6, в отд.: Государственная дума)——
182—185。

《同志报》(圣彼得堡)(«Товарищ», Спб.)——11、54、71—72、102、156—159、
254、265、280、321、375、376、385。

　—1906, №122, 24 ноября (7 декабря), стр.2.——44、101、305—306、317、
342、343、353、377。

　—1907, №161, 10(23) января, стр.1.——11、280。

　—1907, №169, 19 января (1 февраля), стр.4.——269、281、324。

　—1907, №170, 20 января (2 февраля), стр.5.——268、281。

—1907,№177,28 января(10 февраля),стр.4.——265、267—268、270、271、272、276。

—1907,№178,30 января(12 февраля),стр.4.——281—282。

—1907,№181,2(15)февраля,стр.5.——66、70。

—1907,№196,20 февраля(5 марта),стр.2.——30。

—1907,№197,21 февраля(6 марта),стр.5.——36—40、180—181。

—1907,№209,7(20)марта,стр.3—4.——125。

—1907,№211—212,10(23)марта,стр.4—5.——70、74。

—1907,№213,11(24)марта,стр.1.——71—72、102。

—1907,№214,13(26)марта,стр.4.——102。

—1907,№218,17(30)марта,стр.2—3.——102。

—1907,№220,20 марта(2 апреля),стр.3—5.—— 111—112、114—119、120—124、126、128、131—144、149—153。

—1907,№221,21 марта(3 апреля),стр.6.——141。

—1907,№223,23 марта(5 апреля),стр.3—5.——156—159。

—1907,№224,24 марта(6 апреля),стр.1,4—5.——156—159。

—1907,№228,29 марта(11 апреля),стр.4.——161。

—1907,№237,8(21)апреля,стр.2.——217—220。

—1907,№260,8(21)мая,стр.1—2.——385。

—1907,№280,31 мая(13 июня),стр.2.——385。

《[土地法]基本条例草案[由 104 个国家杜马代表提出]》(Проект основных положений[земельного закона, внесенный 104 членами Государственной думы].—В кн.: Стенографические отчеты[Государственной думы]. 1906 год.Сессия первая.Т.I.Заседания 1—18(с 27 апреля по 30 мая).Спб., гос. тип., 1906,стр.560—562.(Государственная дума))——63—64、81、115、116、117、135—136、138、151、227—228。

《土地纲领[俄国社会民主工党第四次(统一)代表大会通过]》(Аграрная программа,[принятая на IV(Объединительном)съезде РСДРП].—В листовке:Постановления и резолюции Объединительн.съезда Российской социал-демократической рабочей партии. [Спб.], тип. Центрального

Комитета,[1906],стр.1.(РСДРП)）——63、101、226—227、228—229、347—348。

[《土地问题基本条例草案（由42个国家杜马代表提出)》]（[Проект основных положений по аграрному вопросу,внесенный 42 членами Государственной думы].—В кн.:Стенографические отчеты[Государственной думы].1906 год.Сессия первая.Т.I.Заседания 1—18(с 27 апреля по 30 мая).Спб.,гос.тип.,1906,стр.248—251)——63—64、163、227—228。

[《退出彼得堡社会民主党代表会议的代表的会议决议》](1907 年 1 月 17 日)]（[Резолюция собрания выделившихся из петербургской социал-демократической конференции членов.17 января 1907 г.].—«Товарищ»,Спб.,1907,№169,19 января（1 февраля),стр.4,в отд.:Вечерние известия)——280、324。

[《退出俄国社会民主工党彼得堡市代表会议的代表的执行机关向工人和社会民主党选民发表的宣言》]（[Воззвание к рабочим и социал-демократическим избирателям исполнительного органа выделившейся части общегородской Петербургской конференции РСДРП].—« Товарищ »,Спб.,1907,№170,20 января(2 февраля),стр.5,в отд.:Из жизни партий)——268、281。

《维特——交易所的代理人，司徒卢威——维特的代理人》（Витте — агент биржи,Струве — агент Витте.—« Начало»,Спб.,1905,№3,16（29）ноября,стр.1)——189、321—322。

《为什么我们要退出代表会议？（出席代表会议的 31 个代表致中央委员会的声明)》（Почему мы были вынуждены оставить конференцию？（Заявление 31 члена конференции,внесенное в ЦК).[Спб.,1907].8 стр.)——281、284—285、286—287、290—291。

《未来》杂志(柏林)(«Zukunft»,Berlin)——201。

《我们的回声报》(圣彼得堡)(«Наше Эхо»,Спб.,1907,№5,30 марта,стр.2)——243。

—1907,№7,1 апреля,стр.1.——187。

—1907,№8,3 апреля,стр.1.——178。

—1907,№4,23 февраля,стр.3.——181。

—1907,№7,27 февраля,стр.3.——90。

《新莱茵报》(科隆)(«Neue Rheinische Zeitung»,Köln)——261、342。

《新力报》(圣彼得堡)(«Новые Силы»,Спб.)——50。

—1907,№7,23 февраля(8 марта),стр.1.——50、52、54。

《新时报》(圣彼得堡)«Новое Время»,Спб.)——45、125、159、161、162。

—1907,№11068,4(17)января,стр.3.——12。

—1907,№11130,8(21)марта,стр.2—3.——125。

—1907,№11150,28 марта(10 апреля),стр.2,3—4.——162。

—1907,№11157,4(17)апреля,стр.3.——184。

《新时代》杂志(斯图加特)(«Die Neue Zeit»,Stuttgart)——257、262。

—1906—1907,Jg.25,Bd.1,N 1,S.10—19;N 2,S.50—57.——196、201、205—207。

—1906—1907,Jg.25,Bd.1,N 9,S.284—290;N 10,S.324—333.——341。

—1906—1907,Jg.25,Bd.1,N 23,S.761—764.——257—263。

《信条》(Credo.—В кн.:[Ленин,В.И.]Протест российских социал-демократов. С послесл. от ред. «Рабочего Дела». Изд. Союза русских социал-демократов. Женева, тип. «Союза», 1899, стр. 1 — 6. (РСДРП. Оттиск из №4—5«Рабочего Дела»))——254。

《宣言》(1905 年 10 月 17 日(30 日))(Манифест.17(30)октября 1905 г.—«Правительственный Вестник»,Спб.,1905,№222,18(31)октября,стр.1)——78。

《选举法》——见《给执政参议院的命令[关于修改与补充国家杜马的选举条例]》[1905 年 12 月 11 日(24 日)]。

《选举纲领草案(俄国社会民主工党中央委员会提出)》(Проект избирательной платформы, предложенный Центральным Комит[етом] РСДРП.—«Социал-Демократ»,Спб.,1906,№6,3 ноября,стр.1—2. На газ. дата: 3 октября)——35、344。

《言语报》(圣彼得堡)(«Речь»,Спб.)—— 11、30、71、77、84、111、145、178、183、280。

—1906, №82, 25 мая(7 июня), стр.1.——145—146。

—1906, №89, 2 (15) июня. Приложение к №89 «Речи». Государственная дума, стр.4.——63。

—1906, №216, 14(27)ноября, стр.3.——15、84。

—1907, №8, 11(24)января, стр.1.——11、280。

—1907, №11, 14(27)января, стр.1.——13、280。

—1907, №15, 19 января(1 февраля), стр.4.——12、269。

—1907, №37, 14(27)февраля, стр.5.——19、83、84、231、233、317。

—1907, №42, 20 февраля(5 марта), стр.3.——30。

—1907, №43, 21 февраля(6 марта). Бесплатное приложение к №43 газеты «Речь».Государственная дума, стр.1, 2—3.——47、77—79、85—86。

—1907, №44, 22 февраля(7 марта), стр.1.——38、181。

—1907, №48, 27 февраля(12 марта), стр.1—3.——57—58、59、88。

—1907, №55, 7 (20) марта. Бесплатное приложение к газ. «Речь» и «Реформа».Государственная дума, стр.1—2.——26—28、176、182。

—1907, №60, 13(26)марта, стр.1.——71、101。

—1907, №65, 18(31)марта, стр.1.——111。

—1907, №66, 20 марта(2 апреля), стр.1.——112。

—1907, №66, 20 марта(2 апреля). Бесплатное приложение к газ. «Речь» и «Реформа».Государственная дума, стр.1.——112。

—1907. №73, 28 марта(10 апреля), стр.1.——161—162。

—1907, №74, 29 марта(11 апреля), стр.1.——172。

—1907, №78, 3(16)апреля, стр.1.——178—180、183。

《1889 年国际工人代表大会》(第 1 篇。答《正义报》)(The International working men's congress of 1889.I.A Reply to«Justice».London, 1889. 15 p.)——205—206。

《1889 年国际工人代表大会》(第 2 篇。答《社会民主联盟宣言》)(The International working men's congress of 1889.II.A Reply to the«Manifesto of the Social Democratic Federation».London, 1889. 16 p.)——205—206。

《1905 年土地占有情况统计》(Статистика землевладения 1905 г.Свод данных по 50-ти губерниям Европейской России. Спб., тип. Минкова, 1907. 199 стр.: L стр. табл. (Центральный стат. ком. м-ва внутр. дел)) —— 116 — 117、130、141。

《1906 年在斯德哥尔摩举行的俄国社会民主工党统一代表大会记录》(Протоколы Объединительного съезда РСДРП, состоявшегося в Стокгольме в 1906 г. М., тип. Иванова, 1907. VI, 420 стр.) —— 10、33、41、43、62、67、92、309。

《[1907 年]2 月 20 日[国家杜马]会议》(Заседание[Государственной думы]20 февраля[1907 г.].—«Речь», Спб., 1907, №43, 21 февраля (6 марта). Бесплатное приложение к №43 газеты«Речь».Государственная дума, стр. 1) —— 47。

《由军事组织的工作性质决定的军事组织的任务》[俄国社会民主工党军事和战斗组织第一次代表会议的决议](Задачи воен[ных]организаций в связи с характером работы в них. [Резолюция Первой конференции военных и боевых организаций РСДРП].—В кн.: Протоколы Первой конференции военных и боевых организаций РСДРП. Спб., [тип. «Свет»], 1907, стр. 137) —— 305。

《约·菲·贝克尔、约·狄慈根、弗·恩格斯、卡·马克思等致弗·阿·左尔格等书信集》(Письма И. Ф. Беккера, И. Дицгена, Ф. Энгельса, К. Маркса и др. к Ф. А. Зорге и др. Пер. с нем. Политикуса. С письмами и биографией Ф. А. Зорге Евг. Дицгена. С предисл. Н. Ленина. С портр. Ф. А. Зорге. Спб., Дауге, 1907. XXVI, 44, 485, II стр.) —— 196 — 215。

《战斗组织的任务》[俄国社会民主工党军事和战斗组织第一次代表会议的决议](Задачи б[оевых]организаций. [Резолюция Первой конференции военных и боевых организаций РСДРП].—«Пролетарий», [Выборг], 1906, №9, 7 декабря, стр. 3 — 4. Под общ. загл.: Конференция военных и боевых организаций РСДРП. На газ. место изд.: М.) —— 300。

《这意味着什么?》(Что это значит? —«Новое Время», Спб., 1907, №11150, 28 марта(10 апреля), стр. 2) —— 162。

《政府法令汇编》(执政参议院出版)(«Собрание узаконений и распоряжений правительства, издаваемое при правительствующем Сенате», Спб., 1906,

　　　 № 51，10 марта，ст. 335，стр. 734—737）——155。

《政府通报》（圣彼得堡）（«Правительственный Вестник»，Спб.，1905，№ 222，
　　　 18（31）октября，стр. 1）——78。

　　 —1905，№ 268，13（26）декабря，стр. 1.——22、58—59、66、67、162。

　　 —1906，№ 252，12（25）ноября，стр. 1.——68。

　　 —1906，№ 256，18 ноября（1 декабря），стр. 1.——68。

《政府宣言〔彼·阿·斯托雷平在 1907 年 3 月 6 日（19 日）国家杜马会议上宣
　　　 读〕》（Декларация правительства，〔оглашенная П. А. Столыпиным на
　　　 заседании Государственной думы 6（19）марта 1907 г.〕.—«Речь»，Спб.，
　　　 1907，№ 55，7（20）марта. Бесплатное приложение к газ. «Речь» и
　　　 «Реформа».Государственная дума，стр. 1—2）——26—28、176、182。

《质询日》（День запросов.—«Народная Дума»，Спб.，1907，№ 21，4（17）
　　　 апреля，стр. 2.Подпись：Д.）——182。

《致俄国社会民主工党中央委员会》（声明）（В Центр〔альный〕 Комитет
　　　 РСДРП.Заявление. 8 января 1907 г.—В кн.：〔Богданов, А. А.〕Имела
　　　 ли партия Центр. Ком. в 1906—7 году? Б. м.，1907，стр. 10—14.（Только
　　　 для членов партийного съезда РСДРП）. Подпись：Максимов, Зимин,
　　　 Строев）——280。

年　表

（1907 年 2 月—6 月）

1907 年

2 月—6 月

列宁侨居在芬兰库奥卡拉"瓦萨"别墅。

2 月 15 日—18 日（2 月 28 日—3 月 3 日）

拟定《提交俄国社会民主工党第五次代表大会的决议草案》。

在库奥卡拉主持召开彼得堡委员会、莫斯科委员会、莫斯科郊区委员会、中部工业区区域局和《无产者报》编辑部的代表联席会议。会议讨论并通过了列宁拟定的《提交俄国社会民主工党第五次代表大会的决议草案》。

2 月 17 日（3 月 2 日）

同法国《人道报》编辑艾蒂安·阿韦纳尔谈话，阐述俄国社会民主工党在选举运动时期的策略。

2 月 18 日（3 月 3 日）

同在第二届国家杜马开幕前夕到达库奥卡拉的一批布尔什维克杜马代表谈话。列宁在谈话中谈到社会民主党杜马党团的当前工作、社会民主党人对资产阶级政党的态度以及孟什维克对杜马的态度，指出孟什维克已经背叛了工人阶级。

2 月 19 日（3 月 4 日）

彼得堡出版委员会决定查禁列宁的《社会民主党在民主革命中的两种策略》一书。

2 月 20 日（3 月 5 日）

写《第二届国家杜马的开幕》一文。该文作为社论发表在《新光线报》第

1 号上。

写《第二届杜马和无产阶级的任务》一文。

2 月 20 日或 21 日(3 月 5 日或 6 日)

写《孟什维克是否有权实行支持立宪民主党人的政策?》一文。

2 月 20 日和 28 日(3 月 5 日和 13 日)之间

为社会民主党杜马党团起草答复政府宣言的声明草案《关于斯托雷平的宣言》。

2 月 21 日(3 月 6 日)

写《有重要意义的第一步》一文。该文作为社论发表在《新光线报》第 2 号上。

2 月 21 日(3 月 6 日)—3 月初

写《杜马选举和俄国社会民主党的策略》一文。

2 月 22 日(3 月 7 日)

列宁的《孟什维克是否有权实行支持立宪民主党人的政策?》一文发表在《新光线报》第 3 号上。

写《小资产阶级的策略》一文。该文发表在 2 月 23 日《新光线报》第 4 号上。

莫斯科出版委员会决定查禁列宁的《社会民主党在民主革命中的两种策略》一书。

2 月 23 日(3 月 8 日)

写《分裂制造者谈未来的分裂》、《论机会主义的策略》两篇文章。这两篇文章发表在 2 月 24 日《新光线报》第 5 号上。

列宁的《第二届杜马和无产阶级的任务》一文以号召书的形式发表在《工人报》第 2 号上。

2 月 23 日和 3 月 4 日(3 月 8 日和 17 日)之间

写《革命的社会民主党的纲领》一文的第一部分。

2 月 24 日(3 月 9 日)

写《布尔什维克和小资产阶级》一文。该文于 2 月 25 日作为社论发表在《新光线报》第 6 号上。

2 月 25 日或 26 日(3 月 10 日或 11 日)

写短评,回答尔·马尔托夫在《俄国生活报》第 48 号上发表的小品文《无以复加》。

2月下半月,27日(3月12日)以前

参加《新光线报》的编辑工作。

2月27日(3月12日)

写《杜马即将解散和策略问题》一文。

列宁的短评《答尔·马尔托夫》发表在《新光线报》第7号上。

2月27日或28日(3月12日或13日)

写《立宪民主党和劳动派》一文。

2月28日(3月13日)

晚上,在第二届国家杜马社会民主党党团第12次常会上,讨论列宁起草的声明草案《关于斯托雷平的宣言》。

2月底—3月1日(14日)

审阅1907年2月17日(3月2日)同法国《人道报》编辑艾·阿韦纳尔的谈话稿《俄国社会民主工党在选举运动时期的策略》。

2月—3月

出席彼得堡委员会召集的布尔什维克宣传员会议,并听取他们的工作汇报。

3月1日(14日)

列宁的《立宪民主党和劳动派》一文发表在《工人评论报》第1号上。

用法文致函《人道报》编辑艾·阿韦纳尔,指出他错误地表达了列宁在同他谈话中所阐述的关于无产阶级在俄国资产阶级民主革命中的作用和关于无产阶级同盟军的观点。列宁提出要修改谈话稿。

3月1日(14日)以后

谈孟什维克的传单《策略纲领(由马尔托夫、唐恩、斯塔罗韦尔、马尔丁诺夫等人在一批孟什维克实际工作者参加下拟定,准备提交本次代表大会)》,注明文章出处,划重点和作记号。

3月1日和4月15日(3月14日和4月28日)之间

写《孟什维克的策略纲领》一文。

3月4日(17日)

列宁的《杜马即将解散和策略问题》一文(社论)、《革命的社会民主党的纲领》一文的第一部分和《提交俄国社会民主工党第五次代表大会的决议草案》发表在《无产者报》第14号上。

列宁在彼得堡组织代表会议上作的关于杜马运动和杜马策略的报告(简要报道)发表在《无产者报》第14号上。

3月12日(25日)

写《革命的社会民主党的纲领》一文的第二部分。

3月14日(27日)

列宁的《杜马选举和俄国社会民主党的策略》一文发表在德国社会民主党人的《新时代》杂志第26期上。

3月19日(4月1日)

写《不应当怎样写决议》一文,评述孟什维克的关于对国家杜马态度的决议草案。

3月19日和25日(4月1日和7日)之间

写《不应当怎样写决议》一文的后记。

为爱沙尼亚社会民主党人关于对国家杜马态度的决议写按语。

3月20日和25日(4月2日和7日)之间

写《口蜜腹剑》一文。

3月21日(4月3日)

写《勾结的基础》一文。

3月21日和26日(4月3日和8日)之间

为第二届国家杜马代表、社会民主党党团成员格·阿·阿列克辛斯基起草在第二届国家杜马中关于土地问题的发言稿。

3月22日(4月4日)

《人道报》刊登列宁对该报编辑艾·阿韦纳尔发表的关于俄国社会民主工党在选举运动时期的策略的谈话。

3月24日和27日(4月6日和9日)之间

写《杜马和批准预算》一文。

3月25日(4月7日)

在泰里约基主持俄国社会民主工党彼得堡组织代表会议第1次会议;在讨论彼得堡委员会的改组草案和彼得堡委员会的组织工作问题时发言。

列宁被选为彼得堡组织负责同第二届国家杜马社会民主党党团进行联系的代表。

列宁的《勾结的基础》(社论)一文、《革命的社会民主党的纲领》一文的第二部分和列宁为爱沙尼亚社会民主党人关于对待国家杜马态度的决议加的按语发表在《无产者报》第15号上。

列宁的《口蜜腹剑》一文发表在《我们的回声报》第1号上。

3月25日和30日(4月7日和12日)之间

写《知识分子斗士反对知识分子的统治》一文。

3月27日(4月9日)

列宁的《杜马和批准预算》一文作为社论发表在《我们的回声报》第2号上。

3月28日(4月10日)

写《杜鹃恭维公鸡……》一文。该文在第二天作为社论发表在《我们的回声报》第4号上。

3月30日(4月12日)

列宁的《知识分子斗士反对知识分子的统治》一文发表在《我们的回声报》第5号上。

3月30日—31日(4月12日—13日)

写《土地问题和革命力量》一文。

3月底

在孟什维克策划的所谓党的法庭第一次开庭时宣读辩护词,揭露孟什维克在俄国社会民主工党彼得堡组织中的分裂活动。

3月下半月—4月10日(23日)以前

参加《我们的回声报》的编辑工作。

3月

即将分赴各地去进行俄国社会民主工党第五次代表大会代表选举工作的布尔什维克举行会议,讨论确定方针的问题。会上,列宁作关于目前形势和党的任务的报告。

3月—4月21日(5月4日)以前

委派扬·安·别尔津-季耶美利斯去里加了解拉脱维亚边疆区社会民主

党的工作情况。

多次写信给帕·格·达乌盖。在其中的一封信中,谈达乌盖为美国社会党人恩斯特·温特尔曼的小册子《安东尼奥·拉布里奥拉和约瑟夫·狄慈根。历史唯物主义和一元论唯物主义比较尝试》所写的序言。

4月1日(14日)

列宁的《土地问题和革命力量》一文发表在《我们的回声报》第7号上。

4月2日(15日)

写《贫血的杜马或贫血的小资产阶级》一文。该文第二天作为社论发表在《我们的回声报》第8号上。

4月3日(16日)

写《怡然自得的庸俗言论或立宪民主党化的社会革命党人》一文。该文第二天作为社论发表在《我们的回声报》第9号上。

4月3日和21日(4月16日和5月4日)之间

写《关于俄国社会民主工党十一月军事和战斗代表会议的记录》一文。

4月4日(17日)

写《社会民主党党团和杜马中的4月3日这一天》一文。该文第二天发表在《我们的回声报》第10号上。

4月5日(18日)

写《俄国革命的长处和弱点》一文的第一部分。这一部分于当天作为社论发表在《我们的回声报》第10号上。

4月5日—6日(18日—19日)

写《俄国革命的长处和弱点》一文的第二部分。

4月6日(19日)以前

在《约·菲·贝克尔、约·狄慈根、弗·恩格斯、卡·马克思等致弗·阿·左尔格等书信集》一书上作记号,划重点和写批注。

4月6日(19日)

为《约·菲·贝克尔、约·狄慈根、弗·恩格斯、卡·马克思等致弗·阿·左尔格等书信集》的俄译本写序言。

4月7日(20日)

列宁的《俄国革命的长处和弱点》一文的第二部分发表在《我们的回声

报》第 12 号上。

4 月 7 日和 8 日（20 日和 21 日）

列宁的《杜马选举与俄国社会民主党的策略》一文刊登在梯弗利斯出版的格鲁吉亚文版布尔什维克报纸《时报》第 24 号和第 25 号上。

4 月 8 日（21 日）

列宁为《约·菲·贝克尔、约·狄慈根、弗·恩格斯、卡·马克思等致弗·阿·左尔格等书信集》俄译本写的序言的一部分发表在《我们的回声报》第 13 号上，标题为《马克思恩格斯论俄国》。

在俄国社会民主工党彼得堡组织代表会议第 2 次会议上，在讨论社会民主党党团在第二届国家杜马中的活动的报告时发言，并建议彼得堡代表团向党的第五次代表大会提出关于邀请俄国社会民主工党战斗队代表出席代表大会的问题。

4 月 8 日和 21 日（4 月 21 日和 5 月 4 日）之间

写《彼得堡的改组和分裂的消灭》一文，对俄国社会民主工党彼得堡组织代表会议进行总结。

4 月 10 日（23 日）

写《杜马和俄国自由派》一文。该文当天作为社论发表在《我们的回声报》第 14 号上。

4 月 10 日和 15 日（23 日和 28 日）之间

写《拉林和赫鲁斯塔廖夫》一文。

4 月 11 日（24 日）以前

列宁被选入俄国社会民主工党彼得堡委员会。

4 月 11 日和 21 日（4 月 24 日和 5 月 4 日）之间

写《谈谈全民革命的问题》一文。

4 月 15 日（28 日）以前

列宁的《孟什维克的策略纲领》一文发表在《策略问题》文集第 1 卷上。

4 月 15 日（28 日）

列宁的《拉林和赫鲁斯塔廖夫》一文发表在《劳动报》第 1 号上。

4 月 21 日（5 月 4 日）以前

读 1907 年彼得堡出版的《回声》文集并作批注。

写《气得晕头转向（关于工人代表大会问题）》一文。

写《弗·梅林论第二届杜马》一文。

准备出版小册子《就彼得堡的分裂以及因此设立党的法庭问题向俄国社会民主工党第五次代表大会的报告》，写该小册子的开头部分和第二节《对彼得堡分裂的实际经过的简述》。

列宁当选为俄国社会民主工党卡马河上游地区（乌拉尔）组织出席俄国社会民主工党第五次代表大会的代表。

同雅·斯·加涅茨基谈话，论证布尔什维克在俄国社会民主工党第五次代表大会召开前夕的立场。列宁在论述孟什维克的立场时，指出他们给革命带来的危害。

在泰里约基（芬兰）出席布尔什维克和孟什维克联席会议。会议讨论即将召开的俄国社会民主工党第五次代表大会的有关问题。列宁发言反对帕·波·阿克雪里罗得关于召开"工人代表大会"的建议。

4 月下半月，21 日（5 月 4 日）以前

动身前往丹麦哥本哈根。俄国社会民主工党第五次代表大会曾准备在这里召开。

4 月 21 日和 28 日（5 月 4 日和 11 日）之间

在哥本哈根出席布尔什维克派代表会议，并就战斗队问题发言。

致电在奥斯陆的挪威工党主席奥斯卡尔·尼森，询问是否可以在挪威境内召开俄国社会民主工党第五次代表大会。尼森向挪威外交部长提出申请，挪威政府予以回绝。

4 月 24 日和 28 日（5 月 7 日和 11 日）之间

前往伦敦出席俄国社会民主工党第五次代表大会途中，在柏林停留数日；会见阿·马·高尔基、罗·卢森堡和卡·考茨基；参观柏林名胜。

阅读阿·马·高尔基的小说《母亲》的手稿，同高尔基就这部小说进行交谈，并同他一起前往伦敦参加俄国社会民主工党第五次代表大会。

4 月 24 日和 30 日（5 月 7 日和 13 日）之间

抵达伦敦后，参加安置布尔什维克代表的工作；主持布尔什维克派代表会议，这次会议是在哥本哈根开始的会议的继续；在会上发言。会议选出以列宁为首的布尔什维克派执行委员会。

在布尔什维克会议上,列宁宣布阿·马·高尔基将参加代表大会。由于孟什维克只打算以"来宾"身份邀请高尔基参加代表大会,所以布尔什维克根据列宁的提议一致通过决议,坚持以有发言权的代表资格邀请高尔基参加大会。

关心阿·马·高尔基在伦敦的住处,对他下榻的旅馆房间不够干燥表示不安。

4月30日—5月19日(5月13日—6月1日)

领导俄国社会民主工党第五次代表大会的工作;出席布尔什维克派的各次会议,并在会上就各种问题发言;参加代表大会所设立的各个委员会;参加代表大会主席团的各次会议;主持代表大会的会议;同代表大会的代表交谈。

在休会期间,同高尔基以及其他代表参观英国博物馆,去剧院看剧。

收到阿·马·高尔基赠送的小说《母亲》。

4月30日(5月13日)

俄国社会民主工党第五次代表大会在伦敦开幕。列宁被选入代表大会主席团。

在第1次会议上回答了约·彼·戈尔登贝格提出的关于宣读彼得堡孟什维克声明的问题。

出席布尔什维克派会议。会议讨论布尔什维克同孟什维克的力量对比问题。

4月

列宁的《气得晕头转向(关于工人代表大会问题)》、《不应当怎样写决议》、《弗·梅林论第二届杜马》等文章和列宁起草的俄国社会民主工党第五次代表大会决议,发表在《策略问题》文集(1907年圣彼得堡版第2卷)上。

列宁的小册子《就彼得堡的分裂以及因此设立党的法庭问题向俄国社会民主工党第五次代表大会的报告》出版。

5月1日(14日)

在代表大会第2次会议上,在讨论议事规程草案时两次发言。

在代表大会第3次会议上发言,坚决反对中止关于议程问题的辩论。

5月2日（15日）

列宁的《谈谈全民革命的问题》（社论）、《关于俄国社会民主工党十一月军事和战斗代表会议的记录》和《彼得堡的改组和分裂的消灭》等文章发表在《无产者报》第16号上。

在代表大会第4次会议上发言，赞成把关于党在资产阶级革命中的策略原则问题列入代表大会议程。

在代表大会第5次会议上发言，赞成采用记名投票表决方式。

5月3日（16日）

主持代表大会第6次会议，以会议主席的身份就议事日程问题5次发言；提议向为举行这次代表大会提供方便的英国社会民主联盟的代表们表示感谢；就已经通过的各项议程的讨论顺序问题发言。

主持代表大会第7次会议，以会议主席的身份就议事日程问题发言；向代表们宣布英国社会民主联盟代表哈·奎尔奇和德国社会民主党代表罗·卢森堡出席代表大会，并以代表大会名义对他们表示欢迎。

5月4日（17日）

在代表大会第8次会议讨论中央委员会工作报告时发言，批判孟什维克的机会主义活动。

为代表大会第8次会议简报写自己关于中央委员会工作报告的发言提要。

5月5日（18日）

在代表大会第11次会议上就6万卢布党费的开支问题发言；提议只听取伊·格·策列铁里关于杜马党团工作报告的第一部分。

5月8日（21日）

主持代表大会第14次会议，以会议主席的身份就议事日程5次发言；宣读波兰社会民主党关于民族民主党的决议草案；在列·达·托洛茨基就杜马党团工作报告发言时插话。

主持代表大会第15次会议，以会议主席的身份就议事日程3次发言；宣读尔·马尔托夫关于杜马党团工作报告的决议草案；在讨论杜马党团工作报告时，发言批评杜马党团的政治错误；在乌拉尔地区代表就费·伊·唐恩在讨论杜马党团工作报告时的发言所作的声明上签字。

5月9日（22日）

在代表大会第16次会议上，被选入杜马党团工作报告决议起草委员会。

5月9日—10日（22日—23日）

参加杜马党团工作报告决议起草委员会的工作。

5月10日（23日）

代表大会第18次会议宣读列宁关于尔·马尔托夫歪曲他同《人道报》编辑谈话的声明。

在代表大会第19次（秘密）会议上，提议委托总务委员会去商定代表大会结束的日期。

5月11日（24日）

在代表大会第20次会议上，就通过杜马党团工作报告决议的程序问题发言。

在代表大会第21次会议上，建议由杜马党团章程起草委员会讨论布尔什维克的第二届国家杜马代表瓦·马·谢罗夫提出的章程草案。

5月12日（25日）

在代表大会第22次会议上作关于对资产阶级政党的态度的报告。

5月12日—16日（25日—29日）

参加关于对资产阶级政党的态度的决议起草委员会的工作。

5月13日（26日）

同阿·马·高尔基、格·瓦·普列汉诺夫以及其他代表一起拜访英国艺术家费利克斯·莫舍莱斯，为代表大会募集经费。

5月14日（27日）

在代表大会第24次会议上作关于对资产阶级政党的态度的报告的总结发言。

主持代表大会第25次（秘密）会议。会议讨论代表大会继续进行的经费问题。列宁在会上报告了拜访英国艺术家费·莫舍莱斯的情况。

5月15日（28日）

在代表大会第26次会议上，在讨论关于对资产阶级政党的态度的决议案时发言；在决定以布尔什维克的决议案作为基础以后，发言反对米·

伊·李伯尔和列·达·托洛茨基提出的对这一决议案的修正意见。

主持代表大会第 27 次会议,以会议主席的身份就程序问题两次发言,还发言反对崩得代表和列·达·托洛茨基提出的对布尔什维克关于对资产阶级政党的态度的决议案的修正意见。

5 月 16 日(29 日)

在代表大会第 28 次会议上,发言反对尔·马尔托夫提出的对布尔什维克关于对资产阶级政党的态度的决议案的修正意见。

在代表大会第 29 次会议上就程序问题两次提出建议;发言反对列·达·托洛茨基、尔·马尔托夫和亚·马尔丁诺夫提出的对布尔什维克关于对资产阶级政党的态度的决议案的修正意见。代表大会通过了列宁起草的关于对资产阶级政党的态度的决议。

在代表大会主席团会议上,发言评论费·伊·唐恩由于列宁在代表大会第 29 次会议上宣布转入下一项议程而提出的抗议,并就会议程序问题提出建议。

5 月 16 日和 18 日(29 日和 31 日)之间

在伦敦的一些自由派活动家为俄国社会民主工党第五次代表大会代表举行的宴会上发表讲话。

5 月 17 日(30 日)

出席代表大会主席团会议,就代表大会会议进行的程序问题发言;在主席团会议记录上签字。

同代表大会其他代表一起,在归还借款的保证书上签字,这笔款项是为支付俄国社会民主工党第五次代表大会的费用而向约·费尔兹借的。

出席代表大会布尔什维克派的会议。

5 月 17 日—18 日(30 日—31 日)

修改布尔什维克关于国家杜马的决议草案初稿,参加国家杜马问题决议起草委员会的工作,并在该委员会会议讨论过程中作笔记。

5 月 18 日(31 日)

在代表大会第 33 次会议上代表国家杜马问题决议起草委员会作报告;记录代表大会在通过布尔什维克关于"工人代表大会"的决议案时的表

决结果；统计表决以布尔什维克关于国家杜马的决议案作为基础的投票结果（该决议案在代表大会的下一次会议上被通过）。

5月19日（6月1日）

主持代表大会第34次会议，以会议主席的身份就程序问题多次发言。

主持代表大会第35次会议，以会议主席的身份就各种程序问题16次发言。

主持代表大会第35次（小范围）会议，以会议主席的身份15次发言；提议把俄国社会民主工党驻社会党国际局代表问题交由新的中央委员会决定（列宁的提案被代表大会所通过）；在关于代表大会名称问题上，反对孟什维克想把这次代表大会称为"统一的党的伦敦第一次代表大会"的建议，主张称这次代表大会为第五次代表大会；在讨论中央委员会候选人问题时，提出关于提名中央委员会候选人的程序的建议；在辩论对中央委员当选人进行复选问题时发言，主张在票数相等的情况下要进行复选，反对用抽签的办法即碰运气的办法解决这一问题。代表大会选举列宁为俄国社会民主工党中央委员会委员。

5月19日和6月2日（6月1日和15日）之间

写《对资产阶级政党的态度》一文。

不早于5月20日（6月2日）

俄国社会民主工党第五次代表大会闭幕后，出席布尔什维克派最后一次会议。这次会议讨论代表大会的工作总结，拟定同孟什维克斗争的计划。根据列宁的提议，选举刚从俄国到来的约·费·杜勃洛文斯基为会议主席。会议选出以列宁为首的布尔什维克中央来领导布尔什维克今后的工作。

5月20日—24日（6月2日—6日）

校阅自己在俄国社会民主工党第五次代表大会上的发言速记稿；在英国博物馆图书馆进行工作。

5月21日（6月3日）

拉脱维亚边疆区社会民主党第二次代表大会第1次会议通过邀请列宁出席代表大会的建议。

5月21日和24日（6月3日和6日）之间

俄国社会民主工党第五次代表大会代表和拉脱维亚边疆区社会民主党

第二次代表大会代表尤·彼·加文和扬·安·别尔津-季耶美利斯拜访列宁,并邀请列宁在拉脱维亚边疆区社会民主党第二次代表大会上发表讲话。列宁答应了代表提出的要求,并同代表就拉脱维亚革命者在1905—1907年革命中的活动进行交谈。

出席在伦敦召开的拉脱维亚边疆区社会民主党第二次代表大会。

5月24日(6月6日)

晚上,在拉脱维亚边疆区社会民主党第二次代表大会第8次会议上,作关于无产阶级在资产阶级民主革命现阶段的任务的报告,并提出关于这一问题的决议草案。

5月25日和6月2日(6月7日和15日)之间

代表大会结束后由伦敦返回库奥卡拉。

6月2日(15日)晚—3(16日)晨

"六三"政变前夕,同前来库奥卡拉会见列宁的第二届国家杜马布尔什维克代表们举行会议。列宁同代表们讨论当时的形势,建议代表们到彼得堡的工厂去向工人们说明发生的事件。

6月15日(28日)以前

同列·波·克拉辛谈技术发展的前景问题。

在泰里约基(芬兰)向来自彼得堡的工人发表演说,介绍俄国社会民主工党第五次(伦敦)代表大会的情况。

为了保密和为了恢复自己的健康,离开库奥卡拉,迁居尼·米·克尼波维奇的别墅(在斯季尔苏坚灯塔附近)。

《列宁全集》第二版第15卷编译人员

译文校订：许崇信
资料编写：李洙泗　张瑞亭　张正芸　刘方清　林海京　王锦文
　　　　　刘彦章
编　　辑：杨祝华　许易森　钱文干　蒋素琴　李京洲　李桂兰
　　　　　任建华　刘京京
译文审订：张慕良　屈　洪

《列宁全集》第二版增订版编辑人员

翟民刚　李京洲　高晓惠　张海滨　赵国顺　任建华　刘燕明
孙凌齐　李桂兰　门三姗　韩　英　侯静娜　彭晓宇　李宏梅
武锡申　戢炳惠　曲延明

审　　定：韦建桦　顾锦屏　王学东

本卷增订工作负责人：李京洲　高晓惠

项目统筹：崔继新

责任编辑：郇中建

装帧设计：石笑梦

版式设计：周方亚

责任校对：周　昕

图书在版编目（CIP）数据

列宁全集.第 15 卷/（苏）列宁著；中共中央马克思恩格斯列宁斯大林著作编译局编译.
—2 版（增订版）-北京：人民出版社，2017.3
ISBN 978-7-01-017098-5

Ⅰ.①列⋯　Ⅱ.①列⋯ ②中⋯　Ⅲ.①列宁著作-全集　Ⅳ.①A2

中国版本图书馆 CIP 数据核字（2016）第 320339 号

书　　名	列宁全集
	LIENING QUANJI
	第十五卷
编 译 者	中共中央马克思恩格斯列宁斯大林著作编译局
出版发行	人民出版社
	（北京市东城区隆福寺街 99 号　邮编　100706）
邮购电话	（010）65250042　65289539
经　　销	新华书店
印　　刷	北京新华印刷有限公司
版　　次	2017 年 3 月第 2 版增订版　2017 年 3 月北京第 1 次印刷
开　　本	880 毫米×1230 毫米 1/32
印　　张	18.5
插　　页	2
字　　数	491 千字
印　　数	0,001—3,000 册
书　　号	ISBN 978-7-01-017098-5
定　　价	46.00 元

ISBN 978-7-01-017098-5